U0398800

昆山高新区（玉山镇）村志系列丛书

江浦村志

JIANGPU CUNZHI

昆山高新区（玉山镇）村志系列丛书编纂委员会 编

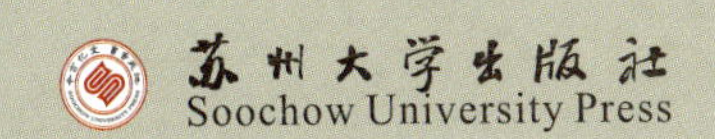
苏州大学出版社
Soochow University Press

图书在版编目（CIP）数据

江浦村志 / 戴雪明主编 ; 昆山高新区（玉山镇）村志系列丛书编纂委员会编. -- 苏州 : 苏州大学出版社, 2023. 12

（昆山高新区（玉山镇）村志系列丛书）

ISBN 978-7-5672-4663-8

Ⅰ. ①江… Ⅱ. ①戴… ②昆… Ⅲ. ①村史–昆山 Ⅳ. ①K295. 35

中国国家版本馆 CIP 数据核字（2023）第 239760

江浦村志 

编　　者　昆山高新区(玉山镇)村志系列丛书编纂委员会
主　　编　戴雪明
责任编辑　冯　云
装帧设计　刘　俊
出版发行　苏州大学出版社
地　　址　苏州市十梓街 1 号
邮　　编　215006
电　　话　0512-67481020
网　　址　http://www.sudapress.com
邮　　箱　sdcbs@suda.edu.cn
印　　刷　苏州市越洋印刷有限公司
开　　本　787 mm×1 092 mm　1/16　插页 16　印张 25. 25(共两册)　字数 445 千
版　　次　2023 年 12 月第 1 版
印　　次　2023 年 12 月第 1 次印刷
书　　号　ISBN 978-7-5672-4663-8
定　　价　120. 00 元(共两册)

昆山高新区（玉山镇）村志系列丛书编纂办公室

主　　任：刘清涛

副 主 任：姚　兰　管　烨　张振华

成　　员：姚　晨　赵赋俊　季建芬

编纂统筹：苏洪根

编　　务：朱小萍　周凤花　金小华

《江浦村志》编纂委员会

主　　任：戴雪明

副 主 任：陆雪芳

委　　员：姜海燕　符建新　佘雪芳　钱琳娟　王　静

《江浦村志》编纂组

主　　编：戴雪明

副 主 编：陆雪芳

特聘总纂：晓　鼎

撰　　稿：顾志明（督导）　顾火根（主笔）　戴学根　夏正祥

编　　务：王　静　方正根　李伟豪　刘　亮　黄　超

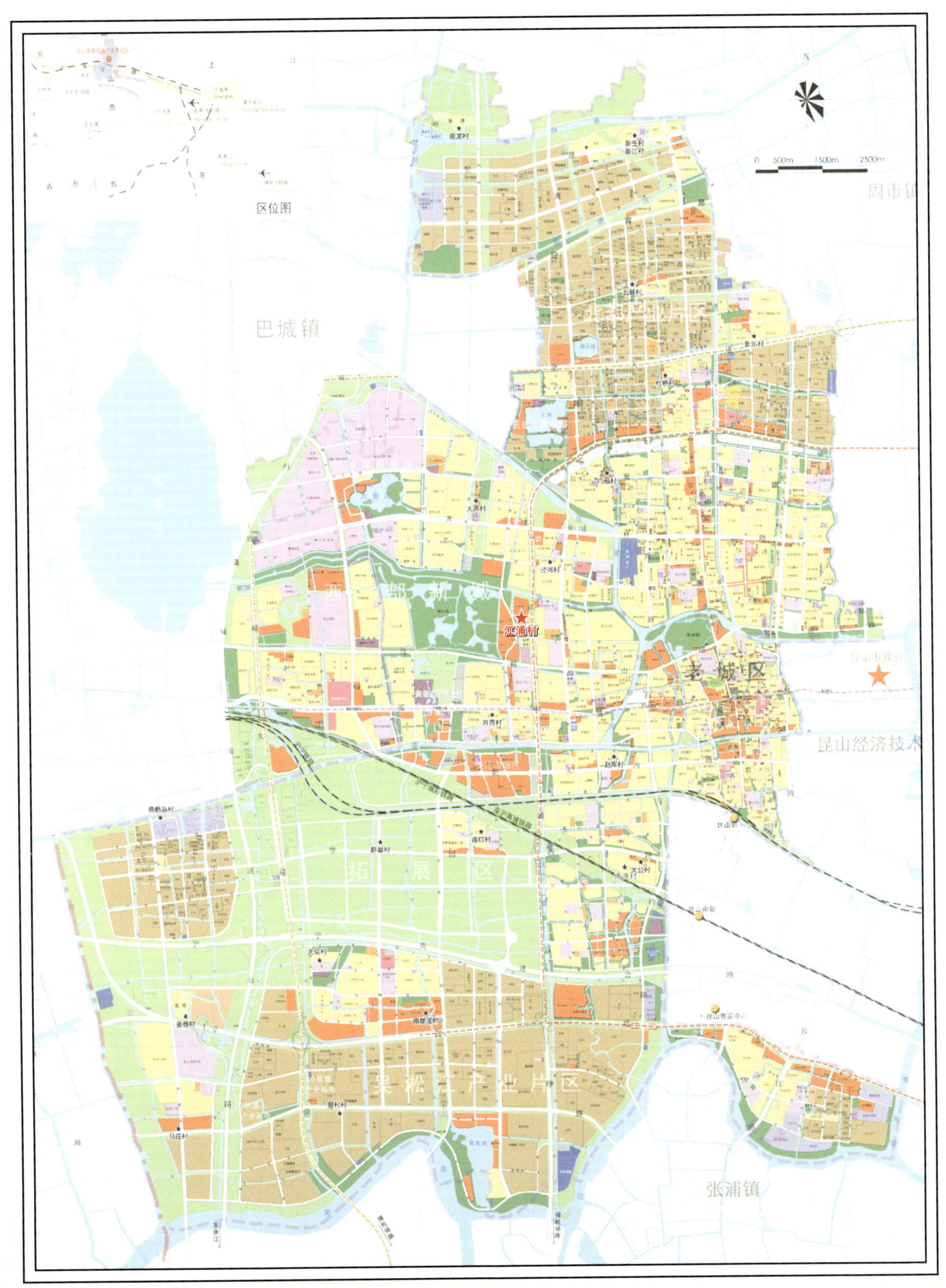

注：①本示意图由昆山高新区规划建设局提供（2020年）

②★表示江浦村在昆山高新区（玉山镇）的位置

上 昆山高新区（玉山镇）区划示意图

上 江浦新村全貌（2020年，江浦村村委会供图）

上 江浦村党群服务中心（2020年，罗英摄）

上 江浦新村一隅（2020年，王静摄）

下 江浦新村住宅（2020年，江浦村村委会供图）

上 昆山市城市生态森林公园一角（2021年，罗英摄）

中 共青小区 C 区篮球场（2020年，罗英摄）

下 江浦新村健身器材（2020年，王静摄）

上 江浦新村内部道路1（2020年，江浦村村委会供图）

中 江浦新村内部道路2（2020年，王静摄）

下 江浦村东荡河新貌（2020年，江浦村村委会供图）

上 江浦村西荡河新貌（2020年，罗英摄）

中 江浦村西荡河前进路桥（2020年，夏正祥摄）

下 江浦路万步路公交站（2020年，罗英摄）

上 马鞍山路桥（2020年，江浦村村委会供图）

下 江浦新村东侧中环高架西线和江浦路（2020年，江浦村村委会供图）

上　昆山高新区江浦社区卫生服务中心（2020年，罗英摄）

中　西城后街商业区（2020年，罗英摄）

下　昆山市第一中学（2020年，江浦村村委会供图）

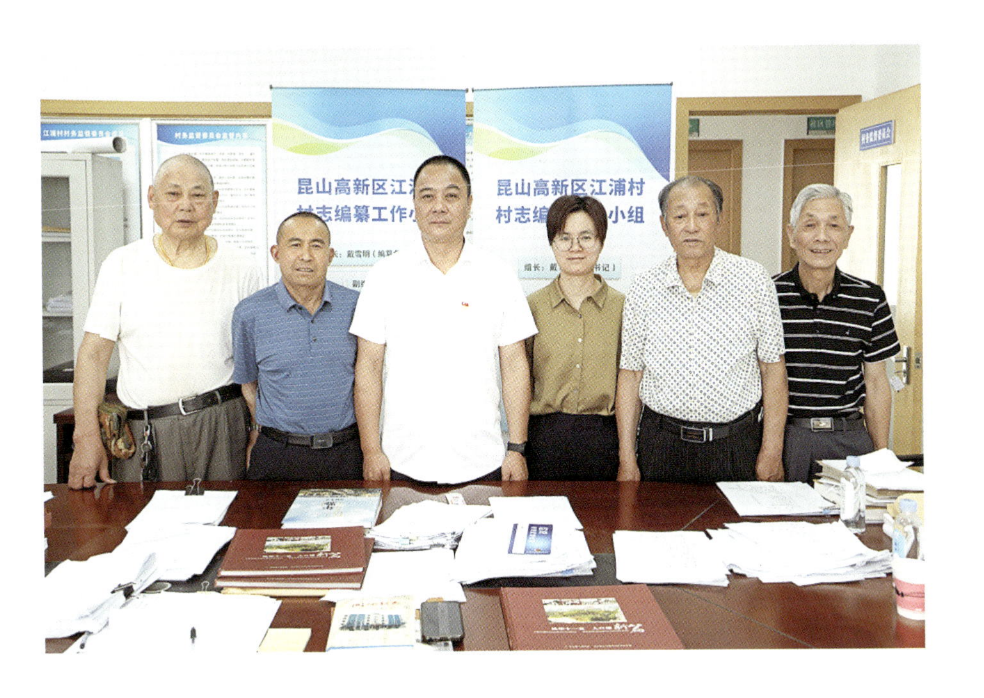

上 昆山高新区（玉山镇）江浦村党支部书记戴雪明（左三）、副书记陆雪芳（左四）看望《江浦村志》编纂组成员（2020年，罗英摄）

下 昆山高新区（玉山镇）江浦村党支部组织党员参观昆山市科技文化博览中心（2019年，江浦村村委会供图）

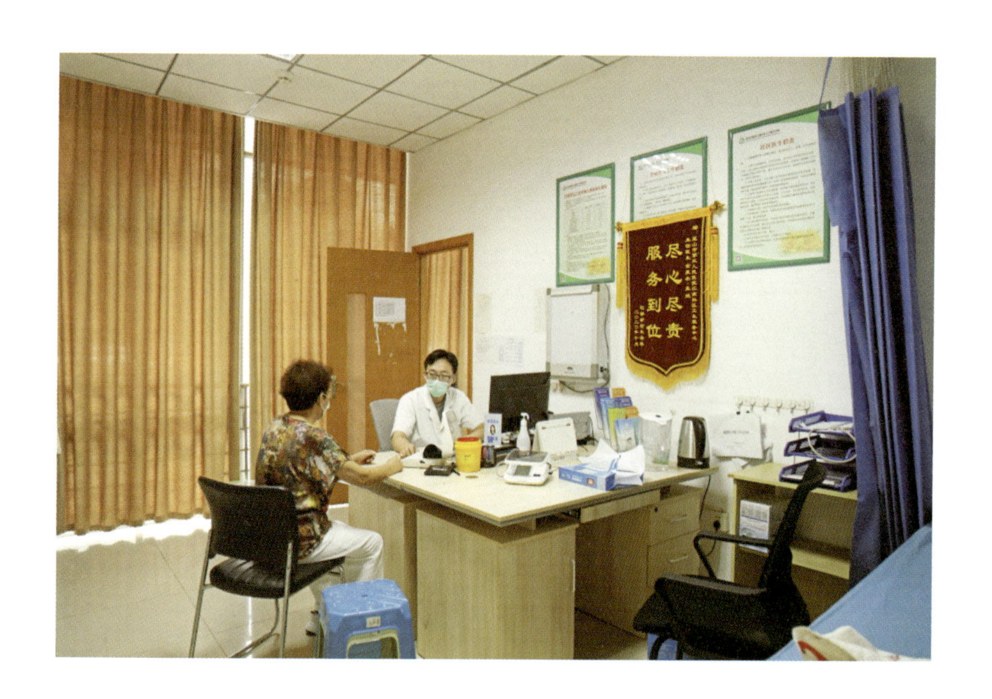

上 江浦村召开农房翻建村民大会（2020年，江浦村村委会供图）

下 昆山高新区江浦社区卫生服务中心医务人员为患者看诊（2020年，罗英摄）

上 江浦村开展老年人健康知识讲座（2020年，王静摄）

下 江浦村开展消防演练进校园活动（2020年，符建新摄）

上 江浦村党员参加“爱的陪伴，孝老爱亲”活动（2019年，江浦村村委会供图）

下 江浦村党员参观沙家浜革命历史纪念馆（2019年，江浦村村委会供图）

上 江浦村党员参观冯梦龙纪念馆（2019年，江浦村村委会供图）

中 江浦村党员参加主题党日活动（2020年，江浦村村委会供图）

下 江浦村儿童参加红色少年故事宣讲活动（2020年，王静摄）

上 江浦村组织村民观看 2017 年昆山高新区迎中秋、国庆优秀节目展演（2019年，江浦村村委会供图）

下 江浦村文艺舞蹈队在户外排练（2020年，王静摄）

上　江浦村开展“垃圾分类　让文明零距离”志愿者活动（2020年，江浦村村委会供图）

下　江浦村组织村民开展“倡导文明新风　共建美好家园”活动（2020年，江浦村村委会供图）

上 江浦村开展昆山高新区全民阅读“惠风行动”（2020年，江浦村村委会供图）

下 江浦村开展昆山高新区第二届全民阅读“惠风行动”（2020年，王静摄）

江苏省卫生村

江苏省爱国卫生运动委员会
一九九八年

全国农村优秀学习型组织
学习型村居(社区)
中国成人教育协会农村成人教育专业委员会
教育部社区教育研究培训中心
2018年6月

江苏省百佳生态村

江苏省环境保护厅
江苏省农林厅
二〇〇一年十二月

江苏省生态村

江苏省环境保护委员会
二〇一〇年十二月

加强农村基层组织建设
加快农村现代化建设

示范村

中共苏州市委 苏州市人民政府
二〇〇〇年四月

实践"三个代表" 实现"两个率先"

先锋村

中共苏州市委员会
二〇〇六年五月

民主法治村
苏州市依法治市领导小组办公室
苏州市司法局 苏州市民政局
二〇〇八年十一月

苏州市

公共文化服务示范村

苏州市文化广电新闻出版局
2010—2011

苏州市

规范化村(社区)人民调解委员会

苏州市司法局
二〇一五年一月

昆山市村民自治
模范村
昆山市民政局
二000年十二月

二00一年度
双文明建设先进村
中共昆山市委员会
昆山市人民政府

2003—2005年年度
先进基层党组织
中共昆山市玉山镇委员会
二○○六年六月

2008-2010年度

昆山市零犯罪社区(村)

昆山市社会治安综合治理委员会办公室
昆山市综治委预防青少年违法犯罪工作领导小组办公室
昆山市关心下一代工作委员会

昆山市
十佳卫生村
昆山市爱国卫生运动委员会
二〇〇九年十二月

全市关心下一代工作
"五有五好"示范单位
昆山市关心下一代工作委员会
二〇一二年二月

昆山市二〇一三年度
学习型党组织
昆山市社区教育办公室
二〇一四年一月

2017年度
文明村
昆山市精神文明建设委员会
2018年10月

昆山高新区江浦村
村志编纂工作小组
昆山高新区江浦村
村志编纂领导小组

上　《江浦村志》编纂组召开编纂工作推进会（2020年，罗英摄）

下　《江浦村志》编纂组成员采访村“五老”人员（左起：夏正祥、佘杏春、戴学根、顾火根）（2020年，王静摄）

上 《江浦村志》编纂组成员合影（2020年，罗英摄） 左起：夏正祥、戴学根、顾火根、方正根

下 《江浦村志》编纂委员会委员与编纂组成员合影（2020年，罗英摄） 前排左起：王静、陆雪芳、戴雪明、佘雪芳、姜海燕、钱琳娟；后排左起：夏正祥、戴学根、顾火根、方正根、符建新

总 序

值此全面贯彻落实党的二十大精神的开局之年，欣闻“昆山高新区（玉山镇）村志系列丛书”之《大公村志》《南渔村志》《江浦村志》《广福村志》《新乐村志》《群星村志》《马庄村志》《燕桥浜村志》《新江村志》《新生村志》10部村志即将付梓。编修乡镇村志是落实国家“十四五”规划纲要，助力乡村文化振兴的一项重要内容，任务艰巨、意义重大。

2018年，昆山高新区（玉山镇）启动22个建制村的村志编修工作，这既为探索新型城镇化的发展经验、发展模式、发展道路提供历史智慧和现实借鉴，也是响应国家“学党史、学新中国史、学改革开放史、学社会主义发展史”的生动实践。村落是乡土文化赖以生存的土壤，活态地保存着各种村庄形态、传统民居、传统美食和民俗风情。村庄里的一座座祠堂、一本本家谱、一口口古井、一条条古道，无一不是村落文化的印记。那些反映宗族文化的家风家训、乡规乡约，反映村民声音的方言俚语，反映传统生活方式的手工技艺、民俗节庆等，对生活在这块土地上的村民来说，是难以割舍的精神滋养。

“昆山高新区（玉山镇）村志系列丛书”脉络清晰、内容丰富，既有理论又有实践，既有历史又有现实，客观再现了村民们在伟大历史进程中的奋进足迹和优异成绩。村志作为省、市、县三级志书的延伸和拓展，其丰富多彩的体裁形式在一定程度上体现了盛世修志工作的灵活性、包容性和多样性。

希望“昆山高新区（玉山镇）村志系列丛书”能讲好昆山高新区（玉山镇）乡村振兴的故事，并把故事和智慧传递得更远。希望全区广大干部和村民

能够持续聚焦乡村振兴，做这一历史伟业的见证者、记录者和传承者。

在此，谨向在昆山高新区（玉山镇）发展改革进程中洒下汗水、做出重大贡献的先辈们致以崇高的敬意！向辛勤编纂“昆山高新区（玉山镇）村志系列丛书”的编纂人员表示衷心的感谢！

是为序。

中共昆山市委常委
昆山高新区党工委书记
2023 年 12 月

序

盛世修志是一项功在当代、利在千秋，对弘扬乡村历史文化具有重要历史意义的工程。为填补江浦村村史的空缺，抢救、保护、传承文化的珍宝，在昆山高新技术产业开发区管理委员会（以下简称“昆山高新区管委会”）的统一部署下，在昆山市地方志编纂委员会办公室、昆山高新区（玉山镇）村志系列丛书编纂办公室的周密计划和精心指导下，《江浦村志》编纂工作于2020年5月正式启动，经过2年的辛劳笔耕，众手共襄的《江浦村志》终于付梓。这是江浦村有史以来的第一部村志，它既是江浦村文化建设传世工程的一项重大成果，也是江浦村村民政治生活中的一件盛事，值得为之庆贺。

《江浦村志》集江浦村的发展进程、创业历程、奋进历史于一体，主要记述了江浦村自中华人民共和国成立以来在政治、经济、文化和社会事业各方面的发展过程及变革情况，展现了江浦村全体党员干部、群众在中国共产党的领导下，务实拼搏、艰苦创业、治水改土的卓越成就。

20世纪60年代，江浦村域全体干部、群众战胜“三大灾害”（穷土、恶水、血吸虫）；70年代，江浦村域大办村镇企业，借助农业生产结构调整，实行亦工亦农政策，第三产业随之兴起；随着改革开放的不断深入，兴办企业的步伐促进了村民收入的增加，加快了集体经济的发展；90年代，随着昆山工业化、城市化、城乡一体化建设的大力推进，区域经济得到进一步发展；经过多年的积累，至2020年年底，江浦村集体资产为5 944.5万元，集体经济总收入为877万元，全村成为以集体经济为主的富强村。从此，江浦村村民告别了传统的农村生活，过上了城镇化的生活，实现了家家住楼房、户户有轿车、生活奔小康的目标。

《江浦村志》既是一部传承一方水土历史文化的乡土教材，也是一部反映江浦村今昔巨变的乡土志。在昆山高新区党工委、管委会的领导下，在昆山市地方志编纂委员会办公室、昆山高新区（玉山镇）村志系列丛书编纂办公室的指导下，在有关专家的帮助下，在江浦村村民大力的支持和热情参与下，全体编纂人员历经2年多的辛勤笔耕，终使《江浦村志》面世。在此，我谨代表昆山高新区（玉山镇）江浦村党支部、江浦村村民委员会，向悉心修志的全体编纂工作人员和所有关心、支持与帮助《江浦村志》编纂的人们表示衷心的感谢。

当前，正处于建设更加美好的江浦村新时期，我们要从《江浦村志》中汲取营养，更好地继承和发扬自强不息的精神，创造出更加光辉的业绩。希望江浦村广大村民以史为鉴，充分发挥个人聪明才智，把江浦村建设得更加美好。

昆山高新区（玉山镇）江浦村
党支部书记、村民委员会主任 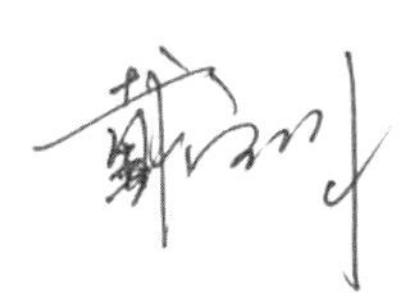
2023年10月

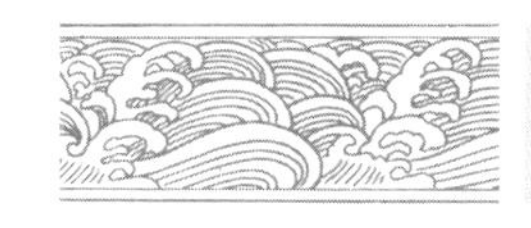

凡　例

一、本志以马克思列宁主义、毛泽东思想、邓小平理论、“三个代表”重要思想、科学发展观、习近平新时代中国特色社会主义思想为指导，坚持辩证唯物主义和历史唯物主义的立场、观点与方法，客观记述江浦村发展的历史与现状，力求反映时代特点和地方特色，坚持思想性、科学性、资料性统一的原则，以求起到资政、存史、教化的作用。

二、本志贯穿古今，详今略古。上限力溯至事物发端，下限为2020年年底，大事记下限延至2021年年底，图照下限延至2022年年底。

三、本志采用述、记、志、图、表、录等形式，按需排列，以志为主，全志采用现代汉语语体文记述，按照章、节、目层次排列，叙述史实。

四、本志遵循生不立传原则。人物传略记载已故人物，按卒年排序；人物简介记载在世人物，按生年排序；人物名录以村民小组序列排序；荣誉收录荣获昆山市级及以上的先进集体和先进个人等。

五、本志中的各项数据一般采用统计部门的数据，统计部门未提供的数据，以主管部门或主办单位提供的数据（包括采访的口述资源）为准。

六、本志中的计量单位采用1984年国务院发布的《中华人民共和国法定计量单位》，考虑到社会使用习惯，保留“亩”“钱”“两”“斤”“尺”等的使用。

七、本志中的时间表述，如：1912年前使用历史纪年，括注公元纪年；1912年后使用公元纪年。文中未注明世纪的年代均为20世纪。

第三章　村庄建设

第四章　村域经济

第九章 习俗礼仪

第十章 村落文化

概 述

江浦村位于昆山高新区（玉山镇）老城区西 1.5 千米。江浦村域东与虹桥村相接，南倚娄江，西与共青村相连，北临庙泾河。江浦村域南北最长直线距离 3 千米，东西最宽直线距离 2.6 千米，总面积为 7.8 平方千米。“二纵四横”公路网覆盖江浦村域，交通便捷，通行方便。江浦村域范围内地势平坦，自然坡度小。江浦村域内河道纵横交叉，为典型的江南水乡。2004 年，江浦村域内 7 个自然村全部动迁，村庄消失，村民被安置在江浦新村等 5 个集中居住区生活。2012 年，昆山高新区（玉山镇）重新界定江浦村域面积为 3 平方千米。2020 年，江浦村下辖 11 个村民小组，共计 314 户、1 450 人。江浦村全年村级集体经济总收入 877 万元，村民人均年收入 5.4 万元。江浦村先后获评昆山市级以上荣誉 27 项。

一

江浦村历史沿革，可追溯到秦朝。秦始皇帝二十四年（前 223），始建疁县，江浦村域隶属会稽郡疁县。秦二世皇帝三年（前 207），疁县改称娄县，江浦村域为娄县所辖。梁天监六年（507），娄县分置信义县，江浦村域隶属信义县。梁大同二年（536），信义县分置昆山县，江浦村域属隶昆山县。清雍正二年（1724），析昆山县，置新阳县，江浦村域隶属新阳县积善乡第一保。清宣统元年（1909），昆山县、新阳县推行地方自治，两县下辖 1 市 17 乡，江浦村域隶属新阳县玉山市。1912 年，新阳县并入昆山县，江浦村域隶属昆山县玉山市。1934 年，昆山县改划 8 个区、65 个乡镇时，江浦村域隶属昆山县第一区北漊乡。1944 年 12 月，昆山县第一区改名鹿城区，江浦村域隶属鹿城区北漊乡。1945 年

9月，恢复抗日战争前建置区划，江浦村域隶属昆山县第一区（鹿城区）北澞乡；同年12月，江浦村域改属巴城区北澞乡。1947年12月，青墩、北澞两乡合并，始建城北乡，江浦村域隶属巴城区城北乡。1950年1月，昆山县改划小乡，江浦村域隶属昆山县城郊区东荡乡。1951年6月，江浦村域改属正仪区东荡乡。1956年3月，昆山县并区并乡，江浦村域隶属环城区城西乡。1958年4月，昆山县撤区并乡，江浦村域划属昆山县城南乡。1958年10月，江浦村域实行“政社合一”管理体制，城南乡、城北乡和玉山镇合并，成立马鞍山人民公社，江浦村域隶属马鞍山人民公社。1959年6月，马鞍山人民公社拆分为城南、城北和玉山3个人民公社，江浦村域为城南人民公社管辖。1983年，江浦村域实行“政社分设”的管理体制，江浦村域隶属昆山县城南乡。1986年10月，城南乡与玉山镇合并，江浦村域隶属昆山县玉山镇。2012年9月，昆山高新区、玉山镇实行“区镇合一”管理体制，江浦村域隶属昆山高新区（玉山镇）管辖。至2020年，江浦村隶属未变。

二

江浦村的村庄建设、基础设施和环境建设，历经从无到有、从有到优的过程。村民的住房条件不断改善，村民从分散居住到集中居住。中华人民共和国成立前，江浦村村民住房以草房居多，房屋矮小且无序；村域内道路弯、小、窄，且均为土路，桥梁多由竹木搭建而成。

中华人民共和国成立后至20世纪六七十年代，村民收入有所提高，村民生活得到保障，开始翻建住房，小房翻建为大房，草房翻建为瓦房，户均住房面积达60~80平方米。同时，由于集体经济不断壮大，江浦村域内开始修路造桥。江浦村域内修筑总长7 000米、宽3米的4条道路，连接村域内7个自然村和各个农田圩区，并先后铺筑黑脚子（碳氮化钙下脚）路和砂石路；桥梁全部改为砖砌拱桥。至20世纪70年代中期，江浦村域内每家每户都通上了电，并添置了家电设备，提升了生活品质。至20世纪70年代后期，村民生活用水全部改为井水。1978年改革开放后，江浦村域内掀起翻建楼房高潮，1992年村民生活用水主要由昆山自来水集团有限公司供水。至20世纪90年代末，江浦村域90%的家庭住进了楼房，家家户户用上了洁净的自来水；村域道路全面硬化，通达各家门口。2000年后，村庄建设步入城乡一体化发展新阶段，基础设施和环境建设同步进行。2004年，江浦村域7个自然村全部动迁，村民集中居住在江浦新村等居住区，人均住房面积达55.4平方米。2010年，通信网络覆盖全村各家各户。2015年，村民家庭全部用上管道天然气。至2020年，江浦村域形成“二纵四横”公路网，交通便捷。江浦村域内公共建筑有办公大楼2 000平方米、民用会所3 000平方米、公益性用房300余平方米。

三

江浦村曾是一个单一的农业经济村。中华人民共和国成立后，江浦村域内先后历经土地改革、兴办初级社、创办高级社、组建江浦生产大队，走合作化道路和人民公社化道路，实现了农业集体化，农业生产成效显著。1958年，在“大跃进”和人民公社化运动时期，由于违背客观规律和自然规律，村民的生产积极性一度受到挫伤，导致粮食生产连续3年减产。20世纪六七十年代，江浦村域的农业生产得到恢复与发展。1972年，江浦生产大队全面推广两熟制改三熟制，大面积种植双季稻。江浦生产大队11个生产队双季稻种植面积达100%。1973年，江浦生产大队全年粮食总产量达1 196.2吨。20世纪80年代初，三熟制改为两熟制，停止种植双季稻。1983年，实行家庭联产承包责任制。1994年，江浦村域实行耕地流转制度，村民可以只种口粮田，责任田由种田能手承包经营，发展农业规模化经营。从此，江浦村域内的劳动力得到进一步解放，村民可以自主创业和创收，利用更多的空余时间另谋生财之路，或开店经商，或发展种植业和养殖业。从20世纪70年代中期开始，随着农村经济政策逐步放宽，江浦生产大队兴起养禽畜、搓绳等家庭副业。生产队集体开始养猪养禽、养蚌育珠、种菜植树。从20世纪70年代后期开始，江浦村村民开店经商，收购废品，从事车、船运输行业，开办家庭企业。江浦村域的农业经济发展出现新气象。江浦村域的队办企业始于1966年的粮食饲料加工厂。1977—1995年，江浦村先后开办五金厂、毛纺厂、塑料编织厂、土窑厂和预制坊等加工企业。1995年后，村办企业开始转资或停产。

进入21世纪后，随着昆山城市化建设不断发展，江浦村通过招商引资，使村级集体经济由弱变强，集体资产由少变多。至2020年12月，江浦村集体总资产达

5 944. 5 万元，村级集体货币资金结存 2 233. 3 万元，村民人均年收入为 5. 4 万元。

四

勤劳智慧的江浦人在创造丰富的物质财富的同时，在精神文明建设方面也取得丰硕成果。江浦村推举榜样人物 8 人，江浦村获评昆山高新区文明和谐家庭 34 户。江浦村获得“江苏省生态村”“江苏省卫生村”等省、市级荣誉 27 项。江浦村党员干部在各级各类评比活动中获得众多荣誉称号。其中，许祥友荣获“全国计划生育先进个人”称号、苏州市“人口和计划生育系统个人二等功”奖励。

江浦村人杰地灵，孕育众多学者、专家、能工巧匠。如：江苏省第七届人民代表大会代表 1 人，拥有大学本科及以上学历 156 人，中小学和幼儿园教师 22 人，医务工作者 10 人，能工巧匠 85 人，退伍军人 36 人。

喜看今朝，江浦村村民真正过上了富裕的小康生活，家家有房、有车、有存款，人人实现“学有所教、劳有所得、病有所医、娱有所乐、老有所养”。村民物质生活富足，精神生活丰富。展望未来，江浦村村民将在中国共产党的领导下，在江浦村党支部的带领下，自强不息，开拓未来，在实现中华民族伟大复兴中国梦的征程中，在建设城乡一体化新农村新蓝图的过程中，创造出更加美好的明天。

大事记

秦朝—清朝

秦始皇帝二十四年（前 223）

始建疁县，江浦村域隶属会稽郡疁县。

秦二世皇帝三年（前 207）

疁县改称娄县，江浦村域隶属娄县。

新朝始建国元年（9）

娄县改称娄治县，江浦村域隶属娄治县。

东汉建武十一年（35）

娄治县复为娄县，江浦村域隶属娄县。

梁天监六年（507）

娄县分置信义县，江浦村域隶属信义县。

梁大同二年（536）

信义县分置昆山县，江浦村域隶属昆山县。

隋开皇九年（589）

信义县并入昆山县，江浦村域隶属未变。

宋嘉定十年（1217）

析昆山县东部之安定、春申等 5 乡置嘉定县，江浦村域隶属昆山县积善乡。

元元贞元年（1295）

昆山县因人口增加，升为昆山州，江浦村域隶属昆山州。

明洪武二年（1369）

昆山州降为县，江浦村域隶属昆山县。

明洪武十二年（1379）

江浦村域隶属昆山县积善乡。

明正德元年（1506）

江浦村域隶属昆山县积善乡第一保。

清雍正二年（1724）

析昆山县，置新阳县，江浦村域隶属新阳县积善乡第一保。

清宣统元年（1909）

昆山县、新阳县推行地方自治，两县下辖1市17乡，江浦村域隶属新阳县玉山市。

中华民国

1912年

新阳县并入昆山县，玉山市区域不变，江浦村域隶属昆山县玉山市。

1929年

玉山市改为昆山县第一区，江浦村域隶属昆山县第一区北濾乡。

1931年

昆山县第一区改为第四区，辖山南、玉带、致和、学宫、南濠、小虞、东荡7乡（镇），江浦村域隶属第四区致和乡。

1934年

6月，昆山县改划8个区、65个乡镇，江浦村域隶属昆山县第一区北濾乡。

1944年

9月，昆山县区划调整，第一区辖5个乡、5个镇，江浦村域隶属昆山县第一区北濾乡。

12月，昆山县第一区改名鹿城区，江浦村域隶属昆山县鹿城区北濾乡。

1945年

9月，恢复抗日战争前建置区划，江浦村域隶属昆山县第一区（鹿城区）北濾乡。

12 月，江浦村域改属昆山县巴城区北澞乡。

1947 年

2 月，昆山县实行新县制，江浦隶属未变。

7 月，废保甲制，建立区、乡人民政权。全县划为 6 个区、27 个乡（镇），江浦村域隶属昆山县巴城区北澞乡。

是月，大雨累月，江浦村域水位高至 3.6 米，低田禾稻被淹。

12 月，青墩、北澞两乡合并，始建城北乡，江浦隶属昆山县城北乡。

中华人民共和国

1949 年

5 月 13 日，江浦村域解放。

10 月 1 日，中华人民共和国成立，江浦村域隶属昆山县巴城区城北乡。

1950 年

1 月，昆山县改划小乡，江浦村域隶属昆山县城郊区东荡乡。东荡乡政府办公地设立在江浦村域东荡庙内。

2 月，在江浦村域东荡庙内开办江浦农业中学。

秋季，县、乡土地改革工作队派出工作人员郁三郎、石步龙等 3 人进驻江浦村域，以自然村为单位着手组建农民协会，石步龙担任农民协会主任，随后在村域内开展土地改革运动。

是年，土地改革工作队会同农民协会，按照农村阶级成分划分的标准划定阶级成分，江浦村域共有 96 户，其中有 6 户地主，并将没收的 52 间地主房屋，以及耕牛、农船、大型农具等分配给 15 户贫农、下中农。

1951 年

4 月，经土地改革工作队和农民协会复查和验收，向农户颁发土地证，江浦村域土地改革宣告结束。

6 月，昆山县调整区划，江浦村域隶属昆山县正仪区东荡乡。

1952 年

5 月，江浦村域开始推广复合式秧田，推广陈永康的“稀落谷”育秧法。

7 月，江浦村域成立 6 个临时互助组，至年底变为常年互助组。

1953 年

12 月 20 日，根据上级规定，江浦村域粮食开始实行统购统销政策。

1954 年

5 月 18 日—7 月 24 日，江浦村域连续降雨 66 天，河水倒灌，农田遭受百年罕见的洪涝灾害，水位涨至 4.03 米，淹没农田 1 000 多亩（1 亩≈666.67 平方米），江浦村域组织突击队，投入江浦片区联圩筑堤、抗洪排涝工作。

1955 年

3 月，江浦村域 6 个农业生产互助组合并，成立江浦初级农业生产合作社（以下简称“江浦初级社”），入社农户 95 户，杨荣根担任社长。

10 月，村域内村民积极报名学习文化知识，积极贯彻中共中央、国务院发布的《关于扫除文盲的决定》。

11 月初，粮食生产实行“三定一奖”（定产、定购、定销、超产奖励到户）生产责任制。

1956 年

3 月，昆山县并区并乡，江浦村域隶属昆山县环城区城西乡。

是月，在江浦初级社的基础上，江浦村域成立江浦高级农业生产合作社（以下简称“江浦高级社”）及其党支部，杨荣根担任社长，兼任党支部书记。

是月，江浦村域内第一所村办小学——江浦初级小学开学，校址设在南西荡自然村包阿九的房屋旁边。全校有夏咸金教师 1 人，学生 16 人。

8 月，江浦村域连遭台风、暴雨袭击，风力达 10 级以上，农作物遭受不同程度的影响。

是年，江浦村域各农户的耕牛、农船折价入社，归集体所有。

1957 年

5 月，江浦村域遭遇冰雹和暴雨天气，部分农田被淹。

6 月，池鱼泾自然村 3 名妇女在秧田拔秧时，不幸遭遇雷击身亡。

7 月，江浦村域开展血吸虫病防治工作，进行干河灭螺。

1958 年

4 月，昆山县又并乡，江浦村域隶属昆山县城南乡。

10月，城南乡、城北乡和玉山镇合并，成立马鞍山人民公社，江浦村域隶属马鞍山人民公社，实行“政社合一”管理体制。江浦高级社更名为江浦生产大队，同时成立江浦生产大队管理委员会和江浦生产大队党支部，严大男担任党支部书记。

10月27日，昆山县江浦圩高标准河网化试点工程动工，全县2.5万名民工参加施工工作，开通江浦村域内江浦河、西荡河、东风河及8条生产河。至11月下旬，这些河流基本竣工，累计挖土方132万立方米。

11月初，江浦村域内东荡庙被拆除。

是月，江浦、共青、蔡家、虹桥4个生产大队集中在江浦生产大队第4生产队办起“四集体”（集体上课、集体吃饭、集体住宿、集体劳动）学校。

12月初，苏联水文地质专家巴索娃由昆山县水利部门领导陪同参观昆山县江浦圩高标准河网化试点工程，县长姜德仁陪同参观。

12月4日，全国水利检查团团长杨继光视察昆山县江浦圩高标准河网化试点工程。

12月31日，江苏省委书记刘顺元在江苏省委农村工作部部长孙加诺、苏州地委书记储江的陪同下视察昆山县江浦圩水利工程。

冬季，江浦生产大队各生产队办起公共食堂，实行吃饭不要钱，提出“组织军事化、行动战斗化、生活集体化”和“敞开肚皮吃饭，鼓足干劲生产”等口号，分配上实行平均主义，同时取消社员的自留地。

是年，在苏联专家的指导下，在江浦村域庙泾河上建造江浦电力排灌站，于年底竣工。王友开担任第一任站长，该排灌站灌溉农田面积达3 000余亩，汛期可在24小时内排除内涝，此后江浦村域内未发过洪涝灾害。

1959年

春季，江浦生产大队恢复社员自留地，废除半供给制，经济效益按劳动工分分配，粮食分配按劳动力人口比例（基本粮加公分粮）分配。

6月，撤销马鞍山人民公社，分建城南、城北和玉山3个人民公社，江浦生产大队隶属城南人民公社，下设11个生产队。

12月，江浦生产大队开展清算退赔工作，纠正“一平二调”（平均分配，无偿调拨集体和社员财物）错误。清算退赔兑现工作于1960年春结束。

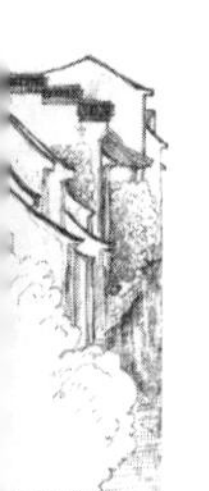

是年，江浦生产大队第10生产队殷为男在村域内第一个购买上海永久牌自行车。

1960年

3月28日，苏联水利专家伊万诺夫参观昆山县江浦圩高标准河网化试点工程。

春季，受自然灾害、农田草荒和虫害等灾害的影响，粮食歉收，口粮短缺，人均每日口粮5两3钱（按1两=50克，1钱=5克换算，5两3钱为265克）。

是年，受7号台风影响，连降暴雨，江浦村域农作物不同程度受灾。

是年，江浦村域各种日常生活用品开始凭票供应。

是年，受自然灾害影响，村民口粮出现不足。江浦生产大队干部组织群众垦种杂边地，以弥补粮食不足。

1961年

5月5日，江浦生产大队贯彻中共中央《农村人民公社工作条例（草案）》（以下简称“农业六十条”），恢复农业“三包一奖”（包工、包产、包费用和超产奖励）生产责任制。

夏季，江浦生产大队整顿公共食堂，允许村民称米回家做饭；不久，公共食堂被解散。

是年，江浦生产大队首次引进试种中熟晚粳农垦58（世界稻）。

1962年

春季，江浦生产大队贯彻中共中央“农业六十条”指示精神，大队内各生产队按土地和人口比例规定划分社员自留地。

9月，14号台风经过江浦村域，昼夜降水达210毫米，村域内所有低洼田被淹。

是年，江浦生产大队贯彻中共中央“农业六十条”和《关于改变农村人民公社基本核算单位问题的指示》，实行“三级所有，队为基础”的集体所有制，以生产队为基本核算单位，实行多劳多得，按劳分配。

1963年

3月，江浦生产大队开展学雷锋运动，大队内的共青团员及其他青年争做好人好事。

1964 年

6 月 16 日，根据中央第九次全国防治血吸虫病工作会议精神，城南人民公社党委制定《关于今冬明春开展灭螺工作的步骤规划》，以合兴生产大队为榜样，在共青、蔡家、虹桥、江浦和西河 5 个生产大队的 314.998 平方米土地上开展灭螺工作。

9 月，江浦生产大队在第 7 生产队兴办江浦完全小学，卞影秋担任校长，全校有教师 8 人，学生 128 人。

1965 年

4 月，社会主义教育运动工作队进驻江浦生产大队及各生产队，按照中共中央关于《农村社会主义教育运动中目前提出的一些问题》（以下简称“二十三条”）全面开展清政治、清经济、清组织、清思想的“四清”工作。

是年，江浦生产大队成立贫下中农协会和生产队贫下中农协会小组，夏咸达担任江浦生产大队贫下中农协会主任。

1966 年

4 月，江浦生产大队“四清”运动结束后，大队内领导班子进行调整，由李玉刚担任江浦生产大队党支部政治指导员。

春季，江浦生产大队架设有线广播线路，入户率达 100%。

5 月 16 日，江浦生产大队开展破“四旧”（旧思想、旧文化、旧风俗、旧习惯）运动。

是月，江浦生产大队创办粮食饲料加工厂，厂址设在第 7 生产队，殷阿毛担任厂长。

8 月，江浦生产大队各生产队推行“大寨式”评工记分，只记出勤，到月底由社员自报和互评，确定工分报酬。

10 月，江浦生产大队在第 5 生产队建造大礼堂，占地面积 3 亩，建筑面积 513 平方米。

1967 年

春季，江浦生产大队与邻近生产大队（虹桥）在第 10 生产队北侧创办粉丝厂。

冬季，江浦生产大队民兵营武装排在昆山县民兵比赛中受到县级人民武装

部的好评，并获得奖励。

是年，随着农业机械化的发展，江浦生产大队在东风河、西荡河要道上建造机耕桥，方便拖拉机通行。

1968 年

春季，江浦生产大队组织各生产队劳动力在低洼区域开挖生产河、排水沟，同时对高地、荒堆进行整治，建成标准化田块，农田面积增加 80 余亩，投入民工 1 500 余人次。

冬季，江浦生产大队成立文艺宣传队，该宣传队有队员 26 人，排演现代大型革命样板戏《沙家浜》《智取威虎山》，以及革命歌曲和舞蹈，并受邀至巴城共幸生产大队、正仪荣明生产大队和城南乡政府等单位进行演出，受到广大观众的一致好评。

是年，苏州市 17 名知识青年下乡插队落户至江浦生产大队第 1、第 2、第 6、第 7、第 8、第 9、第 10 和第 11 生产队，由生产队建造房屋安置。

1969 年

3 月，江浦生产大队社员倪桂林参军入伍，成为江浦生产大队第一位义务兵。

5 月 10 日，江浦生产大队成立江浦生产大队革命委员会，李玉刚担任主任。

5 月 20 日，昆山县血防工作培训班在县蚕种场举办，江浦生产大队各生产队有 1 名保健员参加，在其培训结业后，设立江浦生产大队保健室。

12 月，江浦生产大队保健室更名为江浦生产大队合作医疗室，实行队办队管。

是月，江浦生产大队社员钱小弟参军入伍。

1970 年

春季，江浦生产大队组织社员在西荡河东岸修筑土路，贯通村域南北，全长 3 000 米，路宽 6 米，路基两边种植 1 万余棵水杉树。

是年，江浦生产大队在第 2 生产队建造锯板厂，严大男担任厂长。

1971 年

春季，江浦生产大队各生产队到浙江采购“三水一绿”（水花生、水葫芦、水浮莲、绿萍）放养，这些水生植物既可作为绿肥，又可作为猪饲料。

是年，江浦生产大队各生产队开展备战、备荒运动，“深挖洞，广积粮”，筑起泥土和稻草结构的储粮土圆囤11个。

1972年

3月，江浦生产大队废除“文化大革命”前期推行的“大寨式”自报互评记分方法，恢复定额记工、多劳多得的分配制度。

春季，江浦生产大队试种双季稻，第一年种植前季稻920亩，亩产259.5公斤（1公斤=1千克）。

12月，江浦生产大队社员倪海章参军入伍。

是年，江浦生产大队根据各户人口增减情况，重新划分社员自留地。

1973年

春季，江浦排灌站升级改造，调换原20英寸（1英寸=2.54厘米）水泵，改用40英寸水泵2台，联圩灌溉农田3 000亩。江浦联圩日降水量80毫米时不受涝。

1974年

2月，江浦生产大队结合农田基本建设，将大部分明渠道改建为拱形灰土暗渠，水流量增大，灌溉农田省时、省工。

10月，八一电影制片厂在江浦生产大队物色40余名群众演员参加电影拍摄，拍摄地点选在娄江的河段上，影片的片名为《车轮滚滚》。

12月，江浦生产大队社员王宝荣参军入伍。

1975年

3月8日，江浦生产大队购买“东方红28型”中型拖拉机1台，它成为城南人民公社的第一台中型拖拉机。

春季，江浦生产大队增设50千伏变压器1台，新建30千瓦江浦卫星灌溉站1座，坐落于第2生产队西侧虹祺路边。

是年，昆山县在江浦丰产片区创建农业生产示范区，由县农业局局长带队蹲点，由农业技术人员具体指导，实行规范化的科学种田、科学管理。

是年，江浦生产大队各生产队将总田亩的50%种植双季稻，其中前季稻种植面积为1 091亩，亩产290公斤。

1976 年

1 月 8 日，江浦生产大队党支部组织全体党员和群众在大队部公场悼念周总理。

3 月，江浦生产大队社员富三男和陈小弟参军入伍。

4 月，江浦生产大队在江浦小学东首次建造 200 平方米的教育用房，开设江浦中学，王伏生担任校长。该校有教师 5 人、中学生 40 余人。

9 月 9 日，江浦生产大队党支部组织全体党员和群众在大队部公场悼念毛主席，通过购买的 9 英寸黑白电视机，组织参加悼念活动的人员集体收看中央电视台播出的毛主席追悼会活动。

是年，王宝章担任江浦生产大队党支部书记。

是年，江浦生产大队社员家庭全部用上电灯照明。

1977 年

1 月，江浦生产大队社员汤小林参军入伍。

5 月，江浦生产大队域内连续降雨 21 天，水位超过 3 米，夏熟作物产量大幅减少。

8 月，城南人民公社合作医疗管理委员会成立。江浦生产大队合作医疗室由队办队管改为队办社管，社员如果患有小病，在江浦生产大队合作医疗室就诊；如果患有大病，由江浦生产大队合作医疗室开出县级医院医疗特约单就诊。

是年，江浦生产大队开办五金厂，石阿炳担任厂长。

1978 年

3 月，江浦生产大队社员夏正楼参军入伍。

5 月，江浦生产大队第 4 生产队种植杂交水稻“南优 1 号”116 亩，平均亩产 458 公斤。

10 月，江浦生产大队第 1 生产队社员陆根梅建造了两上两下的楼房。

是年，江浦生产大队社员马承元参军入伍。

1979 年

3 月，江浦生产大队在第 4 生产队创办村域内第一所幼儿园，汤素英担任教师。

5 月，江浦生产大队贯彻落实中共中央《关于地主、富农分子摘帽问题和地主、富农子女成分问题的决定》精神，生产大队队内6名地主、4名富农全部“摘帽”，其子女身份重新确定。

11月，江浦生产大队召开党员、干部会议，传达贯彻中共十一届三中全会精神，全党工作重心转移到以经济建设为中心上来。江浦生产大队制定全面发展多种经营规划，各生产队发展养猪场、鱼塘，还有养鹅场、养鸡场等，为生产队集体经济增加收入，提升社员生活水平。

1980年

春季，江浦生产大队创建江浦毛纺厂，严大男担任厂长。厂址设在庙泾河边，占地面积10亩，建筑面积2 000平方米。

3月，江浦五金厂迁移至江浦生产大队第2生产队高地上，石阿炳担任厂长。

10月，江浦生产大队按照党的政策，对在“文化大革命”初期，4户富农家庭被拆掉没收的房屋和财产进行退赔。

11月，江浦生产大队社员杨根林参军入伍。

1981年

11月，江浦生产大队在城南人民公社农科站的指导下，全面推广小麦免耕法（在水稻收割前7天左右把小麦的籽播在稻田里），此免耕法具有省工、省本，出苗快、出苗齐的优势。

是年，撤销江浦生产大队革命委员会建置，恢复江浦生产大队管理委员会建置。

1982年

春季，江浦生产大队创办江渔塑料厂（与渔业村合办），方正根担任厂长。

12月，江浦生产大队推行大组“联产到劳”和分组“联产到劳”的农业生产责任制。

1983年

6月，江浦生产大队更名为江浦村，并成立江浦村村民委员会（以下简称“江浦村村委会”），顾火根担任主任；同时成立江浦村经济合作社，胡阿毛担任社长；生产队改称村民小组。

9月，江浦村开设化肥农药供应站（以下简称“肥药站”），村民不出村就能购到化肥与农药。

是月，江浦村全面实行家庭联产承包责任制，即分田到户。江浦村以村民小组为单位，按人口划分，人均分得0.5亩口粮田；剩余田亩按劳动力划分责任田。

11月，江浦村村民王雪龙参军入伍。

1984年

3月，江浦村村民王伟平参军入伍。

7月，江浦村第3村民小组村民顾秀根成为江浦村第一个考上大学的本科生，毕业后留校任教。

8月，江浦村在第5村民小组建造水稻、三麦（大麦、小麦、元麦）、油菜种子仓库，为各组农户提供水稻、三麦良种。

12月20日，顾火根担任江浦村党支部书记。

1985年

1月，江浦村村民何培良参军入伍。

3月，江浦村在实行家庭联产承包责任制的情况下，国家粮食统购改为合同定购，任务分配到户，仍属指令性计划；定购粮食价格按“倒三七”，即三成按原统购价，七成按超购价计算。

1986年

4月，江浦村建立村广播室，安装高音喇叭8只。

春季，江浦五金厂在江浦村第1村民小组1号圩重建，占地面积10亩，厂房面积800平方米。

10月，城南乡与玉山镇合并，江浦村隶属玉山镇。

是月，江浦村村民王翠刚参军入伍。

1987年

3月，姜国才担任江浦经济合作社社长。

5月，江浦村调整江浦毛纺厂领导班子，许祥友担任江浦毛纺厂厂长。

7月，江浦小学动迁至共青村第5村民小组所在区域。

是年，江浦村创建水泥制品厂和土窑厂。

1988年

3月，江浦村第3村民小组冯建新第一个在昆山县购买100平方米商品房。

9月，昆山发放第一代居民身份证，江浦村发放第一代居民身份证673张。

是年，江浦村购买“丰收35号”中型拖拉机1台。

1989年

3月，江浦村村民刘国良参军入伍。

9月28日，昆山撤县建市，江浦村隶属昆山市玉山镇。

10月，江浦村成立老年协会，设置活动场所，杨荣根担任会长。

是年，江浦村购买联合收割机“桂林2号”1台。

1990年

2月10日，深夜1时57分常熟与太仓交界处发生5.1级地震，江浦村有明显震感，村域内无人员伤亡。

12月，江浦村村民李伟东、刘建春和赵俊邦参军入伍。

1991年

春季，江浦村组织全村村民大面积植树，通过在河边种植柳树来绿化环境。

6月，江浦村遭受洪涝灾害，粮食产量减少。受灾后，江浦村组织村民加高、加实外围圩堤。

12月，江浦村村民李峰参军入伍。

1992年

3月初，昆山市马鞍山中路建设工程动工，江浦村第6村民小组、第7村民小组、第11村民小组的部分住宅动迁，村民被安置在江浦村第10村民小组所在区域，并在该地新建别墅。

10月，江浦村原第10村民小组住宅区更名为江浦新村住宅区。

1993年

年初，江浦村五金厂动迁至第3村民小组，并建造生活大楼。

9月，江浦村连续13年无超生人口，计划生育成绩显著，受到昆山市委、市政府的表彰。

10月，江浦村第11村民小组村民张志明在江浦村第一个购买小轿车。

11月，江浦村第11村民小组村民李玉刚在江浦村第一个安装有线电话。

12月，江浦村按照政府建设用地规划，组织村民动迁，对原来的种植户、养殖户进行动迁补偿。

是月，江浦村村民季苏弟参军入伍。

1994年

2月，江浦村在农业规模服务“升级、提高、创优”工作中被昆山市人民政府评为“一级合格村”。

4月，江浦村每户家庭基本用上自来水。

5月，江浦村在第6村民小组重建农机队，该农机队拥有机房6间，共计300多平方米，村里的手扶拖拉机、中型拖拉机全部集中存放于此，统一管理、统一作业，还包括维修服务。

1995年

1月，许祥友担任江浦村党支部书记。

2月，经昆山市发展和改革委员会批准，江浦村创办全市第一家三产股份有限公司——昆山西城建筑装璜工程公司，由印永刚等人合股投资，吸收民间资本，盘活资产，壮大江浦村集体经济，增加村民收入。

3月，江浦村在第6村民小组所在区域建造办公大楼，占地1 980平方米，建筑面积450平方米。

1996年

春季，江浦村组织发展养殖业，全村开挖鱼塘239亩。

12月，江浦村村民冯良参军入伍。

是年，江浦村被昆山市玉山镇人民武装部评为“1996年度民兵预备役工作先进单位”。

是年，江浦村被中共玉山镇委员会、玉山镇人民政府评为“1994—1996年度计划生育工作先进集体”。

是年，江浦村被中共玉山镇委员会、玉山镇人民政府评为“农业生产先进集体”。

1997年

7月，江浦村各村民小组中的村民家庭安装有线电话160部，总投入150余万元，至9月竣工。

12月，江浦村第1村民小组村民冯友良捐款6 000元，给全村60周岁以上老人每人发放20元春节慰问金。截至2019年12月，冯友良连续18年捐款，深受广大村民好评。

1998 年

1 月，江浦村第 1 村民小组村民冯友良在江浦村第一个创办个体企业——昆山市宏顺通信工程有限公司。

4 月，江浦村被中共昆山市委员会、昆山市人民政府评为“1997 年度双文明建设先进村”。

春季，江浦村创建卫生村，开展道路硬化建设，修筑水泥路面，共有 5 条道路，总长 7 000 米，宽 2 米，建造标准化、无公害厕所 12 座，设置垃圾箱 38 个。全村垃圾实行集中无公害处理。

是年，江浦村被昆山市爱国卫生运动委员会评为“昆山市卫生村”。

是年，江浦村被江苏省爱国卫生运动委员会评为“江苏省卫生村”。

1999 年

2 月，江浦村被中共昆山市委员会、昆山市人民政府评为“1998 年度双文明建设先进村”。

12 月，江浦村村民朱建中参军入伍。

2000 年

1 月，张素珍担任江浦村党支部书记。

3 月，江浦村妇女代表大会（以下简称“江浦村妇代会”）被昆山市妇女联合会、昆山市人事局评为昆山市“四好妇代会”。

4 月，江浦村被中共苏州市委员会、苏州市人民政府评为苏州市“加强农村基层组织建设　加快农村现代化建设示范村”。

12 月，江浦村被昆山市民政局评为“昆山市村民自治模范村”。

是月，江浦村村民夏峰参军入伍。

是年，昆山市建城市生态森林公园，征用江浦村第 7 村民小组、第 8 村民小组、第 9 村民小组耕地 550 亩，68 户村民动迁至共青新村 A 区安置房居住。

是年，江浦村发放“三六九”粮食补贴。（征用土地补偿标准为：每年责任田补偿 300 元/亩，每年自留田补偿 600 元/亩，每年口粮田补偿 900 元/亩）

2001 年

2 月，江浦村党支部书记张素珍当选为江苏省第五届人民代表大会代表。

7月，江浦村被中共昆山市委员会评为“先进基层党组织”。

12月，江浦村被江苏省环境保护厅、江苏省农林厅评为“江苏省百佳生态村”。

是年，江浦村第1村民小组、第2村民小组动迁，村民被安置在江浦新村自建别墅。

是年，江浦村第5村民小组动迁至龙泉山庄动迁房居住，第4村民小组部分农户动迁至共青小区C区动迁房居住。

2002年

年初，江浦村发展富民工程，在原第6村民小组所在区域建造“打工楼”(其中有3幢楼用于出租)，占地10余亩，建筑面积2 400余平方米，总投资60余万元。

2月，江浦村被中共昆山市委员会、昆山市人民政府评为“2001年度双文明建设先进村”。

6月，江浦村施行农村合作医疗新政策，集体承担每人每年50元。其中，25元列入家庭账户，作为基本医疗费支出；25元作为医疗保险基金。全村按在册总人口统计，每人承担20元。

2003年

7月，江浦村第3村民小组、第4村民小组、第6村民小组、第7村民小组、第8村民小组、第9村民小组，共计156户，动迁至共青新村A区和共青小区C区居住。

是年，江浦村在民新路建造标准厂房3幢，占地面积7 000平方米，建筑面积3 740平方米，村集体年收入超百万。

2004年

12月，江浦村村民夏巍参军入伍。

是月，江浦村对60周岁以上老人发放过节费，按照每人100元标准发放，之后每年都有增加。

是月，江浦村在昆山高新区富民三区建造标准厂房2幢，占地面积3 286.2平方米，建筑面积2 000平方米。

是月，江浦村开展第一次全国经济普查。

2005 年

是年，江浦村原办公楼和农机队库房动迁。农机队被撤销，江浦村村委会办公地临时设在共青新村 A 区 2 号楼。

2006 年

年初，冯良担任江浦村党支部书记。

1 月，江浦村开展第二次全国农业普查。

5 月，江浦村被中共苏州市委员会评为“实践‘三个代表’，实现‘两个率先’先锋村”。

6 月，江浦村被中共昆山市玉山镇委员会评为“2003—2005 年度先进基层党组织”。

7 月，江浦村组织 70 周岁以上老年人参加昆山高新区免费体检。

12 月，江浦村村民富舒越、朱敏华、董昊参军入伍。

是年，江浦村被昆山市人民政府评为“‘十五’人口和计划生育工作示范村”。

2007 年

12 月，江浦村被昆山市关心下一代工作委员会评为“全市关心下一代工作‘五有五好’先进单位”。

是年，江浦村打工楼动迁后，在昆山高新区富民三区建造标准厂房 2 幢，共有 1 960 平方米的厂房被出租。

是年，江浦村村委会办公地迁至共青小区 C 区。

2008 年

3 月，江浦村对江浦新村居住区内的原第 10 村民小组的住房进行整治改造，新建别墅 44 幢，实现三线入地、雨污分流，并铺设沥青路面。

11 月，江浦村被苏州市依法治市领导小组办公室、苏州市司法局、苏州市民政局评为“民主法治村”。

2009 年

12 月，江浦村被昆山市爱国卫生运动委员会评为“昆山市十佳卫生村”。

是年，江浦村开展第二次全国经济普查。

2010 年

3 月，江浦村在昆山高新区富民三区建标准厂房 1 幢，建筑面积 973 平方米。

12月，江浦村村民倪顺参军入伍。

是月，江浦村被江苏省环境保护委员会评为“江苏省生态村”。

是年，江浦村被昆山市社会治安综合治理委员会办公室、昆山市综治委预防青少年违法犯罪工作领导小组办公室、昆山市关心下一代工作委员会评为“2008—2010年度昆山市零犯罪社区（村）”。

是年，江浦村被玉山镇人民政府计生协会评为“2008—2010年度人口和计划生育工作先进集体”。

2011年

6月，江浦村被中共昆山市玉山镇委员会评为“2008—2010年度先进基层党组织”。

12月，江浦村开展第一次全国水利普查。

是年，江浦村被苏州市文化广电新闻出版局评为“苏州市公共文化服务示范村”。

2012年

2月，江浦村被昆山市关心下一代工作委员会评为“全市关心下一代工作‘五有五好’示范单位”。

春季，在江浦新村门口东侧、万步路500号建造村委会办公大楼及昆山高新区江浦社区卫生服务中心，占地面积10亩，建筑面积3 000平方米。

9月，昆山高新区、玉山镇实行“区镇合一”管理体制，江浦村域隶属昆山高新区（玉山镇）管辖。

12月，江浦村村民刘亮参军入伍。

2013年

9月，江浦村村民于周明参军入伍。

冬季，江浦村村委会办公大楼建成，并投入使用。

2014年

1月，江浦村被昆山市社区教育办公室评为“昆山市2013年度学习型党组织”。

8月，江浦村居住在共青新村A区的村民家中安装管道天然气。

9月，江浦村村民殷俊参军入伍。

秋季，江浦村对共青小区C区住宅区（属江浦村管辖）进行道路下水道、车位、绿化带、景观等全面改造，投入资金近 2 000 万元。

2015 年

1 月，江浦村被苏州市司法局评为“苏州市规范化村（社区）人民调解委员会”。

春季，江浦村由村域内各居住区村民集体出资，天然气公司给予补助的形式共同投资建设管道天然气工程。该工程建成后，全村 315 户村民家庭用上天然气。

2016 年

3 月，姚兰担任江浦村党支部书记。

5 月，江浦村对共青小区 C 区进行升级改造。

8 月，江浦村老人活动室升级改造，备有电视室、棋牌室、乒乓球室、图书室、计算机室和老人活动座椅及健身器材。

是年，江浦村被昆山市社区教育办公室评为“昆山市 2015 年度学习型党组织”。

2017 年

5 月，戴雪明担任江浦村党支部书记。

9 月，江浦村村民冯智超参军入伍。

10 月，江浦村开展全国第三次土地普查。

秋季，江浦村对共青小区 C 区进行升级改造，建造凉亭、走廊，增设公共电动车充电车位，总投资 8.2 万余元。

12 月，江浦村首次实施医疗普惠补助办法，全年享受医疗普惠的村民共 161 人，门诊和住院费用补助支付 18.48 万元。

是年，江浦村被昆山高新区党工委评为“2016—2017 年度先进基层党组织”。

2018 年

6 月，江浦村被中国成人教育协会农村成人教育专业委员会、教育部社区教育研究培训中心评为“全国农村优秀学习型组织学习型村居（社区）”。

7 月 20 日，在江浦村共青新村 A 区、共青小区 C 区及龙泉山庄开展出租房、群租房联合整治行动，重点整治出租房违法违规行为。

10 月，江浦村被昆山市精神文明建设委员会评为“2017 年度文明村”。

是年，江浦村开展“331”专项整治行动，治理安全隐患，对“三合一”场

所治理整顿。

是年，江浦新村天然气管道进一步升级改造，管道从地上转移到地下进行深埋，总投资550万余元。

2019年

3月，江浦村投资100余万元对江浦新村每户家庭的厕所进行升级改造。

8月，江浦村对江浦新村西侧东荡河进行清淤，并在两侧建绿化景观带。

是月，江浦村对江浦新村108户村民家庭的别墅进行翻修。

9月，江浦村村民刘锐参军入伍。

12月，江浦新村、共青小区C区建立垃圾分类亭。

是月，江浦新村108户村民家庭的别墅翻修工程竣工。

是年，江浦村被苏州市卫生健康委员会评为“苏州市健康村（社区）”。

是年，根据《昆山高新区企业搬迁实施暂行办法》，昆山高新集团有限公司对民新路资产进行回购，江浦村民新路厂房搬迁。

2020年

2月26日，江浦村对新型冠状病毒感染疫情进行全面防控，逐一落实措施，全村没有疫情出现。

6月，江浦村开展清理乱堆、乱放、乱种运动，全村村民积极响应，自觉清理，在3天内完成全部清扫工作。

是月，江浦村党支部书记戴雪明获评昆山高新区党工委授予的“担当作为好干部”称号。

是月，江浦村被中共苏州市委员会评为“先锋村”。

2021年

1月9日，江浦村党支部换届选举，戴雪明连任江浦村党支部书记。

3月21日，江浦村第十三届村民委员会换届选举工作完成，戴雪明担任江浦村村委会主任，姜海燕、佘雪芳、符建新、钱琳娟担任委员。

4月29日，江浦村召开党员大会，戴雪明当选为中国共产党玉山镇第十五次党员代表大会代表。

5月6日，江浦村村务监督委员会选举完成，陆雪芳、王静、李伟豪被推选为村务监督委员会成员。

6月26日，在中国共产党成立100周年之际，江浦村党支部组织全体党员前往浙江嘉兴南湖参观中共一大会址及南湖革命纪念馆。

6月30日，江浦村党支部召开党员大会，庆祝中国共产党成立100周年，并向余杏春、季小翠、富根梅、季吉林、倪桂林5名党员颁发“光荣在党50年”纪念章。

8月10日，江浦村基础设施道路升级改造工程启动，总投资3 300万元。

12月，江浦村推选王阳为昆山市人大代表，陆雪芳、陆建华为玉山镇人大代表。

第一章　村情概览

江浦村位于昆山高新区（玉山镇）老城区西 1.5 千米，东接虹桥村，西连共青村，南倚娄江，北临庙泾河，总面积为 7.8 平方千米。2012 年，江浦村重新界定村域面积为 3 平方千米。

江浦村古属吴地，旧属昆山县积善乡。1950 年，江浦村域隶属昆山县城郊区东荡乡。1956 年，江浦村域成立江浦高级社。1958 年，江浦高级社更名为江浦生产大队。1983 年，江浦生产大队更名为江浦村，延续至今。

江浦村地处太湖流域，阳澄湖以东平原地区，地势偏低。江浦村域地处亚热带与温带过渡地带，属于亚热带季风海洋性气候。

2020 年，江浦村下辖 11 个村民小组。全村有 314 户，总人口 1 450 人，村民集中居住在江浦新村、共青新村 A 区、共青小区 C 区、龙泉山庄和虹桥佳苑等小区。

第一节　建置区划

一、历史沿革

江浦村历史沿革，可追溯到秦朝。秦始皇帝二十四年（前223），始建疁县，江浦村域隶属会稽郡疁县。秦二世皇帝三年（前207），疁县改称娄县，江浦村域隶属娄县。新朝始建国元年（9），娄县改称娄治县，江浦村域隶属娄治县。东汉建武十一年（35），娄治县复为娄县，江浦村域隶属娄县。梁天监六年（507），娄县分置信义县，江浦村域隶属信义县。梁大同二年（536），信义县分置昆山县，江浦村域隶属昆山县。隋开皇九年（589），信义县并入昆山县，江浦村域隶属未变。宋嘉定十年（1217），析昆山县东部之安亭、春申等5乡置嘉定县，昆山县尚有9乡，江浦村域隶属昆山县积善乡。明正德元年（1506），据《姑苏志》载，昆山县有6乡13保，昆山县积善乡在县西北，辖第一保和第二保，江浦村域隶属昆山县积善乡第一保。清光绪《昆新两县续修合志》载，清雍正二年（1724），昆山县域置新阳县，两县同城分治7乡18保，积善乡辖第一保和第二保，共22个村，江浦村域隶属新阳县积善乡第一保。清宣统元年（1909），昆山县、新阳县推行地方自治，两县改划城乡18界，即1市17乡，江浦村域隶属新阳县玉山市。

1912年，新阳县并入昆山县，1市17乡未变，江浦村域隶属昆山县玉山市。1929年，昆山改划10个区、337个乡、41个镇，玉山市改为昆山县第一区，江浦村域隶属昆山县第一区北濞乡。1934年6月，昆山县改划8个区、65个乡镇，江浦村域隶属昆山县第一区北濞乡。1944年12月，昆山县第一区改名鹿城区，江浦村域属鹿城区北濞乡。1945年12月，江浦村域改属巴城区北濞乡。1947年

12 月，北濞乡、青墩乡合并，始建城北乡，江浦村域隶属巴城区城北乡。

1949 年 5 月 13 日，江浦村域解放，沿用原来建置区划；同年 7 月，昆山县建巴城区；10 月 1 日，中华人民共和国成立，江浦村域隶属昆山县巴城区城北乡。1950 年 1 月，昆山县改划小乡，昆山城区及周边组建城郊区，江浦村域隶属昆山县城郊区东荡乡。1951 年 6 月，江浦村域隶属昆山县正仪区东荡乡。1956 年 3 月，昆山县并区并乡，城郊区更名环城区，江浦村域成立江浦高级社，隶属环城区城西乡。1958 年 4 月，昆山县又并乡，江浦村域隶属昆山县城南乡。1958 年 10 月，实行“政社合一”管理体制，城南、城北两乡和玉山镇合并，成立马鞍山人民公社，江浦高级社更名为江浦生产大队，隶属马鞍山人民公社。1959 年 6 月，撤马鞍山人民公社，分建城南、城北、玉山 3 个人民公社，江浦村域隶属城南人民公社，江浦生产大队建置不变。

1983 年 6 月，实行“政社分设”管理体制，江浦村域称为江浦村，隶属城南乡。

1986 年 10 月，城南乡与玉山镇合并，江浦村域隶属玉山镇。2012 年 9 月，昆山高新区、玉山镇实行“区镇合一”管理体制，江浦村域隶属昆山高新区（玉山镇）管辖。至 2020 年，江浦村隶属未变。

截至 2020 年，江浦村域隶属关系变迁如表 1-1 所示。

表 1-1　江浦村域隶属关系变迁一览表

时间	隶属
宋嘉定十年（1217）	昆山县积善乡
明正德元年（1506）	昆山县积善乡
清雍正二年（1724）	新阳县积善乡
清宣统元年（1909）	新阳县玉山市
1912 年	昆山县玉山市
1934 年	昆山县第一区北濞乡
1947 年	昆山县巴城区城北乡
1949 年	昆山县巴城区城北乡

续表

时间	隶属
1950 年	昆山县城郊区东荡乡
1951 年	昆山县正仪区东荡乡
1956 年	昆山县环城区城西乡
1958 年	昆山县城南乡、马鞍山人民公社
1959 年	昆山县城南人民公社
1983 年	昆山县城南乡
1986 年	昆山县玉山镇
1989 年	昆山市玉山镇
2012 年	昆山高新区（玉山镇）
2020 年	昆山高新区（玉山镇）

二、区位交通

江浦村位于昆山高新区（玉山镇）老城区西 1.5 千米。东距上海市 55 千米，西与苏州市区相隔 37 千米。江浦村域长 3 千米，宽 2.6 千米，东与虹桥村相邻，南抵娄江，西与共青村相连，北临庙泾河。江浦村域面积为 7.8 平方千米，2000 年昆山高新区核准江浦村域面积为 3 平方千米。江浦村村委会设在昆山市玉山镇万步路 500 号。

江浦村距沪宁铁路昆山站 5 千米，离京沪高铁昆山南站和昆山汽车客运中心站 6 千米，均通有公交车。江浦村域内有“二纵四横”，即 6 条公路干线，“二纵”是江浦路和虹祺路，“四横”是震川西路、前进西路、马鞍山中路和万步路。昆山市公交车 3 路、5 路、19 路、128 路、159 路和夜 2 路通达江浦村域。同时，南有娄江、北有庙泾河临境而过，水陆交通便捷。

三、村名起源

1956 年年初，江浦村域筹建高级社，杨荣根召集各自然村代表、高级社筹备人员商议办社事宜，提议将高级社办公室设置在江浦自然村，沿用江浦自然村的“江浦”一名，取名江浦高级社。该提议得到与会人员一致同意，并经上级领导批准，设江浦高级社管理委员会。自此以后，“江浦”之名一直沿用至今。

第二节 村域环境

一、地貌

江浦村属阳澄湖低洼平原地区，南高北低，地面高程偏低。其中，龙潭溇圩30多亩，陈长溇圩40亩，长条溇圩60多亩。大部分田面高程低于汛期外河水位。中华人民共和国成立前，江浦村域遇到暴雨，由于排水不畅，容易形成洪涝灾害，历代虽不断围圩筑堤，但洪涝灾害仍然频繁发生。中华人民共和国成立后，江浦村域通过不断拓浚河道、分流内外河、建造电力排灌站、预降水位等措施，洪涝灾害得到有效控制。

人们的生产活动也使该地区的地貌发生了变化。1958年，江浦村域加强水利工程建设，特别是在20世纪70年代中期的“农业学大寨”活动中，开展农田平整建设，通过削高垫低，将部分土墩、高田、坟地、河漕、河潭和废弃的沟渠变成平整的农田。

二、河流

江浦村地处太湖流域阳澄湖水系，村域外有临村河流2条，村域内有主干河流7条、较大的溇塘5个，还有便于生产的河流13条（不做详述）。

（一）临村河流

娄江　又称“至和塘”。昆山城区东面一段通达太仓市，亦称“太仓塘”，西面一段通达苏州市老城区，亦称“苏州塘”。娄江西段位于村域南边，该河流

呈东西流向，流经江浦村河段为 2.6 千米。

庙泾河 位于村域北边，该河流呈东西流向，全长 7.75 千米，流经江浦村河段为 2.6 千米，现为昆山市自来水集团有限公司主要取水点。

（二）主干河流

河南港河 位于村域中部，该河流呈东西流向（东起长条溇，西至虹祺路），全长约 1 200 米，宽约 15 米。2001 年，在建造昆山市第一中学时，该河流被填埋。

小塘渔河 位于村域南部，该河流呈南北流向（南起震川西路，北至长条溇），全长约 1 150 米，宽约 40 米。1993 年，在建造江浦路时，该河流被填埋。

江浦河 位于村域中部，该河流呈南北流向（南起震川西路，北至东风河），全长约 1 500 米，宽约 30 米。

西荡河 位于村域中部，该河流呈南北流向（南起东风河，北至庙泾河），全长约 1 500 米，宽约 30 米。

东荡河 位于村域北部，该河流呈南北流向（南起东风河，北至庙泾河），全长约 2 000 米，宽约 25 米。

池渔泾河 位于村域南部，该河流呈东西流向（东起江浦村小塘渔自然村，西至共青村），全长约 1 500 米，宽约 30 米，是江浦村水上通道之一。

东风河 位于村域中部，该河流呈东西流向（东起长条溇，西至共青村），全长约 1 000 米，宽约 30 米，是江浦村水上通道之一。

（三）溇塘

坑坑溇 位于第 5 村民小组所在地，该溇塘呈东西流向（东起小塘渔河，西至虹祺路），全长约 1 000 米，宽约 36 米，后被填平，于 2005 年被昆山市政建设开发征用，建成昆山市第一中学。

漫泥溇 “L”形河流，位于第 5 村民小组所在地，该溇塘呈东西流向（东至农田，西靠虹祺路），全长约 200 米，宽约 40 米，于 2005 年被昆山市政建设开发征用，建成昆山市第一中学。

荷花溇 位于第 4 村民小组所在地，该溇塘呈东西流向（东起江浦河，西至共青村），全长约 850 米，宽约 38 米，后被填平，于 2007 年被昆山市政建设开发征用，建成森林半岛花园住宅区。

陈长溇　位于第7、第8村民小组所在地，该溇塘呈南北流向（南起东风河，北至第8村民小组所在地），全长约1 150米，宽约35米，后被填平，于2001年被昆山市政建设开发征用，建成昆山市城市生态森林公园。

长条溇　位于第10、第11村民小组所在地，该溇塘呈南北流向（南起小塘渔河，北至第10村民小组所在地），全长约1 500米，宽约45米。该溇塘于1992年填平。

三、气候

江浦村地处亚热带季风海洋性气候区。气候湿润温和，四季分明，夏季炎热多雨，冬季寒冷干燥，春、秋两季气候宜人。

气温　江浦村域夏季受海洋性气团影响和副热带高压控制，村域内受东南季风影响，全年高温天气多出现在7月、8月。

1959—1998年，江浦村域日极端最高气温一般在35~37 ℃（35~35.9 ℃有13年，36~36.9 ℃有12年，37~37.9 ℃有11年）。2000—2020年，年平均气温为16.5 ℃，日极端最高气温为40.6 ℃（2013年），日极端最低气温为-8 ℃（2016年）。

降水　1959—1998年，江浦村域平均年降水量为1 073.0毫米，年降水量差异较大。年降水量最多的是1960年，达1 576.0毫米；最少的是1978年，为672.9毫米。1959—1998年，江浦村域年降水量超1 000.0毫米的年数有23年，占总年数的57.5%。年降水量大于1 300.0毫米的有1960年（1 576.0毫米）、1977年（1 381.9毫米）、1985年（1 326.5毫米）、1987年（1 392.5毫米）、1991年（1 522.4毫米）、1993年（1 402.0毫米）；年降水量小于850毫米的有1967年（822.8毫米）、1971年（777.3毫米）、1978年（627.9毫米）、1988年（840.0毫米）、1992年（826.1毫米）。江浦村域全年降水量夏季最多，春季次之，冬季最少。四季降水量分布如下：春季（3—5月）平均降水量为286.8毫米，占全年降水量的27.0%；夏季（6—8月）适逢梅雨季节，降水较多，平均降水量为406.1毫米，占全年降水量的38.2%；秋季（9—11月）平均降水量为243.7毫米，占全年降水量的22.9%；冬季（12—2月）平均降水量为127.0毫米，占全年降水量的11.9%。2000—2020年，江浦村域平均年降水量为1 215.3

毫米，最大降水量为 1 522. 4 毫米，最小降水量为 826. 0 毫米，平均年降水天数为 128 天，最多降水天数为 150 天，最少降水天数为 99 天。

日照 1959—1998 年，江浦村域平均年日照为 2 096. 3 小时，平均年日照百分率为 48%。不同年份日照时数差异较大。年日照时数最多的是 1978 年，为 2 460. 7 小时；最少的是 1959 年，为 1 710. 0 小时。年日照时数之差为 750. 7 小时。一年之中，以 7 月、8 月日照时间颇为充裕，每月日照时数为 250. 0 小时。冬季日照时数最少，1 月、2 月每月日照时数不足 150. 0 小时。2000—2020 年，江浦村域平均年日照时数为 1 974. 8 小时，平均年日照百分率为 45%，日照时数最少的是 2017 年，为 1 643. 4 小时。

第三节　村域资源

一、土地资源

江浦村域土地总面积为 3 394 亩，其中耕地面积 2 156 亩，宅基道路 350 亩，河漤面积 450 亩，精养鱼塘 230 亩，其他面积 208 亩。自 1992 年起，因马鞍山中路、前进西路、万步路、江浦路建设，昆山市城市生态森林公园、昆山市第一中学建设，以及虹桥佳苑、森林半岛花园、共青新村 A 区、共青小区 C 区、龙泉山庄等住宅区兴建，耕地面积逐年减少。

随着昆山市城镇化建设不断完善，社会事业建设不断发展，至 2000 年年底，江浦村域内大部分土地被征用。

江浦村地处长江下游的太湖流域，土壤结构类型为成土母质，由河湖沉积物堆积而成，一般为重盐土质。村域土壤均属水稻土类，为脱潜型水稻土Ⅱ类，其土种为乌山土和青紫土，受水温影响较大，土壤养分难以释放，保肥性能虽好，但供肥性能不佳，提高作物产量不易。

二、水系资源

江浦村域水系资源比较充足，平均年降水量充沛。1959—1998 年，江浦村域平均年降水量为 1 073.0 毫米；2000—2020 年，平均年降水量为 1 215.3 毫米，最大降水量为 1 522.4 毫米，最小降水量为 826.0 毫米。

江浦村域南有娄江，北有庙泾河，直接贯通太湖、阳澄湖和上海港，是重要的补水、泄洪调水体系的一部分。村域内有主干河流 7 条、生产河流 13 条，还有较大的溇塘 5 个，水域面积达 450 亩，形成了村域内供水和调水体系。1995 年，新开鱼塘 230 亩。

三、植物资源

（一）粮油类

水稻（籼稻、粳稻、糯稻）、三麦、玉米、高粱、红薯、马铃薯、芋艿、赤豆、绿豆、油菜籽、大豆、芝麻、花生、向日葵。

（二）蔬菜类

青菜、菠菜、蓬蒿、卷心菜、韭菜、小白菜、大白菜、空心菜、香菜、甜菜、金花菜、芹菜、菜椒、辣椒、白萝卜、胡萝卜、大头菜、雪里蕻、大蒜、香葱、竹笋、番茄、茭白、慈姑、丝瓜、黄瓜、冬瓜、四季豆、蚕豆、扁豆、乌豇豆、豇豆、毛豆、豌豆、南瓜、荸荠、菱角、莲藕。

（三）食用菌类

香菇、蘑菇。

（四）瓜果类

西瓜、香瓜、酥瓜、橘子、桃子、梨、苹果、葡萄、柿子、枇杷、草莓。

（五）花卉类

梅花、兰花、菊花、白兰花、白玉兰、鸡冠花、美人蕉、一串红、牵牛花、月季花、茉莉花、蜡梅、桂花、杜鹃花、山茶花等。

（六）林木类

松树、柏树、水杉、刺槐、梧桐、香樟、楝树、胡杨、柳树、冬青、黄杨。

四、动物资源

（一）家畜

水牛、黄牛、羊、猪。

（二）家禽

鸡、鸭、鹅、鹌鹑、家鸽。

（三）水产

青鱼、草鱼、鳊鱼、鲢鱼、鲫鱼、鳊鱼、鲤鱼、鳜鱼、鳗鱼、虾、蟹、鳖。

（四）鸟类

喜鹊、乌鸦、麻雀、野鸡、野鸭、八哥、燕子、白头翁。

第四节　人　口

一、人口数量

1949年前，江浦村域人口无资料可查。中华人民共和国成立初期，江浦村域行政区划多变，人口资料不全。1956年，建立江浦高级社时有住户108户，常住人口456人。人民公社化运动时期，区划又多有变动，人口增减变化较大。自1966年，人口渐趋稳定，全村有农户229户，人口859人，其中城镇居民下放村里9人。1968年，江浦村域内安置知识青年17人，由于知识青年返城、外出招工和婚姻等人员流动频繁，至1983年全村共有271户，人口1 050人，至2020年全村共有314户，常住人口1 450人。20世纪六七十年代，老年人的寿命一般为60周岁。进入21世纪，随着生活环境的改善和生活质量的提升，人的寿命也随之延长。1990—2020年，老年人平均寿命为75周岁。2020年，江浦村

80—95 周岁老年人有 52 人。

1966—2020 年江浦村（江浦生产大队）户数与人口如表 1-2 所示。

表 1-2 1966—2020 年江浦村（江浦生产大队）户数与人口选年表

年份	总户数/户	总人口/人
1966	229	859
1971	266	1 021
1976	272	1 070
1981	284	1 080
1986	291	1 069
1991	308	1 042
1996	302	1 040
2001	380	1 211
2006	281	1 289
2015	305	1 319
2020	314	1 450

二、人口结构

民族 江浦村是汉民族聚居地区，根据中华人民共和国成立以来历年人口资料及 1982 年、2010 年和 2020 年派出所户籍底册，截至 2020 年 12 月，江浦村有回族住户 1 户，共 5 人，其余均系汉族人口。

性别 根据历年来人口资料反映，江浦村村民男性、女性比例相差不大，1981 年全村人口 1 080 人，其中男性 524 人，女性 556 人，性别比例为男性占 48.5%，女性占 51.5%。2020 年全村人口 1 450 人，其中男性 712 人，女性 738 人，性别比例为男性占 49.1%，女性占 50.9%。

2020 年江浦村各组人口性别情况如表 1-3 所示。

表 1-3　2020 年江浦村各组人口性别情况一览表

组别	户数/户	人数/人	男性/人	女性/人
1	44	226	116	110
2	18	79	37	42
3	38	187	96	91
4	24	99	45	54
5	33	132	67	65
6	22	117	51	66
7	24	97	48	49
8	24	121	58	63
9	24	108	53	55
10	33	147	73	74
11	30	137	68	69
合计	314	1450	712	738

年龄　随着村民生活水平逐年提高，以及医疗卫生事业不断发展，江浦村村民死亡率明显降低，村民寿命延长，且过着安居乐业的幸福生活。

2020 年 12 月，全村 1 450 人中，0—6 周岁的学龄前人口为 120 人，7—17 周岁学龄期人口为 218 人，18—64 周岁成年期人口为 821 人，65 周岁及以上老年期人口为 291 人。

2020 年江浦村人口年龄结构如表 1-4 所示。

表 1-4　2020 年江浦村人口年龄结构一览表

年龄段	人数/人
学龄前（0—6 周岁）	120
学龄期（7—17 周岁）	218
成年期（18—64 周岁）	821
老年期（65 周岁及以上）	291

2020 年，江浦村 291 位老年人中，90 周岁以上的有 6 人，其中男性 1 人，

女性5人。第1村民小组的季招妹年龄最大，为99周岁。

2020年江浦村90周岁以上长寿老人情况如表1-5所示。

表1-5　2020年江浦村90周岁以上长寿老人情况一览表

姓名	性别	出生年份
季招妹	女	1921
丁明章	男	1926
印翠英	女	1926
赵福妹	女	1928
严小妹	女	1929
季小翠	女	1930

文化程度　截至2020年12月，江浦村受教育人口为1 277人，占总人口的88.1%；初中及以上文化程度的人口为898人，占总人口的61.9%，其中高中或中专文化程度的人口为135人，大学及以上文化程度的人口为356人；文盲或半文盲文化程度的人口为173人。

2020年江浦村村民文化程度情况如表1-6所示。

表1-6　2020年江浦村村民文化程度情况一览表

文化程度	人口/人
小学	379
初中	407
高中或中专	135
大学及以上	356
文盲或半文盲	173

就业结构　截至2020年12月，江浦村劳动人口721人，无第一产业劳动人口，第二产业劳动人口为498人，第三产业劳动人口为223人，分别占劳动人口的69.1%和30.9%。

三、人口变化

中华人民共和国成立后，随着村民生活水平的提升，医疗卫生条件得到改

善，人口增长较快。从20世纪60年代开始，江浦村域内开展计划生育工作。

1962年，根据中共中央、国务院关于提倡计划生育的指示，江浦生产大队通过各种会议，采取多种形式向群众宣传计划生育政策，要求党员、干部带头，开展计划生育工作。

1971年，江浦生产大队推行晚婚、晚育政策，提出“结婚晚一点、间隔稀一点、生得少一点、养得好一点”的人口控制要求，提倡每对夫妇生育两个孩子为宜，号召党员、干部带头落实节育措施，大力宣传节育措施，实行避孕药免费供应。

1978年，计划生育从“晚、稀、少、好”过渡到“一对夫妇生育子女数最好一个，最多两个”。1979年10月，江浦生产大队开始推行“一对夫妇只生育一个孩子”。

自1979年起，江浦生产大队对愿意终生只生育一个孩子并落实节育措施的夫妇，颁发独生子女光荣证，每年发放独生子女保健费30元。

1980年，江浦生产大队成立计划生育协会，加强宣传管理工作。该协会由生产大队党支部领导、妇女主任、团支部书记及队办企业负责人等担任协会理事，各生产队妇女队长为协会组成人员。由生产大队妇女主任具体负责计划生育工作，广泛联系社会各界和群众中的积极分子，在《中国计划生育协会章程》的规定下，自愿组织起来，动员群众自我教育、自我管理、自我服务，并积极落实责任制，加强计划生育宣传工作，了解有关情况，及时采取有效措施，促进村内计划生育工作的顺利开展。此后，江浦村的计划生育工作经过各方面的共同努力，取得了良好成绩。

2016年1月5日，国家卫生和计划生育委员会（今国家卫生健康委员会）印发《关于贯彻落实中共中央国务院关于实施全面两孩政策改革完善计划生育服务管理的决定的通知》（以下简称《决定》）。《决定》对实施全面两孩政策，深化计划生育服务管理改革做出全面部署，明确提出了计划生育改革发展的思路原则、目标、主要任务和措施，该文件是指导“十三五”和今后一个时期人口计划生育工作的纲领性文件。

2016年，江浦村放开二孩政策。至2020年，江浦村有29对夫妻生育二孩。

四、人口姓氏

2020年，全村人口中共有122个姓氏。其中50人以上的姓氏7个，50人以下的姓氏115个，不足10人且大于1人的姓氏59个，单一的姓氏26个。姓氏人口以张姓为首，有99人，次之为王、陈两姓，分别为73人和69人。

2020年江浦村人口姓氏情况如表1-7所示。

表1-7　2020年江浦村人口姓氏情况一览表

姓氏	人口/人	姓氏	人口/人	姓氏	人口/人
张	99	陆	17	宋	8
王	73	吴	17	袁	8
陈	69	管	15	姜	7
沈	66	郭	14	苗	7
冯	60	严	14	莫	7
季	57	汤	13	马	7
刘	54	孙	13	于	7
李	47	石	13	郑	5
顾	45	倪	13	翁	5
徐	41	施	13	江	5
朱	37	曹	12	姚	5
富	37	叶	11	何	5
夏	32	崔	11	浦	5
胡	30	赵	11	高	4
钱	30	黄	11	范	4
杨	28	许	10	蒋	4
殷	25	乔	10	潘	4
蔡	23	方	9	董	4
丁	23	陶	9	印	4
周	21	戴	9	戚	4

续表

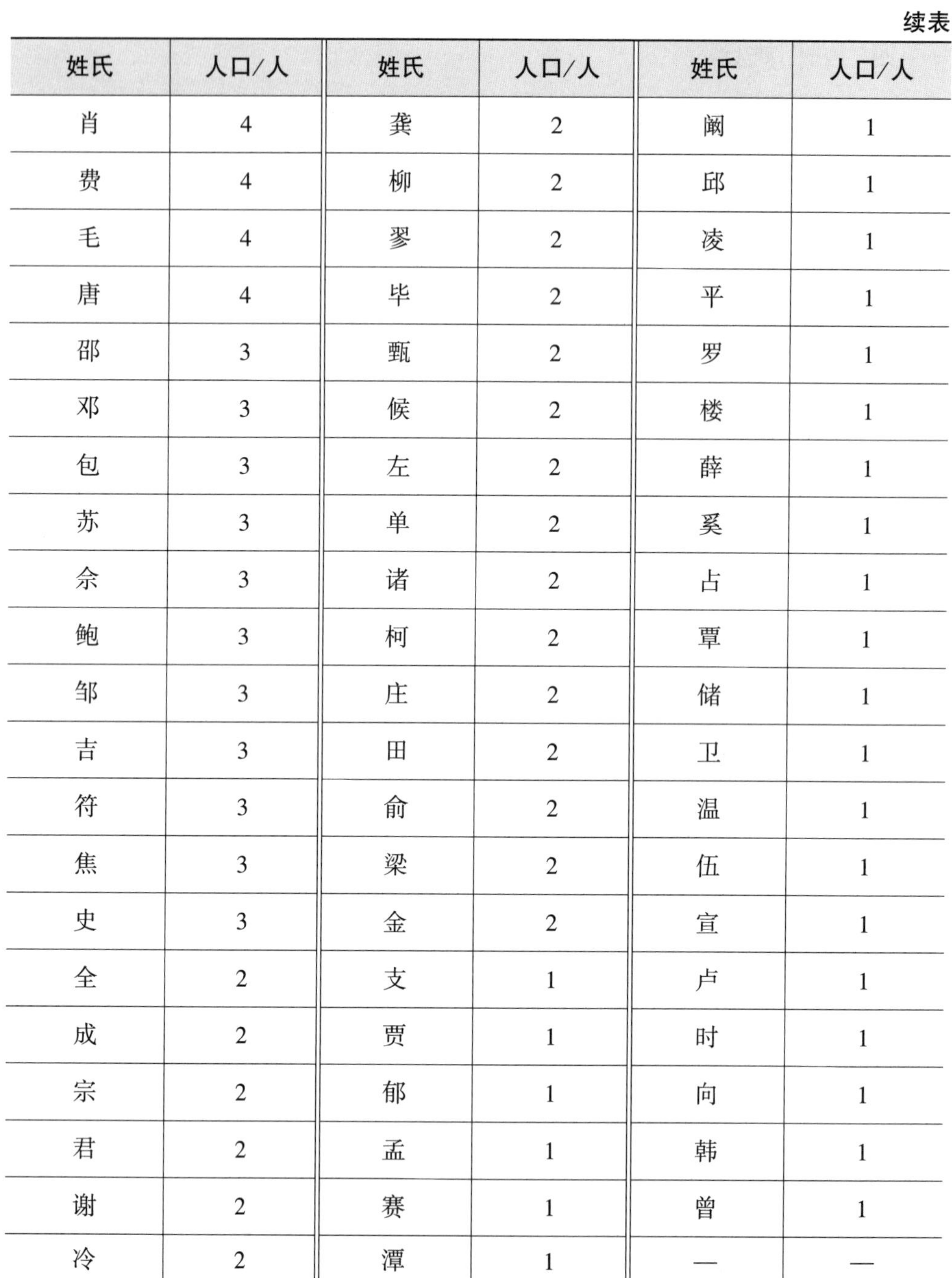

姓氏	人口/人	姓氏	人口/人	姓氏	人口/人
肖	4	龚	2	阚	1
费	4	柳	2	邱	1
毛	4	翏	2	凌	1
唐	4	毕	2	平	1
邵	3	甄	2	罗	1
邓	3	候	2	楼	1
包	3	左	2	薛	1
苏	3	单	2	奚	1
佘	3	诸	2	占	1
鲍	3	柯	2	覃	1
邹	3	庄	2	储	1
吉	3	田	2	卫	1
符	3	俞	2	温	1
焦	3	梁	2	伍	1
史	3	金	2	宣	1
全	2	支	1	卢	1
成	2	贾	1	时	1
宗	2	郁	1	向	1
君	2	孟	1	韩	1
谢	2	赛	1	曾	1
冷	2	潭	1	—	—

五、人口管理

改革开放后，昆山市工业化、城市化、城乡一体化迅猛发展，外来流动人口随之逐年增加。江浦村地处昆山老城区西部，工商业发达，外来流动人口暂住密度较高。2018 年 12 月，江浦村域内暂住外来流动人口有 1 259 人。2020 年 12 月，江浦村域内暂住外来流动人口有 973 人。江浦村的人口管理工作主要从管理机构、管理内容和服务项目方面着手。

管理机构 为切实做好外来人员的管理工作，按照昆山市人民政府和昆山高新区管委会的要求，江浦村组建了村委会、警务站、网络化信息管理站“三位一体”的外来人员管理机构。江浦村村委会重点负责协调外来人员管理中的一些具体问题；警务站重点做好外来流动人口“入城”“入住”“入职”“入学”“入户”五个重点方面的排查与核实工作，把关服务工作；网络化信息管理站重点捕捉信息，提供外来流动人口动态变化信息反馈，做到信息资源共享。

管理内容 从 2011 年开始，对江浦村域内外来流动人口实行全面登记造册制度，建立台账、档案管理制度，并落实专人全程跟踪管理，以便掌握动态变化。

江浦村域外来人员入住或承租民房，须签订入住承租协议，明确权利、义务和法律责任，做到有据可查。

江浦村域配合所在地的派出所，加强对外来流动人口中的无业闲散人员、无居民身份证、持假证人员及其他有严重不良行为的未成年人实行分类管理。

江浦村域加强外来流动人口的培训教育，利用学校定期、不定期对村域内外来流动人口组织培训。培训内容包括法治教育、安全防范知识、文明素养提升等，引导新昆山人见贤思齐、崇德尚善，培育新昆山人文明气质，提升道德素养。

服务项目 2016 年，江浦村域成立调解委员会，由江浦村村委会主任负责，由村妇女主任、治保主任、警务站站长、老年协会会长等人员组成，办公地点设在村委会办公楼一楼民生之家，面积为 15 平方米。针对外来流动人口发生的邻里纠纷、劳资纠纷等问题，江浦村调解委员会统一进行调解，以化解矛盾，给外来流动人口归属感。

第五节 自然灾害

一、水灾

江浦村域属阳澄湖低洼平原地区，地面高程偏低，由于汛期排水不畅，一旦遇上暴雨或上游洪水下泄，河流水位就会高于田面，形成涝灾，历代虽不断筑堤围圩，均不能根除隐患，洪涝灾害频频发生。历史上，民间流传“小雨水汪汪，大雨白茫茫，十年必有九年荒”之说。洪涝灾害在江浦村域内时有发生，且较严重。1949—1955 年，江浦村域内发生 2 次特大涝灾。1949 年 7 月，大雨累月，水位高达 3.6 米，禾稻没顶。1954 年，阴雨持续 66 天，水位高达 4.03 米，河水倒灌，出现百年罕见洪涝灾害。至 2020 年，江浦村发生水灾 8 次，分别在 1949 年、1954 年、1960 年、1962 年、1964 年、1975 年、1977 年、1983 年。但江浦圩除在 1949 年、1954 年受灾严重之外，其他年份虽有受灾，但灾情并不严重。1958 年，实施河网化后，在江浦圩建造江浦排灌站，该排灌站能在汛期及时排涝，避免水灾的发生。

二、风灾

1949 年前，江浦村域大风致灾常有发生，但受灾程度不一。中华人民共和国成立后，江浦村域台风致灾时有发生，较为严重的有 2 次。1962 年，14 号台风导致灾害较重，是年 9 月 5—6 日，飓风侵袭，暴雨连日，倒塌农房 10 余间、牲畜房 10 余间、船舫 2 个。1976 年夏季，江浦村域遭遇雷雨、龙卷风袭击，吹倒牛棚 2 间，小麦倒伏 300 多亩，油菜受损 200 多亩。

三、虫灾

1959 年，江浦村域农作物受到螟虫侵害，水稻成片出现白穗。江浦生产大队组织开展灭螟虫运动，夜间点灯、灭蛾，以减轻虫害，效果明显。

四、雷击

1957 年 6 月，江浦高级社的妇女在秧田拔秧，其中 3 名妇女不幸遭遇雷击身亡，分别是严桂宝、冯杏春、钱小妹。自那以后，江浦村域内再无雷击灾害发生。

第二章　村级组织

中华人民共和国成立初期，江浦村域先后设自然村村长（今村主任）和农民协会、联村村长和农民协会。1952 年，江浦村域先后组织成立江浦农业生产互助组。1955 年，江浦村域组建江浦初级社。1956 年，江浦村域组建江浦高级社。1958 年，实行“政社合一”管理体制，江浦村域成立江浦生产大队管理委员会和江浦生产大队党支部。1983 年，实行“政社分设”体制改革，生产大队改称村，江浦村域建有江浦村党支部、江浦村村委会和江浦村经济合作社。

自中华人民共和国成立以来，江浦村域共青团等群团组织在党支部的领导下，紧紧围绕各历史阶段的中心工作，努力做好本职工作，积极投身农村建设事业，成为江埔村开展党建、村务和经济工作的得力助手。

第一节 党支部

1947 年后，中共昆山地区党组织委派郁三郎深入江浦片区活动，并介绍方长林等人加入中国共产党。

1950 年 1 月，成立中共东荡乡支部委员会，方长林担任党支部书记，办公地点设在江浦村域东荡庙内。

1955 年 9 月，江浦村域有杨荣根、王友开和潘阿桂 3 名正式共产党员。

1956 年，江浦村域成立江浦高级社党支部，杨荣根担任党支部书记。

1958 年 10 月，城南乡、城北乡和玉山镇合并，成立马鞍山人民公社，建立江浦生产大队党支部，有共产党员 8 人，严大男担任党支部书记。

1966 年 4 月，在“四清”运动结束后，李玉刚以江浦生产大队党支部政治指导员身份，全面主持生产大队工作。王友开为代理书记。1966 年 5 月，“文化大革命”开始后，江浦生产大队党支部的活动基本停止。直至 1969 年 5 月，江浦生产大队党支部恢复组织活动，李玉刚担任江浦生产大队党支部书记。

1983 年 6 月，实行乡村管理体制，江浦生产大队党支部变更为江浦村党支部，有共产党员 19 人，其中男性党员 14 人，女性党员 5 人。

2009 年，江浦村党支部有共产党员 34 人，其中男性党员 26 人，女性党员 8 人。

2020 年，江浦村党支部有共产党员 42 人，其中男性党员 26 人，女性党员 16 人。

1956—2020 年江浦村（江浦高级社、江浦生产大队）党支部书记情况如表 2-1 所示。

表 2-1 1956—2020 年江浦村（江浦高级社、江浦生产大队）党支部书记情况一览表

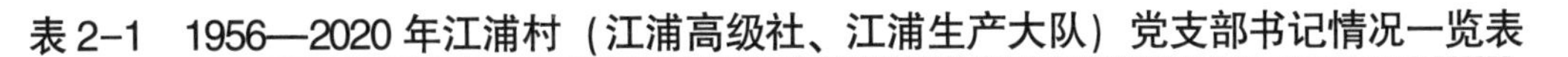

党支部名称	姓名	性别	任职时间	备注
江浦高级社党支部	杨荣根	男	1956—1958 年	兼任江浦高级社社长
江浦生产大队党支部	严大男	男	1958—1966 年	—
	李玉刚	男	1966—1976 年	先担任江浦生产大队党支部政治指导员、江浦生产大队革命委员会主任，后担任党支部书记
	王宝章	男	1976—1983 年	—
江浦村党支部	王宝章	男	1983—1984 年	—
	顾火根	男	1984—1989 年	
	王宝章	男	1989—1994 年	
	许祥友	男	1995—2000 年	兼任江埔村村委会主任
	张素珍	女	2000—2006 年	
	冯　良	男	2006—2015 年	
	姚　兰	女	2016—2017 年	
	戴雪明	男	2017—2020 年	

2009—2010 年江浦村共产党员基本情况如表 2-2 所示。

表 2-2 2009—2020 年江浦村共产党员基本情况一览表

单位：人

年份	党员人数	在职党员	离退休党员	文化程度					年龄结构					
				初中以下	初中	高中或中专	大专	本科及以上	25 周岁以下	25—30 周岁	31—40 周岁	41—50 周岁	51—60 周岁	60 周岁以上
2009	34	15	19	15	9	3	3	4	2	2	3	3	8	16
2010	36	18	18	18	6	1	3	8	5	3	4	3	7	14
2011	37	21	16	13	10	3	4	7	3	1	4	6	8	15
2012	39	23	16	13	10	3	4	9	3	2	4	7	8	15

续表

年份	党员人数	在职党员	离退休党员	文化程度					年龄结构					
				初中以下	初中	高中或中专	大专	本科及以上	25周岁以下	25—30周岁	31—40周岁	41—50周岁	51—60周岁	60周岁以上
2013	40	21	19	12	8	6	5	9	2	5	4	7	5	17
2014	39	19	20	19	5	3	4	8	3	3	3	7	5	18
2015	39	22	17	18	4	3	7	7	2	3	3	8	4	19
2016	41	19	22	17	2	6	7	9	3	3	5	7	4	19
2017	40	23	17	13	7	1	11	8	1	6	6	7	3	17
2018	39	21	18	13	7	1	10	8	1	3	8	7	3	17
2019	38	19	19	13	7	1	9	8	0	4	5	6	5	18
2020	42	20	22	13	7	2	9	11	0	5	6	7	5	19

第二节　行政（自治）组织

一、初级社

1949年5月，昆山解放。同年7月，建立区人民政权。在上级组织的指导下，江浦村域在各自然村设村长。1950年，土地改革结束后，开始组建联村，各村群众共同推举联村村长、农民协会主任等管理村务。

1952年，江浦村域先后成立6个互助组。1954年5月，江浦村域开始筹建初级社。至1955年，江浦村域7个自然村共95户农户组建江浦初级社，初级社是江浦村域内成立的农业生产互助合作组织，杨荣根担任社长。

二、高级社

1956 年，江浦村域组建江浦高级社，并成立江浦高级社管理委员会。江浦高级社管理委员会由杨荣根担任社长，陈美玉担任会计，季纪生担任财经主任，冯有泉担任监察主任，石阿炳担任副业主任，并组建共青团、妇代会和民兵组织等。江浦高级社属于集体所有制性质的经济实体，也是江浦村域内成立的第一个基层行政组织。

三、生产大队

1958 年 10 月，江浦村域实行“政社合一”的管理体制，马鞍山人民公社成立，下设若干生产大队。江浦生产大队管理委员会由大队长、团书记、民兵营长、妇女主任、治保主任等人员组成，负责管理生产大队的队内事务。

1962 年年初，废除以公社为基本核算单位的管理体制，实行公社、大队、生产队“三级所有”，以队为基础，以生产队为基本核算单位的管理体制。江浦生产大队共有 11 个生产队。

1966 年 4 月，“四清”运动结束后，夏咸康担任大队长；是年 5 月，“文化大革命”全面发动；是年 8 月，影响到江浦生产大队。随着革命运动的发展，江浦生产大队管理工作处于半瘫痪状态。1969 年 5 月，江浦村域成立江浦生产大队革命委员会，江浦生产大队革命委员会设主任 1 人、副主任 1 人、委员若干人。主任负责主持工作，副主任负责管理农业生产。李玉刚担任江浦生产大队革命委员会主任，夏咸康担任副主任。

1981 年，江浦村域重新恢复江浦生产大队管理委员会，下辖 11 个生产队。顾火根由江浦生产大队革命委员会副主任转变为江浦生产大队管理委员会大队长。

1958—1981 年江浦生产大队行政干部情况如表 2-3 所示。

表 2-3　1958—1981 年江浦生产大队行政干部情况一览表

名称	职务	姓名	性别	任期
江浦生产大队管理委员会	大队长	张小和	男	1958—1965 年
	大队长	夏咸康	男	1966—1968 年

续表

名称	职务	姓名	性别	任期
江浦生产大队革命委员会	副主任[①]	夏咸康	男	1969—1976年
	副主任	顾火根	男	1977—1981年
江浦生产大队管理委员会	大队长	顾火根	男	1982—1983年

注：① 副主任相当于生产大队的大队长。

四、村委会

1983年6月，江浦村域实行“政社分设”体制改革，生产大队更名为村委会，生产队更名为村民小组。村委会是村民自我管理、自我教育、自我服务的基层自治组织。村委会由1名主任和5~7名委员组成。村委会成员均由村民大会和村民代表大会采用差额选举办法选举产生。

江浦村第一届村委会由7人组成，下辖11个村民小组。顾火根担任江浦村村委会第一任主任。

2017年，戴雪明担任江浦村村委会主任。

1983—2020年江浦村历任村委会主任情况如表2-4所示。

表2-4　1983—2020年江浦村历任村委会主任情况一览表

名称	姓名	性别	任期
江浦村村委会主任	顾火根	男	1983—1985年
	李德元	男	1985—1994年
	季小弟	男	1995—1996年
	许祥友	男	1997—2000年
	张素珍	女	2000—2006年
	冯　良	男	2006—2015年
	姚　兰	女	2015—2017年
	戴雪明	男	2017—2020年

五、经济合作社

1983 年 6 月，江浦村域实行“政社分设”体制改革，设有经济合作社，其成员由村民小组组长选举产生。胡阿毛担任江浦村经济合作社第一任社长。

江浦村经济合作社主要负责全村农、副、工三业的生产及管理工作。江浦村经济合作社始建时，设社长 1 人、会计 1 人。

1985 年，姜国才担任江浦村经济合作社长。

1999 年后，由于江浦村土地被全部征用，不再设置社长一职。

附：

江浦村域从江浦高级社开始，在村级机构设置中，均有会计一职。

1956—2020 年江浦村（江浦高级社、江浦生产大队）历任会计情况如表 2-5 所示。

表 2-5 1956—2020 年江浦村（江浦高级社、江浦生产大队）历任会计情况一览表

名称	姓名	性别	任期
江浦高级社	陈美玉	女	1956—1958 年
	张文龙	男	1958—1964 年
江浦生产大队	胡阿毛	男	1964—1976 年
	张国才	男	1976—1980 年
	李德元	男	1980—1985 年
	胡阿毛	男	1985—1999 年
江浦村	冯　良	男	2000—2005 年
	顾玉芳	女	2005—2015 年
	姜海燕	女	2015—2020 年

第三节　群团组织

一、共青团

共青团前身为中国新民主主义青年团（以下简称“新青团”），1957 年改名为中国共产主义青年团。

1950 年，东荡乡始建新青团，江浦村域隶属东荡乡团支部领导。1956 年，高级社建设时期，江浦村域始建团支部，殷阿毛首次担任团支部书记。1957 年 5 月，人民公社化运动时期，江浦村域内创建共青团江浦支部。1958 年，共青团江浦支部更名为江浦生产大队团支部。“文化大革命”期间，江浦生产大队团支部组织活动基本停止。1971 年，重新恢复共青团活动。1983 年后，江浦生产大队团支部改称江浦村团支部。

1956—2020 年，历任江浦村（江浦高级社、江浦生产大队）共青团（新青团）支部书记先后由殷阿毛、胡泉根、顾火根、夏正荣、石冬林、许祥友、顾玉芳、刘亮和钱琳娟担任。

2020 年 12 月，江浦村团支部共有共青团员 16 人。

二、妇代会

妇代会前身是妇女民主联合会，简称“妇联”。妇代会因通过各级妇女代表大会选举产生，故称此名。该村级组织的生产大队负责人俗称“妇女主任”。

1950 年，江浦村域始建东荡乡妇联，村域妇联隶属东荡乡妇联领导。1956 年，高级社时期，江浦村域始设妇女主任一职，陈水英首次担任妇女主任。1958 年，人民公社时期，江浦村域设生产大队妇女主任。“文化大革命”时期，妇代会工作一度中止，1971年后才恢复工作。1983年后，江浦生产大队妇代会改为江浦村妇代会。

1956—2020年，江浦村妇代会主任（妇女主任）先后由陈水英、富根梅、张素珍、顾玉芳和符建新担任。

第四节　其他组织

一、老年协会

1989年10月，江浦村老年协会成立，首任会长为杨荣根，名誉会长为王宝章。在江浦村党支部和村委会的领导和关怀下，江浦村老年协会采取自我组织、自我管理、自我服务、自我教育、自我娱乐、自我保护等方式，服务于社会。

1989—2020年，江浦村老年协会先后由杨荣根、钱宝生、方正根、佘雪芳担任会长。

2020年，江浦村60周岁以上老年人328人，其中男性166人，女性162人。佘雪芳担任江浦村老年协会会长。

二、贫下中农协会

1965年12月，江浦生产大队设立贫下中农协会（以下简称“贫协”），夏咸达首次担任贫协主任。生产队设贫协组长。“文化大革命”期间，贫协协助江浦生产大队管理委员会、革命委员会开展群众工作，并在贫下中农管理学校工作中发挥积极作用。

1974—1978年，刘金火、石阿炳先后担任贫协主任。

1978年后，贫协自行消失。

三、农民协会

1950年年初，东荡乡成立农民协会，毛和尚担任乡农民协会主任。随后，各自然村组建联村，相继推举联村村长和农民协会主任各1名，共同做好自然村的管理工作。农民协会在土地改革和组织生产等方面发挥重大作用，但随着初级社的成立，农民协会的作用逐渐减退。至1955年年末，农民协会自行消失。

四、民兵组织

中华人民共和国成立后，江浦村域内始建民兵分队，冯友泉担任民兵分队长，隶属东荡乡民兵中队管辖。1958年，马鞍山人民公社组建民兵团，江浦生产大队组建民兵营，首任民兵营营长为殷阿毛。2019年，江浦村民兵营改建民兵连连，首任民兵连连长为刘亮。

1950—2020年，江浦村民兵营营长（分队长、连长）先后由冯友泉、殷阿毛、沈根林、王步根、顾火根、夏正荣、许祥友、石冬林、冯良、姜海燕和刘亮担任。

第三章　村庄建设

旧时，江浦村地势偏低，村域内河道、溇、潭星罗棋布。自然村落比较分散，道路泥泞，河桥皆为竹木便桥。村民住房多以低矮潮湿的草房为主，砖木结构的瓦房较少。

中华人民共和国成立以来，通过发展生产，壮大集体经济，提高人们的收入和生活水平，村民的居住环境和住房条件得到明显改善。20 世纪六七十年代，草房改建瓦房，小房扩建大房。20 世纪八九十年代，翻建楼房掀起高潮。至 20 世纪 90 年代末，江浦村建造楼房户高达 95%，水泥路通达各家门首。

进入 21 世纪，村庄建设纳入城乡一体化发展规划。“二纵四横”公路交通路网覆盖全村。至 2004 年，全村 7 个自然村（含 11 个村民小组），314 户先后全部动迁，集合成“15 分钟”都市生活圈。

江浦村基本实现经济发展、生活富裕、交通便捷、环境优美、文明卫生的社会主义现代化新农村目标。

第一节 自然村

一、自然村分布

江浦村共有7个自然村，分别是小塘鱼、池鱼泾、江浦、河南港、南西荡、北西荡和东荡。1962年2月，江浦村域落实中共中央颁布的“农业六十条”，7

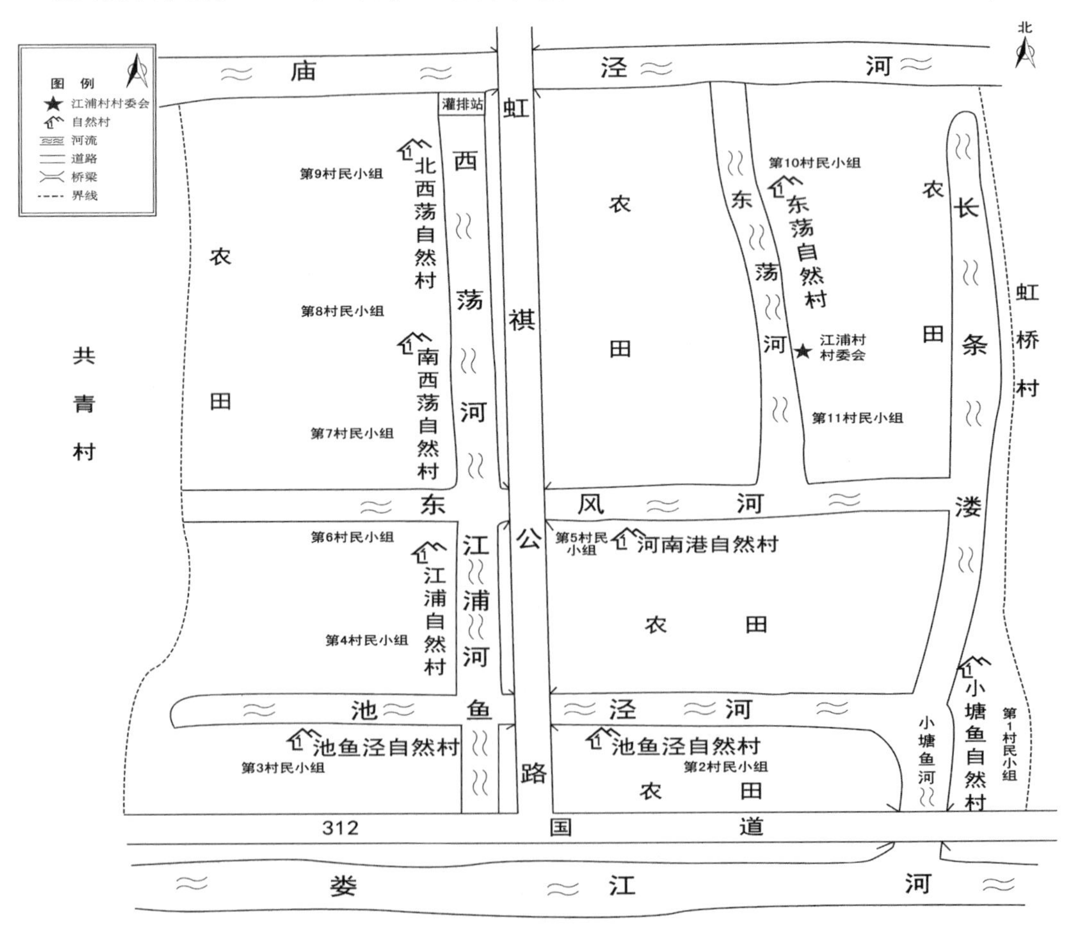

2000年江浦村各自然村动迁前分布示意图
（2020年，《江浦村志》编纂组绘）

个自然村划分为11个生产队，小塘鱼自然村为第1生产队，池鱼泾自然村为第2、第3生产队，江浦自然村为第4生产队，河南港自然村为第5生产队，南西荡自然村为第6、第7生产队，北西荡自然村为第8、第9生产队，东荡自然村为第10、第11生产队。1983年，实行“政社分设”体制改革，生产队更名为村民小组。江浦村有11个村民小组。

二、自然村变迁

小塘鱼 属江浦村第1村民小组村民居住地。村民在小塘鱼河附近居住。村庄为南北走向，呈长条形，长400米，宽60米。全村共有住户18户，人口79人。2001年，因昆山市政工程征用土地，村民动迁，村庄消失。村民被安置在江浦新村居住。

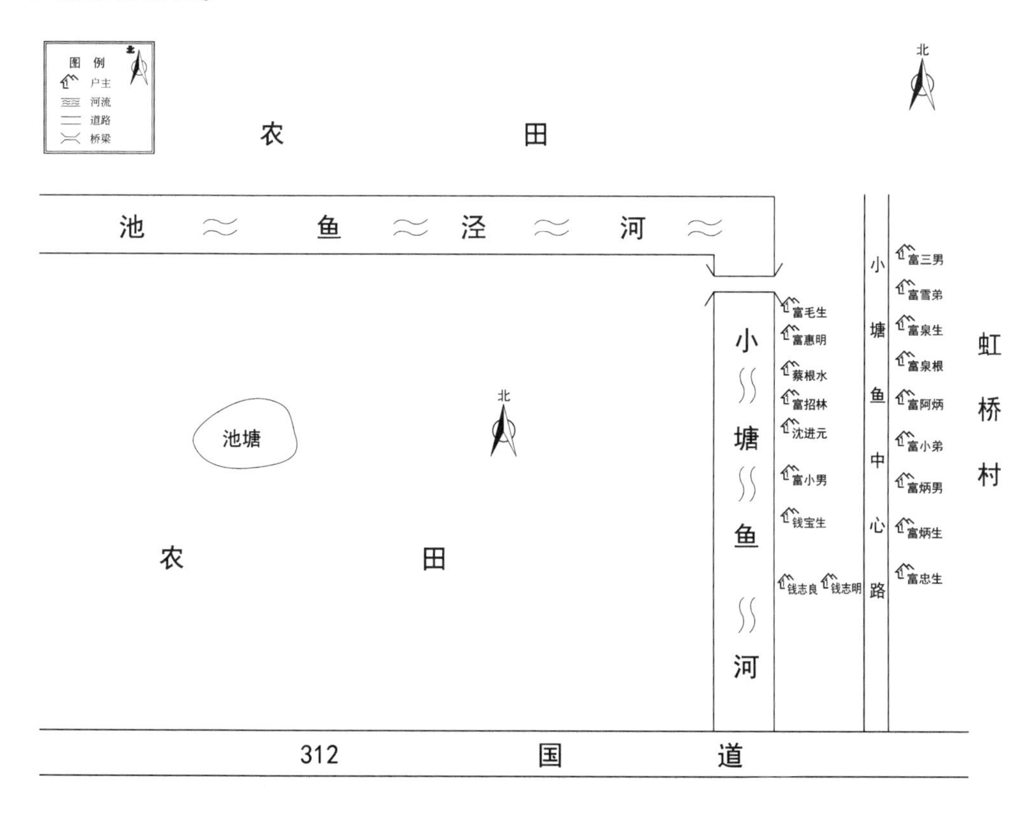

2000年江浦村小塘鱼自然村（第1村民小组）动迁前住房分布示意图
（2020年，《江浦村志》编纂组绘）

小塘鱼自然村原址建有虹祺雅苑住宅区。

虹祺雅苑（2020 年，夏正祥摄）

池鱼泾 属江浦村第 2、第 3 村民小组村民居住地。村民依池鱼泾河两岸居住。村庄为东西走向，呈长条形，长 1 230 米，宽 60 米。全村共有住户 73 户，人口 413 人，耕地面积 664 亩，主要种植水稻、三麦、油菜。2001—2006 年，因政府规划征用土地，村民动迁，村庄消失。村民被安置在江浦新村居住。

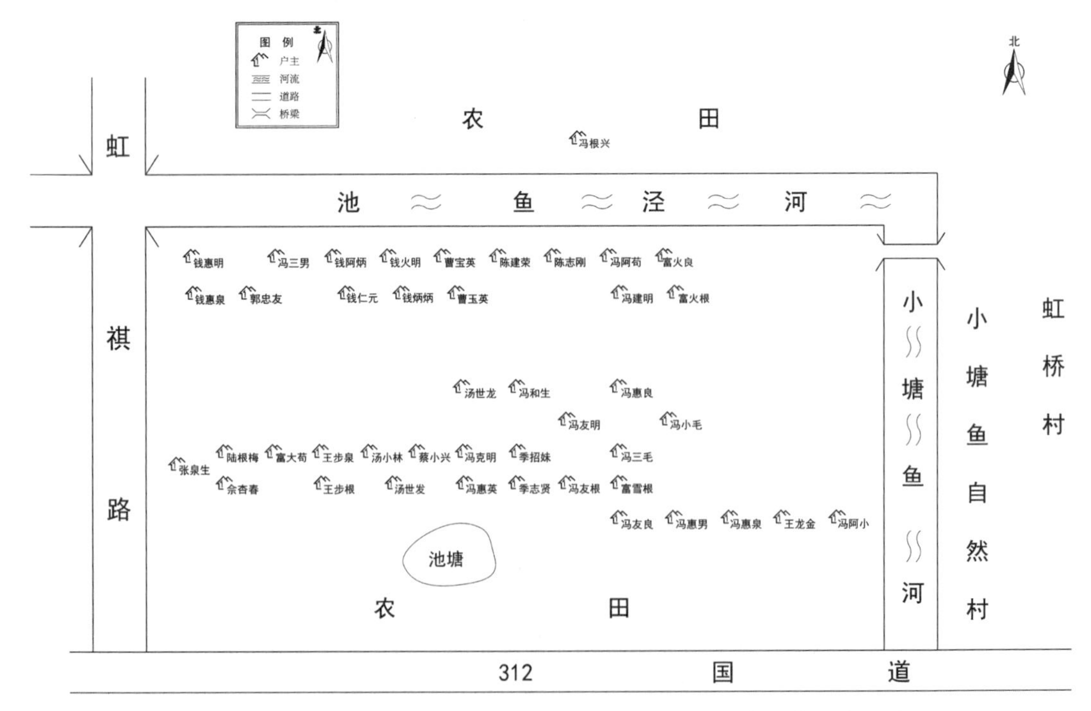

2000 年江浦村池鱼泾自然村（第 2 村民小组）动迁前住房分布示意图

（2020 年，《江浦村志》编纂组绘）

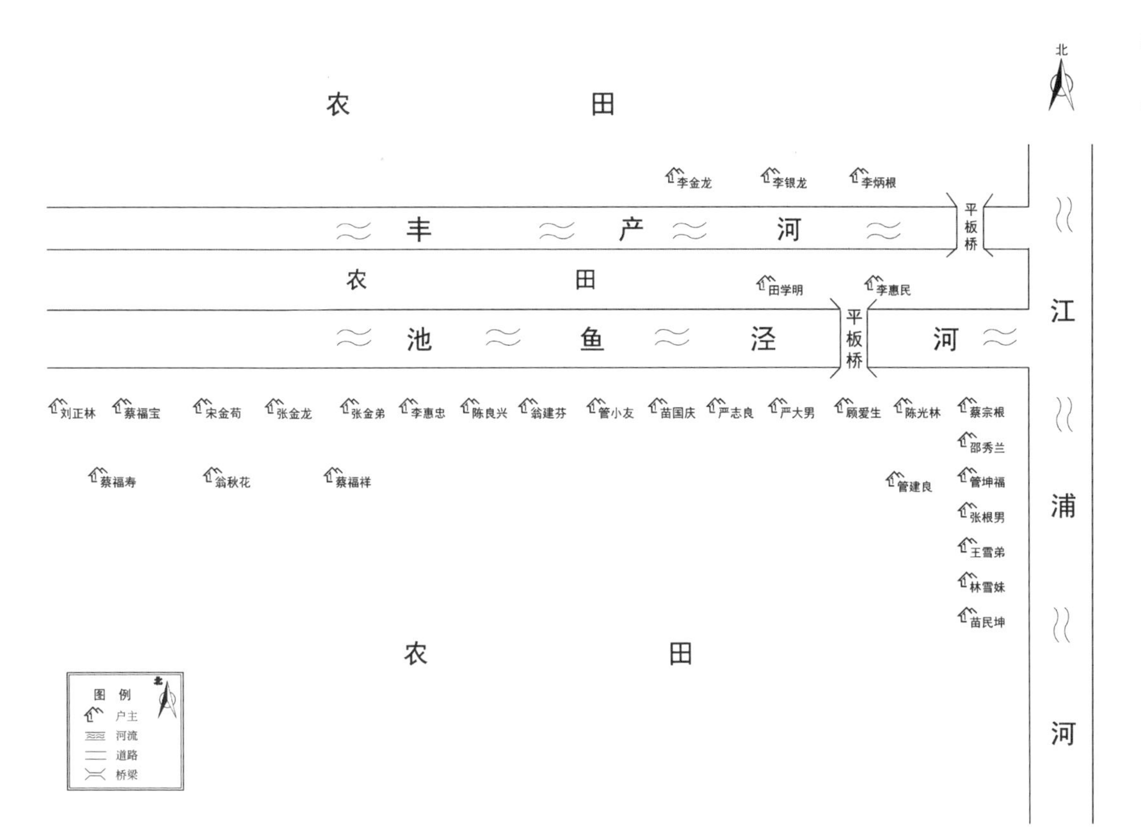

2000 年江浦村池鱼泾自然村（第 3 村民小组）动迁前住房分布示意图
（2020 年，《江浦村志》编纂组绘）

池鱼泾自然村原址建有共青小区住宅区。

共青小区（2020 年，罗英摄）

江浦　属江浦村第4村民小组村民居住地。村民依江浦河西岸居住。村庄为南北走向，呈长条形，长510米，宽90米。全村共有住户30户，人口99人，耕地面积192亩，主要种植水稻、三麦、油菜。2006年，因政府规划征用土地，村民动迁，村庄消失。村民被安置在共青小区C区居住。

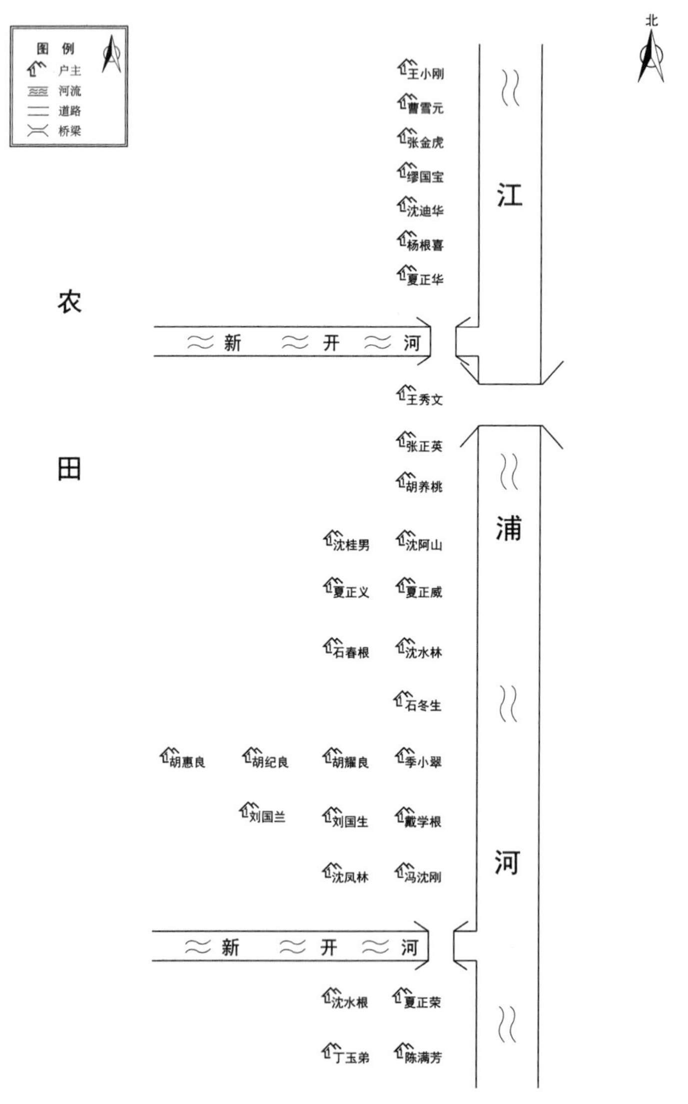

2005年江浦村江浦自然村（第4村民小组）动迁前住房分布示意图
（2020年，《江浦村志》编纂组绘）

江浦自然村原址建有天地华城和森林半岛花园住宅区。

森林半岛花园住宅区（2020 年，罗英摄）

河南港 属江浦村第 5 村民小组村民居住地。村民依东风河南岸、江浦河东岸居住。村庄为东西走向，呈长条形，长 600 米，宽 70 米。全村共有住户 23 户，人口 132 人，耕地面积 163 亩，主要种植水稻、三麦、油菜。2001 年，因昆山市政工程征用土地，村民动迁，村庄消失。村民被安置在龙泉山庄住宅区。

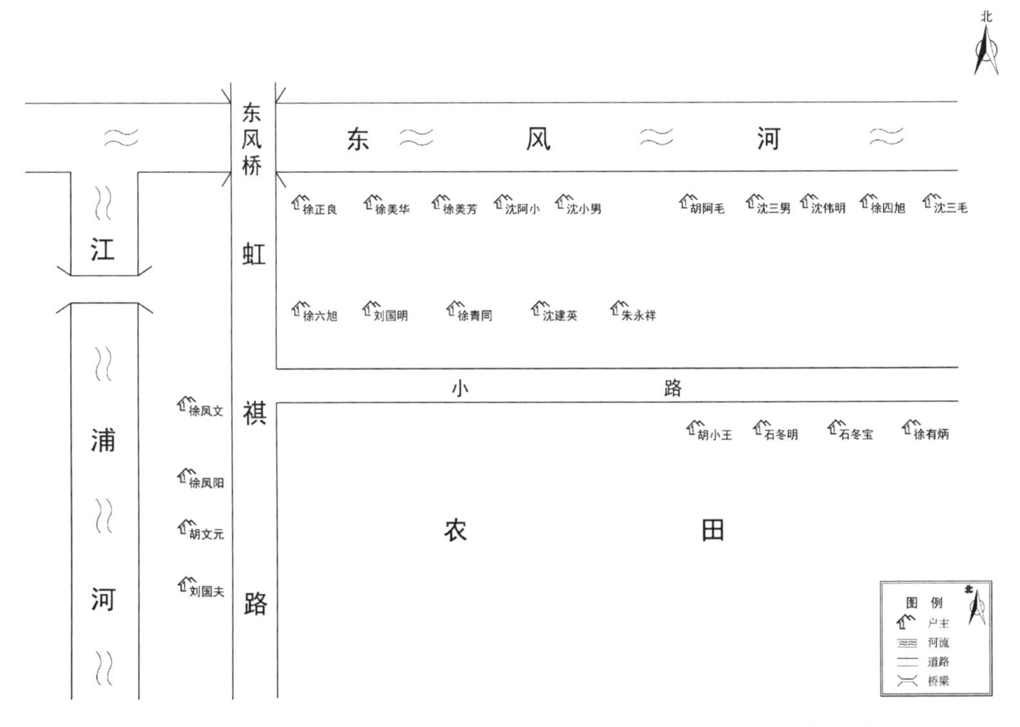

2000 年江浦村河南港自然村（第 5 村民小组）动迁前住房分布示意图
（2020 年，《江浦村志》编纂组绘）

河南港自然村原址建有昆山市第一中学和西城后街商业区。

昆山市第一中学（2018 年，夏正祥摄）

西城后街商业区（2020 年，罗英摄）

南西荡 属江浦村第 6、第 7 村民小组村民居住地。村民依东风河两岸、西荡河西岸居住。村庄为东西走向，呈“T”形，长 300 米，宽 30 米。全村共有住户 41 户，人口 110 人，耕地面积 334 亩，主要种植水稻、三麦、油菜。2001 年，因昆山市政工程征用土地，村民动迁，村庄消失。村民被安置在共青新村 A 区住宅区。

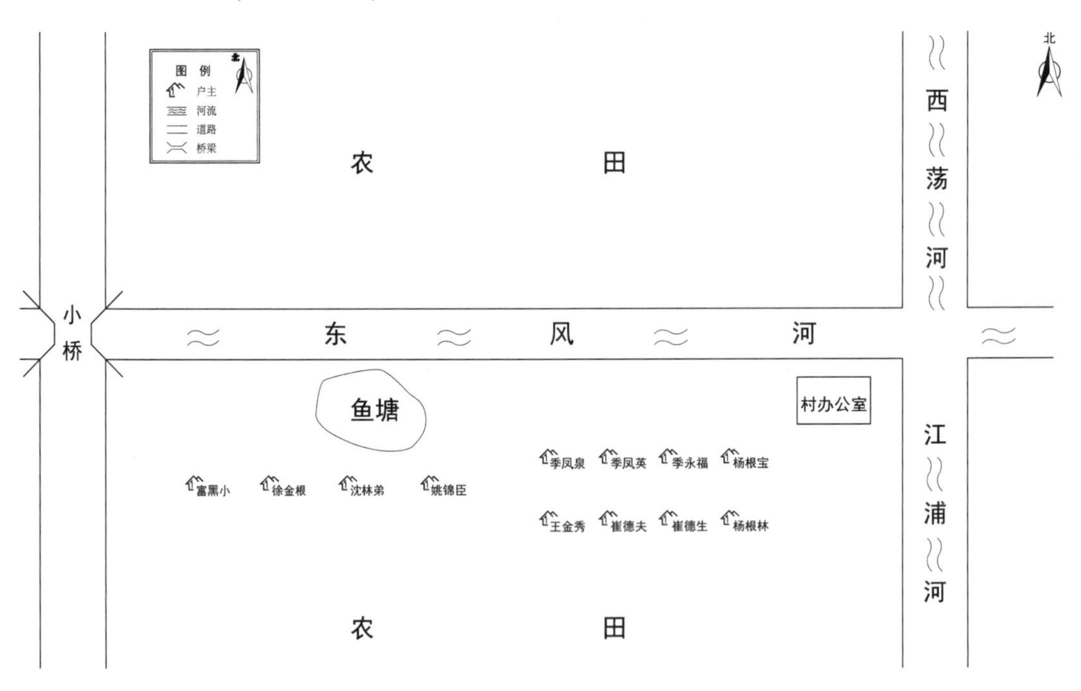

2000 年江浦村南西荡自然村（第 6 村民小组）动迁前住房分布示意图
（2020 年，《江浦村志》编纂组绘）

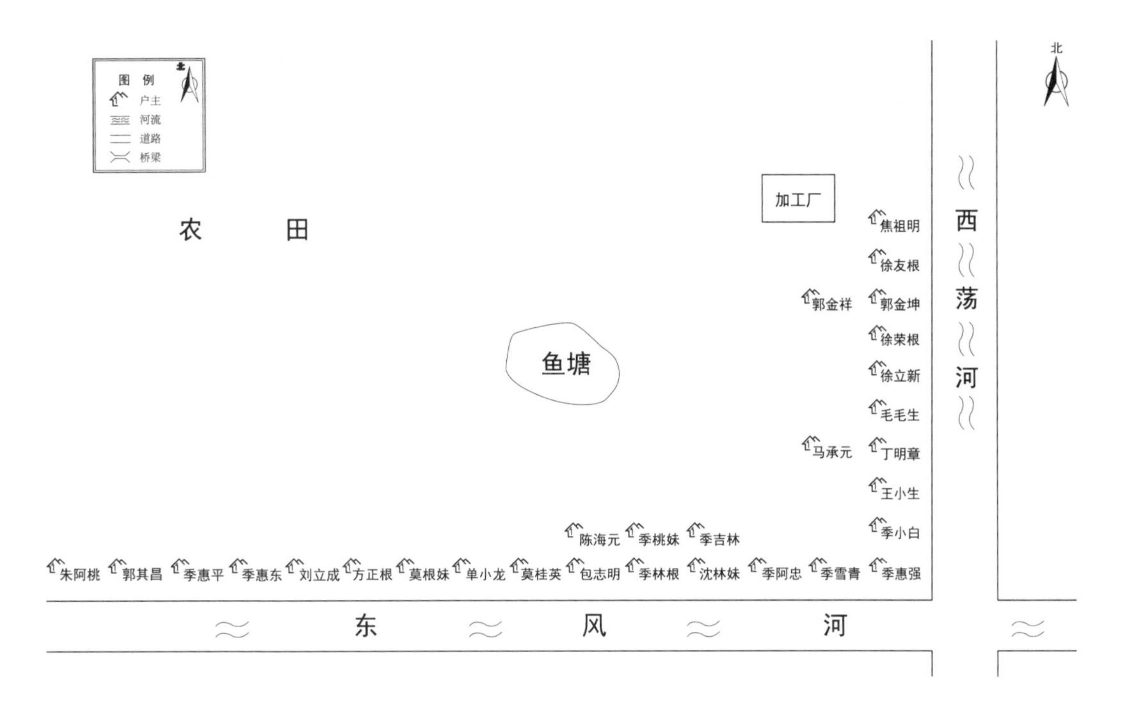

2000年江浦村南西荡自然村（第7村民小组）动迁前住房分布示意图
（2020年，《江浦村志》编纂组绘）

北西荡 属江浦村第8、第9村民小组村民居住地。村民依西荡河西岸居住。村庄为南北走向，呈长条形，长950米，宽70米。全村共有住户46户，人口214人，耕地面积340亩，主要种植水稻、三麦、油菜。2001年，因昆山市政工程征用土地，村民动迁，村庄消失。村民被安置在共青新村A区住宅区。

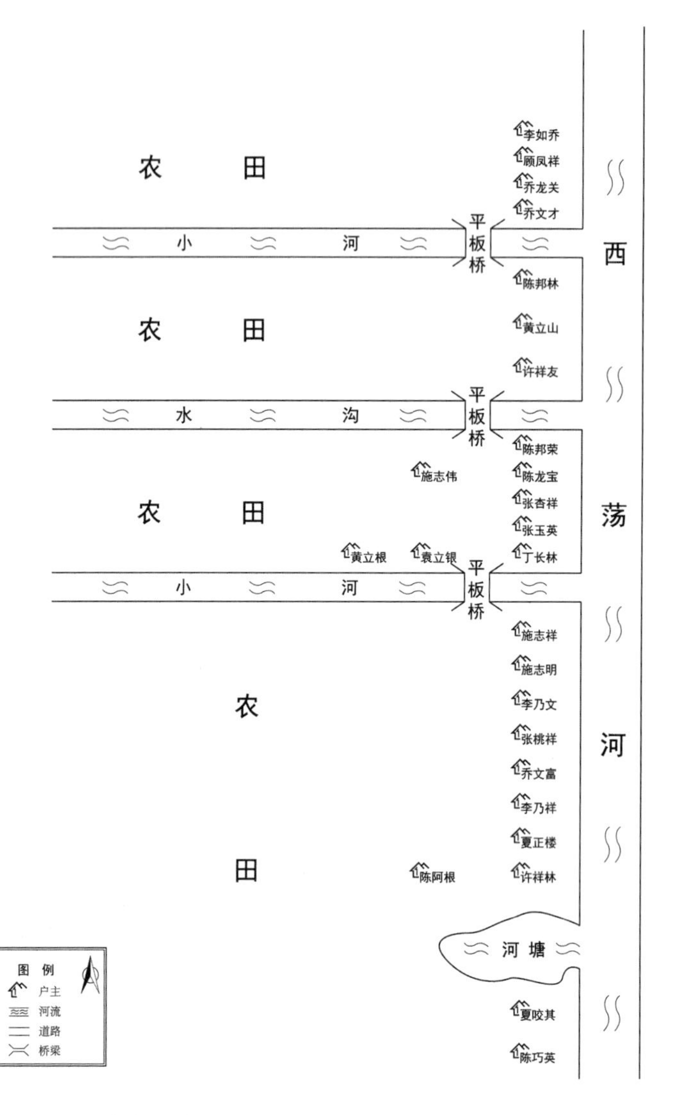

2000年江浦村北西荡自然村（第8村民小组）动迁前住房分布示意图
（2020年，《江浦村志》编纂组绘）

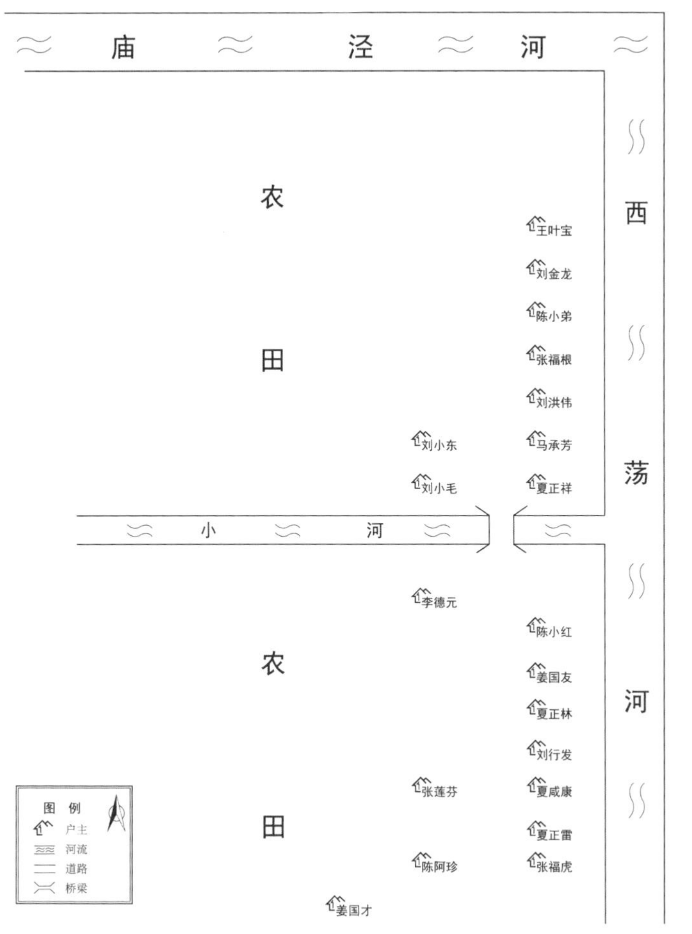

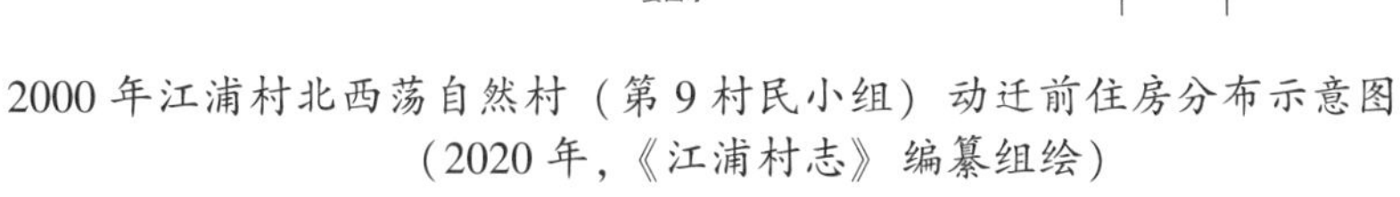
2000年江浦村北西荡自然村（第9村民小组）动迁前住房分布示意图
（2020年，《江浦村志》编纂组绘）

南西荡和北西荡两个自然村原址均为昆山市城市生态森林公园东边一侧。

昆山市城市生态森林公园东边一侧
（2020年，罗英摄）

昆山市城市生态森林公园东门
（2020年，罗英摄）

东荡 属江浦村第10、第11村民小组居住地。村民依东荡河东岸居住。村庄为南北走向，呈长条形，长980米，宽75米。全村共有住户56户，人口284人，耕地面积463亩，主要种植水稻、三麦、油菜。1992年，昆山市建造马鞍山公路征用土地，村民动迁，村庄消失。村民被安置在江浦新村住宅区。

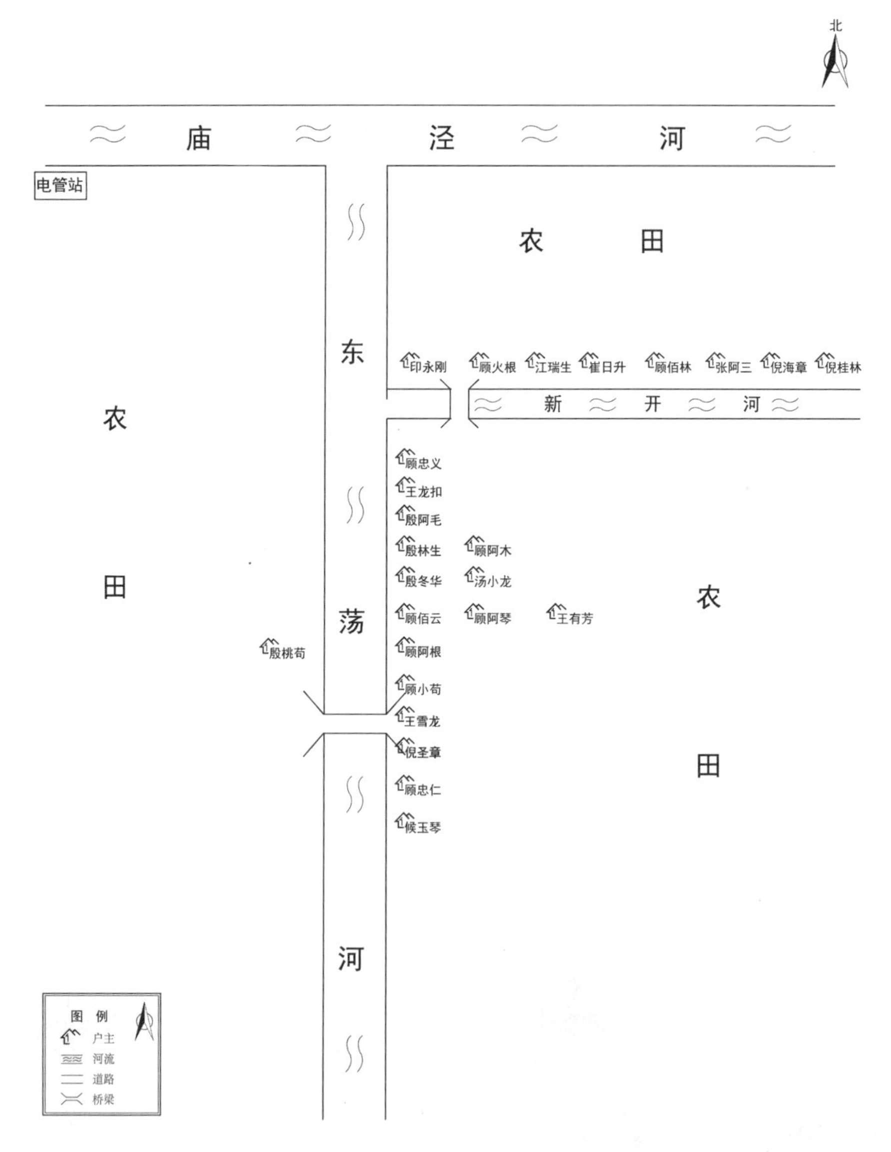

1991年江浦村东荡自然村（第10村民小组）动迁前住房分布示意图
（2020年，《江浦村志》编纂组绘）

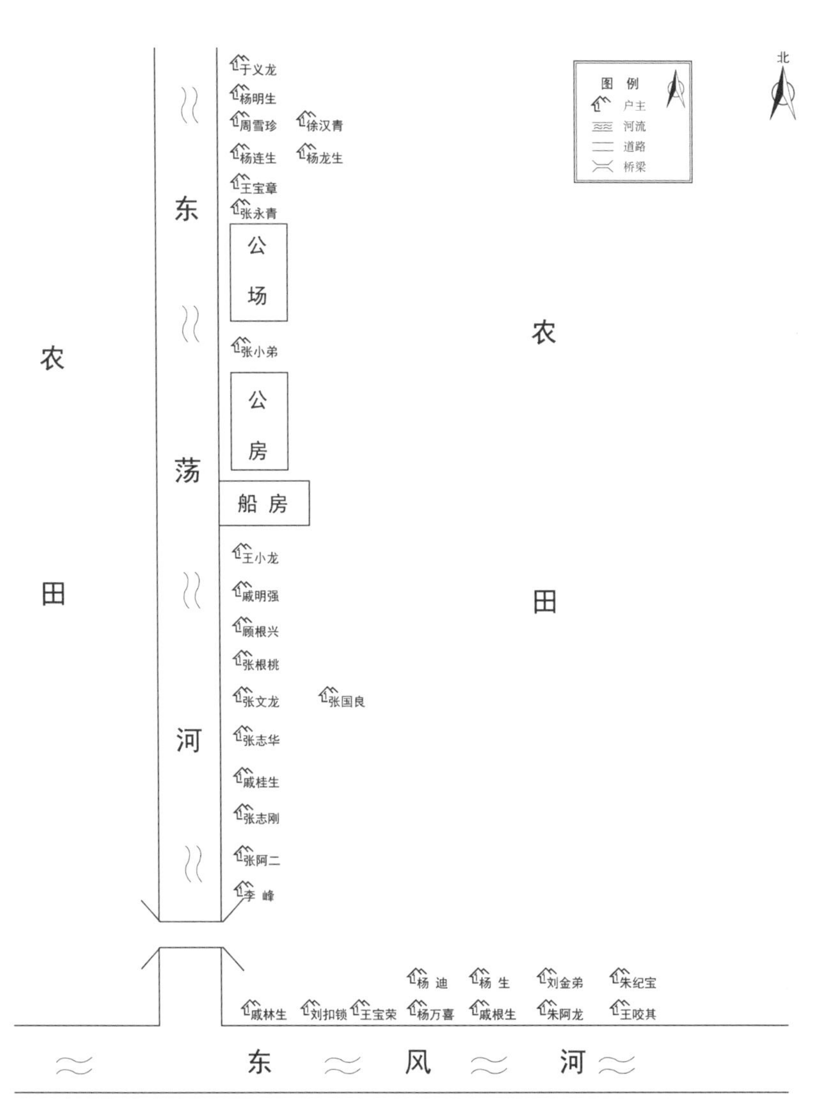

1991 年江浦村东荡自然村（第 11 村民小组）动迁前住房分布示意图
（2020 年，《江浦村志》编纂组绘）

东荡自然村原址建有江浦新村和虹桥佳苑居住区。

江浦新村（2020 年，罗英摄）

虹桥佳苑（2020 年，罗英摄）

第二节　基础设施建设

一、道路

中华人民共和国成立之初，江浦村域内道路均为泥土路。20 世纪 50 年代，江浦村域内道路建设缓慢。1958 年，在苏联专家指导下新建排灌站的基础上，利用干渠东边路基，平整土地，修筑一条道路。此路自庙泾河至苏昆公路（今震川西路），呈南北走向，全长 3 000 米，宽 6 米。20 世纪 70 年代初，江浦新筑第二条道路，从南西荡自然村通往北西荡自然村（沿西荡河西岸），呈南北走向，全长 1 500 米，宽 3 米。第三条道路随后筑成，从池鱼泾自然村通往小塘鱼自然村，呈东西走向，全长约 1 500 米，宽 3 米。江浦村域内第四条道路于 20 世纪 70 年代后期建成，位于东荡河东岸，呈南北走向，全长 1 000 米，宽 2 米。全村四条道路共 7 000 米长，通往各生产队。1980 年，采用黑脚子（碳氮化钙下脚）进行铺路，共铺设道路 7 000 米。1995 年后，村间道路再度改造，村委会通往各村民小组的道路全面浇筑成混凝土水泥路。

随着昆山城乡一体化的快速发展，江浦村域基础设施建设进入全面发展期。原有的道路网络已逐渐失去功能。在原有的震川西路、虹祺路和万步路的基础上，自 1995 年至 2018 年，又有新建的马鞍山中路、前进西路、江浦路和中环高架西线等贯通江浦村域东西南北。江浦村域内形成“二纵四横”公路网络。

震川西路　原为 1940 年建设的沪宁公路。中华人民共和国成立后，该道路改称“312 国道”，位于江浦村域南沿，呈东西走向，江浦村域路段长 2 600 米，宽 10 米。2005 年，该道路改造后，更名为震川西路。2008 年，该道路再次改建，铺设水泥路面。2015 年，该道路改建为宽 16 米的双向 4 车道的沥青路。

震川西路（2020 年，夏正祥摄）

虹祺路　原名红旗路（由原江苏省昆山县红旗制药厂出资），江苏省昆山县红旗制药厂歇业后，该道路改称“虹祺路”。该道路呈南北走向，全长 7 000 米，宽 8～10 米，江浦村域路段长 3 000 米。1982 年，筑成路基。1983 年，铺设泥结碎石路面，全线通车，并开通昆山火车站至北窑站公交车线路。1989 年，该道路全线浇筑成宽 7 米的水泥路。1991 年，该道路桥梁重建为载重量 30 吨的平板桥。

虹祺路（2020 年，夏正祥摄）

江浦路 又称“339省道”。位于江浦村域东边，始建于1993年，呈南北走向，江浦村域路段南至震川西路，北至庙泾河，横穿万步路、马鞍山中路、前进西路。江浦村域路段长3 000米，宽20米，路面为双向4车道的沥青路。2012年，江浦路建中环高架时，路面改为双向6车道。

江浦路（2020年，罗英摄）

中环高架西线 江浦路上层是中环高架西线。该道路始建于2012年，于2015年通车。该道路与江浦路同样是南北走向，南至震川西路，北至庙泾河。江浦村域路段长3 000米，路面为双向6车道的沥青路。该道路在马鞍山中路有上下匝道口。

中环高架西线（2020年，罗英摄）

前进西路 位于江浦村域南侧，属2003年昆山市区前进路西延道路。该道路呈东西走向，江浦村域路段东至鹿城路，西至体育中心。江浦村域路段全长 2 600 米，宽 20 米，路面为双向 4 车道的沥青路，横穿江浦路、虹祺路。

前进西路（2020 年，罗英摄）

马鞍山中路 位于江浦村域中部，始建于 1995 年，2003 年扩建改造。该道路呈东西走向，江浦村域路段东至鹿城路，西至昆山市城市生态森林公园。江浦村域路段全长 2 600 米，宽 30 米，路面为双向 4 车道的沥青路，横穿江浦路、虹祺路。

马鞍山中路（2020 年，夏正祥摄）

万步路 位于村域中部，始建于 1990 年，呈东西走向，江浦村域路段东至江浦路（339 省道），西至虹祺路。江浦村域路段全长 600 米，宽 10 米，路面为双向 2 车道的水泥路。

万步路（2020年，夏正祥摄）

二、桥梁

中华人民共和国成立之初，江浦村域内仅有12条竹夹桥。20世纪60年代，桥梁改建为砖砌拱桥。20世纪80年代后期，江浦村域内桥梁建设得到较大改善，共有7座桥梁，均列为昆山市政工程建设项目。

池鱼泾河桥 位于虹祺路中段天地华城东侧，始建于2000年，呈南北走向，桥长20米，宽6米，为混凝土水泥结构平板桥，载重量20吨。

东荡河1号桥 位于万步路江浦新村西门卫边，始建于1990年，呈东西走向，桥长12.3米，宽20米，为简易平板桥。1995年，该桥扩建改造为混凝土结构平板桥，载重量20吨。

东荡河2号桥 系马鞍山中路桥梁，位于昆山市第一中学北侧，始建于1995年，呈东西走向，桥长40米，宽30米。2003年，该桥扩建改造为混凝土结构平板桥，载重量30吨。

西荡河桥 系马鞍山中路桥梁，位于森林半岛花园住宅区北侧、昆山市城市生态森林公园东南角，始建于1995年，呈东西走向，桥长30米，宽30米。2003年，该桥扩建改造为混凝土结构平板桥，载重量30吨。

东风河桥 系虹祺路桥梁，位于森林半岛花园住宅区东侧，始建于1983年，呈南北走向，桥长20米，宽25米。1996年，该桥改造为混凝土结构平板桥，载重量30吨。

江浦河桥 系前进西路桥梁，位于森林半岛花园住宅区菜场北侧，始建于1983年，呈东西走向，桥长30米，宽30米。2003年，该桥改建为混凝土结构平板桥，载重量30吨。

晨桥 系虹祺路桥梁，位于江浦排灌站东侧，始建于1983年，呈南北走向，桥长50米，宽20米，横跨庙泾河，为沥青桥面结构，载重量20吨。

三、水利设施

中华人民共和国成立初期，江浦村域内水利设施落后，排水、灌溉主要依靠牛力水车、风力水车和人力水车。1958年，江浦村域建起第一座电力排灌站。至2020年，江浦村域又建有电力排灌站1座、排水站2座。

江浦排灌站 1958年10月，江浦村域大兴水利工程建设，在西荡河北端建造电力排灌站，即江浦排灌站，建筑面积近100平方米，配置180千伏安变压器1台，装置20英寸、32英寸水泵各1台，修筑约9 500米干支渠，负担约2 000亩水稻田的灌溉工作。其中，蔡家第1生产队200亩，虹桥第7、第8生产队300亩，江浦第5—11生产队1 500亩，遇到汛期可在24小时内排除洪灾。2002年，江浦排灌站因征地新建该站，主要用于昆山市城市生态森林公园排涝。

江浦卫星灌溉站 1975年，江浦村自筹资金解决第1、第2、第4生产队的灌溉需求。在第2生产队建造小型电力灌溉站1座，又称“江浦南站”，建筑面积为30平方米，配置50千伏安变压器1台，装置14英寸轴流泵1台，灌溉500多亩水稻田。2001年，江浦卫星灌溉站被拆除。

东荡排水站 2007年，在东荡河北端建排水站1座，即东荡排水站，建筑面积为100平方米，配置200千伏安变压器1台，装置轴流泵2台，分别为132千瓦和80千瓦。

西荡排水站 2008年，在江浦村域内江浦河南端、震川西路北侧建造排水北站，即西荡排水站，配置200千伏安变压器1台，装置132千瓦轴流泵2台。

套闸 1958年，江浦片圩在兴建连片水利工程时建共青套闸、虹桥套闸。1986年，建造全县第一座提升式横移门闸。这些站闸位于江浦连片区域，供村民使用。江浦连片区域含共青、蔡家、江浦、虹桥4个村连片大圩。如果遇到汛期，连片关闸，共同排水。在江浦连片区域里，日降80毫米大雨，也不会受灾。

四、邮政通信

邮政 20世纪50年代，江浦村域内村民寄信函、送包裹一般去就近的县城。邮政代办所将外地寄来的信件、包裹均寄到村民熟悉的大西门或小西门。1986年后，昆山邮电局专用汽车每日一次接送邮包及信件，同时由邮政代办所投递员投送，自此邮寄、接收信件和包裹变得十分方便。1990年后，投递员覆盖面达100%，邮政业务包括函件、兑汇、邮政储蓄等。至2020年，邮政网点扩大布局，邮政业务包括函件、文件、汇兑、邮政储蓄等，提供“一条龙”服务，快递直接送到家门口。

通信 中华人民共和国成立初期，江浦村域内无电话线路。20世纪60年代初，借用广播线，生产大队设有手摇电话机1座，由几个生产大队合用1条线路。1986年后，城南邮政代办所建立后，设有磁石交换机200门。随着村办企业及家庭安装电话的用户逐渐增多，加快了电话线路延伸工程建设。1997年，江浦村投入150余万元用于电话工程建设；同年9月，该工程竣工并验收使用，至此全村装接了160部电话；1998年，又新安装电话机60部。1999年，江浦村300户村民家庭已有85%以上用上电话。

至1997年年底，全村除电话机之外，还有寻呼机（BP机）30余部，手机（俗称“大哥大”）15部。2000年后，手机逐渐普及。

五、信息网络

从2000年开始，互联网逐步发展和普及，江浦村域内村民家庭通过电信、移动、联通、铁道等电信公司接入互联网，增加学习各类知识的途径，获取各种信息，了解丰富多彩的世界。至2020年年底，村民入网普及率达100%。

六、供电

中华人民共和国成立之初，江浦村域无供电线路和电力设施，村民生活照明以灯草灯、煤油灯、火油灯及蜡烛为主，婚丧喜事用汽油灯照明，农业生产依靠人力、畜力。20世纪50年代中期，昆山县政府先后投资架设6千伏高压线路，逐步延伸到农村，城北线通到江浦生产大队，为电力排灌站供电。1958年，江浦排灌站建成，配有180千伏安变压器2台。20世纪70年代，供电部门逐步把电力转向为工农业服务，供电线路不断增加，变压站不断增加容量，并增设安放点。江浦站新增200千伏安变压器2台。1975年，因农村生产用电、生活用电还不够普及，江浦生产大队筹措资金10万元在域内南段（第2生产队所在地）增设50千伏安变压器1台，建造小电站1座，既解决了农田灌溉问题，又弥补了村民生活用电的不足。1992年，江浦村域内再添200千伏安变压器2台。1995—2010年，江浦村全村村民家庭生活用电全面覆盖，306户村民家庭大部分已用上电视、冰箱、空调、洗衣机等，此后用电不再是难题。

2003年，江浦村自筹资金10万余元，在村域内安装路灯35盏。全村周边的前进西路、马鞍山中路、江浦路、万步路等路灯均由昆山高新区路灯管理所统一规划安装。路灯亮化后，村民夜间出行安全得到保障。

七、供水

20世纪五六十年代，江浦村域村民的生产生活用水主要靠河水，村民家庭用水多以河水装进水缸净化为主。20世纪70年代，农田农药残留污染河水，水质出现安全隐患，村域内兴起开挖水井的热潮，至1974年，江浦生产大队开挖水井280口，大部分村民用上的热潮。到80年代，昆山市先后扩建第一、第二自来水厂。至此，村民生活用水由井水转为自来水。1994年，全村自来水入户率达80%。2000年，自来水入户率达100%。

八、供气

1990年，江浦村域村民陆续开始用钢瓶灌装的液化气。至1992年，村里用上钢瓶液化气的有120户。2006年，全村315户村民分别入住共青新村A区、共青小区C区、龙泉山庄、江浦新村。2015年春季，经江浦村“两委”研究，村民代表大会讨论通过，决定以由村域内各居住区村民集体出资，天然气公司给予补助的形式共同投资，全面实施钢瓶液化气改用管道天然气工程，该工程由昆山华润城市燃气有限公司承建安装供气设施，天然气管道直接通到共青新村A区、共青小区C区、龙泉山庄、江浦新村，全村315户居民家庭用上天然气。2019年5月，全村投资55万余元，对江浦村天然气管道进行升级改造，并将其深埋地下（管道入地）。2020年，全村管道天然气入户率达100%。

第三节　集聚区建设

一、动迁安置

在城乡一体化建设中，江浦村先后有10个村民小组进行动迁，涉及278户，1 025人。相关部门本着“公平、公正、公开”原则，深入、细致做好动迁政策解释工作。江浦村动迁形式亲民，安置形式便民。部分村民自行动迁，绝大多数村民由政府统一组织动迁安置。1992年，因马鞍山中路修建，第11、第6、第7村民小组部分动迁村民被安置在第10村民小组，村民自建别墅，形成江浦新村。2001年，昆山创建国家级森林公园，第6、第7、第8、第9村民小组村民动迁至共青新村A区。2004年，昆山市第一中学在原江浦村第5村民小组所在地建造，江浦村第5村民小组村民被安置在龙泉山庄居住。第1、第2村民小组部分村民被安置在江浦新村自建别墅居住，第3、第4村民小组村民绝大多数被安置在共青小区C区居住。

江浦新村自建别墅（2020年，江浦村村委会供图）

江浦村从1992年开始动迁，至2006年动迁结束，全村总户数314户，其中，安置在江浦新村居住生活的有136户，安置在共青新村A区居住生活的有79户，安置在共青小区C区居住生活的有58户，安置在龙泉山庄居住生活的有

30户，安置在其他小区居住生活的有11户。

江浦新村房屋翻建之前
（2020年，江浦村村委会供图）

江浦新村房屋翻建完成之后
（2020年，江浦村村委会供图）

二、集中居住区建设

江浦新村 江浦新村位于江浦路以西，东荡河以东，南至万步路，北至月星国际家居广场好家居店，总占地面积56 838平方米，建筑面积33 500平方米。江浦新村是在江浦村第10村民小组居住地建造起来的。从1992年开始，昆山市政工程在江浦村域展开，村委会将因工商业建设用地和道路建设用地而动迁的大部分村民被安置在江浦村第10村民小组住宅区上。村民自建楼房，逐步形成110户的规模。2008年，村委会对江浦新村的环境进行整治，通过拆除违章搭建，平整荒滩杂地，新建47幢别墅。江浦新村实现三线（电线、电话线、网络线）入地，雨水、污水分流。该居住区道路全部改成沥青路面，家家户户用上管道天然气。2019年，村委会针对部分住房由于建造年代久、结构质量差的情况，动员和组织村民在原址上进行拆旧建新。该工程由昆山高新区（玉山镇）主管单位设计房型，并由村委会统一安排进行建设。经过1年时间，101幢危房全面完成拆旧建新工作。至2020年，江浦新村共有202户，别墅154幢，小高层1幢48户，常住人口672人，户籍人口563人。周边设有公交车5路、19路、59路站点。

共青新村A区 共青新村A区坐落在前进西路南侧，于2001年经昆山高新区规划建设局批准开始动工建设，2002年年底竣工并交付使用。该小区东起虹祺路，西至共青村，南至池鱼泾河，北至前进西路，占地面积为20万平方米，建筑面积为16 000平方米。该小区总户数为98户，有居住楼栋4栋，常住人口

443 人，其中户籍人口 443 人（共青村人除外）。周边设有公交车 25 路、128 路、156 路、159 路、4 路等站点。

共青小区 C 区 共青小区 C 区坐落在虹祺路西侧、前进西路南侧，于 2005 年经昆山高新区规划建设局批准开始动工建设，2007 年竣工并交付使用。该小区东起虹祺路，西至共青村，南至震川西路，北至池鱼泾河，占地面积为 26 万平方米，建筑面积为 8 400 平方米。该小区总户数为 38 户，有居住楼栋 2 栋，常住人口 285 人，其中户籍人口 187 人。周边设有公交车 25 路、128 路等站点。

龙泉山庄 龙泉山庄于 2003 年经昆山高新区规划建设局批准开始动工建设，2005 年年底竣工并交付使用。该小区东起天地华城，西至昆山高新区前进幼儿园，南至前进西路，北至昆山中大未来城，占地面积为 22 500 平方米。该建筑面积为 7 000 平方米，该小区总户数为 34 户，有居住楼栋 3 栋，常住人口 132 人，其中户籍人口 132 人。周边设有公交车 128 路、25 路、4 路等站点。

三、公共用房建设

1995 年 3 月，江浦村在第 6 村民小组建造办公大楼，占地 1 980 平方米，建筑面积 450 平方米。2008 年，江浦村在实施农村现代化建设中对公益性用房和办公用房一并规划建设。

公益性用房 2008 年，在改造江浦新村的基础上自筹资金 120 余万元，建设 310 平方米公益性用房，其中老年活动室 60 平方米，农家书屋 50 平方米，影视室 60 平方米，棋牌室 60 平方米，老年健身室 60 平方米，茶水室 20 平方米。

2014 年，昆山高新区（玉山镇）出资在共青小区 C 区建造 3 000 平方米会所（与共青村合用），主要为群众办婚丧喜事提供方便。

办公用房 2008 年，在万步路北侧、江浦路西侧投资 369 万元重建江浦村行政办公大楼 1 幢，面积为 2 000 平方米。大楼内设村“两委”办公区 80 平方米，便民服务中心 100 平方米，党员服务中心 150 平方米，档案室 40 平方米，议事室 30 平方米，会议室 100 平方米，医疗服务中心 1 500 平方米。

2017 年 5 月，自戴雪明从昆山高新区（玉山镇）调至江浦村任党支部书记以来，在上级党工委的领导下，在全体党员、干部的共同努力下，深入贯彻党的十九大精神，学习领会习近平新时代中国特色社会主义思想，始终坚持以

“党建引领”为导向，以“不忘初心、牢记使命”为主线，针对城乡一体化后，党支部工作重心转移到量化社会管理、优化社会服务、强化城乡治理上来。通过加强人、财、物的管理，做好为民办事、替民说话、帮民解难、助民创业实事工程，开展城乡接合部的综合治理工作，把江浦村在原有的基础上打造成人居环境不断提升、人文素养不断提高的文明村。2017 年，政府投资 8.2 万余元，对共青小区 C 区进行升级改造与美化，建造凉亭走廊 250 余平方米，还增设电动车充电桩，共搭建充电棚 7 座，充电车位 225 个。此外，共青小区 C 区还建有利于村民身心发展的健康步道，为村民幸福生活增彩。

共青小区 C 区电动车充电桩

共青小区 C 区健康步道

四、都市生活圈

1992 年，穿越江浦村域的昆山市马鞍山中路工程开工，东荡自然村（第 10、第 11 村民小组）40 多户村民家庭动迁。进入 21 世纪后，昆山实施城乡一体化发展规划，地处昆山城西的江浦村进入建设快车道。至 2004 年，江浦村 7 个自然村（11 个村民小组）314 户家庭全部动迁，分别在江浦新村、共青小区、龙泉山庄和虹桥佳苑等集聚区居住生活，形成“15 分钟”都市生活圈。在集聚区周边分布有昆山高新区行政审批局、昆山高新区共青幼儿园、昆山市培本实验小学（西校区）、昆山市玉山镇振华实验小学和昆山市第一中学，以及万象汇商业广场、西城后街商业区、月星国际家居广场好家居店、昆山高新区江浦社区卫生服务中心、昆山市体育馆、昆山皇冠国际会展酒店，还有天然氧吧——昆山市城市生态森林公园。

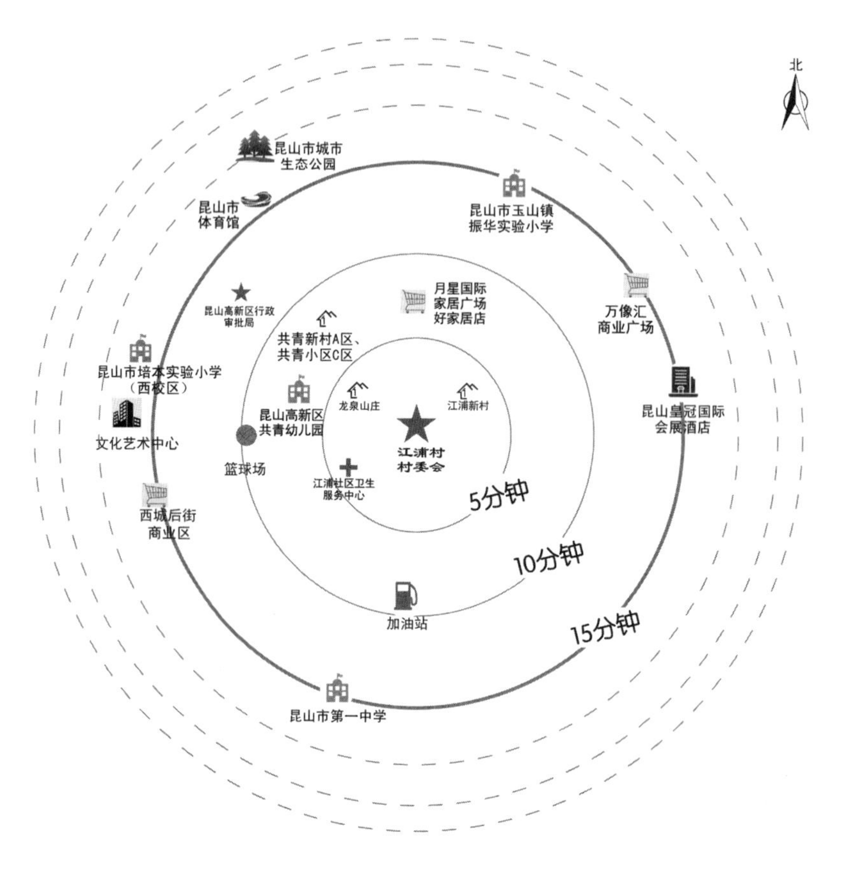

江浦村“15 分钟”都市生活圈

第四节　环境治理

一、人居环境治理

2020 年 6 月，江浦新村以“美丽庭院”为抓手，推进人居环境整治向精细化发展，充分调动村民参与积极性，在江浦村党支部领导下开展清理乱堆放、乱种蔬菜行动。村民积极响应，自觉清理，在号召发起 3 日内全部完成清理工作。随后，江浦新村掀起了宅前路边种花、庭院摆花盆的热潮，江浦新村共有 202 户花园式家园住宅。至 2020 年年底，江浦新村被评为美丽庭院的有 113 户，其中五星级庭院 5 户，三星级庭院 33 户，一星级庭院 75 户。村庄面貌焕然一新，绘就了江浦村美丽乡村靓丽底色。

二、河道治理

拆违清障 2019 年，在昆山高新区管委会的领导下，江浦村认真贯彻落实“河长制”工作要求，优化“河长制”工作机制，在河道长效管理方面做出新探索。江浦村对东荡河周边违法用地、违法建筑、违法排污、违法生产及随意占地种菜等情况进行彻底排查和整治。2019 年，江浦村依法取缔违法排污 1 处、拆除违章建筑 1 处，违规毁绿种菜 1 处，恢复绿化面积 3 亩。

河道清淤 2019 年 8 月，江浦村对东荡河进行全面清淤，增强水动力，增加河道调蓄能力。此外，江浦村对全长 1 120 米的东荡河进行彻底清理——挖掘机开到河底进行清理、平整。经过治理的东荡河旧貌换新颜，成为辖区一道亮丽的风景线。

江浦村东荡河清淤
（2020 年，江浦村村委会供图）

江浦村东荡河新貌
（2020 年，罗英摄）

河坡整治 随着水环境综合整治工作的不断深入推进，种植在河道两侧的蔬菜全部被清除，在东荡河东岸增设长 350 米、宽 4 米的临水观赏步行道，美化

群众生活环境，这里也成为村民茶余饭后的歇脚点，为践行“绿水青山就是金山银山”的理念及推动“美丽昆山”“幸福江浦”的建设奠定基础。江浦村连续加强监管力度，确保治理实效，努力将江浦村打造成“河畅水清、岸绿景美”的生态文明村。

江浦村东荡河河坡景观（2020年，王静摄）

三、改厕治污

江浦新村公共厕所（2020年，江浦村村委会供图）

自2007年起，江浦村域开始实施改厕工程，全村村民家庭厕所统一改造成三格式化粪池，凡村内所有新建楼房必须建造三格式化粪池，全村无害化厕所普及率达100%。2008年，江浦新村实施改造，污水一律进污水管道，不再流入河道。同时，江浦新村实行雨污分流，从此河道水质进一步提升。

江浦新村原建有公共厕所1座，由于建造年代较早，设施老化。2020年，江浦新村投资100余万元重建公共厕所1座，既方便广大村民，又美化新村风貌。

四、村庄绿化

江浦新村自1992年起规划种植了100株香樟，东荡河边景观带绿树成荫，小区、公园内梅花及桂花应季盛开，特别是春季，可以称得上是鸟语花香，一派祥和。2016年，江浦村域内共青小区C区升级改造，增添大量路边绿化树，以香樟为主，还添设公园式游乐场所2个、凉亭2座，另有走廊1个，配备绿化设施若干。2019年12月，江浦村开始打造“水更清、地更净、天更蓝”的宜居环境。

共青小区C区凉亭
（2020年，王静摄）

江浦新村东荡河边景观带
（2020年，江浦村村委会供图）

五、垃圾分类

随着城市化进程的推进，城乡一体化的发展，深入推进生活垃圾分类工作。根据昆山市委、市政府及昆山高新区党工委的部署，按照“生活垃圾分类全覆盖”的总体要求，结合江浦村实际，制订垃圾分类年度计划及实施方案，并委派专人负责管理。2019年，在江浦新村和共青小区C区分别建立垃圾分类

江浦新村垃圾分类收集点（2020年，王静摄）

站，并组织物业管理人员、清洁人员、志愿者和督导员等参加培训指导。该培训形式包括上岗前培训和在岗培训，培训内容包括生活垃圾分类知识、与居民的沟通技巧、生活垃圾分类收集操作规范等。同时，还明确小区垃圾分类责任人，确保社区、物业、环卫、指导员等职责清晰合理，形成工作责任网络；实现生活垃圾强制分类全覆盖，全面完成生活垃圾分类处置工作。

2020 年 6 月 1 日，江浦村正式实现生活垃圾强制分类全覆盖，全面完成生活垃圾分类处置工作。在江浦村域内的电子显示屏、宣传栏、小区主要出入口布置宣传阵地，开展垃圾分类进小区活动，通过志愿者上门入户的方式进行宣传，同时联合社会组织开展垃圾分类广场宣传活动、专项讲座、亲子活动等。这些活动向村民发放了垃圾分类宣传手册，传递了垃圾分类知识，提高了村民对垃圾分类的积极性和主动性。

第五节　卫生村、生态村创建

一、卫生村创建

1990 年后，随着村庄动迁，新农村社区建设步伐加快，江浦村域环境大有改观，但创建卫生村的活动始终没有停止，新居建设和配套公共设施建设同步推进。1995 年，按照创建江苏省卫生村的标准要求，江浦村开展“清洁家园、清洁河道、清洁村庄”的农村大环境整治运动，制订和创建省级卫生村工作计划与实施方案，成立由村支部书记、村主任为组长的领导班子，下设健康教育工作组、环境管理工作组、综合治理工作组等组织，围绕创建省级卫生村的目标，全村上下户户参与，人人动手。江浦村首先开展全面卫生健康宣传教育工作，向全村广大村民和外来人员分别发出公开信，利用村宣传廊、村影院进行宣传，发放家庭卫生常识读本，举办健康卫生知识讲座，等等，以增强村民卫生意识和丰富村民健康知识。在统一思想认识的基础上，江浦村召开村民代表大会，修改《江浦村村规民约》，制定《江浦村卫生制度》《江浦村村民卫生公约》。江浦村还深入开展卫生健康整治行动，在村容村貌整治方面，硬化全村道路，清理河道，建造水冲式公共厕所，填埋废潭荒坑，绿化全村环境，开展“除四害（苍蝇、蚊子、老鼠、蟑螂）”等活动。在创建江浦社区健康家庭方面，做好改厕和粪便无害化处理工作，在村域内增设垃圾桶，实行“三清”（道路每日清扫、厕所天天清洗、垃圾日产日清），并落实长效管理制度，完善卫生设施，办好村卫生室，让村民人人享有初级保健的基础条件。经过环境整治运动，村民的卫生习惯逐渐形成，全村环境卫生达到整治标准。

1998 年上半年，江浦村被昆山市爱国卫生运动委员会评为“昆山市卫生村”；下半年，经江苏省爱国卫生运动委员会考评通过，江浦村被评为“江苏省卫生村”。

二、生态村创建

2008 年是江浦村争创“江苏省生态村”的关键之年。针对生态村的各项硬性指标，江浦村进行逐条对照，逐项补缺补短。生态村的创建为建设美丽乡村增添新亮点，为城乡农村居民拥有舒适的人居环境和提升幸福感夯实基础。

村“两委”通过层层推动、上下联动，采取多种形式，多渠道宣传创建生态村的意义和目的，形成“人人参与、家家支持”共识，真正做到家喻户晓，人人皆知。

2008 年，全村投入 3 500 万元，用于江浦村道路改造、雨污分流、三线入地、公共厕所及老小区旧房翻建工作，实现创建预定工作目标。经上级有关部门实地检查、考核验收，2010 年江浦村被评为“江苏省生态村”。

第四章　村域经济

江浦村域经济历史上长期是单一的农业经济。中华人民共和国成立后，经过土地改革，兴修水利，改善生产条件，推广增产措施，农业生产得到发展，江浦村域经济逐步好转。

从 20 世纪 60 年代开始，江浦村域一度坚持“以粮为纲”的指导思想，至 70 年代中期，开始大力发展多种经营模式，社办、队办企业应运而生，江浦村域经济得到进一步发展。

从 20 世纪 80 年代开始，江浦村域实行家庭联产承包责任制，大部分青壮年劳动力或进入乡村企业工作，或进城务工，使规模化种植业和养殖业得到发展，农民收入显著增加，集体经济不断壮大。

进入 21 世纪，江浦村村民的经济活动由第一产业向第二、第三产业转变，走出一条富民强村之路。

2020 年，江浦村集体经济总收入达 877 万元，年末集体总资产达 5 944. 47 万元，年末集体货币资金总额达 2 233. 28 万元，全年村民人均可支配收入达 5. 43 万元。

第一节　经济综情

一、经济总量

20 世纪 50 年代，江浦村域进入粮食经济时代。经历 20 世纪 50 年代末至 60 年代初三年“缺粮”的困难时期后，江浦村域把发展粮食生产放在村域经济工作的首要位置。在随后的“农业学大寨”运动中，“以粮为纲”的思想占据了江浦村域村民经济工作的重心。

1966 年，江浦村域有耕地 2 156 亩，全年粮食总产量为 767 吨，油菜籽总产量为 14. 7 吨，集体经济总量为 21. 6 万元，全年村民人均可支配收入为 104 元。

从 20 世纪 70 年代中期开始，农村经济政策逐步放宽，集体多种经营模式得到发展，队办企业兴起，经济总量明显提高。

1983 年，江浦村全面落实家庭联产承包责任制，实行分田到户。随着农村改革不断深入，大量农村劳动力得到解放，并向多种经营和企业转移。农业生产稳步发展，多种经营和队办企业快速发展，集体经济总量快速增长。至 1998 年，江浦村经济总量达 1 599. 1 万元，全年村民人均可支配收入为 7 047. 2 元。

1966—1998 年江浦村（江浦生产大队）经济总量如表 4-1 所示。

表 4-1　1966—1998 年江浦村（江浦生产大队）经济总量选年表

年份	总收入/万元
1966	21. 6
1969	24. 6
1973	34. 8

续表

年份	总收入/万元
1976	35.6
1979	51.1
1983	54.6
1986	133.6
1989	220.5
1992	277.8
1995	1 073.5
1998	1 599.1

进入21世纪后，在江浦村经济总量占比中，第一产业（农业）经济逐步萎缩，第三产业（服务业）经济异军突起，全村社会生产总值增长较快。

2001年，江浦村社会生产总值为1 795万元，其中第一产业为207万元，第二产业为684万元，第三产业为904万元。2004年，全村社会生产总值为2 057万元，其中第一产业为31万元，第二产业为1 048万元，第三产业为978万元。2005年，江浦村域内第一产业基本消失。2008年，全村社会生产总值为3 018万元，其中第二产业为2 165万元，第三产业为853万元。2011年，全村社会生产总值为5 261万元，其中第二产业为2 520万元，第三产业为2 741万元。

2012年后，昆山高新区（玉山镇）以村级集体经济总收入作为统计与考核内容。是年，江浦村村级集体经济总收入为324.6万元。至2020年，江浦村村级集体经济总收入为877万元。

2012—2020年江浦村经济效益如表4-2所示。

表4-2　2012—2020年江浦村经济效益一览表

单位：万元

年份	总收入	净收益
2012	324.6	31.6
2013	681.0	98.8
2014	832.5	157.7

续表

年份	总收入	净收益
2015	1 025.0	179.9
2016	823.8	203.7
2017	683.8	268.5
2018	451.8	262.2
2019	773.7	194.4
2020	877.0	70.3

二、集体经济

自1999年下半年至2000年上半年，江浦村域内全部住房动迁，原有集体固定资产全部消失。江浦村村委会着手在昆山市玉山镇民新路建造标准厂房2幢，建筑面积为5 600平方米，并于2003年对外出租，年收入为94万元。2003—2010年，江浦村又先后在昆山市玉山镇富民三区建造标准厂房3幢，建筑面积为4 740平方米。全村先后建造标准厂房5幢，共计10 340平方米，另有其他房屋1 500平方米，全部对外出租，取得较好的经济收益。

江浦村集体资产 江浦村经历全面动迁、重新创业过程，2009年年末村级集体总资产为1 465万元，2020年为5 944.47万元，总资产增加4 479.47万元。2009年年末负债总额为371.00万元，2020年为549.30万元，负债金额略微增加。2009年年末净资产为1 049.00万元，2020年为5 434.80万元，净资产增长4 385.80万元。2009年年末资产负债率为26.13%，2020年为10.89%。

2009—2020年江浦村集体资产情况如表4-3所示。

表4-3 2009—2020年江浦村集体资产情况一览表

年份	年末总资产			年末负债		
	总额/万元	流动资产/万元	固定资产/万元	总额/万元	净资产/万元	资产负债率/%
2009	1 465.00	193.00	1 121.00	371.00	1 049.00	26.13
2010	1 514.00	102.00	1 191.00	354.00	1 160.00	23.38

续表

年份	年末总资产			年末负债		
	总额/万元	流动资产/万元	固定资产/万元	总额/万元	净资产/万元	资产负债率/%
2011	1 556.00	101.00	1 232.00	394.00	1 162.00	25.32
2012	1 625.00	146.00	1 257.00	360.00	1 265.00	22.15
2013	2 240.00	219.00	1 499.00	188.00	2 052.00	8.39
2014	2 872.00	308.00	1 572.00	275.00	2 597.00	9.58
2015	4 546.00	1 112.00	2 032.00	499.00	4 046.00	10.98
2016	5 062.80	1237.40	2 073.40	496.80	4 565.90	9.81
2017	5 230.80	387.40	2104.50	387.40	4 843.40	7.24
2018	5 715.00	153.70	2 446.30	153.70	5 561.20	2.69
2019	6 275.10	549.30	2 383.80	549.30	5 725.80	8.75
2020	5 944.47	2 236.49	1 748.32	664.18	5 434.80	10.89

村级经营性资产 2009 年江浦村经营性资产总额为 1 376.37 万元，2020 年为 3 084.80 万元。经营性资产主要有标准厂房 5 幢，建筑面积 10 340 平方米，另有其他房屋 1 500 平方米。年租赁收入为 200 万~300 万元。

2009—2020 年江浦村经营性资产情况如表 4-4 所示。

表 4-4 2009—2020 年江浦村经营性资产情况一览表

年份	经营性资产		资产分类		租金收入/万元
	总额/万元	总面积/米^2	标准厂房/米^2	其他房产/米^2	
2009	1 376.37	11 620	10 351.00	1 269	—
2010	1 417.05	11 620	10 351.00	1 269	—
2011	1 447.55	12 000	10 000.00	2 000	—
2012	1 401.83	12 000	10 000.00	2 000	—
2013	1 771.93	10 300	10 000.00	300	—
2014	2 330.77	10 450	10 000.00	450	—

续表

年份	经营性资产		资产分类		租金收入/万元
	总额/万元	总面积/米²	标准厂房/米²	其他房产/米²	
2015	4 002. 36	10 450	10 000. 00	450	—
2016	4 507. 40	10 450	10 000. 00	450	508. 50
2017	3 844. 30	11 630	10 380. 00	1 300	278. 40
2018	3 566. 48	11 680	10 380. 00	1 300	206. 50
2019	3 529. 97	5 940	4 639. 80	1 300	257. 00
2020	3 084. 80	5 940	4 639. 80	1 300	331. 20

村级集体经济　2009 年江浦村集体经济总收入为 201. 7 万元，2020 年为 877. 0 万元。2009 年村级集体经济净收益为 6. 1 万元，2020 年为 70. 3 万元。其中，2015 年集体经济净收益最高，为 409. 3 万元。

2009—2020 年江浦村集体经济情况如表 4-5 所示。

表 4-5　2009—2020 年江浦村集体经济情况一览表

单位：万元

年份	总收入	可支配收入	总支出	净收益	年份	总收入	可支配收入	总支出	净收益
2009	201. 7	176. 0	169. 9	6. 1	2015	1 051. 3	446. 8	852. 5	409. 3
2010	269. 6	202. 0	162. 1	39. 8	2016	823. 8	485. 2	281. 5	203. 7
2011	201. 7	176. 0	169. 9	6. 1	2017	683. 7	550. 5	282. 1	268. 5
2012	324. 6	270. 0	238. 5	31. 5	2018	779. 8	—	517. 6	262. 2
2013	681. 0	320. 3	221. 5	98. 8	2019	753. 3	—	558. 9	194. 4
2014	832. 5	393. 2	217. 5	175. 7	2020	877. 0	—	806. 6	70. 3

2020 年，江浦村年末总资产为 5 944. 47 万元，其中固定资产 1 748. 82 万元，流动资产 2 236. 80 万元，现有货币资金 2 233. 28 万元，长期投资 1 959. 66 万元。

2020 年江浦村主要经济指标如表 4-6 所示。

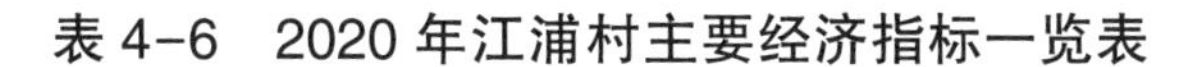

表 4-6　2020 年江浦村主要经济指标一览表

单位：万元

项目	年末总资产	固定资产	流动资产			长期投资
			总额	货币资金	应收款	
村委会	2 465.03	1 085.28	669.90	669.59	—	709.66
社区	3 479.44	662.54	1 566.90	1 563.69	3.21	1 250.00
合计	5 944.47	1 748.82	2 236.80	2 233.28	3.21	1 959.66

第二节　经济体制改革

一、土地私有制

土地改革前，生产资料归私人所有，各阶层占有土地多寡悬殊，少数的地主、富农占有大量土地，广大贫雇农、中农却无田少地。据 1950 年土地改革前的调查，江浦村域内有 96 户、380 人，有耕地 1 100 亩，人均占有 2.89 亩。其中地主 6 户、42 人，占农业人口的 11%，有耕地 750 亩，占耕地总面积的 68.2%，人均占有 17.86 亩；而贫农、雇农、中农仅有耕地 350 亩，占耕地总面积的 31.8%。众多无田少地的村民被迫以高额地租向地主租种土地，或沦为雇工，以出卖劳动力为生，地主则以地租盘剥村民。

二、土地改革

1950 年 6 月，《中华人民共和国土地改革法》颁布，土地改革全面开展。江浦村域组建联村，村民公推联村村长、农民协会主任各 1 人。江浦村域内进行土

地登记，归户造册，清查各阶层土地占有情况，按农户实际人口、人均生产资料，分清剥削和被剥削界限，评定成分。乡村分雇农、贫农、中农、富裕中农、富农、半地主和地主。按照党的政策“依靠贫雇农，团结中农，孤立富农，打击地主”，以农民协会为主体，发动和组织农民向地主阶级进行说理斗争。依法没收地主剥削而得的土地财产，征收其他阶层多余的土地，根据贫雇农无田少地的情况，分别按大平均、小平均两种情况分配土地，俗称“先分出田户”与“后分进田户”。凡是出田户按每人 4 亩耕地先行分配，剩余耕地按进田户人口分配，平均每人分得 3.3 亩。同时，视贫雇农和下中农的家境状况，划分“四大财产”（土地房屋，大型生产资料，牛、船、车，生活资料）。1951 年 4 月，江浦村域内颁发土地证，土地改革结束。

三、农业合作化

中华人民共和国成立初期，党中央提出农民要走集体化道路，农村先后组织互助组、初级社、高级社等集体组织。

互助组 1951 年 12 月 15 日，中共中央发布《关于农业生产互助合作的决议（草案）》，掀起了农村互助合作运动。在自愿互利的基础上，农户纷纷组织成立互助组进行生产。一般来说有两种形式：一种是农忙组织一起生产，闲时分散田间管理，这种称为“临时互助组”；另一种是常年按固定劳动组合，这种称为“常年互助组”，针对劳动力、大型农具等进行余缺互补、等价交换，土地各自种植，收支自负盈亏。1952 年 7 月，江浦村域成立 6 个临时互助组，至年底变为常年互助组。

农村在农忙季节，有盘工的习惯，分劳动盘工（以工换工）和人畜盘工（以耕牛等农具换工）。土地改革后，土地按人口分配，户与户之间劳动力不均匀，大型农具及生产工具不平衡，于是农户自行组织盘工进行调剂，互帮互助。

初级社 自 1954 年以来，江浦村域开始筹建初级社，农户以土地入社，户主保留土地所有权。入股后的土地统一经营，统一安排劳动力，秋收后按劳分配，大型农具折价保本付息，耕牛由原主饲养，统一使用，支付租金。初级社民主选举队长、会计。江浦村域建立有 6 个生产队。1955 年 3 月，江浦村域合并成立江浦初级社。

高级社 1955 年 10 月，中共七届六中全会通过了《关于农业合作化问题的决议》。随着办社积极性的高涨，初级阶段的农业合作又出现新矛盾。因土地所有权归农户所有，江浦村域大规模进行整地和兴修水利，出现了新问题。初级社农户少、规模小，土地比较分散，不能适应生产发展的需要。为了克服上述矛盾，以适应生产发展的需要，初级社筹建高级社。1956 年 3 月，江浦村域内成立江浦高级社。

江浦高级社的土地归集体所有，各户除按人口保留少量自留地之外，耕畜、大型农具折价归公，取消土地分红，实行按劳分配政策。江浦高级社既是经济实体，也是基层行政单位，设社长、会计等职务。江浦高级社以下分设若干生产队，生产队有队长、副队长、会计，负责日常生产和管理工作。江浦高级社下设 6 个生产队。

土地归江浦高级社集体所有后有利于连片管理。生产队实行土地、劳动力、耕畜、大型农具"四固定"政策，管理上实行定产量（包产）、定工分（包工）、定成本（包本）的"三包"政策，超产增收部分直接归社员分配，具体采取夏熟预分、秋熟决算的分配方式。

四、人民公社化

1958 年 10 月，在贯彻社会主义总路线、"大跃进"和人民公社化运动的热潮中，由城南乡、城北乡和玉山镇合并成立马鞍山人民公社，实行"工、农、商、学、兵"五位一体的"政社合一"的管理体制。江浦村域以江浦高级社为基础，成立江浦生产大队。1959 年 6 月，撤销马鞍山人民公社，分建城南、城北和玉山 3 个人民公社，江浦生产大队属于城南人民公社。

人民公社成立初期，在"一大二公"（规模大、公有化程度高）的思想指导下，以人民公社为核算单位。人民公社下属的集体经济、集体财产、生产资料、农业产品和劳动力等都归人民公社所有。否认各经济组织之间客观上存在的差异，取消按劳分配和等价交换原则，取消社员自留地。公社有权无偿调拨属下经济组织（生产大队、生产队）及社员私人的财产等，自上而下地形成"一平二调"（平均分配、无偿调拨）的平均主义。农民生活实行供给制，大办公共食堂，农民吃饭不要钱，到哪都能吃饱。农业生产推行"组织军事化、生产战斗

化、生活集体化”，实行大兵团作战（劳动）。农业生产开展“摆擂台”“放卫星”等竞赛活动，提出“人有多大胆，地有多大产”的口号，致使“共产风”“浮夸风”“瞎指挥风”及少数人“多吃多占风”盛行，这些已严重背离农村生产力发展水平和农民意愿，严重挫伤农民生产积极性，甚至出现“农船到处飘、耕牛到处跑、农具到处抛”的局面，农业生产和农民生活受到严重破坏和影响。

1960 年，江浦村域贯彻落实中共中央《关于坚决纠正平调错误，彻底退赔的规定》精神，本着“彻底清算、破产退赔，先社员、后集体，先物资、后资金”的原则，对违背按劳分配和等价交换原则，无偿抽调，占用生产大队、生产队和社员的生产资料、生活资料、劳动力和其他财物的行为，进行清算和退赔。至 1961 年春，江浦生产大队清算、退赔、兑现工作结束，调动了农民生产积极性，农业生产逐步得到了恢复。

1962 年，江浦村域贯彻执行中共中央“农业六十条”和《关于改变农村人民公社基本核算单位问题的指示》等，确立以生产队为基本核算单位，实行“生产队、生产大队、人民公社”三级管理体制，重拾定额计工、多劳多得、按劳取酬原则，重新划分社员自留地，严格执行按人口分配口粮、按劳动力所得工分分配工分粮，进一步稳定农民的生活，调动农民的生产积极性，促进农业生产的发展。

“文化大革命”时期，江浦村域一度取消按完成农活定额评分的措施，采用“大寨式”评工记分法，造成“干活大呼隆，干多干少一个样”和吃“大锅饭”倾向，农民的生产积极性再次被挫伤。从 1971 年开始，江浦村域逐步取消“大寨式”评工计酬办法，恢复和完善定额计酬制度，并按总人口重新划分自留地。1972 年，江浦村域全面实行定额计酬制度，重新把农民的生产积极性调动起来。

五、家庭联产承包责任制

（一）分田到户

1978 年中共十一届三中全会以后，江浦村域经过拨乱反正恢复了定额管理，开始实行定产、定工、定本政策，超产奖励，减产赔偿，节本归己，超支自负，联产到劳，进而发展为以家庭为单位的联产承包责任制。1983 年秋后，江浦村域全面实行家庭联产承包责任制，即分田到户，以生产队为单位，按人口划分口粮田。江浦村按生产队人口平均每人划分 0. 6 亩口粮田，剩余耕田按劳动力划分责任田，落实到户。60 周岁以上及不满 18 周岁的在校学生，只分口粮田，不分责任田。农户承包的耕地所有权归集体，农户只有使用权，无权买卖。生产队与承包户签订全奖全赔合同，实行经济包干“三上交”（上交公积金、公益金、管理费），粮食分配实行“三留足”（留足承包户的种子、口粮、饲料），“二上交”（上交集体饲料粮、调拨粮），“一购”（完成国家征收任务）。

农业生产实行家庭联产承包责任制后，农民自主经营，不再由生产队核算分配。农民只需完成国家征购、超购、议购任务和承担“两金一费”（公积金、公益金、管理费）。家庭联产承包责任制使集体经营与家庭经营相结合，既发挥了社会主义大农业统一经营的优越性，又使农民在生产上有了自主权，发挥了主观能动性。由于农民自负盈亏，投本讲核算，用工讲实效，农活讲质量，劳动积极性和工效得到很大提高。在耕作方法上，夏熟作物推行免耕法，增施化肥、农药和除草剂，用工量相对减少，不仅有利于提高农作物产量，而且使部分农村劳动力转移到参与多种经营和进厂务工上，不但发挥农民才能，还使农民收入大大增加。

（二）土地规模经营

农业实施家庭联产承包责任制后，农民生产积极性得到进一步提高。在搞好第一产业的同时，不断开发第二、第三产业，有进厂务工的，有到集市经商的，有跑短途运输的，有在镇上购房定居的。农民从事第三产业后，将承包田交给别人代耕，谁种谁收，代为完成定购任务。大农户就在这种形势下诞生，并得到迅速发展。1991 年 11 月，中共中央十三届八中全会通过《关于进一步加强农业和农村工作的决定》，要求不断完善统分结合的双层经营体制，坚定不移地深化农村改革。根据上级政府指示，在原有的小规模经营的基础上，以农业公司为依托，逐步发展大农户。1994 年，江浦村利用原有生产队公房及场地，筑路通道，方便大农户经营。是年，江浦村初步形成规模化经营的格局，实行个人承包，集体投资，实额上交，成本核算，实奖实赔，自负盈亏。全村推行科学种田，便于新农艺、新技术的推广。

1994—1995 年，江浦村将农户流转的 1 041 亩耕地，租赁给 9 户大农户（包括外地农民代表）进行规模化经营。1994—2000 年江浦村农业规模化经营户如表 4-7 所示。

表 4-7　1994—2000 年江浦村农业规模化经营户一览表

姓名	面积/亩	经营时间
刘小东	125.9	1994—2000 年
朱祥林	102.6	
徐清同	137.2	
王守明	139.2	
郑军效	127.1	1995—2000 年
孙云弟	62.5	
郑洪江	101.5	
黄立山	124.5	
李用斗	120.5	

（三）土地确权登记

1988 年 8 月，江浦村根据实行家庭联产承包责任制后农村劳动力大量转移的实际情况，对承包的土地进行合理调整。江浦村贯彻中共中央办公厅颁发的《关于进一步稳定和完善农村土地承包关系的通知》精神，延长第二轮土地承包经营期 30 年；贯彻执行江苏省和苏州市下达的《关于做好延长土地承包期和向承包农户颁发“农村集体土地承包经营权证书”的工作指示》，实施昆山市委《关于稳定完善农村土地关系发放经营权证书的实施意见》，结合江浦村实际情况，做好调整摸底、填报审核表、办理手续等具体事宜。江浦村坚持以家庭联产承包责任制和统分结合的双层经营管理体制，向承包户颁发农村集体土地经营权证，从根本上保证农民承包集体土地的合法权益，加快发展农业生产，稳定农村经济，做好确权发证工作，并围绕“农村第二轮土地承包到期后再延长30 年”的政策规定，广泛宣传，积极核实土地面积和在籍人口总量。江浦村在搞清人口基数和田亩数后，深入农户家庭，发放土地流转征求意见书，让农户自己上报。1998 年，江浦村共颁发土地确权登记书 271 份，核实耕地面积 2 100 亩，统计总人口 1 050 人。

第三节 农 业

一、粮油作物

（一）水稻

育秧 水稻历年来采用育秧移栽。俗话说，“秧好一半禾，苗好七分收”，水稻亩产与育秧有着很重要的关系。中华人民共和国成立初期，江浦村域均为旧式育秧模式，沿田埂拉土成沟，各类品种杂种于一田，以脚印相隔，之后再做秧田秧板，以3米左右为栅，以脚印为界，并无秧沟。此种育秧模式不利于培育壮秧，且易混杂，用种量大约每亩大田6公斤，以毛谷浸泡，落谷较密，一亩秧田播种150公斤，种植大田20~25亩。1952年，江浦村域推广合式秧田，做秧田前先下沤熟绿肥，用猪窝和大粪作为基肥，然后上水，秧板每栅1.3~1.5厘米宽，秧板间开深沟（沟宽20厘米，易于治虫拔草和水浆管理），堆上沟泥，之后再上浆，推平秧板落谷。稻种用泥水或盐水选种，用赛力散等浸种，待种子破口后播种，培育带叶壮秧，秧苗与大田面积比例为1：10。从20世纪60年代中期开始，推广双季稻，早稻采用温床催芽，落谷后秧板用草帘覆盖。至20世纪70年代，由于复种指数不断提高，秧田面积需要扩大，推行“场地育秧”（利用泥场、路边坡地，培育双季稻早稻秧苗，以减少秧田面积）和“通气秧田”，播种后盖以塑料薄膜。每亩秧田播种150~200公斤左右，秧田与大田面积比例为1：20。

移栽 中华人民共和国成立前至20世纪50年代初，单季中、晚稻习惯于大棵稀植，每株行距不一，每亩一般栽1.5万~1.8万穴，基本苗为5万~7万株。20世纪60年代推广陈永康小株密植法，经绳条插秧，每亩栽3万穴，基本苗为

12 万株，此法使水稻产量大幅度提升。

管理 中华人民共和国成立前至20世纪50—60年代，江浦村域稻田除草以人工为主，通过坌、耥、耘、拔等方式进行耕作，一般都是先坌后耥，再耘。从稻苗成活到抽穗前，要进行多次拔稗。20世纪60—70年代，江浦村域用药剂防治病虫害和施用穗肥，其中耘耥除草用工最多，劳动强度最大。20世纪80年代前后，江浦村域全面推广化学药剂除草醚除草，替代了耘耥稻，用工量大为减少。田间管理主要是水浆管理，掌握浅水插秧、深水活棵、浅水勤灌的方法，稻棵封行时四周开挖围沟搁田，立秋前搁好田，使水稻根系深入土层。灌溉条件改善后，有利于水稻生长，后期掌握水稻干湿情况，以湿为主。在扬花灌浆期，做到干花湿籽，到后期再上一次饱浆水，增加稻谷粒重量，在收割前7天脱水。

收割 水稻收割，单季晚粳一般生长周期在150～160天左右，旧时人们有句顺口溜："白露白迷迷，秋分稻莠齐，寒露无青稻，霜降一齐倒。"霜降过后，水稻就得收割，一般在10月底11月初收割。历年来，水稻都是人工收割，1989年后，村民用联合收割机收割，就此彻底解放了劳动力。

中华人民共和国成立初期，江浦村域的村民沿用之前的耕作制度、水稻品种和栽培方式，水稻亩产量低且不稳，约150公斤。从1956年开始，推广老来青粳稻品种，水稻亩产200公斤。1966年前后，全面推广农垦58（世界稻）粳稻品种，同时改进种植方法，水稻亩产超300公斤。1972年，江浦生产大队试种双季稻，水稻亩产突破500公斤。20世纪70年代中期，江浦村域推广种植双季稻。1983年后，江浦村实行家庭联产承包责任制，全面恢复单季稻种植，水稻亩产常年稳定在400公斤以上。

随着科学种田水平不断提升，水稻品种不断更新，水稻持续稳产、高产。1999年，江浦村1 280.5亩水稻亩产达508公斤。

从2000年开始，江浦村全面推进城镇化建设。江浦村域进行大范围动迁和建设，农田的灌溉和田间排水工程被损毁，不宜再种植水稻。少部分农田由村民种植蔬菜。

1966—1999年江浦村水稻产量如表4-8所示。

表 4-8 1966—1999 年江浦村水稻产量选年表

年份	面积/亩	亩产/公斤	总产/吨
1966	2 156.0	320.9	691.8
1969	2 120.0	353.7	749.8
1973	2 156.0	505.9	1 090.7
1976	2 156.0	448.4	966.8
1979	2 109.8	478.7	1 009.6
1983	2 109.8	418.2	882.3
1986	2 117.0	471.5	998.2
1989	2 147.0	490.0	1 052.0
1993	1 700.0	442.7	752.6
1996	1 681.0	482.3	810.7
1999	1 280.5	508.0	650.5

（二）三麦

大麦、元麦、小麦合称“三麦”。江浦村域地势偏低，很少种植三麦，少数农户耕作粗放。麦坨均为狭坨宽沟，坨阔宽 1.5 米，沟深按牛犁的自然深度开挖，约 15 厘米。农业品种多为农家土种，播种方式主要为撒播，每亩播种 5~8 公斤左右，很少施基肥，或者冬季施少量腊肥。

中华人民共和国成立后，随着水利建设的发展，三麦种植面积不断扩大。20 世纪 50—60 年代，仍使用牛耕、牛耙，耕作沿袭旧法，播种量有所增加，每亩播种 9~10 公斤。20 世纪 70 年代，江浦生产大队开始逐步进行耕作改革，采用“一坨一沟”（细作狭沟）、“两头出水”、“三沟配套”（地下沟、田间沟、田外沟）和“四面托起”的耕作方式。每亩种植元麦 12~15 公斤、小麦 15 公斤。下种后，用牛耙坨面，较少露籽麦。江浦生产大队实行包片深翻，阔坨狭沟，坨阔宽 3 米，开好 6 沟，即暗沟（每块田有 1~2 条暗沟，沟长 80~100 米，沟深 1 米），坨沟（每块田有 4 个坨头，竖开 3 条明沟，沟深 0.5 米，利于排水），横沟（每隔 20 米开 1 条横沟，沟深 0.6 米），渠边沟（沟深 0.75 米），隔水沟（在荏口之间、高低田之间开好隔水沟，沟深 1 米），排灌两用沟（沟深 1.5

米)，坚持6沟配套，以降低“三水”(地面水、浅层水、地下水)危害。此外，江浦生产大队通过精细整田，药剂拌种，重施基肥，施足人造肥，分别作为基肥和随籽肥，配用磷钾肥，看苗巧施返青肥，重施拔节孕穗肥；越冬前拍麦碾压，使小麦亩产在1974年突破200公斤。由于“塘桥式”栽培用工量大，部分田块不能适时播种，从20世纪70年代末开始试种免耕麦(俗称“稻板麦”“板田麦”)，即在晚稻田收割前播种，收割后开沟上泥。这样可以抓住小麦种植的好时节，将播种期提前，又避开大忙季节，有利于小麦生长发育，减少犁、耙两道工序，减轻劳动强度，产量不低于耕翻麦，且高于迟播麦，播种适时，增产显著。但当时无小麦除草剂，易造成草害，曾一度停止推广，直到20世纪80年代除草剂获得推广，经过“四补”(补沟、补泥、补苗肥、补除草剂)，完善的免耕栽培予以全面推广，并采用开沟机开沟，深度达15~30厘米。

中华人民共和国成立后，江浦村域内开始兴修水利，改革耕作制度，推广高产品种，三麦产量逐步提高。20世纪60年代，三麦亩产达70~100公斤。种植双季稻时期，为调剂茬口，大麦、元麦种植面积有所扩大。从20世纪70年代后期开始，推广免耕套播麦，三麦亩产突破200公斤。1983年，江浦村域全部改种小麦，亩产245公斤。1993年，小麦亩产达252.3公斤。1999年，种植1 040.0亩小麦，亩产达315.2公斤。

1966—1999年江浦村域三麦产量如表4-9所示。

表4-9　1966—1999年江浦村域三麦产量选年表

年份	面积/亩	亩产/公斤	总产/吨
1966	922.0	81.6	75.2
1969	929.0	130.0	120.7
1973	1 049.1	100.6	105.5
1976	1 045.0	176.9	184.8
1979	1 020.8	228.2	232.9
1983	1 202.3	245.1	294.7
1986	1 129.0	212.1	239.5

续表

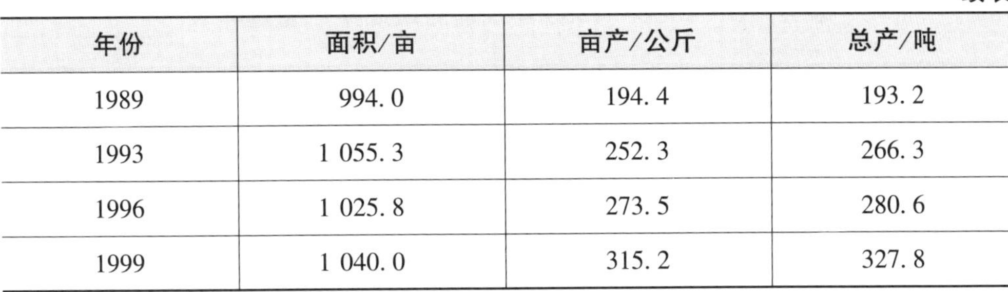

年份	面积/亩	亩产/公斤	总产/吨
1989	994.0	194.4	193.2
1993	1 055.3	252.3	266.3
1996	1 025.8	273.5	280.6
1999	1 040.0	315.2	327.8

（三）油菜

油菜历来是通过育苗移栽的。中华人民共和国成立前后，农民种植白菜型油菜，大田狭垄宽沟，垄阔约1米，采用菜花锤（俗称“菜花榔柱”）打潭，1米内打3个潭，插棵移栽，耕作粗放，每亩种植4 000棵左右，亩产只有15~20公斤，均以家庭自用为主。20世纪60年代，农民改种胜利油菜，菜秧田施足大粪基肥，菜秧长到5~6叶后，以壮苗移栽大田，种植方式改打潭为套肋（用板齿铁搭挖出一条种油菜的浅槽），用小铁铲栽种，行距40厘米，株距20厘米，每亩约植8 000棵。20世纪60年代后期，江浦村域内种植甘蓝型油菜，亩产在60~80公斤。20世纪70年代，除个别年份之外，油菜亩产在60~90公斤。

20世纪60年代后期至70年代，农民采用耕翻作垄、套肋移栽的方法，大田扩大垄畦，垄阔宽2米，垄沟深30厘米，每垄套肋成行，每行种10棵，株距为20厘米，行距为40厘米，一般每亩栽8 000棵。20世纪70年代末，试行稻茬免耕保墒移栽，即板田移栽方法，实行竖行条栽，利用行距空隙开沟壅土，土地利用率接近100%，每亩密植8 000~9 000棵。江浦村域内流传着移栽技术要领：“一铲一条缝，一把磷肥送，一粒油菜种，一脚踏密缝。”1980年后，江浦村域全面推行免耕稻田移栽方法。免耕移栽有利于适时移栽，使油菜早成活、早发棵、早成熟，而且保墒较好，雨年免烂根、烂种，且节省工本。大田先后施肥5次，即施足基肥，早施苗肥，重施腊肥，普施苔肥，巧施临花肥，每亩施肥量为标准氮肥55公斤和磷钾肥40公斤，大田油菜因此取得高产。

1999年，江浦村共栽种305.0亩油菜，亩产达135.1公斤。

1966—1999年江浦村域油菜产量如表4-10所示。

表 4-10　1966—1999 年江浦村域油菜产量选年表

年份	面积/亩	亩产/公斤	总产/吨
1966	189.5	77.8	14.7
1969	200.0	65.0	13.0
1973	268.0	84.3	22.6
1976	251.0	67.8	17.0
1979	394.0	141.0	55.6
1983	498.3	103.3	51.5
1986	850.0	90.1	76.6
1989	880.0	90.6	79.7
1993	861.8	108.5	93.5
1996	832.8	143.2	119.3
1999	305.0	135.1	41.2

二、多种经营

（一）瓜果种植

旧时，江浦村域村民利用房前屋后的空地和自留地种植果树和蔬菜，果树有桃树、梨树等，蔬菜有黄瓜、菜瓜、冬瓜等，同时还种一些玉米、红薯、南瓜等作为辅粮替代主粮食用。

改革开放后，农村进行经济体制改革，全面开展多种经营，副业生产有了全面拓展，村民种植果树品种增多，新增枣树、柿子树等。除自己食用之外，多余的进入市场销售，以增加家庭收入。1980 年，各生产队开始利用农作物的种植茬口，在不影响水稻总产的情况下，种植经济作物，诸如西瓜，江浦生产大队种西瓜 65 亩，待西瓜成熟后，除部分分给社员之外，其余放到市场出售。江浦生产大队副业基地有果园 15.5 亩。

（二）蔬菜种植

江浦村域内村民一年四季种植的蔬菜有青菜、生菜、韭菜、苋菜、空心菜、菠菜、大白菜、蓬花菜、金花菜、大蒜、香葱、芋头、番茄、辣椒、豇豆、毛豆、土豆等。1973 年，江浦生产大队第 4 生产队种植 6 亩芹菜，冬季收获后，送到上海市场出售。

（三）蘑菇培植

1977—1979 年，江浦生产大队第 6、第 7、第 8 生产队，利用生产队集体公房，按照蘑菇的培植要求进行改造，室内搭建多层结构的培植床。每年都要事先准备好质地松软、富含肥力的营养土。光在培植床上铺满 15 厘米厚的营养土，经药剂消毒处理几天后，再投放蘑菇菌种。培植蘑菇，室内温度须保持 25 ℃左右，相对湿度须控制在 85%左右，室内配备温度器和湿度表。每天根据室内温度变化，决定通风时间；根据室内湿度变化，决定对床土喷水时间和次数。3 个生产队共有 5 280 平方米培植面积，分别选派专人负责管理，春季蘑菇产量高于秋季蘑菇产量。每天采摘的蘑菇，必须及时运至农贸市场销售。

（四）禽畜饲养

养猪 江浦村域村民除种好粮油作物之外，还开展家庭多种经营。家庭多种经营中比较突出的是养猪业，村域内自中华人民共和国成立之初至 20 世纪 90 年代村民养猪大致有四个阶段性的变迁。第一阶段是 20 世纪 50—60 年代。一般每户饲养 1~2 头猪，7—8 个月才能出栏，除供自家过年宰杀食用之外，多余的要出售，卖到生猪收购站。生猪如果卖得好，每头可卖 70~80 元。如果村民饲养的生猪被评为六等猪，每头只能卖 49. 97 元。20 世纪 70 年代，政府号召家庭饲养生猪，有“养一头生猪就是开办一家小型化肥厂”之说，于是村民家家户户饲养生猪。在农忙前，生产队派人收猪窠，到分配时折价进行分配。江浦生产大队的每个生产队都办起了养猪场。第二阶段是 1974—1978 年。江浦生产大队生猪圈存量年年超千头（猪苗自繁自养），猪棚大部分靠近田头、河边、野外，这样便于运送猪粪到田头，同时方便饲料进出。其饲料来源有两种：一是稻麦秸头和瘪谷，利用砻糠加工成粉；二是水花生、水葫芦，将它们打成浆，拌在饲料中喂猪，还可用瓜果、蔬菜作为副食。每年全村可出售生猪 200 余头，到年关时，生产队宰杀 2~3 头生猪分配给社员过年。集体养猪一直延续到 1983 年家庭联产承包责任制实行为止。第三阶段是 20 世纪 80 年代后期至 90 年代。江浦村域内出现了一批生猪饲养专业户。他们利用原有猪舍，另再搭建简易棚进行饲养。比较有代表性的有：第 1 村民小组的佘杏春，全年出售生猪 20 头；

第3村民小组的蔡福宝，全年出售生猪110头；第4村民小组的胡泉根，全年出售生猪50头；第8村民小组的丁长林，全年出售生猪30头；第9村民小组的刘大毛，全年出售生猪35头；第10村民小组的顾忠义和苏玉妹等，全年分别出售生猪40头。全村生猪出栏数可达300头以上。此时，饲养生猪的饲料大多是以水花生、水葫芦打成的浆为拌料，加之泔水，生猪一般饲养4~5个月就能出栏。生猪出售主要由卖肉摊贩、杀猪专业户上门宰杀与收购。猪苗则有人送上门。第四阶段是20世纪90年代后期。因昆山市政府规划用地，村民动迁后，养猪专业户逐渐减少。

养禽 江浦村域内家禽饲养历史悠久，村民家庭主要饲养鸡、鸭、鹅等，一般在自家房前屋后搭栏饲养，但数量不多。村民一般自宰自食家禽，用以改善生活，并将剩余的家禽放到市场出售，以补贴家用。中华人民共和国成立后，村民家庭饲养家禽逐渐增多，每家饲养10多只。20世纪70年代初，家禽饲养一度受到限制，每个村民家庭只允许养1只。20世纪70年代中期，江浦生产大队发展集体副业，村民养的家禽数量随之增加，每户饲养10~20只，除自己食用之外，还将多余的家禽、蛋放到市场上出售，以增加家庭收入。1978年春季，江浦生产大队第4生产队集体饲养鸡苗500只，饲养3~4个月即可出售。第5生产队集体饲养鹅苗约300只，春季饲养3个月后即可养成大鹅，并放到市场上销售，为生产队积累集体资金，增加社员年终分配收入。

（五）水产养殖

中华人民共和国成立前，江浦村域内无人养鱼，村域内河流、溇、潭较多，鱼类资源丰富。村民捕鱼主要依靠渔网和鱼叉。每逢过年，村民会抽干河水捉鱼，并与他人分享收获。

1970—1983年，各生产队利用本队的溇、潭养鱼。春季放鱼苗，秋季村民用大网捕捞，或抽干溇、潭捕捉。捕捞的鱼除部分会分给村民之外，其余会放到市场售卖，为生产队增加收入。

1995年，江浦村将127.4亩河流、溇、潭分别发包给村民养鱼，承包者除上交养殖租金之外，其余收入所有均归承包者。

1996年，江浦村开挖鱼塘239亩，共有6户承包后进行水产养殖。其中水产面积为124亩，主要养殖虾、蟹。养殖户除上交鱼塘租金外，养殖收益均归养殖户所有。1996 年江浦村鱼塘承租户情况如表 4-11 所示。

从 2000 年开始，江浦村域全面启动城镇化建设，水产养殖承包户全部歇业。

表 4-11　1996 年江浦村鱼塘承租户情况一览表

承租户姓名	承包面积/亩	每年租金/元
戴学根	20	7 000
刘国民	22	11 000
黄立山	20	10 000
戴为民	60	20 000
王祖民	63	26 500
王风之	54	22 000

三、农业大户

（一）种粮大户

刘小东（江浦村第 9 村民小组村民）　1994 年 3 月，江浦村筹划创建村办农场，并从第 9 组村民小组中流转 125.9 亩责任田，由刘小东承包经营。承包经营者必须完成国家粮食任务，上缴农业税和管理费，其他事项由经营者自主决定，自负盈亏。

从 1994 年播种开始，农场由刘小东自主经营。通过一年的努力，次年的夏熟和秋熟作物都取得较好收成，小麦亩产 281.7 公斤，水稻亩产 442.7 公斤，全年超额完成国家任务，并足额上缴农业税和管理费，每亩净收入约 650 元。1995—1999 年，刘小东连续承包农场 6 年，直至政府征地才停止种植。

徐清同（江浦村第 5 村民小组村民）　1994 年，从江浦村第 6、第 7 村民小组中流转 137.2 亩责任田，由徐清同承包经营。在村领导的协调下徐清同遵循双向自愿原则，与第 6、第 7 村民小组的村民签订土地流转协议，从当年秋种开始承包经营 137.2 亩责任田。当年的小麦亩产为 260 公斤，水稻亩产为 448.8 公斤，超额完成国家粮食任务。在上缴农业税和管理费后，每亩净收入约 600 元，1995—1999 年，徐清同连续坚持承包农场 5 年，直至政府征地才停止种植。

（二）养猪大户

蔡福宝（江浦村第3村民小组村民） 蔡福宝自2001年起择业饲养生猪，利用屋边空地搭了6间简易猪棚，约120平方米，专门饲养生猪，每圈5~6头，每4~5个月生猪就可出栏。他请人上门收购，第一年销售了112头生猪，净得利润近5万元。随后至2004年，他总共销售生猪365头，净得利润近20万元。

胡泉根（江浦村第4村民小组村民） 胡泉根依据市场需求，决定以饲养生猪为业。2002年，他利用空闲地方，搭建了4间简易猪棚。是年，他饲养生猪25头，4个月后出售，第一批生猪售卖共获利1万余元。2002—2006年，他总共销售生猪250余头，净得利润10万余元。

（三）水产养殖大户

戴为民（城北镇人） 自1996年起，戴为民每年投入2万元租金承包江浦村新开的60亩鱼塘，用于水产品养殖，其中养殖成鱼40亩，养殖河虾20亩，直至2000年政府征地才停止养殖。1996—2000年，他获得可观收入。每年每亩上市成鱼650公斤，每亩总收入6 500元，每亩总支出5 000元，每亩净收入1 500元。每年每亩上市河虾50公斤，每亩总收入5 000元，每亩总支出3 000元，每亩净收入2 000元，年均收入8万~10万元。

王祖民（巴城镇人） 自1996年起，王祖民每年上交26 500元租金，获得江浦村新开63亩鱼塘的承包经营权，专门养蟹，直至2000年政府征地才停止养殖。1996—2000年，他与妻子通过辛勤养护、精心管理，取得可观的经济收入。养蟹每年每亩产量在100公斤，每亩总收入8 000元，每亩总支出5 000元，每亩净收入3 000元，年均收入18万元。

四、农机农具

（一）传统农具

中华人民共和国成立前后，农村灌溉、排水（洪涝、污水）全靠人力水车和牛力水车。每逢干旱或洪涝年份，这两种水车日夜不停地运转也不能解决问题，严重影响农作物产量。20世纪50年代末，江浦村域建造了电力排灌站，有力地保障了村民的生产生活。

脚踏水车 以人力脚踏为动力，俗称“踏水车”，均为木质结构。车型有2

人车、4人车和6人车3种，以2人车居多。脚踏水车由踏轴、拨度、鹤膝、斗板、轴承座、车槽、扶手架、夹水撑等部件构成。在踏轴轴承座两端，竖立柱2根，立柱上装横杆1根，以作为人的把手（扶手架）。踏轴中间装有拨度，两边安装脚踏榔头。水车车槽最长约有4米，车头固定在岸上渠口，车尾放入河中，用夹水撑固定。待鹤膝、斗板连接好后，套在踏轴的拨度上，与车尾的水拨度环接。人在踏轴上不停地踏，带动踏轴，传动鹤膝、斗板在车槽内往复运行，戽水灌田。在排水时，村民会集中多部水车，日夜轮班戽水，俗称“踏大棚”。

牛力水车 以牛力为动力，俗称“牛车”，主要为木质结构。牛力水车上部结构有墩芯、车盘和躺轴等部件，下部结构与脚踏水车车槽相似，但尺寸比脚踏水车大一倍。牛力水车一般需要有一个直径5米左右的车场基，以安放直径约2米的墩芯和车盘，并搭建圆形或方形的牛车棚，以防戽水时日晒，为牛防暑降温。戽水时，牛拉动车盘旋转，车盘齿轮带动躺轴齿体旋转，再传动水槽中的鹤膝、斗板，提水上岸，流经沟渠，灌溉农田。牛力水车一天可灌溉农田10~15亩。

农船 江浦村域内运载货物的工具。截至1962年年末，江浦村域还有12条农船，其中载重量3吨船有8条，载重量5吨船有4条，全部是木质结构。由于木船每隔2~3年须拖上岸维修，成本很高，所以逐渐被淘汰。20世纪70年代，江浦村域内购置水泥船代替木船。1975年年末，江浦村域内11个生产队共有水泥船31条，其中载重量3吨船有11条，载重量5吨船有11条，载重量6吨船有6条，载重量8吨船有3条。之后，随着公路交通的发展，农船的作用越来越小，它被逐步淘汰。从1992年开始，江浦村域陆续动迁，农船也随之消失在历史长河中。

犁（2020年，夏正祥摄）

犁 依靠耕牛拉动而耕翻农田的农具。20世纪60年代之前，犁大多是木质结构，只有犁头是由生铁铸成；20世纪70年代之后，便有铁质犁。犁主要分为两种：在旱田中耕翻的称“旱犁”；在水田中耕作的称“水犁”。

耙 用耕牛拉动而能碎土的工具。耙呈长方形，由2块长2米、宽0.2米和2块长1米、宽0.2米的木质材料组成的耙架，并安装铁质刀片，操作者站在耙架上，由耕牛拉动向前行进，破碎泥块。

风车 手摇式清除谷物杂质的农具。风车主要是木质构造，通过人力摇动风车的风板制造风力，将谷物吹干净。

（二）劳动工具

罱网——用于积肥罱泥

粪桶——用于挑粪、挑水

粪勺——用于浇粪、浇水

土笪——用于挑草泥、挑猪窠

锄头——用于除草、壅土

铲凿——用于种菜、除草

板齿铁搭——用于翻耕和平整农田

尖齿铁搭——用于翻草泥，翻猪窠

小塘爬——用于在水稻田间翻土灭草

镰刀——用于割稻、割麦、割草

方铁锹——用于栽田岸，开沟

小圆长锹——用于麦田开沟

草篮——用于背运货物

扁担——用于挑东西

栈条——用于囤稻谷、三麦、油菜籽

山笆——稻麦脱粒时的装运工具

挽子——用于运粮（肩扛）

扁筛——用于人工筛稻、筛麦

（三）现代农业机械

排灌机械 1958年，江浦村域内建成江浦排灌站，装配20英寸、32英寸水泵各1台，总功率为110千瓦。1975年，江浦村域内建江浦卫星灌溉站，装配

14 英寸水泵 1 台，总功率为 22 千瓦。2007 年，江浦村域内建东荡排水站，装配 20 英寸、32 英寸水泵各 1 台，总功率为 212 千瓦。2008 年，村域内建西荡排水站，装配 32 英寸水泵 2 台，总功率为 264 千瓦。

西荡站闸（2020 年，夏正祥摄）

耕作机械　1971 年 5 月，江浦生产大队第 6、第 7 生产队购买第一台“东风 12 型”手扶拖拉机，随后，江浦村域内扩种双季稻，每个生产队都有一台手扶拖拉机，全大队手扶拖拉机总计 12 台。1975 年、1988 年，江浦村域先后购买“东方红 28 型”“丰收 35 号”中型拖拉机 2 台及其配套设备。1989 年，江浦村域购买“桂林 2 号”联合收割机 1 台。20 世纪 90 年代，江浦村先后购买开沟机 5 台、盖籽机和压麦机各 3 台，还有插秧机 3 台。

植保机械　20 世纪 70 年代之前，农作物保护主要靠人工操作，每个生产队都备有背负式手摇喷粉机喷洒粉剂农药。20 世纪 70 年代之后，每个生产队都备有背负式手动喷雾机喷洒水剂农药，分田到户后，每户都备有背负式手动喷雾机。20 世纪 80 年代后期，江浦村域内有背负式小型汽油弥雾机 11 台，略加改造后，既能喷洒粉剂农药，又能喷洒水剂农药。江浦村域内农作物植保用药 100%依靠机械作业。

脱粒机械　20 世纪 50 年代，江浦村域内采用人力脚踏脱粒机替代原始稻桶、稻床人工掼稻（麦）的方法。20 世纪 60 年代，村民开始用滚动式铁制稻麦两用脱粒机，用燃油和电力带动。20 世纪 70 年代种植双季稻时期，村民采用铁

桶式大包机（俗称“铁老虎”）脱粒前季稻。1983 年，实行家庭联产承包责任制后，家家户户都用电动脱粒机、扬谷扇。从 1989 年开始，江浦村域内用“桂林 2 号”联合收割机收脱小麦。

运输机械 农村运输主要依靠农船。20 世纪 60—70 年代，村民在水泥船上安装挂桨机，使之变成机动船。江浦村域共有 11 艘机动船，其中载重量 8 吨船有 3 艘，载重量 6 吨船有 6 艘，载重量 5 吨船有 2 艘，这是江浦村域内最主要的运输机械之一。20 世纪 80—90 年代，江浦村域有手扶拖拉机运输车 3 辆，中型拖拉机运输车 1 辆。

第四节　工商业

一、工业

江浦五金厂 创办于 1977 年，厂址设在第 2 村民小组高地，厂房建筑面积为 60 平方米，由石阿炳担任厂长。1986 年，在江浦村第 1 村民小组 1 号圩，围了 10 亩耕地，建造了五金厂新厂房，共计 800 平方米。后由李玉刚担任厂长，有职工 38 人，该厂主要生产电子产品，年利润 20 余万元。1998 年，该厂停产。

江浦毛纺厂 创办于 1980 年，厂址设在庙泾河边，厂房建筑面积为 2 000 平方米。厂长外聘自上海，由许生洪担任，有职工 66 人，该厂主要产品是腈纶、绒线。由于管理不当，该厂年年无利润，至 1987 年调整厂领导，选拔年轻知识青年许祥友担任厂长，年利润提升至 20 万元以上。1997 年，该厂停产。

江渔塑料厂 创建于 1982 年，与渔业村合营，厂址设在昆山西大桥南桥堍，厂房面积为 1 000 平方米，由方正根担任厂长，有职工 15 人，该厂主要产品是塑料编织袋，年利润 30 余万元。1983 年，该厂停产。

江浦土窑厂 建于1987年，厂址设在第11村民小组低洼区，占地15亩，由杨荣根担任厂长，有职工20人，年利润为5万元。1989年，该厂停产。

江浦水泥预制厂 建于1987年，厂址设在庙泾河边，占地7亩，由沈三毛担任厂长，有职工8人，该厂年利润8万元，主要生产水泥楼板，以解决群众造房难问题。1989年，该厂停产。

二、商业

江浦供应店 1962年，昆山玉山供销社分店江浦供应店开设在原第6生产队社员姚锦成家中3间房内，营业员由供销社委派的3人担任。1978年，江浦供应店转交生产大队接管，改名为双代店（代购代销点）。生产大队安排殷胃南、殷阿毛2人负责经营管理，并接受供销社监管。在计划经济年代，每家每户都有购货卡，凭卡可到双代店购买白糖、肥皂、香烟等日用品。双代店从供销社统一进货，每日记好商品进出账，将营业额存入银行。供销社按日销售总额的5%向生产大队结付手续费，员工报酬于年底由生产大队支付。1980年，双代店一分为二（南店、北店）。先后由姚锦成、季吉林、刘小东、殷阿毛负责江浦站南店的经营。1994年，该店停业。

江浦“三就”肉店 1971年，江浦生产大队在人民公社多种经营服务公司及昆山县食品公司的支持帮助下，申请开设江浦“三就”肉店（就地收购、就地宰杀、就地销售），并得到批准。由会计胡阿毛到昆山县食品公司办理有关手续，生产大队安排朱和尚、张金虎具体负责生猪收购、宰杀、销售工作。这样既方便社员全年的生猪出售，又为社员提供来店购买鲜肉的服务，江浦“三就”肉店每月做报表送至昆山县食品公司，并根据报表中的定金汇总金额，由昆山县食品公司与生产大队分成，昆山县食品公司分得30%，生产大队分得70%。昆山县食品公司提供正规发票，社员凭借出售生猪发票到饲料供应站购买饲料（青糠、元麦）。同时，职工出售一头生猪还奖励布票2尺（1尺约为0.33米）。职工工资由生产大队支付，而扣除职工工资，生产大队也有一定的经济收益。1974年，该店停业。

虹口饭店 20世纪80年代初，江浦村第8村民小组村民张玉英夫妇在村域内312国道虹祺路交叉口租赁了20平方米的门面房，起先售卖面条、馄饨等，

专供公路上行驶车辆的人员食用。1985 年，在原有门面房的基础上，张玉英夫妇新建了 2 间房，共 60 平方米，即江浦村域内第一家饭店，取名“虹口饭店”。1988 年，由于公路改造，虹口饭店向东搬迁，在江浦村域内租了一间靠近昆山农机厂的房屋，面积约为 80 平方米，经营饭店。由于经营有方，而且菜品经济实惠，虹口饭店一度在周边的几个村中声名鹊起。于是，到虹口饭店就餐的村民越来越多，生意兴旺。张玉英夫妇经营了虹口饭店 10 余年。2000 年，江浦村进行人居环境整治和房屋动迁工作，虹口饭店就此停业。

三、房东经济

集体房东经济 2000—2003 年，江浦村在民新路上建造标准厂房 2 幢，建筑面积为 5 600 平方米，全部对外招租，年收入为 94 万元。2006 年后，江浦村又在昆山高新区富民三区建造标准厂房 3 幢，建筑面积为 4 740 平方米，年收入为 79 万元。此外，江浦村还有 1 500 平方米的其他房屋对外租赁，年收入约为 10 万元。

私人房东经济 2000 年后，昆山西片区进一步开发，为村民私房出租创造了机会。据 2008 年的数据统计，江浦村暂住外来人口有 1 050 人。

2019 年，江浦村共有 314 户，私人房屋出租有 250 户，村民房屋出租年收入 5 000 元以下的有 30 户，5 000 ~ 10 000 元的有 120 户，10 000 元以上的有 100 户。

第五章　村民生活

中华人民共和国成立前，江浦村域的村民以农耕为主，经济收入单一，土地大多被极少数人占有，大部分村民世代租田耕种。有些自耕户只有几亩薄田和半荒地，且地势低洼，加上生产方式落后，抵御自然灾害能力较差。他们累年耕作，生活仍无保障，仅能维持生计。

中华人民共和国成立后，落实土地改革政策，村民分得土地，政府颁发土地证，土地使用权得到法律保护。20 世纪 50 年代，江浦先后成立初级社、高级社及人民公社，走上集体化道路，村民生活日渐好转。20 世纪 80 年代，随着农村改革逐渐深化，农业科技进步，经济全面发展，江浦村村民生活水平普遍提升。进入 21 世纪，江浦村村民生活再上新台阶，他们着装讲究时尚，饮食讲究营养，住房讲究宽敞，出行讲究便捷。至 2020 年年底，村民生活从吃饱穿暖提升为富足健康，生活质量发生了根本性变化。

第一节　收入与消费

一、村民收入

中华人民共和国成立前，江浦村域内村民收入甚微，如遇天灾人祸，人们生活更是苦不堪言。

中华人民共和国成立后，党和政府十分重视农村工作和农业生产，村民生产积极性空前高涨。粮食产量稳步提升，农业产值有所提升，全村开始出现生机盎然的发展景象。国家对农业逐步进行社会主义改造，改进耕作技术，采用新式农具，推广良种，掀起生产热潮，农业生产逐步发展。1966 年，村民人均收入为 104. 1 元；1976 年，村民人均收入上升到 136. 7 元；1983 年，全村推行家庭联产承包责任制后，村民有了自主经营权和劳动分配权，许多村民家庭农忙时务农，农闲时做工，搞副业经商，村民收入直线上升；1986 年，全村人均收入达 977. 8 元。进入 20 世纪 90 年代，农村产业结构朝多元化方向发展，农副业、工商业蓬勃兴起，给村民收入带来新增长点。2004 年，全村村民人均收入达 21 813. 7 元，比 1986 年增长了 22. 3 倍。

2020 年，江浦村村民人均收入为 54 255. 1 元，全村村民总收入为 5 968. 0 万元，其中，工资性收入 1 950. 0 万元，经营性收入 2 287. 0 万元，资产性收入 715. 0 万元，政策性收入 889. 0 万元，投资性收入 68. 0 万元，其他收入 59. 0 万元。

1966—2020 年江浦村村民人均年收入情况如表 5-1 所示。

表 5-1　1966—2020 年江浦村村民人均年收入情况选年表

年份	人均年收入/元	年份	人均年收入/元
1966	104.1	1995	4 847.5
1969	110.4	1998	7 047.2
1973	138.5	2004	21 813.7
1976	136.7	2007	25 761.4
1979	192.6	2010	28 357.8
1983	291.5	2013	35 577.2
1986	977.8	2016	41 773.9
1989	969.5	2019	50 420.5
1992	2 879.4	2020	54 255.1

（一）社区股份经济合作社股金分红

2010 年，江浦村成立社区股份经济合作社。2015 年，江浦村实行股权固化，即量化到人，并在每年年终按村社区股份经济合作社收入提取一笔专项红利进行分红。社区股份经济合作社经过村民代表会议选举产生董事会、监事会、理事会。每年按合作社章程规定进行红利分配。2014—2020 年，全村 306 户合作社成员红利分配累计达 304.5 万元，每年平均分配 43.5 万元。社区股份经济合作社设社长 1 人、财务 1 人及监察员 1 人，共计 3 人。

2014—2020 年江浦村社区股份经济合作社分红情况如表 5-2 所示。

表 5-2　2014—2020 年江浦村社区股份经济合作社分红情况一览表

年份	入社农户/户	年股金分红		
		享受红利/人	人均/元	分红总额/万元
2014	306	1 209	200	24.20
2015	316	1 240	260	32.20
2016	316	1240	300	37.20
2017	316	1 240	350	43.40

续表

年份	入社农户/户	年股金分红		
		享受红利/人	人均/元	分红总额/万元
2018	316	1 240	400	49.60
2019	316	1 241	450	55.85
2020	316	1 239	500	61.95

（二）富民合作社股金分红

2001年，针对江浦村域工商企业外来务工人员越来越多的情况，江浦村党支部提交关于建造打楼的相关议案，经村“两委”讨论，获得村民代表大会通过。之后，江浦村组织村民投资共计60万元，在第6村民小组建造打工楼，占地10余亩，建筑面积2 400余平方米，至2002年投入使用，打工楼每年租金收入达百万元。

2002—2008年江浦村富民工程入股分红情况如表5-3所示。

表5-3　2002—2008年江浦村富民工程入股分红情况一览表

年份	入股/户	总股金/万元	分红利率/%	分红金额/万元
2002	18	30	15	4.5
2003	18	30	15	4.5
2004	18	30	15	4.5
2005	18	30	15	4.5
2006	18	30	15	4.5
2007	18	30	20	6.0
2008	18	30	20	6.0

2004年，江浦村域全部动迁，在昆山高新区富民三区重建标准厂房，建筑面积4 740平方米。全村自愿入股村民172户，参股率54.4%，年红利率10%～20%，真正实现富民强村的目标。

2009—2020年江浦村富民合作社经营分配情况如表5-4所示。

表 5-4 2009—2020 年江浦村富民合作社经营分配情况一览表

年份	入股/户	总股金/万元	分红利率/%	分红金额/万元
2009	172	50	10	5.0
2010	172	50	15	7.5
2011	172	50	20	10.0
2012	172	50	20	10.0
2013	172	50	20	10.0
2014	172	50	20	10.0
2015	172	50	20	10.0
2016	172	50	20	10.0
2017	172	50	20	10.0
2018	172	50	20	10.0
2019	172	50	20	10.0
2020	172	50	20	10.0

二、村民消费

20 世纪 50—70 年代，江浦村域内村民收入基本靠农业，收入较低，增长缓慢，村民很少从市场购买商品。中共十一届三中全会后，农村产业结构得到调整，为村民致富拓宽了门路，经济收入快速增长，村民生活水平和消费水平同步提高。村民由自给型消费转变为商品型消费，由生产型消费转变为生活型消费，由吃穿型消费转变为用住型消费，由生存型消费向享受型消费过渡。

进入 21 世纪，江浦村村民住的是高楼、别墅，开的是电瓶车、轿车，用的是高档家用电器。至 2020 年，江浦村不同收入家庭消费人均支出抽样调查结果显示，年度支出总额为 310 万元，其中食品烟酒 110 万元，水、电、气 65 万元，生活用品 40 万元，医疗保险 20 万元，其他消费 10 万元，婚丧嫁娶 35 万元，社会养老金 30 万元。

第二节　生活变迁

一、着装

中华人民共和国成立前，江浦村村民穿着均以土纺棉布为主，少数人会去布店购买。多数贫困户一衣多用，即把冬衣改为棉衣，把秋衣改为单衣，把大人不穿的衣服改小给孩子穿，正所谓“新三年旧三年，缝缝补补又三年”。冬天常穿棉袄、罩衫、棉裤，内穿衬衫、短裤，春、夏、秋三季以夹袄、衬衫、罩衫、单裤、罩裤为主。村民外出办事或赴宴吃喜酒等，穿着会讲究一点：男性穿长衫、马褂，或短装、罩衫，或棉袄、罩衫；中年女性穿旗袍，或短衣、罩衫，年轻姑娘穿着更花哨一点。

中华人民共和国成立初期，服饰有些变化，中青年穿着以中山装为主。1954 年，计划经济实行后，棉布实行统购统销政策，每人每年获得布票 18 尺，凭布票购买布料，布料中还有少量化纤面料。混纺布上市后，村民的购布要求基本能得到满足。

20 世纪 60 年代，村民穿着逐渐顺应潮流，年轻人的服饰几乎不分男女，以草绿色军装为主。村民普遍认为拥有草绿色军装、军帽、军裤、军鞋是值得自豪的事情。20 世纪 70 年代中期，“的确良”布开始进入市场，村民的服饰多数以此种布为原料，颜色从单一的军绿色逐渐变为粉色、米色等。到 20 世纪 80 年代初，年轻人的服饰出现了喇叭裤、蝙蝠衫，还出现了健美裤、连衣裙等。至 21 世纪，村民穿着坚持“佛靠金装，人靠衣装”的理念，选择时尚款式，挑选亮丽服饰，穿着优质名牌，服装以牛仔、羽绒、针织和高档全棉衣裤为主，与城市居民穿着保持一致，城乡服饰差距逐渐减小。

二、饮食

1949年前，江浦村域村民温饱难以保证，常以青菜、萝卜、咸菜汤为主，很少人家能过上富裕生活。中华人民共和国成立后，江浦村域内物产充裕，人们饮食丰富起来，烹饪比较讲究，形成了烤、蒸、烙、炒、爆、氽、煨、拌等多种烹饪方式。餐桌上，村民讲究时鲜，力求色香味俱全。村民在婚庆、新房落成搬家时，邀请亲朋好友一同吃饭，备有丰富的农家菜肴，通常餐桌上摆有：主菜“四冷盆”——牛肉、猪肚、爆鱼、白切鸡；“四囫囵”——红烧蹄子、红烧鱼、全鸡、全鸭；还有红烧狮子头、青椒肚片、蹄筋炒香菇、大白菜炒肉丝、盐水虾；等等。

村里比较富裕的人家里办事宴请，档次有所不同，餐桌上摆放特色菜肴，诸如松鼠鳜鱼、清蒸鲍鱼、三文鱼刺身、清蒸帝王蟹、油爆大虾、清蒸澳龙、油烹小青龙、蜜汁河虾等高档特色菜。

随着社会的发展和经济水平的不断提高，村民生活条件也有所改善，村民在平时饮食中，菜肴丰富多样，家常菜有红烧鱼、百叶包肉、红烧肉、油豆腐、面拖蟹、腌笃鲜，再备些青菜搭配。村民中流传这样一句话：“无荤不吃饭，至少两个荷包蛋。”

三、住房

1949年前，江浦村住房绝大多数为草房，房屋简陋，低矮潮湿。此类房屋共有70余户，仅有少量砖瓦房，均为地主、富农和富裕中农所有。

20世纪60年代，随着市场供应八五砖、平瓦等建筑材料，社员遇上结婚等喜庆活动则出钱造房，老房子也开始翻建成新房。翻建新房由生产队统一规划建造，一般规划在春、秋、冬三季农业生产闲时建造。全年安排5~6户，房屋坐北朝南，有五路头和七路头[①]两种，又分平瓦、小瓦和草房三种，一般是三间一转头[②]。20世纪60年代中后期，随着农村经济形势逐步好转，个别社员开始翻建五路头，水泥支撑的小瓦平房。

---

① 路头：本地方言。这里五路头指一种用5根房梁盖起的平房。七路头指一种用7根房梁盖起的平房。

② 三间一转头：中间一间用作客房兼餐厅，另外两间住人和储藏粮食。

20世纪70年代，江浦村域掀起草房改瓦房的热潮，翻建均由生产队统一安排并分户实施，每年安排5~6户，最多8~9户，房型与20世纪60年代的相似，略有改进，翻建率达80%以上。有部分草房受多种因素影响而未能翻建，但也将草房屋面改造成了平瓦房屋面。平瓦房屋面使房子焕然一新，从而改善了村民的居住条件。自1974年起，住宅按规定就地翻建改造。1978年，由江浦生产大队第1生产队的陆根梅带头建造了二上二下100平方米的楼房，对全大队起到了示范作用。从此，江浦村域内草房逐渐减少，楼房户逐渐增多。

20世纪80年代，江浦村掀起平房改楼房的高潮。建造楼房由江浦村统一规划，报村镇建设办公室、乡（镇）国土资源管理所等有关部门核准，经批准同意后，再报昆山市国土资源局、住房和城乡建设局和市政府备案。建房户提出申请，经村委会审核同意后向镇政府申报。审核同意后，建房户须交纳建房保险等相关费用，领取建房宅基证、建房准建证，此时土建工作正式开始。泥瓦匠、木匠进行新楼房建设，房型一般为坐北朝南，以三上三下、转头二间平房为主。由于全村是统一规划建造，避免了建房户之间的矛盾纠纷，村镇建设管理所、乡（镇）国土资源管理所规定了建筑的四个统一，即将筑脚、楼面、屋檐、屋脊高度统一作为监督、验收的标准之一。在质量上也规定墙体为实心墙，地腰箍灰沙、水泥，墙面须粉刷，等等。这些也是验收的重要标准。

20世纪80年代村民自建楼房

建房户避开农忙时节，合理安排劳动力互助造屋。在亲朋好友的帮助下，建房户加快了翻建楼房的进度。同时，楼房的质量年年都有提升，装修也十分讲究。翻建后的楼房外墙用水泥粉刷，用汰石子、瓷砖装饰；墙栏贴马赛克釉面砖；室内为落地水泥；墙面用进口外墙涂料；房屋大多采用新式木结构或塑料结构吊顶，既明亮宽敞，又造型别致。这样既改善了村民的住房条件，又缓解了土地与宅基地的矛盾。1983年，江浦村有草房10户，到1984年，全村草房几乎绝迹，大多数村民已改建楼房。至1985年年底，江浦村已无草房，平房也很少见。

20世纪90年代，随着农村经济日益发展，生活水平不断提升，村民对住房有了更高的追求——宽敞、舒适、美观、明亮。新建楼房均配有卫生间，里面装有热水器、淋浴器。厨房内装有油烟机。村民对房屋样式也颇为讲究，重视装潢，外墙贴有马赛克釉面砖，室内贴墙纸，也有安装护墙板，地面铺设地砖或大理石，卧室用拼木板或地毯。

自1992年起，江浦村域各村民小组陆续动迁，村民住房条件得到很大改善。至2020年，江浦村共314户，有村民自建别墅136幢，动迁安置房410套，商品房50套，总面积为77 600平方米，人均居住面积为55.4平方米。

20世纪90年代江浦村自建别墅
（2020年，江浦村村委会供图）

共青新村A区门口
（2020年，王静摄）

四、出行

旧时，村民外出以步行为主，偶尔乘船。当时，道路狭窄，路面泥泞，高低不平。如果遇上下雨天，村民不得不穿胶鞋外出。村民上街，至少要走半天的时间才能到家。如果村民摇船去市里，必须经过越河或者苏州河（娄江），来回也要一整天。自20世纪70年代起，社员开始骑自行车，队里添置挂机船，

龙泉山庄小区道路（2020年，夏正祥摄）

出门办事方便起来。中共十一届三中全会后，村民生活有了巨大变化。在出行方面，村民主要靠乘车，坐挂机船，骑自行车出行。20 世纪 90 年代，村民外出或上班一般骑自行车、摩托车，乘汽车，很少乘船。进入 21 世纪，村民将自行车换成电瓶车，有些甚至购买了轿车。村民上街或上班步行较少，绝大多数骑电瓶车、电动三轮车等。2001 年，江浦村共 380 户，有轿车 300 余辆。至 2020 年，全村有 314 户，有轿车 400 余辆。此外，公共汽车站就设在家门口，村民出行十分便捷。随着科技的不断发展，如今村民出远门还能乘火车、飞机，既方便又高效。

第三节　社会保障

一、养老保险

1992 年，昆山市实施《昆山市农村社会保险暂行办法》，规定本市常住户口的村民，16—60 周岁的男性、16—55 周岁的女性均可参加农村社会养老保险（以下简称“农保”）。农保金以个人储蓄性投保、集体补贴和国家政策扶持三者相结合的办法筹资，实行社会保障和家庭养老相结合的制度。养老保险的投保金按每人每月起投 4 元计缴，投保金额不限，投保人所缴纳的投保金，包括个人、集体、补助均列在投保人名下，同时发给村民养老保险缴费证。投保人男性年满 60 周岁时、女性年满 55 周岁时，可持单位证明、本人身份证和村民养老保险缴费证，换取养老金结付证，自到达规定年龄的第一个月起领取养老金，直至身故终止。

1992 年，江浦村组织村民开始投保，以后村民投保人数逐年增加。是年，江浦村有 300 人参加农保。至 2009 年 4 月，从农保转为城镇职工养老保险的有

450 人。至 2020 年，江浦村参加城镇职工养老保险人数为 1 127 人。

二、失业保险

2005 年，江浦村按保险公司有关规定，村民凡在企业上班的均按规定参加职工失业保险。失业保险按职工工资 3%缴纳，其中企业负担 2%，职工个人负担 1%。例如，在失业待岗期间，受保人可以按失业保险救济标准领取一次性生活补贴费。2006 年 1 月，江浦村统一执行新的保险制度，只要职工失业，均可享受保险待遇。

三、医疗保险

从 2005 年开始，江浦村域实行农村居民基本医疗保险制度。是年，江浦村域有 450 人参加农村居民基本医疗保险。农村居民基本医疗保险资金筹集，由村民个人和集体（市、镇、村）共同承担，其中，村民个人承担 25%，集体承担 75%。例如，2005 年，每人全年缴纳 200 元，其中村民个人缴费 50 元，60 周岁以上老人免缴费，均由村、镇两级共同承担。村民个人医药费报销比例在 50%~60%。又如，2012 年，每人全年缴费 550 元，其中村民个人缴费 150 元，昆山市负担 200 元，镇负担 180 元，村负担 20 元，60 周岁以上老人的缴费由村、镇两级共同承担，村民个人医药费报销比例在 60%~70%。至 2020 年年末，江浦村参加农村居民基本医疗保险的有 336 人。

2009 年，根据昆山市关于农村居民基本医疗保险并轨于城镇职工基本医疗保险相关政策，江浦村域内先后有 195 人转入城镇职工基本医疗保险。至 2020 年年末，江浦村参加城镇职工基本医疗保险的有 1 084 人。

对于患有重大疾病的村民，有大病医疗基金作为支撑，有效防止此类村民因病返贫；对于因病自费数额较大的村民，还有医疗补助，可减轻村民负担。

四、医疗普惠

为了更好地让村民共享改革开放的成果，实现共同迈向高水平小康社会的目标，2017 年 9 月，江浦村村委会制定《江浦村医疗普惠补助实施方案》。按

照发展依靠村民，发展未来村民，村级经济发展后理应惠及村民的理念，秉承公正、公平、公开的原则，全力帮扶患病和残疾人员的思想，让辖区居民共享村级经济发展成果。当年度患病就医支出较大的村民，在本市就医的，可根据定点医疗机构医疗费发票原件上的医疗费用中的个人现金支付金额给予相应的补助；在外地就医的，可根据定点医疗机构医疗费发票原件上的个人实际支付金额给予相应的补助（转院治疗的个人提供劳动保障部门报销后出具的蓝色证件原件）；其中门诊发票单张中的个人现金支付金额必须大于200元（含），住院发票不限额度。当年度医疗普惠补助以单个村民医疗发票上个人自费金额为准：单个村民医疗支付2 000~3 000元（含3 000元），给予20%的普惠补助；单个村民医疗支付3 000~5 000元（含5 000元），给予25%的普惠补助；单个村民医疗支付5 000元以上，给予30%的普惠补助。单个村民当年度医疗补助额度不超过5万元。凡80周岁以上的老人、重点优抚对象、困难党员、劳动模范、失独父母和当年度持有残疾人证的村民，个人自费金额补助标准在这些基础上再增加5%的补助；凡当年度为低保户、低保边缘户、一户多残的家庭人员个人自费金额补助标准在以上基础上再增加1%的补助。对患有重大疾病病种的村民住院的，凭出院小结，个人当年度住院期间可享受每天40元的护工费补贴，最长期限为45天；而对于低保户、低保边缘户、一户多残的家庭，以及80周岁以上的老人、重点优抚对象、困难党员、劳动模范、失独父母和当年度持有残疾人证的村民，则可适当提高个人当年度住院期间的护工补贴，最高每天为80元。2020年，江浦村享受政策的人数有89人，支付金额总计36.17万元。

五、老年人意外险

2018年，江浦村的老年村民享受昆山市人民政府投保的人身意外险。江浦村根据玉山镇政府优惠政策，凡60周岁以上的老年人均有人身意外保险，保险项目有：意外伤害保险，最高保额为40 000元；意外费用补偿医疗保险，最高保额为5 000元；意外住院定额给付医疗保险，最高保额为9 000元。

六、社会救助

（一）最低生活保障

中华人民共和国成立后，党和政府十分重视社会救济工作，特别对于孤寡、病残村民及家庭给予照顾。种田减免公粮，寒冬来临之际发放棉衣等御寒物品。实行“五保”（保吃、保穿、保住、保维修、保丧葬）政策。对劳动力少、子女多或因病致困的村民家庭和所属生产队在年终分红时，给予一定照顾，减免部分欠款（俗称“透支费”）。自2000年以来，根据《昆山市居民最低生活保障制度实施办法》的精神，对收入低于政府规定最低生活保障水平的居民，加大保障力度。当年，农村居民最低生活标准为100元/月，城镇居民最低生活标准为180元/月，以后逐年增加。2007年，调整农村居民最低生活标准为240元/月，城镇居民320元/月。2008年，农村及城镇居民最低生活保障标准统一为350元/月。2018年，江浦村享受最低生活保障有2人。江浦村针对无依无靠的孤寡老人，将其送进昆山市玉山镇敬老院，由政府赡养。

（二）社会救助

2020年，江浦村村委会遵循社会救助“应保尽保、应救尽救”原则，实现社会救助兜底保障，包括残疾人救助、低保户及低保边缘户等。2020年年底，低保户有3人，江浦村共有残疾人48人。2015年，江浦村村委会根据昆山市民政局、昆山市卫生健康委员会、昆山市残疾人联合会的指示精神，在昆山高新区社会事业局民政科的直接指导下，于2015年组建了江浦村残疾人服务站，开展对残疾人的帮扶、救助工作。

至2020年，江浦村在册社会救助对象3户3人，其中残疾人救助对象2户2人，低保边缘户救助对象1人1户。

七、征地补偿

（一）征地补偿金

以1998年江浦村第二轮土地承包及确权发证的人口为依据，从2003年开始，政府对失地村民进行土地补偿，每人每年获得1 300元征地补偿金，即“补粮金”。征地补偿金结付至2015年年底。2003—2015年，政府发放江浦村征地

补偿金共计 808 万元。

（二）征地安置费

以 1998 年江浦村第二轮土地承包及确权发证的人口为依据，从 2003 年开始，为确权发证人口落实征地安置费，每人一次性落实征地安置费 20 000 元。征地安置费由政府统一管理，待村民退休时，可以折抵参保工龄，由政府转入社保局个人账户，以确保失地村民获得基本养老保险。

第六章　教育　卫生

自中华人民共和国成立以来，江浦村域的教育和卫生事业得到很大发展。江浦村域内全面开展学前教育，普及农村小学教育，全面实施九年制义务教育，实现学龄段儿童教育全覆盖。同时，持续开展爱国卫生运动，加强妇女、儿童保健工作。全体村民受教育程度和卫生健康意识得到提升。

2020 年，江浦村域内不仅有昆山城中幼儿园共青分园、昆山市培本实验小学和昆山市第一中学等教育机构，还有昆山高新区江浦社区卫生服务中心。全村的义务教育、医疗卫生、村民健康事业得到长足发展，尤其是随着城乡医疗保障制度的落实和文化教育工作的普及，村民享受小病不出村，大病有保障，儿童有书读的幸福生活。

第一节　教　育

一、私塾教育

私塾教育历史悠久，而私塾又是农村儿童接受教育的主要场所。旧时，农村家庭里的孩子主要以跟着私塾先生学习为主。有个别经济富裕的家庭会单独聘请私塾先生设馆教书，同时兼收几个农家孩子为伴。条件较差的家庭会凑钱或用米抵算，以支付私塾先生的工资。私塾的教学内容一般是先教识几百个常用字，然后教授《三字经》《百家姓》《千字文》等。私塾先生对孩子学习要求较严，对不认真学习者，轻则教训，重则以戒尺进行惩罚。家长对私塾先生行礼，逢年过节，馈赠礼品，富户则备酒宴邀请先生，或起房造屋宴请先生。江浦村因自然村落分散，办校困难，虽然聘请私塾先生，但受各种因素影响，私塾先生难以正常教书，不能满足教学需求。1944—1950 年，江浦村域内东荡自然村村民殷家开办一所私塾，徐仁法担任私塾先生，有学生 10 余人。1947 年，在池鱼泾自然村村民钱二宝家也开办过私塾，阚礼发担任私塾先生，学堂有学生 13 人。1952 年后，私塾逐渐消失。

二、幼儿教育

1979 年，江浦村自筹资金创办了第一所幼儿园——江浦幼儿园，地址设在江浦自然村。汤素英担任幼儿园教师，入园幼儿有 23 人。1981 年，幼儿园迁移至东风桥北堍，殷美英担任幼儿园教师。自 1984 年起，先后由张素珍、王翠英担任幼儿园教师。1995 年后，由刘建芳担任幼儿园教师。2000 年，根据教育部门的统一安排，江浦幼儿园 31 名学前儿童并入昆山城中幼儿园。2020 年以后，学前儿童转入昆山城中幼儿园共青分园就读。

昆山城中幼儿园共青分园（2020年，罗英摄）

三、小学教育

（一）江浦小学

1956年，在江浦自然村村民包阿九住房旁，集体建造了一间校舍，创办公办民助的江浦小学，设一至二年级，招收学生16名，由村民夏咸金担任教师。1958年下半年，江浦小学迁至东荡庙空房内。1964年，在江浦生产大队第7生产队的空地上，采用民办公助的办学方法，建造300平方米教育用房7间，开办完全小学，由卞影秋担任校长，有刘凤英、夏正虎等教师8人，学生128人。由于学区调整，1986年，江浦小学并入共青完全小学（共青村）。2012年，共青完全小学又并入昆山市培本实验小学（西校区）。

（二）耕读小学

1964年，为解决大龄少年入学难问题，江浦生产大队利用公房或借用私房办起了3所耕读小学。大龄少年采用半耕半读的方式，上午参加生产队劳动，下午进校读书。耕读小学教师由插队知识青年或回村知识青年担任。东荡庙耕读班有学生8人，由崔日升担任教师；西荡耕读班有学生10人，由李如春担任教师；江浦耕读班有学生9人，由夏阿虎担任教师。随着江浦小学师资力量的增强和学校规模的扩大，学龄儿童入学率达100%。1969年，江浦村耕读小学停办。

四、中学教育

1976年，在江浦小学东首，建造200平方米教学用房5间，开办江浦中学，俗称“戴帽”中学，招收来自江浦片区3个生产大队（江浦、共青、蔡家）的学生40余人。由王伏生担任校长，有唐振国、沈栋才等教师5人。1977年，江浦中学有初一、初二学生86人。1978年，江浦中学并入城南中学，江浦中学停办。

第二节 卫 生

一、村内医疗

（一）民间乡医

中华人民共和国成立前，由于缺医少药，战乱频繁，迷信盛行，江浦村域内霍乱、天花等传染病广泛流行，血吸虫病十分猖獗，人民生命健康得不到保障，传染病死亡率很高。过去，村里只有三位民间医生。一位是河南港自然村接生婆沈爱宝，其专长是接生；一位是南西荡自然村徐阿大，其专长是以推拿和中医治疗小孩发高烧、抽筋等病症；还有一位是北西荡自然村徐林生，其专长是以推拿、针灸、刮痧治病。但是他们对民间发生的霍乱、伤寒、脑炎、疟疾等诸多传染病也难以应对和控制。

（二）赤脚医生（乡村保健医生）

1969年，江浦生产大队实行合作医疗制度，由生产大队统筹合作医疗基金，每人每年缴纳2元，生产队公益金支付给每人每年3元。原来生产大队保健员更名为赤脚医生，江浦生产大队先后由崔日升、富招林和刘凤珍担任赤脚医生，刘凤珍还为孕妇接生。赤脚医生是当时江浦村域内主要医疗力量，无论白天、黑夜，或者刮风、下雨，都能随叫随到。农忙时节，还身背药箱，深入田间、场头、工地，为老百姓服务。对于自己不能解决的医疗问题，及时开出转院证明，方便老百姓转入公社卫生院，或县人民医院诊疗，为农村合作医疗事业发挥积极作用。

1984 年，卫生部（今国家卫生健康委员会）取消“赤脚医生”名称，改称“乡村保健医生”。

（三）医疗服务机构

保健卫生室 1969 年 5 月，江浦生产大队建立保健卫生室。保健卫生室设在江浦生产大队办公室旁边，面积为 20 平方米。崔日升经昆山县卫生局及玉山医院培训后，回江浦生产大队担任保健员。

合作医疗卫生室 1969 年，江浦生产大队兴办合作医疗卫生室，保健卫生室更名为合作医疗卫生室，建筑面积扩大到 35 平方米，并添置了一些简易设备和常用药品，有赤脚医生 3 人。

合作医疗基金每人每年 5 元。村民凡在合作医疗卫生室就诊，其医药费可全额报销。转院诊治须经赤脚医生开具转院特约单到指定医院就诊，医药费报销比例为 50%~70%，转县级及以上医院就诊，医药费报销比例为 30%~50%。

1976 年，江浦生产大队所在的城南人民公社成立合作医疗管理委员会（以下简称“医管会”），实行队办社管。合作医疗基金由公社医管会统筹管理。合作医疗基金由个人、生产队、大队、公社共同承担。

村医务室 1984 年后，合作医疗卫生室更名为村医务室，村民医疗仍然按照合作医疗办法实施。

社区卫生服务中心 2000 年后，昆山市城乡一体化建设发展加快，江浦村域各村民小组集体动迁，村民被安置在多个居住小区，村民的保健医疗由所在社区卫生服务中心负责。

2011 年，昆山市玉山镇在江浦村村委会驻地兴建昆山高新区江浦社区卫生服务中心，为昆山市玉山镇北面片区 10 个建制村提供服务，总投资 500 万元，建造 4 层 2 500 余平方米医用大楼，设置全科门诊服务，备有急救床位、B 超室、X 光室、化验室等，开展村民基本医疗、妇幼保健、卫生咨询、健康教育及

体检等服务项目。江浦村域内江浦新村等居住小区紧靠昆山高新区江浦社区卫生服务中心，极大方便了村民就医治病。

二、妇幼保健

1949 年前，孕妇一般由接生婆接生，接生婆由于缺乏护理知识，其操作手法不够规范和卫生，产妇生病及死亡率较高。中华人民共和国成立后，各级组织培训新接生员，刘凤珍担任江浦村域的接生员。同时，江浦村域将过去传统的家庭分娩方式逐步改为住院分娩。公社卫生院设有妇产科，能开展顺产和难产手术。至 2020 年，江浦村域孕妇全部住院分娩，村委会定期组织妇幼保健人员参加健康教育知识培训和业务学习，按上级防疫部门要求做好儿童分年龄段的各种疫苗注射接种和疾病预防工作。

20 世纪 50 年代，江浦村域内初级农业生产合作社成立后，对参加农业生产劳动的妇女实行“三调三不调”，即经期调旱活，不调湿活；孕期调轻活，不调重活；哺乳期调近活，不调远活。由队长统一安排，深受妇女欢迎。自 20 世纪 70 年代后期起，越来越多的妇女进入队办企业工作。各个企业视工种不同，分别制定妇女劳动保护措施，妇女健康得到进一步保障。

（一）妇科普查

20 世纪 70 年代，江浦村已将妇科普查普治列为妇女保健工作的常规内容。江浦村域内开始对妇女进行妇科病普查，建立登记册，对患病妇女进行手术治疗和综合治疗。20 世纪 80 年代，根据普查情况，江浦村域内各种妇科病的发病率逐步下降。2009 年，在江浦村妇女中开展宫颈癌和乳腺癌“两癌”免费筛查，省、市、县三级财政提供资金支持。江浦村妇女“两癌”筛查项目的实施有效保障了江浦村妇女的健康，提高了“两癌”早诊率、早治率，逐步提升江浦村广大妇女自我保健意识和健康水平。至 2020 年，妇科病普查工作每年进行一次，检查项目包含乳腺超声、乳腺钼靶检查、宫颈脱落细胞学检查、宫颈刮片检查和子宫附件 B 超，全村 90%的女性受益，普查率达 100%。

（二）孕产妇检查

20 世纪 80—90 年代，村卫生室每年对孕妇做产前检查。针对孕妇从怀孕 12 周内开始建立孕妇联系卡，到怀孕 20 周，开始定期做常规检查，一般至临盆分娩前，一共要检查5次以上；对在产前检查中发现的高危妊娠孕妇进行加强管理，并送其前往镇卫生院住院分娩，在其产后第7天、第14天、第28天各上门访视1次，产后42天对产妇和婴儿做一次检查，并给予其有关常识性指导，落实避孕措施。江浦村域内村办企业给孕妇安排轻活，生产期给予产假，以确保孕妇身体健康。

（三）儿童保健

20世纪70年代中期，中国制定了《全国计划免疫工作条例》，儿童免疫纳入国家卫生计划。其主要内容为“四苗防六病”，即对七周岁及以下儿童进行卡介苗、脊髓灰质炎三价糖丸疫苗、百白破三联疫苗和麻疹疫苗“四苗”的基础免疫，以及及时加强免疫接种，使儿童获得对结核病、脊髓灰质炎、百日咳、白喉、破伤风和麻疹“六病”的免疫。自20世纪80年代起，江浦村域对儿童实行计划免疫，免费提供“四苗”，用以对“六病”的预防与治疗。从1992年开始，江浦村域又将乙型肝炎疫苗纳入计划免疫范畴。随着科技的进步，计划免疫范畴不断扩大。

昆山高新区江浦社区卫生服务中心儿童保健检查

（2020年，罗英摄）

三、疾病防控

（一）除四害

中华人民共和国成立后，村民不仅讲究家庭卫生，同时，对家前、屋后卫生工作的重视不断加强。20世纪50年代，江浦生产大队根据国家对卫生健康的要求，结合清除垃圾、割掉杂草、积肥造肥，并注重提高群众的卫生意识和身体健康水平，发动群众接种牛痘、天花、霍乱、鼠疫等疫苗，开展防疫注射工作。从20世纪60年代开始，生产大队开展以除“四害”为重点的爱国卫生运

动，发动全生产大队群众，人人动手灭苍蝇、蚊子、老鼠、蟑螂，成效颇为显著。

自1995年起，为保证村民的身心健康，改善环境卫生，争创卫生村，江浦村先后在全村11个村民小组建造公厕8座，垃圾箱32个，消灭露天粪池，提倡“三格式”无公害厕所，家家挖井，用井水冲洗。江浦村域内规定不准在河内倒粪便，不允许把垃圾倒入河中，这些举措起到了很好的效果。1998年，江浦村共建造标准化、无公害厕所12座，设置垃圾箱38个，该村被评为“江苏省卫生村”。

（二）新冠病毒防控

2020年1月26日，江浦村紧急行动投入新冠病毒的防控工作。江浦村村委会工作人员积极响应上级政府的政策和方案，组织多名志愿者引导群众共同抗疫。为积极参与疫情防控，工作人员24小时日夜轮岗值班，对江浦村管辖小区开展防疫值班工作，挨家入户，宣传防疫知识，发放《告村民一封信》近千份，利用多种宣传方式，时刻提醒村民少聚集、少出门、不扎堆；在辖区各小区主要出入口严格做好安全把控工作，通过“两查一测”（查健康码、行程码，测体温），登记和监管外来人员；为了更好地服务和保障辖区内的村民正常生活，上门为居家隔离人员运送生活物资，以及做好全面消杀工作，号召取消聚集性活动。

四、血吸虫病防治

（一）查螺灭螺

20世纪50年代，江浦村域内几乎条条河沟有钉螺，户户有血吸虫病患者。受血吸虫病的危害，人们体质很差，特别是为青年应征当兵带来了影响。党和政府十分重视血吸虫病的防治工作，发动群众有组织地展开查螺、灭螺工作。1955—1957年，昆山县掀起群众性的查螺灭螺运动。各生产队安排一名专职查螺员（血防员），生产大队培训半农半医的生产队卫生保健员。1957年，经实地核查，江浦生产大队有螺面积为29.97万平方米，最多的地方是北西荡自然村与白塔自然村交界处，钉螺密度为每平方米380个。20世纪60年代，为做好灭螺工作，江浦生产大队增配血防大队长（副大队长）1名，加强查螺灭螺工作，集中采用五氯酚钠浸杀法、苏化203农药泼浇法及氨水灭螺等多种灭螺法，有效地消灭了大量钉螺。后经江浦生产大队多次复查、消杀，至 1972 年 12 月，江浦村域未发现钉螺，基本消灭了钉螺。

（二）查病治病

中华人民共和国成立前，江浦村域内凡是患有血吸虫病的患者，男性个子不高，女性无法生育，严重丧失劳动能力。1950 年，江浦生产大队共有 108 户人家，共计 500 人，约有 350 人不同程度地患有血吸虫病，占总人口的 70% 以上。患有血吸虫病的患者有腹部积水的现象，患者石步夫、姚小巧、徐林生、殷来生、顾胡氏、钱二宝等 16 人不幸死亡。

20 世纪 60 年代末至 1973 年，昆山县血防站分期、分批在江浦生产大队，对不同年龄段的患者进行粪便检查，江浦村域内共有 859 人进行了粪检，检测出阳性患者 359 人。通过积极治疗，1976 年，患者人数下降到 29 人。

1960 年，城南卫生院组织虹桥和江浦两个生产大队血吸虫病患者在虹桥小学集中治疗，治疗方法采用血防 846（又称“六氯对二甲苯”）七天疗法。1970 年，江浦生产大队有 50 人集中在村里治疗，主要采用酒石酸锑钾注射液和血防 846、锑 273 口服片治疗，另外还服用枫杨树叶汤等治病。经过多次检测、治疗，江浦村域血吸虫病得到有效控制。截至 1978 年，江浦村域内未发现血吸虫病患者。

（三）粪便管理

粪便管理是防治血吸虫病的主要方式，因此各级政府注重抓好粪便管理和无害化处理工作。1957 年，江浦高级社发动群众，将粪缸集中搭棚加盖，进行无害化处理，陈粪下田，并由专人负责。1965 年，各生产队专门安排专职清洁员 1 员，监督社员不在河内洗刷马桶，加强粪水管理工作。20 世纪 70 年代，江浦村推行常熟沈浜式厕所，一户一厕（两格），做到新、陈粪便分开储存，达到杀灭虫卵的效果。2000 年，江浦村施行城乡一体化后，实行一家一户的粪便管理，统一由昆山高新区环卫所管理，并配置好粪便排放集中点。

第七章 文化 体育

旧时，江浦村域民众文化体育活动匮乏。文化活动以传统文化活动为主，体育活动则是以举石担、掷石锁、跳绳、踢毽子、踏高跷等活动居多。

自中华人民共和国成立以来，江浦村域文化体育事业逐步发展。20 世纪 60—70 年代，江浦村域青年文艺队异常活跃，农村电影放映场次逐年增多，农村广播进村入户。从 20 世纪 70 年代中后期开始，电视机逐渐得到普及，并逐渐成为时代潮流。

进入 21 世纪后，江浦村域文化体育事业有了更大发展。至 2020 年，江浦村不仅建有图书室、影音室、棋牌室、计算机室，还建有篮球场、台球室、乒乓球室、健身房和健身步道等，供村民休闲娱乐和锻炼身体。

第一节　文　化

1949年前，江浦村域内村民每逢婚丧之事就请音乐班进行吹拉弹唱，热闹非凡。文化活动集中在春节、正月十五、三月十五，庙会时有时无。此外，还有堂会，主要开展唱春、打连厢、贴财神等活动。

一、群众文艺团队

（一）青年俱乐部

1956年，江浦村域建立青年俱乐部，村妇女主任陈水英组织青年夏咸金、缪书成、戚友明、张巧妹、冯友泉、陈福根等人排演了锡剧《双推磨》等戏曲。春节时，在公场上搭台演出，增添了文化色彩，深受村民欢迎。

（二）文娱宣传队

20世纪60—70年代，在江浦生产大队党支部的重视下，由团支部书记顾火根组织成立生产大队文艺宣传队，队员从各生产队中产生，共26人。他们利用夜间在村大礼堂排演活动，排演了《沙家浜》《智取威虎山》等革命样板戏及革命歌曲和舞蹈。在江浦生产大队大礼堂多次演出，曾受邀请去到巴城乡共幸大队、正仪乡荣明大队和城南乡政府大礼堂演出，深受广大群众好评。20世纪70年代后期，随着电影、电视的普及，农村文艺宣传队逐渐消失。

（三）文艺舞蹈队

2015年，江浦村组建文艺舞蹈队。由佘雪芳带队，顾惠兰、唐国英等14名村民通过业余时间排练演出。江浦村文艺舞蹈队既在本村表演，也在昆山高新区（玉山镇）各社区间巡回交流演出，其深受百姓欢迎。

2020年，江浦村文艺舞蹈队凭借良好的文艺舞蹈水平，相互学习，取长补短，刻苦排练，其演出经常获奖。

二、文艺活动

2015 年 12 月 26 日，江浦村邀请了中山社区两位评弹演员来村域内的老年协会演出，表演《玉蜻蜓》选段。

2016 年 1 月 17 日下午，江浦村和共青村联合举办了“2016 年迎春戏曲联欢会”。该联欢会上有沪剧《借黄糠 · 借贷》、越剧《碧玉簪 · 送凤冠》、小品《破镜重圆》等。一个个多姿多彩的节目，赢得观众阵阵热烈的掌声，现场气氛热烈。在演出厅外，还有昆山书法家协会志愿者免费给村民写春联。

2016 年 5 月 24 日，为打造和谐社区，营造温馨家园，活跃居民群众文化生活，江浦村举办了以“和谐社区，温馨家园”为主题的新村文艺晚会。

2016 年 7 月 13 日，昆山高新区（玉山镇）在江浦村组织文艺会演——“劳动者之歌”。该会演由昆山市宣传部、昆山市总工会、昆山市文体广电和旅游局、昆山高新区总工会主办，江浦村协办，以“劳动者之歌”为主题，汇聚全市优秀职工文艺节目，在共青小区 C 区隆重举行。整场文艺会演运用声、光、电等手段，营造生产建设的现场感；演员着装以体现职业特点的工装为主，表演《昆山筑路人》《节日欢歌》《新昆山人爱昆山》《劳动最光荣》等节目。

江浦村文艺会演“劳动者之歌”（2016 年，江浦村村委会供图）

2016 年 9 月 13 日晚，江浦村承办昆山高新区 2016 年度群众文化优秀创作节目巡演，举办“共赏一轮明月时”迎中秋晚会。演出舞蹈《坎巴尔汗》、锡剧《双推磨》、小品《美好的祝福》等精彩节目，同时还举办猜灯谜活动。

2017年1月20日，江浦村举办了迎新春系列活动。其中有沪剧、锡剧、越剧等多个剧种，包括《芦苇疗养院》《沙家浜》《雨中情》《卖红菱》《杨乃武与小白菜》等18个精彩节目。该活动持续约2小时，戏曲表演者们醇厚的唱腔、精湛的表演，让台下的观众如痴如醉，现场不时响起喝彩声和叫好声。江浦村老年戏迷人数比较多，该活动不仅丰富了其老年生活，还更好地传承和发扬了传统文化。

2017年4月1日，江浦村组织“牵起爸妈手，传递儿女情，我陪老爸老妈去踏青”活动。

2017年9月，昆山高新区在江浦村上演“送戏下乡”文艺晚会。为了营造欢乐祥和的节日氛围，江浦村在9月29日晚上举办了“迎国庆”晚会，由昆山高新区送戏下乡。

2018年，临近春节，昆山高新区党工委、管委会主办“我们的节日”——2018年昆山高新区文化、科技、卫生“三下乡”文艺会演活动。青少年舞蹈队表演街舞节目 *Watch Me*。该舞蹈动感十足、青春洋溢，展示出青少年特有的朝气与活力，受到居民一致好评。在演出场地旁，还有书法家协会的会员为江浦村村民书写新村对联和“福”字。整场活动增进了小区居民之间的互动与交流，营造了浓厚的喜迎春节的欢乐氛围。

包粽子（2019年，江浦村委会提供）

2019年6月6日，江浦村组织村民“端午节包粽子”活动，丰富村民生活。

三、文化设施

（一）广播

1956年，城南乡广播站建立，仅有一台功率40瓦的扩音放大机，转播昆山县广播站节目，无广播专线，与电话线路通用。1958年，广播喇叭数量不多，江浦生产大队共安装3只高音喇叭，均装于生产大队部中心点和大食堂。“三年困难时期”，因维修和管理不善，线路时有中断，广播被迫终止。

从1965年开始，重新安装广播线路，人民公社与生产大队之间用毛竹、树木架设简易线路，广播喇叭逐步发展到各个生产队，走入社员家庭。江浦生产大队配有1名专职广播线路员刘正林，协助广播站施工，维修线路，确保线路畅通、播音不中断。

1970年，人民公社有线广播发展到生产大队及各生产队社员家里，江浦生产大队除少数单身户、五保户家庭之外，有线广播机入户率达95%。江浦生产大队还安装25瓦高音喇叭2只，向全生产大队播放生产报道、会议通知及各项中心工作等信息，实现广播式指挥生产。

1983年，由城南乡广播站筹措资金设备，在各村统一建立村广播站。江浦村投入资金5万余元，建立村广播室。播放内容有省、市、县及中央电台新闻报道、文艺节目、天气预报等，自备节目有本乡重要新闻、群众文艺、会议通知、农业科技等。随着电视机、手机的普及，至20世纪90年代后期，广播的作用逐年减弱。

（二）电视

1976年，农村配备无线电视，江浦生产大队各生产队都有1台9英寸黑白电视机，用天线接收电视节目。1989年1月，有线电视正式开通。1997年，江浦村有282户村民开通有线电视。1998年，江浦村达到有线电视全覆盖，并接入了数字电视。2000年后，江浦村有线电视用户整体转变为数字电视用户，部分村民改装高清电视。

（三）乡村电影

20世纪60年代末，人民公社组建电影队，发扬“扁担”精神，肩扛手提至各生产队巡回放映。每场收取放映费15元，均由生产大队支付。1968年8月的一个晚上，江浦生产大队社员首次在域内江浦小学操场观看电影《龙江颂》。1980年，人民公社放映队购置5吨水泥挂桨机船1条，配有发电机，且不受停电影响，增加了电影放映次数。1983年，实行定点、定时放映，在江浦村内放映影片，通常有战争片《上甘岭》《英雄儿女》《地道战》《地雷战》《铁道游击队》《洪湖赤卫队》等，传统舞台艺术片《红楼梦》《天仙配》《梁山伯与祝英

台》等。“文化大革命”期间，江浦村放映《红灯记》《沙家浜》《智取威虎山》《红色娘子军》《杜鹃山》《奇袭白虎团》《海港》等影片。20 世纪 80 年代中后期，电视逐步走入家庭，乡村电影放映逐渐减少，直至自然消失。

阅览室（2020 年，夏正祥摄）

（四）图书室

2010 年，江浦村村委会把所有图书收集起来集中藏书，在江浦村综合文化服务中心二楼建立村级图书室，并对外开放。该图书室共 60 平方米，内间藏书，外间为阅览室，并配有 5 台计算机供村民上网查阅材料。图书室共藏书 300 余册，各种报刊 20 余种。图书室资料登记造册，各项信息录入计算机，借还图书登记工作稳步进行。据统计，图书室每年接待读者数千人次。

第二节 体 育

一、体育设施

中华人民共和国成立前，江浦村域内村民参与体育活动较少，只有少数人练八段锦、练太极拳、举石担、掷石锁，体育设施简陋、单一。

中华人民共和国成立后，江浦村域重视发展体育事业，群众体育活动得到党和政府的大力支持。为促进全民健身活动的开展，保障公民健身活动中的合法权益，增强公民身体素质，2009 年，国务院制定了《全民健身条例》，江浦村予以认真贯彻执行，体育器材设施不断提档升级。江浦村规划共青小区C区体育设施场所建筑面积150平方米、江浦新村体育设施场所建筑面积200平方米、龙泉山庄体育设施场所建筑面积150平方米。村民住宅小区内的健身器材品种繁多，主要健身器材有肩关节康复训练轮、下肢康复训练器、坐式平蹬腿训练器、秋千、云梯、伸背架、单双杠等。

共青小区C区体育设施场所（2020年，王静摄）

江浦村域内体育设施建设逐渐完善和不断更新。台球室设在共青小区C区会所，共250平方米，设有3张台球桌。至2020年，江浦村域内各小区均有标准化球场和健身器材，还有室内健身房。

江浦村室内健身房（2020年，夏正祥摄）

江浦新村公共健身设施（2020年，王静摄）

2016年，群众性体育活动较多，如打篮球、打台球、打乒乓球等。共青小区C区篮球场建筑面积为720平方米。每到傍晚或者节假日，在外工作的青壮年村民回家后，时常相约在篮球场上打篮球或者自发组织篮球赛。台球室共有250平方米，摆放3张台球桌，每到下午，来打台球的老年人特别多。江浦村村民蔡福宝、石春根、陈光林等8人参与台球活动的积极性较高。

二、全民健身

2000年前，江浦村的群众性体育活动，主要是以民间自由活动为主。一些中老年人晨间在小区内跑步、散步及在配有体育设施的场所锻炼。另有做自由操、打太极拳、跳跳绳等活动。2005年，江浦村结合村庄建设，组织村民开展体育活动，之后江浦村每年组织村民参加昆山市玉山镇举办的多种形式的体育竞赛活动。2007年5月，昆山市玉山镇举行农民运动会，有拔河、扔铅球、举沙袋等项目。江浦村有夏魏等5名村民参赛，其中夏魏获得举沙袋第一名。

随着新农村建设的推进，人们对文体活动的追求和强身健体的需求日趋强烈，广场舞在江浦村域内迅速兴起，甚至一度成为热门活动。参加活动的对象以40—65岁的中老年妇女为主。晚饭后，领队人员会带上便携式音箱到小区广场或小公园进行活动，活动时间不长，一般为1~2小时，于晚上8点左右结束。

2019年7月，昆山高新区文体站在高新区文体活动中心举办娱乐活动比赛，江浦村由村民顾惠兰、唐国英等人带班，共计14人参加广场舞比赛，并获得昆山高新区党群工作部颁发的昆山高新区广场舞比赛“表演奖”。

第八章　精神文明建设

中华人民共和国成立后，社会主义精神文明建设始终贯穿于社会主义建设过程中，从思想道德教育着手，向精神文明建设发展。20世纪60年代，江浦村域内掀起“向雷锋同志学习”热潮，人人参与“学雷锋、树新风、做好事、见行动”活动，形成人人可学、人人可为好风气。20世纪70年代，江浦村域以学习毛主席著作（《为人民服务》《纪念白求恩》《愚公移山》）和“农业学大寨”为主，塑造人们爱国家、爱集体、爱劳动的思想道德水平。20世纪80年代，江浦村域开展“五讲四美三热爱”活动，系统地提出精神文明建设的必要性和必然性。20世纪90年代，江浦村域以培养“四有”新人为目标，培养新一代文明使者。

2000年后，以争创文明市民、文明家庭和文明单位为目标，把社会主义精神文明建设向广度和深度推进。江浦村先后多次获评江苏省、苏州市、昆山市及昆山高新区的先进荣誉。

第一节　思想道德建设

一、思想道德教育

中华人民共和国成立之初，群众性思想道德教育的重点是听毛主席话，跟共产党走，旨在引导农民走社会主义道路。江浦村域内开办农民夜校，开展扫盲识字教育，并利用夜校，组织农民学习《中华人民共和国土地改革法》《中华人民共和国婚姻法》。江浦村域开展党的路线、政策及社会主义思想道德教育，激发农民热爱共产党、热爱中华人民共和国的爱国热情，激发农民自力更生、艰苦奋斗的生产积极性。1963 年 3 月，江浦村域内掀起“向雷锋同志学习”热潮，利用广播喇叭和张贴标语等，广泛开展全民学雷锋活动。生产大队文艺宣传队把雷锋事迹、雷锋精神搬上舞台，以文艺表演的方式教育人们投身社会主义革命和建设中，投身为人民服务中。江浦生产大队青年团员带头开展学雷锋、做好事活动，学雷锋活动蔚然成风。

20 世纪 60—70 年代，以学习毛主席著作“老三篇”（《为人民服务》《纪念白求恩》《愚公移山》）和“农业学大寨”运动为主题，江浦生产大队举办学习班，召开讲用会，促进社员提高学习自觉性和劳动积极性，努力为集体、为国家多做贡献。

二、文明新风活动

20 世纪 80 年代前期，江浦村域内掀起讲文明、讲礼貌、讲卫生、讲秩序、讲道德，心灵美、语言美、行为美、环境美，热爱祖国、热爱社会主义、热爱共产党的“五讲四美三热爱”宣传教育活动，并结合农村脏、乱、差治理和文明月活动，把“五讲四美三热爱”宣传教育活动，进一步融入现实生活，塑造新一代农民形象。在农村脏、乱、差环境整治过程中，村民们积极配合，整治工作得以顺利开展。尽管已全面实行家庭联产承包责任制，村民们自觉缴公粮，售好粮，多缴粮。通过“五讲四美三热爱”教育活动，江浦村环境面貌焕然一新，社会风气大为好转。

1984 年，江浦村域内开展以“邻里团结好、家庭和睦好、婆媳关系好、计划生育好、教育子女好”为内容的“五好”家庭评比活动。通过广泛宣传教育和评选活动，邻里和谐、家庭和睦、尊老爱幼等事例不断涌现，全村讲文明、讲礼貌、讲卫生、讲秩序、讲道德的社会风气日盛。

20 世纪 90 年代，江浦村域以培育“四有”(有理想、有道德、有文化、有纪律）新人为目标，开展“五爱”（爱祖国、爱人民、爱劳动、爱科学、爱社会)、“三德”（社会公德、职业道德、家庭美德)、“三礼”（礼貌、礼仪、礼节）好公民教育活动。通过开展“讲文明、树新风”系列活动评比文明新风户，不断提升村民的思想素质和文明程度。

从 2001 年开始，江浦村开展群众性普法教育活动，通过法律增强村民法治意识，并将“四有”新人培养、文明户评选和普法教育结合起来。通过学法、遵法、守法实践活动，使村民法治观念不断加强，思想道德素质不断提升。2008 年，江浦村被评为苏州市“民主法治村”。

从 2013 年开始，江浦村围绕“富强、民主、文明、和谐，自由、平等、公正、法治，爱国、敬业、诚信、友善”社会主义核心价值观内容，开展丰富多彩的新时代文明实践活动。以村民学校、道德讲堂为阵地，办好宣传窗口，组织志愿者队伍等措施，积极开展新时代精神文明建设，为实现中华民族伟大复兴的中国梦而奋斗。

至 2020 年，江浦村共举办思想道德、法律法规和文明实践等专题讲座 45 次，发放宣传资料 5 800 多份，共有 3 800 多人次接受教育。

江浦村开展社会主义核心价值观教育讲座
（2020 年，王静摄）

江浦村开展文明实践专题讲座
（2020 年，江浦村村委会供图）

第二节　阵地建设

一、村民学校

2014 年，江浦村为加强全民思想道德教育，丰富精神文明建设实践，在共青小区 C 区利用 300 平方米房间和村委会二楼 93.5 平方米会议室，作为村民学校和江浦村道德讲堂的教育阵地。江浦村村委会每年制订教育课题计划，或按照上级有关宣传教育要求，邀请专家、学者到村域内开展教育活动，为党员、村民组长、村民代表和文明户代表进行思想教育和道德讲座。2014—2020 年，江浦村村民学校共举办 35 期宣传教育活动，受教育人数达 3 500 人次。

江浦村道德讲堂（2020 年，夏正祥摄）

二、宣传窗口

2017 年，江浦村在村域内办公区广场及江浦新村、共青小区等住宅区建设宣传画廊，以创建昆山市“双文明建设先进村”、苏州市“先锋村”，以及“江苏省卫生村”“江苏省生态村”为契机，以“依法治村，村民自治”为抓手，有针对性地在宣传画廊和黑板报上进行宣传展示。江浦村用图文并茂的宣传形式，让村民随时了解党的方针、政策，掌握法律法规知识，实践村规民约、文明礼貌等活动；引导村民树立正确的历史观、民族观、国家观，推进社会公德、职业道德、家庭美德、个人品德建设，进一步推动江浦村社会主义精神文明建设。

2017—2020 年，江浦村利用宣传画廊、黑板报，展出 38 期有关社会主义精神文明建设等方面的宣传资料。

三、网络平台

从 2018 年开始，江浦村把有能力使用 QQ 群和微信群的党员、村民组长、村民代表、文明示范户及村干部纳入网络服务平台；利用网络平台，传达村“两委”的工作意见和社会主义精神文明建设的工作内容；征集村民反馈意见；及时处理个别突发性问题；实行网格员管理制度，安排网格员每天准时到小区巡查，发现问题，及时与网格内党员、村民组长等联系，互帮互助，及时整改，

推进人居环境建设。

同时，江浦村在便民服务中心和集中居住区分别安装电子滚动屏幕，使广大村民对宣传教育内容一目了然，真正把宣传科普知识、法律常识等传达给村民，为创建和谐社区奠定良好基础。

四、志愿者队伍

2018 年 7 月，江浦村着手建立“12355”志愿者服务队伍，即江浦村志愿者服务队。是年，有 6 名志愿者重点围绕心理咨询、青少年维权、敬老助残和广场便民服务等提供志愿服务。2020 年，江浦村志愿者服务队扩大至 22 人，其中共产党员 8 人、共青团员 6 人、普通群众 8 人。根据新时代精神文明建设要求，志愿者公益服务项目随之增加，服务内容不断拓展，江浦村志愿者服务队坚持以“学雷锋、树新风、做好事、见行动”为准则，制订志愿者服务活动计划，有的放矢地开展公益性社会服务活动。2020 年，江浦村志愿者服务队共开展活动 45 次。

志愿者为老年人理发
（2020 年，江浦村村委会供图）

江浦村举办“小小环保员”垃圾分类志愿活动
（2020 年，王静摄）

关爱妇女儿童 2018—2020 年，每年的国际劳动妇女节、母亲节，由江浦村志愿者服务队牵头，开展以“关心妇女、关爱母亲、争创文明家庭”为主题的活动。此外，江浦村每年还组织志愿者为妇女进行身体检查，做好全程服务工作。每年的国际儿童节，由江浦村志愿者服务队组织开展亲子互动活动，关爱儿童的健康成长。

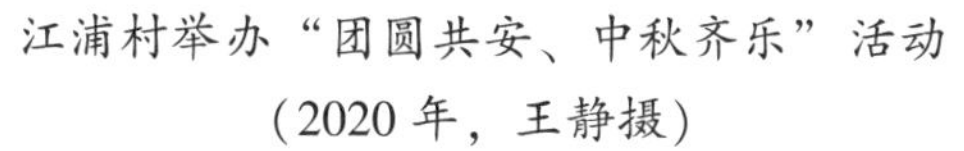

江浦村举办“团圆共安、中秋齐乐”活动（2020 年，王静摄）

江浦村共青小区 C 区开展庆祝国际儿童节亲子活动（2020 年，王静摄）

帮扶弱势群体 2015—2020 年，每逢老年人体检时，志愿者全程陪同，热情服务。针对个别行动不便的老年人，由志愿者提供帮助与服务，使其顺利完成体检，并将其护送到家。

防控新冠疫情 2020 年 1 月 26 日，江浦村全面进入新冠病毒疫情防控战时状态。在 2020 年新冠疫情防控保卫战中，江浦村志愿者服务队全员上岗，为有效防控新冠病毒疫情做出很大的贡献。江浦村安排志愿者参与加装围栏活动，每一个住宅区只留一个进出通道，有效管理车辆、人员自由进出；选拔责任心强的志愿者，加强住宅区门卫管控，实行 24 小时值班制度；分配志愿者通过拉挂横幅，利用扩音机广播，发放防控资料，开展宣传教育工作，增强村民对疫情防控的认识；要求志愿者为每家每户送上防护口罩及消毒液，督促村民自觉防护。志愿者认真登记信息，排查车辆及人员来往情况，检查车辆和人员途经路线及区域，筛选疫情风险区；志愿者细致登记信息，协查返乡人员和返昆上班人员的基本情况，上门为居家隔离的返乡人员家庭和返昆工作居家隔离人员及其房东家庭，测量体温，配送生活用品，提供心理疏导，等等。全体志愿者不离村、不离岗，坚守在疫情防控第一线。截至 2020 年 12 月，江浦村没有发生新冠病毒感染病例。

第三节　创建活动

一、文明户评比

1998年，江浦村党支部及村委会根据昆山市委发布的《关于在全市开展文明市民的教育活动的实施意见》的具体要求，对村民开展文明礼貌教育。广大村民自觉通过营造形成人人“讲文明话，办文明事，做文明人，创文明户”的氛围，养成文明礼貌的习惯。江浦村每年年终以村民小组为单位，由村民代表对每户村民进行民主测评。1999年，经村民代表民主测评，江浦村有29户被评为“五好”文明家庭户。

1999年江浦村获评“五好”文明家庭户情况如表8-1所示。

表8-1　1999年江浦村获评“五好”文明家庭户情况一览表

组别	户主姓名			
1	佘杏春	季志贤	—	—
2	蔡玉英	姚炳英	钱保生	—
3	蔡水英	严金娥	徐凤英	—
4	曹雪元	夏红英	—	—
5	胡阿毛	胡招妹	高凤英	—
6	杨根林	方正根	—	—
7	季阿泉	刘凤珍	—	—
8	许祥友	王福文	—	—

续表

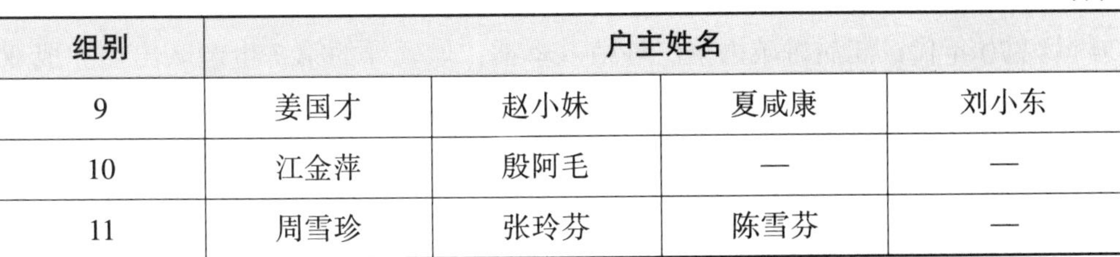

组别	户主姓名			
9	姜国才	赵小妹	夏咸康	刘小东
10	江金萍	殷阿毛	—	—
11	周雪珍	张玲芬	陈雪芬	—

多年来，江浦村村民热爱共产党，热爱祖国，坚持四项基本原则，遵纪守法，认真学习马克思列宁主义、毛泽东思想，爱岗敬业，在家庭中坚持男女平等、夫妻恩爱、尊老爱幼、邻里和睦，坚持艰苦奋斗精神，勤俭持家。

2010—2020 年，昆山高新区持续开展创建文明家庭和精神文明评比活动。江浦村先后有 34 户被评选为昆山高新区文明和谐家庭。

2010—2020 年江浦村获评昆山高新区文明和谐家庭情况如表 8-2 所示。

表 8-2　2010—2020 年江浦村获评昆山高新区文明和谐家庭情况一览表

年份	获评/户	家庭户主姓名
2010	2	富惠明、季惠东
2011	1	沈水根
2012	2	季惠东、富惠明
2013	5	季惠东、夏建琴、徐立新、李银龙、钱志良
2014	6	夏红英、富惠明、钱惠芳、徐立新、冯建明、钱志良
2015	1	刘凤英
2016	2	富惠明、江金萍
2017	5	富惠明、冯友良、朱　娟、刘红英、印永刚
2018	4	富惠明、胡耀良、江金萍、夏正祥
2019	3	李德元、袁大龙、陆桂英
2020	3	钱惠泉、丁怀良、李　峰

二、党员示范

季吉林　1945 年 6 月生，江浦村第 7 村民小组村民，中共党员。1964 年，季吉林被推选为江浦生产大队第 7 生产队队长。他虚心向老农民、老队长学习

生产技术和管理经验，常年早出工，晚收工，带领社员奋战在农业生产第一线。20世纪70年代，江浦村域内推广种植双季稻，他领导的第7生产队出色完成双季稻种植计划。1973年，江浦生产大队共种植170亩水稻，其中种植双季稻90亩，单季稻80亩，平均亩产501公斤。其中，前季稻82亩，平均亩产312.5公斤；后季稻90亩，平均亩产303.5公斤；单季稻80亩，平均亩产402.5公斤，成为江浦生产大队农业生产的标杆。从1964—1980年，他连续16年在生产队队长的岗位上任劳任怨、亲力亲为，受到社员的一致好评。1981年后，江浦生产大队将他调任到江浦供应店、江浦毛纺厂工作，他一如既往地严格要求自己，积极努力工作。2020年年初，新冠病毒疫情来袭，他虽已年过七旬，自愿参加江浦村志愿者服务队，严肃认真、热情周到地为人民服务。

朱纪宝 1948年10月生，江浦村第11村民小组村民，中共党员。从1979—2002年，朱纪宝在江浦村（生产大队）农机队队长岗位上，连续服务23年之久，管理农机队中12台手扶拖拉机、2台中型拖拉机、1台收割机、1艘8吨机动船，以及开沟机、盖籽机、插秧机等。多年来，他认真负责，任劳任怨，不怕苦、不怕累、不怕脏，常年为农机队服务。农忙时，他奋战在第一线，合理调配农机作业，发挥农机最大效能，确保江浦村（生产大队）按时完成收种任务。农闲时，他组织农机操作人员认真维修，精心保养农机，确保其使用时拉得出、开得响。尤其在江浦村全面实行家庭联产承包责任制（分田到户）后，他亲自设计、制造适合家庭使用的电动稻、麦两用脱粒机，先后共制造脱粒机300余台，使全村每户村民家庭基本拥有1台，深受江浦村村民好评。

印永刚 1958年1月生，江浦村第10村民小组村民，中共党员。1995年2月，印永刚主动提出由江浦村和另外几人合股，创办昆山市第一家三产股份公司，即昆山西城建筑装璜工程公司。他将自己多年来创业积攒的百万元资金投入公司运营。该公司先后购买1台挖掘机、1台推土机等机械，参与昆山高新区（玉山镇）的建设，当年就获利70万元，至2001年12月为江浦村积累资金300余万元，为江浦村经济发展做出贡献。

许祥友 1962年9月生，江浦村第8村民小组村民，中共党员，大学本科。许祥友长期从事农村工作，先后担任村团支部书记、绒线厂厂长、村主任、村支书等职务。他认真好学，积极上进，深受村民好评。1993年，他当选玉山镇人大代表。1995 年，他担任江浦村党支部书记；1997 年，兼任江浦村村委会主任。面对江浦村负债上百万的经济状况，许祥友大胆进行改革，先后对绒线厂和电子可控管配件厂进行改制，还清所有债务。许祥友盘活厂房、场地资金存量，实行租赁承包；采用“借鸡生蛋”的办法，动员本村能人参股，组建昆山西城装璜工程公司；添置挖掘机、推土机等大型工程设备，参与昆山高新区（玉山镇）的开发和建设。此外，他通过吸收民间资本，盘活存量资产，开创新的经济目标。1995—2000 年，许祥友先后建造 5 幢标准厂房，建筑面积为 10 340 平方米，对外租赁，年创收达 173 万元，使江浦村集体经济得到长足发展。

在发展村级集体经济的同时，许祥友坚持以农业为基础方向，努力调整农业产业结构，使村业在产业化调整中得到发展，使村民在产业化调整中增加收入；坚持物质文明和精神文明一起抓，使江浦村混合型经济和农村现代化建设同步发展，在江浦村村民中树立良好口碑。1999 年，许祥友荣获“昆山市优秀共产党员”“苏州市先进工作者”等称号。

戴雪明 1976 年 12 月生，江浦村第 4 村民小组村民，大学本科，中共党员。2008 年，大学毕业后，戴雪明在昆山高新技术创业服务中心工作；2011 年，加入中国共产党；2015 年，担任昆山高新技术创业服务中心综合服务部科长；2017 年，担任江浦村党支部书记、村委会主任。上任伊始，针对江浦村域全部动迁的特殊情况，戴雪明时常走进江浦新村、共青小区、龙泉山庄等村民集中居住区，耐心倾听村民的意见和建议，认真思考问题，确定发展方向，带领村“两委”领导班子成员，发挥村民组长、村民代表和共产党员的先锋模范作用，凝聚党员、干部和群众的智慧与力量，扎实做好新形势下的各项工作。2017—2020 年，他带领村“两委”先后完成共青小区 C 区的环境升级与改造工作；增设公共充电桩；对东荡河进行清淤治理；全面翻建和改造江浦新村 108 户别墅房；对天然气管道和雨污分流管道进行清理和改造；重新对村中道路铺设沥青路面。

在抓好江浦村庄建设的同时，积极发展村级集体经济，坚持开源节流，提升经济效益。2020 年，江浦村集体经济总收入达 877 万元。

从 2020 年春节开始，戴雪明带领村干部和志愿者，奋战在新冠病毒疫情防

控第一线，尽心尽责做好新冠病毒疫情防控工作。

戴雪明自任职以来，深受村民好评，获得良好口碑。2020 年，戴雪明获评昆山高新区党工委授予的“担当作为好干部”称号。江浦村被评为“先锋村”。

第四节　凡人善举

一、夫妻扶助

夏建琴　江浦村第 1 村民小组村民。2002 年，夏建琴的丈夫富惠明被确诊患有脊髓炎，该病使其全身瘫痪，卧床不起，生活不能自理。她带着丈夫四处求医，花光所有积蓄，却无功而返。在丈夫瘫痪卧床的十几年中，夏建琴一日三餐在旁边伺候，还要早晚煎药，端屎端尿。为了避免丈夫因长期卧床而引发褥疮，每隔 2 小时，她就要帮其翻一次身，悉心照顾。对于夏建琴十几年的坚守，亲友们和邻居们都表示敬佩。

二、见义勇为

周一峰　江浦村第 11 村民小组村民。2019 年的一天，周一峰从昆山人民路正阳桥路过，看见一位年轻女孩从正阳桥上跳入娄江轻生。他毫不犹豫地跳入娄江中，挽救了一条年轻鲜活的生命，避免了一场悲剧的发生。周一峰见义勇为的英雄事迹感染着江浦村的老百姓。

三、助人为乐

胡耀良、胡品良　江浦村第 4 村民小组村民。胡耀良、胡品良兄弟二人凭借自己的勤劳和智慧创建了昆山克宇丰建筑材料有限公司。随着他们兄弟二人的事业有所成就，开始回报社会。从2018年开始，他们兄弟二人每年为村里60周岁以上老人捐赠过节费9 000余元。他们始终秉持“人要有善心，多点爱心”的观念，积极为他人多办好事，并认为多帮一点忙，就多一点快乐，社会就多一点和谐。

冯友良 江浦村第1村民小组村民。冯友良出生于普通农民家庭，在20世纪90年代初开创昆山市宏顺通信工程有限公司，始终秉持诚信经营、遵纪守法、依法纳税的原则，坚持为社会做贡献的初心和使命。1997—2019年，冯友良每年给全村60周岁以上老人捐赠6 000余元春节慰问金，20余年不间断。冯友良捐款的善举，深受广大村民好评。此外，他还积极参与组织各类主题捐助活动，践行“感恩、博爱、开放、超越”的人文精神。

富炳男 江浦村第1村民小组村民。富炳男一生勤劳刻苦，办事认真。他原本是昆山市一家建筑公司职工，在公司转制后，凭借自己掌握到的建筑技术努力钻研，自行创业，成果颇丰。在实际工作中，他所完成的建筑工程项目及私人委托的工程项目得到了大家的一致好评，也获得了良好的经济回报。富炳男生活改善后，仍不忘慰问江浦村80周岁以上的老人。2017年，他在重阳节为村里80周岁以上的老人买了重阳糕，传承敬老爱幼的传统美德和爱心精神。

李峰 江浦村第11村民小组村民。1994年12月，李峰从部队退伍后，自己创业进行废品回收，并逐步扩大公司规模。经过艰苦创业、刻苦经营，他获得了一定的经济效益。此时，小有成就的他不忘回馈江浦村80周岁以上的老人。2020年，他在重阳节为村里80周岁以上的老人买了重阳糕。李峰不仅艰苦创业，还始终保持着劳动人民的纯朴本质，时常为村里的老人奉献爱心。

四、孝敬公婆

曹龙英 江浦村第10村民小组村民。曹龙英自1985年嫁到顾云龙家，几十年如一日，吃苦耐劳，省吃俭用，辛勤持家，伺候公婆。2015年，她公公不幸遭遇车祸，大脑受伤，需要家人料理生活。2020年10月，她婆婆又突发脑出血，后经抢救保住生命，但生活不能自理，所以全部家务都落在曹龙英身上。在曹龙英的悉心照料和调理下，她公公和婆婆的生命得以延续。

五、孝老爱亲

江金萍　江浦村第10村民小组村民。江金萍以妇人之躯，常年伺候97周岁的婆婆、87周岁的母亲和85周岁的继父。江金萍及其丈夫、孩子与3位老人一起生活，共享天伦之乐。她婆婆患有高血压、气管炎等疾病，常年卧床不起，她总是悉心照料和精心调理，使婆婆的身心得到康复。她的家庭和睦，从来没有发生不愉快的事情，因此多次被评为文明和谐家庭。她用40余年的行动诠释孝老爱亲的美好意义，为后代树立好榜样，传承好家风。

附：

一、江浦村村民公约（2019年）

第一条　文明礼貌

村民要讲文明，懂礼貌，邻里乡亲要和睦相处、相互帮扶，强不欺弱、富不欺贫，不打架斗殴、不损人骂人，移风易俗，坚持婚事新办、丧事简办，厉行勤俭节约，反对铺张浪费。

第二条　讲究卫生

村民要养成良好的卫生习惯，房前屋后保持整洁，走亲访友衣着干净，房屋出租注意环境卫生，严禁垃圾乱倒乱堆。

第三条　家庭和睦

村民要遵循婚姻自由、男女平等、尊老爱幼的风俗，自觉维护妇女儿童和老年人的合法权益，夫妻相处互敬互爱，家庭纠纷相互体谅，要教育子女遵章守纪，勤奋学习，助人为乐，诚实守信。

第四条　勤劳致富

村民要热爱劳动，学习技能，有劳动能力的要主动就业，不拈轻怕重。要努力创业，带领群众致富，树立“劳动致富，懒惰可耻”的观念，形成富帮穷、穷赶富的积极风尚。

第五条　关心集体

村民要积极参加各项政治活动和会议，行使好民主权利，要关心村级集体经济和社会事业发展，积极为村级发展建言献策，提出批评和建议。

第六条　遵守法纪

村民要遵守国家法律法规，不违法犯罪，不参与迷信赌博和邪教等活动，不随意损坏公共物品，不乱设摊点，不侵占道路和毁坏绿化。

第七条　服从领导

村民要服从民主选举产生的村“两委”领导，不故意刁难，不无理取闹，村干部要关心村民利益，办事公正、公道、公开。

第八条　调解矛盾

村民要协商解决矛盾纠纷，矛盾调解按程序逐级调解，不随意越级信访、上访、群访，不无事生非，不造谣、蛊惑、煽动群众闹事。

二、江浦村村规民约（2020年）

热爱祖国热爱党，遵纪守法素质高。
为人处世守信义，明辨是非扬正气。
孝老爱亲重家风，夫妻相偕共勉励。
邻里和睦讲情谊，互帮互助爱奉献。
造谣生事不可取，矛盾纠纷可调解。
读书学习冶情操，健身锻炼强体魄。
赌博诈骗须远离，封建迷信要抵制。
婚丧嫁娶不攀比，文明祭扫尚新俗。
厉行节俭不浪费，健康生活倡低碳。
人居环境齐努力，提升村貌都有责。
整体风貌要统一，违章搭建要取缔。
房前屋后要整洁，乱堆乱放不能有。
车辆停放要规范，乱垦乱晒要清理。
垃圾分类要实行，杂物烟头不乱扔。

公共设施要爱惜，公共区域不侵占。
安全意识不能松，消防措施要到位。
生命通道不可堵，看好门窗水电气。
出租房屋须备案，合规住房保平安。
村级治理共参与，齐心协力创文明。
村规民约同遵守，幸福江浦靠大家。

第九章　习俗礼仪

在社会发展的历史长河中，江浦村代代相传的民风、民俗虽与江南各地颇为相似，但在其特定地域的自然、经济、社会条件下，逐步形成的古朴的习俗礼仪中，保留了本地独有的特质，并具有一定的代表性，诸如婚嫁、生育、丧事等礼节，以及传统节日须遵守的礼仪。这些习俗礼仪大多表达了人民的美好愿望和衷心祈求。

中华人民共和国成立后，随着社会制度的变化，政府提倡移风易俗，社会风尚逐步发生了变化，江埔村中的一些陈规陋习逐步被村民抛弃，但同时也保留了部分淳朴的习俗。这些习俗与江埔村村民联系紧密，为村民所传承，流传至今。

第一节　节日习俗

一、春节

农历正月初一至十五，俗称“春节”，也称“新年”“新春”。农历正月初一清晨，男女老幼穿戴一新，大门上贴上春联，开门燃放鞭炮，以图吉利。有钱人家把祖先像（俗称“喜神”）挂于厅堂墙上正中央，像前供桌上摆放香炉、烛台及供品（如水果、糖果、糕点之类），点燃香烛。全家跪拜后，小辈向长辈拜年，长辈给予小辈压岁钱。早餐花样众多，根据各家习俗而异。有的吃小圆子（俗称“年朝团子”，又称“百岁团”）以求福寿、团圆；有的吃年糕汤，以求生活节节高；有的吃糕团汤、赤豆汤，以图甜蜜团圆；还有的吃面条，以示长寿。用过早点后，村民会泡橄榄茶（俗称“元宝茶”），取其吉利之意，如果遇到亲人、熟人，相互道贺，拱手互祝“恭喜发财”。

新春第一天是全家团聚的时间，一般不外出。旧时，当天不用刀剪、不用火柴、不扫地、不倒垃圾，谓之“聚财”。

年初二，村民开始走亲访友，相互拜年，馈赠礼品，互请吃饭（俗称“吃年酒”）。此项活动一般至年初八结束，但亦有延至农历正月十五。

年初五，传说为“五路财神”诞辰。相传，财神会在年初五降临人间赐福。只要迎到财神就可发财，因而各家各户，尤其是做生意的人争接财神，称之“接路头”。有的人唯恐财神被别人接去，因此会在年初五子夜时分，或是在年初四深夜就开始燃放鞭炮迎接财神，此谓“抱路头”。每到此时，江浦村域内鞭炮声不绝于耳。

二、元宵节

农历正月十五（俗称“正月半”），是元宵节。这天夜晚系新年来第一个月圆之夜。民间过节夜有张灯之举，故又称“灯节”。旧时，民间会敲锣打鼓进行庆祝。有舞龙灯、踏高跷等娱乐活动。孩子们提兔、鱼、鸟、兽等千姿百态和色彩缤纷的各式彩灯追逐嬉戏，是谓“闹元宵”。村民们有吃汤圆、馄饨之习俗。过去，村里家家户户焚香点烛，陈设供品，迎接灶君。晚饭后，村民用燃着的大把稻草熏烤农田四角（俗称“炱田角落”），边烧边喊“炱炱田角落，场头堆个大稻堆，一亩能收‘三石六’”，祈求当年能有个好收成。妇女们还会举行“扛田姑娘”活动，以作娱乐。中华人民共和国成立后，各种活动逐渐淡化，不再盛行。2020年元宵节，江浦村域内村民在家收看中央广播电视总台《2020年元宵晚会》。

三、二月二

农历二月初二，农谚称“二月二，蛇虫百脚全下地”。旧时，民间会在白纸上书写“二月二，诸虫蚂蚁直下地”，贴在床脚、桌脚、凳脚上，以防虫蚁爬上来咬人。同时，也有“二月二，龙抬头”一说，至今仍有大部分人在农历二月初二进行新春第一次理发。农历二月初二，村民有吃年糕的习俗，俗称“撑腰糕”。传说，村民吃了撑腰糕，腰背可以挺直，做耕耘、插秧等农活不再腰酸。

四、清明节

4月5日前后，民间有扫墓（上坟）踏青之习俗。凡在清明节前一年内有村民离世的家庭要在清明节这一天摆上酒饭，祭祀亡灵，并到新坟地扫墓，此谓“正清明”。一般地，人们会在清明节后（谷雨前）进行扫墓，民间有“超前七月半，落后过清明”的说法。在清明期间祭祀祖先时，有的村民会邀请亲友吃饭，是谓“过清明”。村民所择日期除清明节当天外，通常会选择在清明之后进行。

20世纪60年代末，全国提倡火葬。离世村民的遗体被火化后，其家人会将骨灰盒置于家中，设灵台，日后择地或购买墓穴落葬，一般会选在大寒期间落

葬，以后每年清明节对其进行凭吊、祭祀。从 21 世纪开始，离世村民的遗体被火化后，骨灰盒直接移送公墓落葬，俗称“热葬”。

清明期间，江浦村域内少数妇女、僧人会前往杭州等地烧香，借佛游香。江浦村党支部几乎每年组织党员前往烈士陵园进行悼念，并进行革命传统教育宣传活动。清明扫墓是慎终追远、缅怀先人的一种表现，借以表达感恩之意，体现爱党爱国之情，具有民族精神文化传承的意义。

五、立夏

5 月 6 日前后，标志着入夏。是日，旧时民间有“尝三鲜”的习俗，吃夏鱼(黄花鱼)、蚕豆、竹笋，配以吃酒酿、咸蛋等。小孩取煮熟的鸡蛋在门槛上敲过后，剥壳食之，谓之一个夏季能安然度过。此外，江浦村域内还有称体重的习俗。很多家庭在清明时会买一张大饼，用柳条串好，挂在屋内至立夏时拿下来给小孩吃，据说吃了可以防治“疰夏”，至今此类习俗仍有，但不再盛行。

六、端午节

农历五月初五，谓之端午节。民间均有吃粽子的习俗，相传是为了纪念战国时期楚国诗人屈原。此日，家家户户门上挂菖蒲、艾草、大蒜头，意在驱瘟辟邪。村民会在室内用苍术、白芷进行烟熏，并洒以雄黄酒，以驱虫子。此项习俗至今犹存，但已淡化。旧时，孩子们身穿印有蜈蚣、蛤蟆、蛇、壁虎、蝎子的“五毒衣”，额头上用雄黄酒写上“王”字，脚上穿虎头鞋，胸前挂“白团”香袋等，意能“压邪”。中华人民共和国成立后，此习俗部分沿袭下来。

七、中元节

农历七月十五，系中元节，又称“鬼节”，俗称“七月半”。旧时，除有村民离世的家庭要于当日祭祀祖宗，是谓“新七月半”之外，其余家庭一般均在七月半前进行祭祀。每逢祭祀之日，村民会邀请亲友吃饭，谓之“过七月半”。中华人民共和国成立后，此习俗依然存在。

八、中秋节

农历八月十五，是中秋节，又称“团圆节”，俗称“八月半”。大户人家晚上在庭院内摆放桌子，桌上放置月饼、石榴、柿子、糖芋艿等时令果品。村民点燃蜡烛，焚烧香斗。全家团聚拜月，俗称“斋月宫”。祭毕，村民食月饼，吃糖芋艿。中华人民共和国成立后，江浦村大力倡导移风易俗，亲友之间互赠月饼等礼品，吃月饼、赏月、吃糖芋艿等习俗沿袭至今。

九、重阳节

农历九月初九，是重阳节。旧时，江浦村域内有吃重阳糕的习俗，糕上插着彩色纸旗。每逢重阳节，秋高气爽，民间有登高之举，因为此举有“辟邪”之意。1988 年，国务院将重阳节定为“老人节”。是日，江浦村村委会每年在“老人节”前后开展尊老、敬老活动，对年长者发放重阳糕。2017 年、2018 年的“老人节”，村民张佰生请全村 60 周岁以上老人上饭店吃宴席，祝贺老人们健康长寿。重阳节吃糕、登高之习俗延续至今。江浦村域内重阳节的氛围延续至今，世代相传。

十、冬至

12 月 22 日前后，是全年中夜晚最长的一天，亦是“数九”寒天之首日，有“逢冬起九”的谚语。民间有“冬至大如年”的说法，因而冬至的节日比较隆重。在冬至前后有祭祀祖宗、亲友之间互相邀请吃饭的习俗，谓之“过冬至”。旧时，社会贫富悬殊，民间有“有得吃吃一夜，没得吃冻一夜”（有钱人家吃一夜，贫穷人家冻一夜）之说。相传，根据此日天气情况能预测春节时期的天气情况。民间有“干净冬至邋遢年，邋遢冬至干净年”的气象谚语。

十一、廿四夜

农历十二月二十四之夜，谓之廿四夜。相传，民间会在当日送灶君上天，先行祭祀灶君。供品中除果品、糕点之外，“糊涂汤”（用荠菜、青菜、油菜、百叶、豆腐干等煮汤并以米粉勾芡）、糖元宝（用饴糖制成的元宝）必不可少。

传说，如果将“糊涂汤”、糖元宝封住灶君的嘴巴，可令其上奏天庭时能“隐恶扬善”（说好话），以期来年得以降福。如今，此习俗已经消失。民间在廿四夜还有“掸檐尘”（扫灰尘）之习俗，以期干干净净过新年，此习俗沿袭至今。

十二、大年夜

农历十二月三十（小月二十九日）之夜，谓之除夕，即大年夜。此日是民间较为重要的节日，外出的家人均赶回家中团聚。全家欢聚一堂，吃年夜饭，且菜肴格外丰盛，其中必须要有青菜，取其谐音称“安乐菜”，意为岁岁平安。席间，村民相互敬酒祝福，祝贺来年幸福如意。晚饭后，全家人一边饮茶、吃果品和瓜子，一边观看中央广播电视总台春节联欢晚会，直至深夜，谓之“守岁”。子夜前，门上换贴新春联，将水缸盛满，封好水井，待来年初五“接路头”后启封。村民点好茴香，以待翌日（农历正月初一）引火之用（农历正月初一不用火柴），待深夜十二时整燃放鞭炮，以示辞旧迎新。此习俗流传至今。

第二节　生产习俗

一、农耕

（一）𤆬田角落

𤆬田角落是很早以前传下来的习俗。农历正月十五元宵节之夜，农民用稻草扎成火把，黄昏时分由年长者带着孩子到自家田内，点着火把在田头四角奔跑，边跑边喊，“𤆬𤆬田角落，每亩可收三石六”。20世纪50年代，农业集体化后，江浦村域内仍有孩子在元宵节之夜举着火把在田头四角奔跑，至80年代后期，此习俗逐渐消失。

（二）百花生日

农历正月十二，谓之百花生日，为道教百花仙子生辰，本地人称“生花十二”，又称“稻萝头生日”。有的村民在果树上系一张红纸，结一根红头绳（俗称“挂红”），祈求花盛叶茂；有的村民则将红纸贴在农用器具上，祈求稻花繁盛，五谷丰收。

（三）开秧园

旧时，村民称开始插秧的第一天为开秧园（俗称“开秧门”）。此时，村民会邀请邻里好友饱餐一顿，以示插秧圆满顺利。丢秧时，村民忌讳将秧苗丢在人身上，以免遭殃（秧），同时秧把不能用手接，一旦用手接，就会有祸殃。中华人民共和国成立后，江浦村域开展集体生产活动，此习俗被摒弃。

二、开业

村民在新开企业或店铺时，均要择日办开业酒宴。是日，村民会燃放鞭炮、点燃火烛、供奉财神，以示生意兴隆、财源广进。前来祝贺的宾客、朋友，都要备匾额、大花饼、花篮等礼品或红包。主人要设宴款待宾客，并向来宾赠送开业纪念品等。

第三节　生活习俗

一、婚姻

（一）定亲

中华人民共和国成立前，男女婚姻不能自己做主，全凭“父母之命，媒妁之言”而定，一般要求“门当户对”，由媒人（现称“介绍人”）说亲。有的

婴儿在襁褓中已定亲，是谓“摇篮亲”，甚至有“指腹为婚”，即人未出生，双方家长就已说定，如果双方家长生出一男一女，那么这一男一女成人后即结为夫妇。历年来，民间婚姻礼仪甚多。过去，男、女至 16 周岁左右，男方父母相中女方之后，找媒人前去女方家中说亲。女方家人将其生辰八字写于红帖子上，谓之庚帖，俗称“年庚八字”，交予媒人，送至男方家中，供于灶龛前，压在香炉下，此谓“请喜帖”。再择日将男方生辰八字与女方庚帖一并请算命先生测算姻缘，称之“排八字”。此时，算命先生测算双方八字不冲不犯，即可合婚。如果男女双方不合，则男方会将女方庚帖退还女方；如果男女双方八字相合，则男方会选定吉日，备好礼金、首饰、衣料、食品等，装盘送往女方家中，谓之下聘，或称“小盘”“纳彩”，俗称“行盘”。女方受礼收下，以示允诺受聘，此习称“定亲”。是日，男方宴请媒人、亲友。此习俗沿袭至中华人民共和国成立后，媒人、彩礼依然存在，而“请喜帖”“排八字”的习俗已经消失。定亲后，男方选定“黄道吉日”通知女方，称为“送日脚”。其时，男方要送名目繁多的彩礼，称为“行大盘”。至迎亲之日，男方再送“上头盘”，盘内盛有鸡肉、鱼肉、糕点、现金等，迎亲时还要赠送各项喜钱。

（二）结婚

结亲迎娶，又称“好日”“结亲”。旧时，男女结婚一般历时 3 天，第一天称“开厨”，厨师会做好一切准备工作。第二天为“正日”，即结婚之日，大摆宴席，宴请至亲好友。第三天称“荡厨”，厨师会做好厨房清扫工作。有的至亲好友连吃 3 天，称为“开厨吃到荡厨”。婚礼当日，男方家准备好花轿或雇来舟楫迎娶。舟楫又称“喜船”，置双橹，由年轻力壮者摇船，称之“摇出水”。迎亲时，由媒人引导，亲友跟随至女方家。女方家人先以茶点接待新女婿，然后新娘上轿或上喜船，鼓手一路吹奏，将新娘迎回男方家。男方家张灯结彩，摆好龙凤花烛准备婚礼。新娘由伴娘搀扶，新郎、新娘先拜天地，再拜堂上父母，最后夫妻对拜。礼毕，新郎、新娘缓步进入洞房，亲友一起拥入房中“闹新房”，索取喜糖、红蛋，并对新郎、新娘逗趣，直至深夜方散。1951 年，《中华人民共和国婚姻法》颁布，提倡自由恋爱，婚姻自主。男、女双方达到法定结婚年龄，即可办理结婚登记手续，领取结婚证，即为合法夫妻，受法律保护。中华人民共和国成立后，婚礼逐步简化，一般不用花轿，且一度盛行女方不收彩礼。直至20世纪80年代，新郎逐渐用轿车来迎亲。近年来，迎亲及婚礼盛行用摄像机摄像，记录幸福时刻。

（三）并亲

旧时，有的贫寒人家将幼女送给人家做童养媳。童养媳至男方家里要操持家务，经常挨打受骂。待童养媳成年后，就与男方成婚，男方常常不办迎娶家礼，即行同居，称为“并亲”。中华人民共和国成立后，并亲随即消失。

（四）换亲

旧时，两家男子因贫穷无力娶亲，且家中各有姐妹未婚，即可互换姐妹成亲，称为“换亲”，俗称“姑娘换嫂嫂”。这种婚姻，礼仪从简。中华人民共和国成立后，此习俗逐渐消失。

（五）入赘

入赘，俗称“招女婿”。一般没有儿子但有女儿的家庭为了继承宗祠（传宗接代）或缺乏劳动力，而男方家境贫困，且儿子又多，经媒人撮合，由女方迎娶男方过门，入赘女家。结婚时，由女方操办酒席。旧时，入赘女婿必须改女方家姓，所生子女亦随母姓，对女方家事无权过问。入赘后，女婿要赡养岳父和岳母，方能继承遗产。中华人民共和国成立后，仍有入赘之俗，但男方依本姓，且夫妻双方平等。

（六）续娶

男子丧妻后再娶（女方到男方家），俗称“续弦”。女子丧夫后再婚配（男方到女方家），俗称“改嫁”。

二、生育

（一）催生

孕妇怀孕七个月左右，娘家准备面条、团子、婴儿衣服、尿布等物品送到夫婿家，夫婿家将亲家送来的面条下锅之后，加鱼肉浇头分赠亲友邻里，此谓“催生”。

（二）做满月和抓周

婴儿出生一个月后，家中为庆贺婴儿满月，会宴请亲友，称“做满月”。孩子一周岁时，家中会办酒席，宴请亲朋好友，亲朋好友会送上首饰、玩具、水

果、糕点等礼品。孩子家地上铺红毡毯，将文房四宝、钱币、首饰、玩具杂物等安放于毯上（有的用两张八仙桌相拼，置于桌上），让孩子抓住一件，此谓“抓周”。家人会根据孩子所抓之物，以预测孩子未来的志向。

三、寿诞

（一）做三十岁

自古以来，人年满三十，进入而立之年，不分男女，都要过一个生日，有“三十不做，四十不发”的说法，许多村民到此年龄都要过一个生日来作为纪念。

（二）做寿

旧时，老人每到大寿（虚岁，有“做虚不做实”之说）时，子女会为其庆寿。当日，一般人家会在堂上点燃寿烛，吃寿面。有的子女还会为其添置新衣、新鞋等，以示庆贺。富裕人家张灯结彩，设立寿堂，墙上正中央会挂上寿星画像，两旁挂上类似“福如东海，寿比南山”的祝寿对联，前设供桌，供奉寿桃、寿糕，点燃寿烛、寿香。寿星夫妇面南而坐，由子孙拜寿。是日，亲朋好友前来庆寿，送上寿幛、寿联、寿桃、寿糕、寿面等，寿星摆好宴席，宴请亲友。有的请鼓手、宣卷表演，声乐齐鸣，热闹非凡。

中华人民共和国成立后，此俗一律从简，近复盛行，且不拘年龄，亦非必须逢十，老年、中年做寿，青年、小孩过生日，比比皆是。形式较前简单，但宴请亲朋好友，讲排场，比阔气，风气渐盛，被邀请者送上礼金或礼物以示庆贺。

四、丧葬

旧时，丧葬习俗一般历经如下过程：人临危时，子女等亲人侍奉在侧，外出子女赶回家中；人一旦气绝，家属跪地哀哭，焚烧纸锭，点燃提灯蜡烛（将蜡烛插在萝卜片上），从床前一直递送到门外，意为将亡灵送至门外，此谓“送终”；再以热水擦洗遗体，此谓“暖尸”；一面将死者床铺卸去，将其蚊帐丢上屋面，一面在厅堂中搁置门板，移尸于上，将头朝南、脚朝北，换上寿衣，穿鞋戴帽，面蒙白布，是谓“小殓”；遗体前挂白幛（称“孝帘”），上挂遗像，前置供桌，上设祭品，点油灯一盏，昼夜不息；孝帘后，死者家属身穿白衣，伏两旁恸哭，如此厅堂谓之“孝堂”，又名“灵堂”，在外地的子女及至亲闻得噩耗，星夜赶回，只为见死者一面，并料理丧事，是谓“奔丧”；亲友吊唁时，馈赠素幛、挽联、钱物等，并在供桌前向死者跪拜（含鞠躬），其时死者儿子（称“孝子”）待立孝帘右侧向吊唁者跪拜（或鞠躬）答谢，并赠送白束腰或白布，丢之地上，不能直接授予吊唁者，现今授黑纱也有按此习俗的；孝帘后，妇女举哀，按习俗孝堂内不可无人守候，因而入夜子女等亲人或朋友在遗体旁轮流守夜，是谓“守灵”，俗称“陪夜”；富裕人家请和尚、道士或佛婆、尼姑超度亡灵，如此停尸两三天；子女远道未归，须待归来，则停尸时间延长；入殓时，由长子抱头，次子等扶脚，将尸体放入棺中，称为“大殓”；送葬时，由四人或八人抬棺，鼓手奏哀乐，子女穿麻衣孝服，头拖长白布，长子捧灵位（称“牌位”），其他小辈身穿孝服，手握丧棒，低头哀哭，其余亲友手执“安息香”，随灵柩之后列队缓步行走送至墓地；墓前立石碑，四周植松柏，一般人家以泥土堆土墓，贫困人家无力购买棺木，则用草席裹身埋葬。有的出殡时，不立即下葬，而是将棺木置于田头或荒地，外砌砖块或以稻草房隐之，待日后择日落葬。送葬结束后，亲属回家吃回丧饭，一般备有豆腐、青菜，另有荤菜（俗称“吃豆腐饭”）。丧家为了纪念死者，在厅堂一隅（一般在西北角）设方桌一张，称“灵台”（俗称“座台”），墙上挂遗像，成年人摆椅子一张，将灵位置于椅上，称为“坐位”。未成年人无椅子，则将灵位置于桌上，称之“立位”。灵台两侧挂上亲友所赠之挽联、素幛，灵台上置以烛台、香炉及祭品，并点油灯一盏。

自死者离世当日算起，每七日为一个“七”，称之“头七”“二七”……到第七个“七”，称之“断七”。在此期间内，家属每日供奉三餐，逢“七”必祭，是谓“做七”。“五七”最为隆重，大户人家事前发“讣告”（又称“讣闻”）给诸亲友。当日，亲友到场，女儿烧祭饭，俗称“做羹饭”。富裕人家请和尚、道士诵经文、做法事超度亡灵，还焚化殡葬用纸和芦苇做的房屋、家具等，称为“化库”。死者“断七”后，要过清明、中元节、农历十月初一，有的人家还过冬至，这些节日均为亲人祀日，均须祭祀，所设灵台在一周年或两周年或三周年时拆除，称之“除位”。除位后，其灵位有的当日焚化，有的置于厅

堂上方木龛（俗称“家堂”）中。大户人家则将其列入本家宗祠，小辈服孝三年期满，谓之“脱孝”。

中华人民共和国成立后，丧葬仪式从简，僧道佛事逐渐消失。1966 年以后，土葬逐渐改为火化后再落葬。

五、建房

旧时，造房前先请算命先生看风水；然后选定宅基，确定方向；最后择日破土动工，开工上梁。竣工之日，房主要请建筑工人（俗称“匠人”）喝酒。在建房期间，亲友邻里前往帮工。上正梁是建房过程中的一件大事，称之“上梁”，称为“正日”。上梁前，正梁上贴有红纸对联，一般均书写“立柱喜逢黄道日，上梁巧遇紫微星”，横批“福星高照”，以图吉利，并将红绿被面披在正梁当中。上梁时，鞭炮齐鸣，由木匠师手拿托盘，一边上楼一边喊：“脚踏楼梯步步高，东家娘娘捋仙桃，捋了仙桃往人群抛，众人吃了乐陶陶，芝麻开花节节高，子孙传了一大道。”接着，房主会抛馒头、糕点、糖果或钱币等，称之“抛果”。当日晚餐时，房主会大摆宴席款待匠人和亲友，把酒言欢，称为“竖屋酒”。新房落成，房主迁入新居，亲朋好友前来道贺，主人又摆酒席宴请，称为“圆屋酒”。中华人民共和国成立后，建房礼仪从简。造房用地须事先报请有关部门审批，建房先行“放样”定界桩，然后动工。亲友邻里帮工抛梁、吃酒等习俗犹存。

第十章　村落文化

文化既是民族的血脉，也是人民精神的家园。江浦村域内村民时常用吴地方言中昆山方言进行交流。在长期的生产劳动和生活实践中，村民总结出很多“金玉良言”，其中大部分与当地农耕生产和日常生活息息相关，自然而然形成了具有地方特色的地域文化。

中华人民共和国成立后，江浦村的文化事业得到恢复与发展，村民继承优秀的传统文化，积极调动各方力量，努力推动村域内的文化建设，使得村域内的文化事业得到长足发展。改革开放以后，随着八方人才的涌入，江浦村域内民众在常用昆山方言的基础上，学习和推广普通话，逐步提升人们语言交流的能力。以昆山方言为主的俗语、谚语、歇后语，以及民歌、民谣等民间文化，不仅是村民对生活实践中经验的概括，也是对社会现象、生产生活的总结，具有生动、简洁、通俗、形象的特点。它们在不断地演变过程中得到继承和发扬，成为江浦村域内不可或缺的文化遗产。

第一节　传统文化

一、唱宣卷

宣卷是由民间艺人根据传说故事，依照一定的腔调，敲着木鱼照本念唱。唱宣卷既可以有两人，也可以由多人合作，最早以打击乐器为主，现在还配有管弦乐器，一人领唱，其余合唱。中华人民共和国成立后，唱宣卷逐渐消失，20 世纪 80 年代中后期逐渐兴起。

二、舞狮子

旧时，春节、农历正月十五等传统节日，一些村民喜欢在宽阔的场地上舞狮子。此类活动一般由两人合作，一人举狮头，另一人操纵狮尾，两人密切配合，步调一致，使狮子形同真的一样。主要表现有狮子抖毛、跳跃、滚雪球、翻台子等。中华人民共和国成立后，此类活动很少，只在“大跃进”时期开展过，以后逐渐消失。

三、踩高跷

旧时，踩高跷也是农村民间传统文娱活动之一。在春节里，踩高跷是农村盛行的一种群众性才艺表演，表演者在脚上绑着长木跷进行表演，木跷装置有高有低，一般离地 50 厘米，也有的离地高达 1 米左右。进入 20 世纪 60 年代后，此类活动基本消失。

四、调龙灯

旧时，江浦村域内中青年在春节及农历正月十五，由带头人组织 10~12 人开展调龙灯活动。龙是象征性地用10~12把稻草扎紧，连接好绳子，用1.5米高的竹头做成草龙，有龙头、龙尾，还有“夜明珠”一颗。调龙灯的动作一般有三种：第一种是长龙绕圈，第二种是游龙，第三种是胭龙。这些多是随机应变，很是有趣热闹。中华人民共和国成立后，此项活动逐渐消失。

五、放风筝

风筝，俗称“鹞子”，根据其不同形状，有蝴蝶鹞、六角鹞、八卦鹞、百脚鹞等，鹞子大小不等，其用材各不相同，不仅有纸糊的小鹞子，也有用薄布糊起来的巨型鹞子。因此，放风筝俗称“放鹞子”。

风筝制作虽然简单，但也十分讲究。鹞子上下左右均要保持平衡，用作骨架的竹子要做得均匀，左右对称，否则鹞子试放时就会打转或放不高。

旧时，巨型鹞子一般是由富裕大户或风筝爱好者精心制作的。讲究的鹞子还配有瑶琴和鹞灯。晚上，鹞子放上天，鹞线系在树上，瑶琴悠扬，鹞灯闪烁，别有情趣。此项运动延续至今。

第二节　方言俗语

一、俗语俚语

（一）天文、气象

日头——太阳

阴头里——太阳照不到的地方

天好——晴天

迷露——雾

长夯雨——连续不断的雨

雷响——打雷

冰排——冰雹

冰冰阴——寒冷

作冷——寒潮来临

凌堂——檐前的冰锥

阴司天——阴天

麻花雨——毛毛雨

阵头雨——阵雨

霍显——闪电

劈风斜雨——狂风暴雨

褐色热——闷热

（二）时间

热天——夏天

秋场里——秋天

开年——明年

日脚——日子

好日脚——吉利的日子

今朝——今天

原先——从前、过去

下昼——下午

辰光——时候

古辰光——古时候

明朝——明天

上昼——上午

论更半夜——半夜里

姜海——刚才

有辰光——有时候

夜快、黄昏头——傍晚

一歇歇——一会儿

（三）植物

稻湿头——稻穗

娄麦——元麦

麦湿头——麦穗

瘪谷——秕谷

辣茄——辣椒

小草——紫云英

地栗——荸荠

长生果——花生

铃眼——银杏

番麦——玉米

寒豆——蚕豆

大草、金花菜——苜蓿

小寒、水寒——豌豆

谢菜——荠菜

（四）动物

呆鹅——大雁

鹁鸽——鸽子

鸭连连——鸭子

众牲——牲畜的总称

湖羊——绵羊

偷瓜畜——刺猬

田鸡——青蛙

麻将——麻雀

老孵鸡——老母鸡

羊妈妈——羊

猪猡猡——猪

老虫——老鼠

癞团——癞蛤蟆

曲蟮——蚯蚓

赚绩——蟋蟀

菊蜘——蜘蛛

蚕宝宝——蚕

百脚——蜈蚣

裙带鱼——带鱼

子老全——蝉

（五）服饰

料作、料头——衣料

短出手——短袖

饭单头、雨扇头——腰围巾

系巾——围巾

堆头布——包头布

头绳——毛线

绢头——手帕

长出手——长袖

兜头布——头巾

（六）饮食

干面——面粉

饭除——锅巴

斩烂肉——肉糜

肚里劳朝——动物内脏

化面——下面条

面老虫——面疙瘩

索粉——粉丝

杂碎——禽类的肫

门枪——猪舌头

下脚——猪、牛、羊的内脏

（七）房屋、用具

宅基——住宅的土地

桁条——梁

柱头——柱子

乌槛——门槛

阶沿石——台阶

窗盘——窗户

客堂——客厅

碗盏橱——碗橱

灶郎刀——菜刀

抄——汤匙

笼格——笼屉

滴衣裳棒——洗衣用的棒槌

碾钵——用于碾细食品的器皿

爪篱——捞面、馄饨的漏水勺

扎底针——纳鞋底的针

拖畚——拖把

筷箸笼——筷笼

砧墩板——砧板

灶帆布——灶上用的抹布

引线——缝衣针

线板——线轴

白席——席子

枪篱——篱笆

（八）身体部位

颗郎头——头

额骨头——额头

头螺——头发的旋儿

眼眉毛——眉毛

眼仙人——瞳孔

倪朵——耳朵

鼻头管——鼻子

牙须——胡须

颈骨——颈

面见骨——颧骨

眼乌珠——眼珠

眼膛——眼眶

嘴层皮——嘴唇

肩架——肩膀

手介子——手腕

脚馒头——膝盖

顺手、顺脚——右手、右脚

济手、济脚——左手、左脚

节喀指——指甲

肋棚骨——肋骨

筋——血管

（九）身体症状

打霍显——打哈欠

勿适意、勿受用——生病

肚皮拆——腹泻

发寒热——发烧

痄腮胀——流行性腮腺炎

吃伤——积食不消

风瘫——瘫痪

眯妻眼——近视

黑痧——中暑

瘪罗痧——霍乱

羊痫风——癫痫

死血——冻疮

栗子筋——淋巴结核

疰车——晕车

（十）人际交往

黄牛肩胛——不负责任

死样怪气——慢吞吞

拆烂污——马虎了事

有亲头——乖巧懂事

拉倒——终止

象肚皮——按个人意志办事

结棍——厉害

到家——地道

扳雀丝——找岔子

勿搭界——不相关

出洋相——出丑

龊心——对某个人感到不满

杨树头——两面派

轧闹猛——凑热闹

搭讪头——搭讪

尖头把戏——贪小利

看面子——徇私情

现世——坍台

小八腊子——小人物

看冷波——袖手旁观

窝窝心——满意

空过门——虚假应付

王伯伯——不可相信的人

盖牌头——依仗某人地位、权势达到目的

二、谚语

（一）生活谚语

嘴上没毛，办事勿牢。

聪明一世，糊涂一时。

真话好说，谎话难编。

同胞兄弟看娘面，千朵桃花一树开。

临睡洗洗脚，胜过吃补药。

不听老人言，吃亏在眼前。

人老珠黄不值钱。

越吃越馋，越困越懒。

棒头上出孝子，筷头上出逆子。

养子防老，积谷防荒。

只有懒人，没有懒地。

小洞勿补，大洞吃苦。

着衣看门面，吃食看来方。

浇花浇根，交人交心。

人人有面，树树有皮。

好记性不如烂笔头。

为人不做亏心事，半夜敲门心不惊。

少年苦，勿算苦；青年苦，风吹过；老来苦，真正苦。

人在人情在，人死一笔勾。

人不可貌相，海水不可斗量。

千金难买老来瘦。

一分行情一分货。

吃人家嘴软，拿人家手短。

金乡邻，银亲眷。

叫人不蚀本，舌头上打个滚。

村上有个好嫂嫂，全村姑娘都学好。

吃不穷，穿不穷，算计不到一世穷。

吃尽滋味盐好，走尽天边娘好。

冷粥冷饭好吃，冷言冷语难受。

情人眼里出西施。

瘌痢头儿子自家好。

借借桃花眼，讨讨翻白眼。

（二）气象谚语

春天孩儿面，一日变三变。

春风勿着肉，吹得啼啼哭。

清明断雪，谷雨断霜。

未吃端午粽，寒衣不可送，

吃了端午粽，还要冻三冻。

夏雨隔田生（夏雨隔牛背）。

小暑一声雷，顶到做黄梅。

雨打黄梅头，四十五天无日头，

雨打黄梅脚，四十五天赤刮刮。

开门落一泄，关门落一夜。

一落一个泡，落过就天好。

六月初三起个阵，上昼耘稻下昼困。

早西夜东风，日日好天空。

蚂蚁搬家，必有雨下。

乌头风，白头雨。

九月南风两日半，十月南风当日雨。

迷露开，晒得呆。

朝看天顶穿，夜看四脚远。

日没胭脂红，无雨定是风。

东北风，雨太公。

东风两头大，西风腰里粗。

日界风，夜界雨，界里无星连夜雨。

（三）农业谚语

植树造林，莫过清明。

清明前后，种瓜种豆。

娘好囡好，秧好稻好。

做天难做四月天，秧要日头麻要雨。

麦莠风来掼，稻莠雨来淋。

寸麦不怕尺水，尺麦就怕寸水。

六月不热，五谷不结。

人在岸上跳，稻在田里笑。

六月风潮，稻像粪浇。

七月风潮，稻像火烧。

稻要养，麦要抢，菜籽掮在肩胛上。

白露白迷迷，秋分稻秀齐。

寒露无青稻，霜降一齐倒。

立冬不见叶，到老没有荚（蚕豆）。

三、歇后语

蜻蜓咬尾巴——自己吃自己

老孵鸡生疮——毛里有病

癞痢头儿子——自家的好

盲人吃馄饨——心里有数

缺嘴淌鼻涕——顺路

六月里结婚——不要面皮（棉被）

驼子跌跤——两头不着实

老虎头上拍苍蝇——胆大包天

卫生口罩——嘴上一套

造屋请箍桶匠——不对路

飞机上吊蟹——悬空八只脚

三个指头拾田螺——稳笃笃

白墙头上刷白水——白说（刷）

牯牛身上拔根毛——小意思

脱裤子放屁——多此一举

肉骨头敲铜鼓——昏（荤）咚咚

弄堂里搬木头——直来直去

鸭吃砻糠——空欢喜

癞蛤蟆跳到秤盘上——自称自赞

癞蛤蟆想吃天鹅肉——异想天开

戴着笠帽亲嘴——差远了

月亮里点灯——空好看

王婆卖瓜——自卖自夸

城墙上出棺材——兜远路

关公卖豆腐——人硬货不硬

石头上掼乌龟——硬碰硬

十五样小菜——七荤八素

瘌痢头撑伞——无法（发）无天

后娘的拳头——早晚一顿

初一夜里月亮——有没有一个样

顶着石臼做戏——吃力不讨好

踏破皮球——一肚子气

瘌痢头打架——无抓手

雨里背稻柴——愈背愈重

小葱烩豆腐——一清二白

三粒蚕豆放两堆——一是一，二是二

秃子头上的虱子——明摆着

一滴水滴进油瓶里——恰巧

第三节　民歌民谣

摇啊摇，摇到外婆桥

摇啊摇，摇到外婆桥，
外婆叫我好宝宝。
糖一包，果一包，
买条鱼来烧一烧。

两只羊

东面过来一只羊，
西面过来一只羊，
一道来到小桥浪，
您不让勒吾勿让，
一道跌到河里厢。

鸡斗斗

鸡鸡斗，蓬蓬飞，
一飞飞到稻田里，
稻田里厢吃白米。

大蜻蜓

大蜻蜓，绿眼睛，
两只眼睛亮晶晶，
飞一飞，停一停，
飞来飞去捉苍蝇。

月亮歌

月亮弯，月亮圆，
月亮弯弯像条船，
月亮圆圆像只盘，
弯又弯，圆又圆，
勿是船来，也勿是盘。

阿龙烧水

阿龙、阿龙，烧火筋拱，
塌脱烟冲，压煞阿龙。

阿三爬山

阿三，阿三，蚂蚁爬山，
爬到昆山，连忙转弯，
拾着一只破篮，讨着两碗冷饭，
娘一碗，爷一碗，阿三吃只大空碗。

第四节　民间娱乐

1949年前，江浦村域内民间娱乐项目繁多，主要有斗蟋蟀、唱宣卷、打连厢、放风筝、捉迷藏等。中华人民共和国成立后，斗蟋蟀、唱宣卷、打连厢等逐渐淡化，主要民间娱乐有叉铁箍、掼棱角、打弹子、滚铜钿、打铜板、挑绷绷、踢毽子等。“大跃进”和“三年困难时期”，民间娱乐更少。“文化大革命”时期，仅以唱语录歌、跳“忠”字舞为主。改革开放后，民间娱乐复兴，且具有时代风貌。

一、叉铁箍

20世纪五六十年代，江浦村域内男孩子都会玩。一般先利用圆形木桶的旧铁箍作为滚动的器材，然后用一根粗铁丝弯成“U”形的铁钩钩住铁箍，借助手的推力向前进，叉着铁箍飞奔，发出铁环的滚动声，十分有趣。20世纪70年代后，该活动基本消失。

二、掼棱角

棱角一般是用木质较硬的树木经过车床做成橄榄的形状，棱角由于高度和直径不同，会形成多种规格的棱角。棱角上端呈倒“T”形，便于绕绳。通常孩子们会用一根细绳沿棱角端子有规则地绕入，反握棱角，手指钩住绳子，用力甩向地面，抽打绳子棱角，棱角很快便可以有规则地旋转。

三、打弹子

打弹子是比较常见的一项活动。弹子是一种圆形玻璃球，击打时，可用大拇指和食指将玻璃球弹出。通常孩子们玩的游戏称作“打老虎洞”。孩子们会在地上挖6个小坑，直径5厘米，深3厘米，按1米的距离向前挖，最后挖一个较大的坑叫作“老虎洞”。该游戏可以多人参与，第一个将弹子打进“老虎洞”的

人即为胜者。

四、滚铜钿

滚铜钿是多人玩的一项活动。先在空的场地上，侧放一块砖，再斜放一块砖；然后用大拇指和食指捏着铜钿，在斜的砖面上用力将铜钿向前扔出去，铜钿就顺势向前滚动。孩子们通常会比一比，谁的铜钿滚得远，谁就是胜者。

五、打铜板

打铜板是多人玩的一项活动，参与者以男孩居多。在场地上，先放一块砖，参与者每人拿出同样数量的铜板，叠放在砖面上；然后参与者通过猜拳的形式，决定先后出场顺序；最后参与者用自己手中的铜板瞄准砖面上堆积的铜板用力击打，落在砖下的铜板归击落铜板的参与者。

六、挑绷绷

挑绷绷是两个人玩的一项活动，参与者以女孩居多。参与者用一根 1 米左右的线打结后，利用自己的手指在线圈内通过挑、勾、叉的动作变幻出许多不同的图形，有方格形、梭子形等形状，样式变幻多端。

七、踢毽子

毽子主要用公鸡的长羽毛和圆形铜钿做成。踢毽子可以一个人自己踢，也可以几个人一起踢，功夫皆在脚上。根据各人的技能不同，人们可以踢出各种样式。

第五节　民间手工艺

一、木器打造

旧时，乡间木匠专门从事木器打造工作。木器中比较有代表性的大件有牛车盘、扬风车、犁（耕犁）、八仙台、三门橱；小件有椅子、长短凳等。工具有锯、凿、墨斗、曲尺等。江浦生产大队第2生产队的浦杏生制作的牛车盘、扬风车、耕牛犁，方圆几十里都很有名气，尤其是他制作的耕牛犁在耕作时不偏不斜，深度稳、准，制作精细耐用。江浦生产大队第7生产队的郭其昌自学成才，他制作的八仙台很有名气。1958年前后，他给村民制作了很多八仙台，有的甚至到2000年时还没损坏。另外，郭其昌制作的长短凳，精巧耐用，某些家具可使用很长时间也不坏，深受村民的赞扬。

二、做蒲鞋

早先，农民生活困难，田间劳作时以蒲鞋代替布鞋和胶鞋。蒲鞋是用蒲草或稻草等编织的鞋子。蒲鞋有两种，即夏季蒲鞋和冬季蒲鞋。夏季蒲鞋清凉舒爽，冬季蒲鞋是将芦花晒干后嵌于鞋中，厚实保暖。这些手工艺在江浦村多流传于北西荡一带。

20世纪70年代以前，村民出去劳动多数穿蒲鞋（如芦花蒲鞋），如今蒲鞋多演变为供人们观赏的工艺品。

三、扎鞋底

20世纪五六十年代，做鞋扎鞋底是江浦村妇女必不可少的一门手工艺活。扎鞋底会使用扎底针和鞋底线，扎底时要做到针脚横成行，竖成条，斜成一条线，疏密有致。一般农闲时，妇女会抽空做鞋。如今，江浦村已少见到扎鞋底的手艺。村民多以穿皮鞋、运动鞋为主，很少穿布鞋。

四、扎米窠

扎米窠历史悠久，在人民公社集体生产的年代，家家必须准备好盛米容器，水稻收脱后，集体轧好米，分到各家，放入米窠，使大米不易受潮，不会有蛀虫，保存期较长。米窠用稻草盘扎而成，使用工具叫“囤铲”，又名“非嘴”，既有铁制的，也有竹制的。米窠为圆柱形或长圆形，上有窠盖。此外，还有茶壶窠、脚炉窠、饭窠等。在20世纪80年代末，此类容器已不见踪迹。

第六节　地名文化

江浦村域自建村起至2020年，全村共有地名85个，其中，历史地名42个，现今地名43个。历史地名中有农村居民点地名7个，河流地名7个，灌溉站地名1个、排灌站地名1个，事业单位地名3个，工商业地名23个。现今，地名中有村委会地名1个，居住区地名10个，道路地名8个，河流地名7个，桥梁地名7个，排水站地名2个，公园地名1个，工商业地名3个，事业单位地名4个。

一、历史地名

历史地名泛指江浦村域已经消失的地理实体的名称。2004年，江浦村域内7个自然村全部动迁。2020年，江浦村域内回填河流7条，拆除灌溉站1座、排灌站1座，撤并事业单位（学校3所），歇业的工商户7家，搬迁的工商户16家。（表10-1）

表10-1　2020年江浦村历史地名一览表

序号	地名名称	地名类型	地名来源	地名命名	消失年份	消失原因
1	东荡自然村	农村居民点	村民约定俗成	以东荡河命名	1992	动迁
2	南西荡自然村	农村居民点	村民约定俗成	以西荡河命名	2001	动迁
3	北西荡自然村	农村居民点	村民约定俗成	以西荡河命名	2001	动迁
4	河南港自然村	农村居民点	村民约定俗成	以河南港河命名	2001	动迁
5	小塘鱼自然村	农村居民点	村民约定俗成	以小塘鱼河命名	2001	动迁

续表

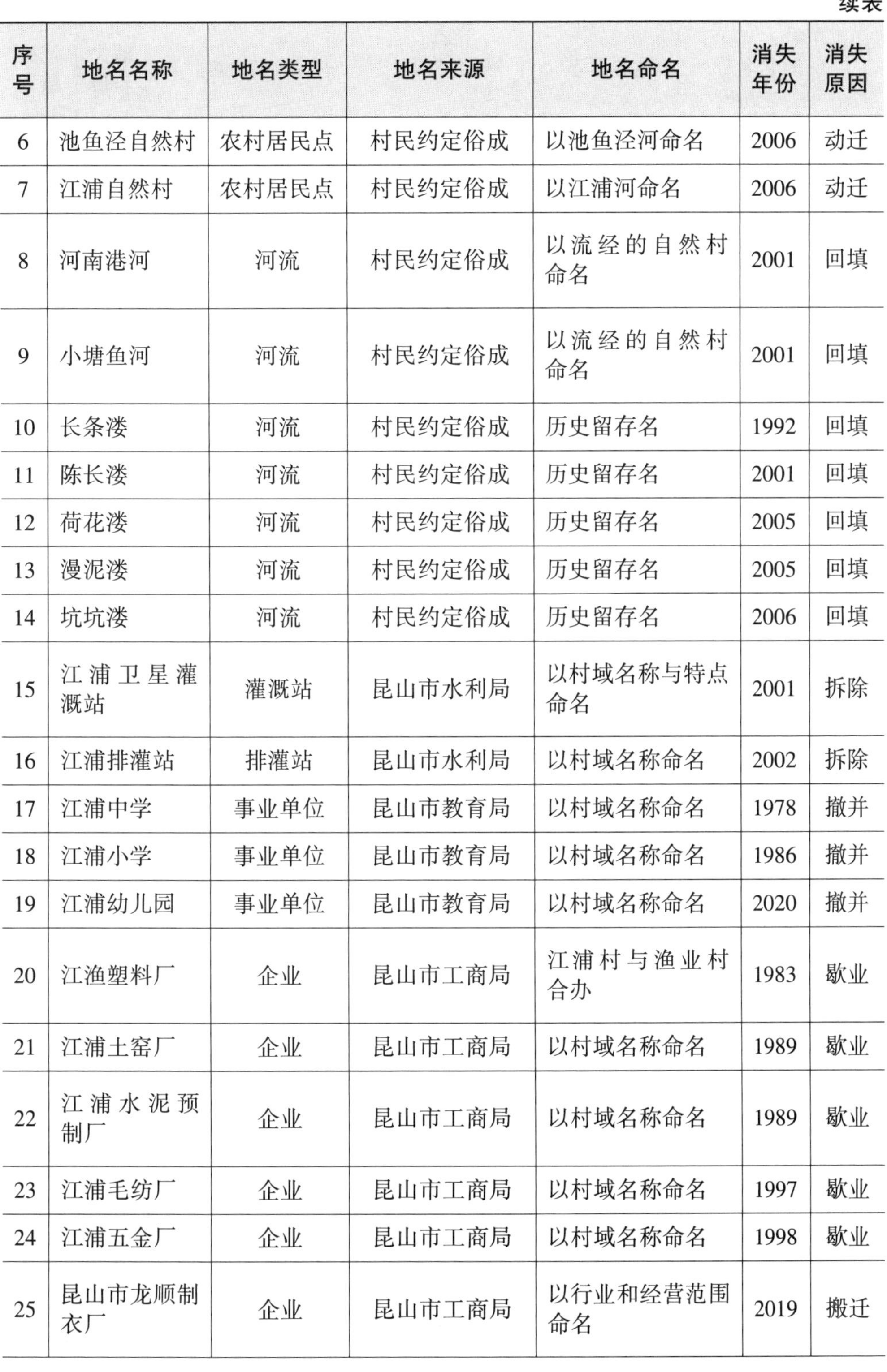

序号	地名名称	地名类型	地名来源	地名命名	消失年份	消失原因
6	池鱼泾自然村	农村居民点	村民约定俗成	以池鱼泾河命名	2006	动迁
7	江浦自然村	农村居民点	村民约定俗成	以江浦河命名	2006	动迁
8	河南港河	河流	村民约定俗成	以流经的自然村命名	2001	回填
9	小塘鱼河	河流	村民约定俗成	以流经的自然村命名	2001	回填
10	长条溇	河流	村民约定俗成	历史留存名	1992	回填
11	陈长溇	河流	村民约定俗成	历史留存名	2001	回填
12	荷花溇	河流	村民约定俗成	历史留存名	2005	回填
13	漫泥溇	河流	村民约定俗成	历史留存名	2005	回填
14	坑坑溇	河流	村民约定俗成	历史留存名	2006	回填
15	江浦卫星灌溉站	灌溉站	昆山市水利局	以村域名称与特点命名	2001	拆除
16	江浦排灌站	排灌站	昆山市水利局	以村域名称命名	2002	拆除
17	江浦中学	事业单位	昆山市教育局	以村域名称命名	1978	撤并
18	江浦小学	事业单位	昆山市教育局	以村域名称命名	1986	撤并
19	江浦幼儿园	事业单位	昆山市教育局	以村域名称命名	2020	撤并
20	江渔塑料厂	企业	昆山市工商局	江浦村与渔业村合办	1983	歇业
21	江浦土窑厂	企业	昆山市工商局	以村域名称命名	1989	歇业
22	江浦水泥预制厂	企业	昆山市工商局	以村域名称命名	1989	歇业
23	江浦毛纺厂	企业	昆山市工商局	以村域名称命名	1997	歇业
24	江浦五金厂	企业	昆山市工商局	以村域名称命名	1998	歇业
25	昆山市龙顺制衣厂	企业	昆山市工商局	以行业和经营范围命名	2019	搬迁

续表

序号	地名名称	地名类型	地名来源	地名命名	消失年份	消失原因
26	昆山市城南木器软垫厂	企业	昆山市工商局	以行业和经营范围命名	2019	搬迁
27	金箭印刷科技（昆山）有限公司	企业	昆山市工商局	以行业和经营范围命名	2019	搬迁
28	昆山樵依饮用水有限公司	企业	昆山市工商局	以行业和经营范围命名	2019	搬迁
29	昆山迈纬阀门有限公司	企业	昆山市工商局	以行业和经营范围命名	2019	搬迁
30	卓盈微电子（昆山）有限公司	企业	昆山市工商局	以行业和经营范围命名	2019	搬迁
31	元昆机械（昆山）有限公司	企业	昆山市工商局	以行业经营范围命名	2019	搬迁
32	昆山市中成金属材料有限公司	企业	昆山市工商局	以行业经营范围命名	2019	搬迁
33	昆山海崴精密仪表有限公司	企业	昆山市工商局	以行业经营范围命名	2019	搬迁
34	昆山市玉峰印务有限公司	企业	昆山市工商局	以行业经营范围命名	2019	搬迁
35	昆山市民新精密钣金机械有限公司	企业	昆山市工商局	以民新路命名	2019	搬迁
36	昆山市申超物资有限公司	企业	昆山市工商局	以行业经营范围命名	2019	搬迁

续表

序号	地名名称	地名类型	地名来源	地名命名	消失年份	消失原因
37	翊伟硬质合金（昆山）有限公司	企业	昆山市工商局	以行业经营范围命名	2019	搬迁
38	埃维柯密封技术（昆山）有限公司	企业	昆山市工商局	以行业经营范围命名	2019	搬迁
39	昆山市顺安工程设备安装有限责任公司	企业	昆山市工商局	以行业经营范围命名	2019	搬迁
40	昆山市同创机电有限公司	企业	昆山市工商局	以行业经营范围命名	2019	搬迁
41	江浦供应站	商业	昆山供销总社	以村域名称命名	1994	歇业
42	虹口饭店	商业	昆山市工商局	以虹祺路口道路命名	2000	歇业

注：表格注明消失有两层含义：一层是该地名永久消失，另一层是该地名受各种因素影响消失在江浦村域。

二、现今地名

现今地名泛指江浦村域至2020年年底仍使用的地理实体的名称。至2020年年底，江浦村域有村委会1个，城镇居民点10个（动迁安置房4个、商品房6个），道路（主要是公路）8条，河流7条（临村域2条、村域内5条），桥梁7座，排水站2座，公园1个，工商户（区）3家，事业单位4所（中学1所、医疗机构3所）。纵观现今地名，基本展现了新时代江浦村域的特色和风貌。（表10-2）

表 10-2　2020 年江浦村现今地名一览表

序号	地名名称	地名类型	地名来源	地名命名
1	江浦村村委会	村委会	昆山市民政局	以村域名称命名
2	江浦新村	城镇居民点	昆山市地名办公室	以村域名称命名
3	共青新村 A 区	城镇居民点	昆山市地名办公室	由开发商以小区地域和特色命名
4	共青小区 C 区	城镇居民点	昆山市地名办公室	由开发商以小区地域和特色命名
5	龙泉山庄	城镇居民点	昆山市地名办公室	由开发商以小区地域和特色命名
6	天地华城	城镇居民点	昆山市地名办公室	由开发商以小区地域和特色命名
7	森林半岛花园	城镇居民点	昆山市地名办公室	由开发商以小区地域和特色命名
8	虹桥佳苑	城镇居民点	昆山市地名办公室	由开发商以小区地域和特色命名
9	虹祺雅苑	城镇居民点	昆山市地名办公室	由开发商以小区地域和特色命名
10	艺荟兰苑	城镇居民点	昆山市地名办公室	由开发商以小区地域和特色命名
11	兰亭天悦花园	城镇居民点	昆山市地名办公室	由开发商以小区地域和特色命名
12	震川西路	公路	昆山市交通局	以震川路西延命名
13	虹祺路	公路	昆山市交通局	由红祺路更名
14	江浦路	公路	昆山市交通局	以省道途径江浦村命名
15	中环高架西线	高架公路	昆山市交通局	以路段位于城西命名
16	前进西路	公路	昆山市交通局	以前进路西延命名

续表

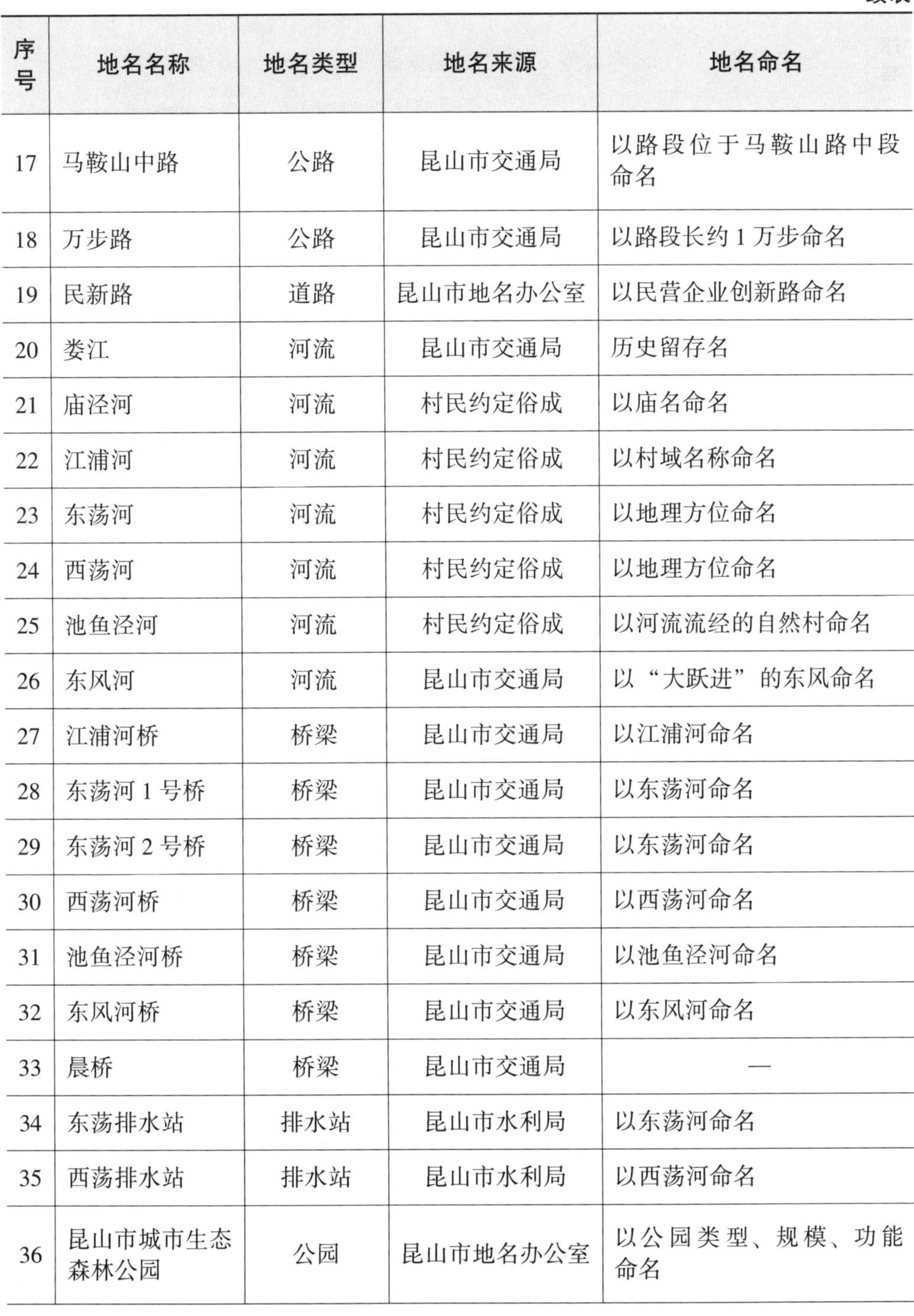

序号	地名名称	地名类型	地名来源	地名命名
17	马鞍山中路	公路	昆山市交通局	以路段位于马鞍山路中段命名
18	万步路	公路	昆山市交通局	以路段长约 1 万步命名
19	民新路	道路	昆山市地名办公室	以民营企业创新路命名
20	娄江	河流	昆山市交通局	历史留存名
21	庙泾河	河流	村民约定俗成	以庙名命名
22	江浦河	河流	村民约定俗成	以村域名称命名
23	东荡河	河流	村民约定俗成	以地理方位命名
24	西荡河	河流	村民约定俗成	以地理方位命名
25	池鱼泾河	河流	村民约定俗成	以河流流经的自然村命名
26	东风河	河流	昆山市交通局	以“大跃进”的东风命名
27	江浦河桥	桥梁	昆山市交通局	以江浦河命名
28	东荡河 1 号桥	桥梁	昆山市交通局	以东荡河命名
29	东荡河 2 号桥	桥梁	昆山市交通局	以东荡河命名
30	西荡河桥	桥梁	昆山市交通局	以西荡河命名
31	池鱼泾河桥	桥梁	昆山市交通局	以池鱼泾河命名
32	东风河桥	桥梁	昆山市交通局	以东风河命名
33	晨桥	桥梁	昆山市交通局	—
34	东荡排水站	排水站	昆山市水利局	以东荡河命名
35	西荡排水站	排水站	昆山市水利局	以西荡河命名
36	昆山市城市生态森林公园	公园	昆山市地名办公室	以公园类型、规模、功能命名

续表

序号	地名名称	地名类型	地名来源	地名命名
37	中国石油化工股份有限公司江苏苏州昆山海光加油站	企业	昆山市工商局	以总公司和站名命名
38	月星国际家居广场好家居店	商业	昆山市工商局	以经营范围命名
39	西城后街商业区	商业	昆山高新区	以地处城西商业街命名
40	昆山市第一中学	事业单位	昆山市教育局	由昆山县立中学校更名
41	昆山高新区江浦社区卫生服务中心	事业单位	昆山高新区	以地处江浦村命名
42	昆山市急救中心	事业单位	昆山市卫健局	以进行医疗救护命名
43	昆山佳悦康复医院	事业单位	昆山市卫健局	以进行康复治疗命名

三、地名选介

（一）江浦村村委会

江浦村村委会位于江浦村东部，即江浦路与万步路交会处。村委会办公楼于 2012 年动工，2013 年投入使用，占地面积 5 亩，建筑面积 0.3 万平方米，是江浦村党支部和村委会办公区。

北
江浦村
村委会★
江浦路
昆山高新区江浦社区
卫生服务中心
★
万步路

2020 年江浦村村委会、昆山高新区江浦社区卫生服务中心位置图（2020 年，黄超绘）

（二）昆山高新区江浦社区卫生服务中心

昆山高新区江浦社区卫生服务中心位于江浦村东部，即江浦路与万步路交会处。该中心占地面积 5 亩，建筑面积 0.3 万平方米，从 2013 年开始为昆山高新区的百姓服务，集预防、治疗、体检和妇幼保健于一体。

（三）昆山市第一中学

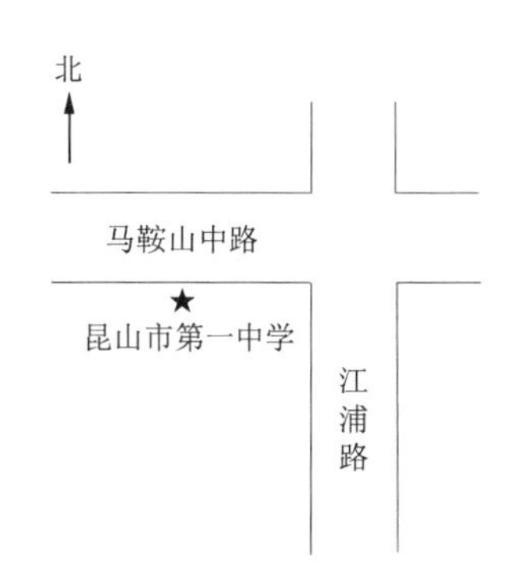

2020年昆山市第一中学位置图（2020年，黄超绘）

昆山市第一中学位于江浦村中部，即马鞍山中路与江浦路交会处。学校由昆山市老城区迁至江浦村，于2003年开工建设，2005年竣工并投入使用。学校占地面积115亩，建筑面积7.8万平方米。2020年，昆山市第一中学共有班级46个，学生2 466人，教职员工2 245人，其中教师222人，研究生学历的教师90人。

（四）月星国际家居广场好家居店

月星国际家居广场好家居店位于江浦村域北部（庙泾河南）、江浦路西侧。月星国际家居广场好家居店于2002年动工建造，从2004年竣工并开始营业，2011年8月升级店面。该店占地总面积为150亩，建筑面积为15万平方米，总投资3亿元，主要经营沐浴用具、红木家具、床垫、灯具、橱柜、衣柜、厨电、地板、木门、楼梯、窗帘、墙纸等家居配具及材料。

（五）西城后街商业区

西城后街商业区位于江浦村域中南部，即马鞍山中路与前进西路之间的虹祺路东侧，占地面积11.5亩，建筑面积8.8万平方米。该商业区由昆山高新区建设于2010年竣工，并陆续招商进驻，共集聚30余家店铺。

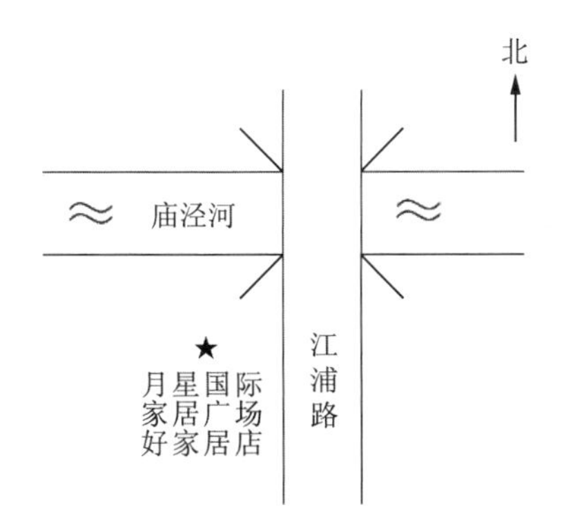

2020年月星国际家居广场好家居店位置图（2020年，黄超绘）

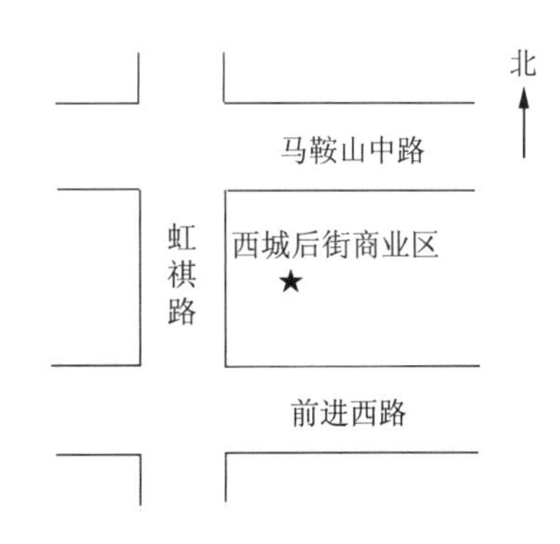

2020年西城后街商业区位置图（2020年，黄超绘）

（六）昆山市城市生态森林公园

昆山市城市生态森林公园位于江浦村域西北部，即虹祺路西侧的庙泾河南沿至马鞍山中路北侧。该公园总面积为 2 827. 5 亩，其中占江浦村域面积为 950 亩。园内除少部分水域面积之外，以种植落叶树和常绿树为主，绿化覆盖率达 95%。

（七）昆山佳悦康复医院

昆山佳悦康复医院位于江浦村域东北部、江浦路东侧（江浦路 689 号）。从 2017 年 12 月开始，该医院收治患者。该医院占地面积为 7. 2 亩，建筑面积为 1. 5 万平方米，设置门诊部、住院部、康复中心和医技部等，共有 300 多张床位。

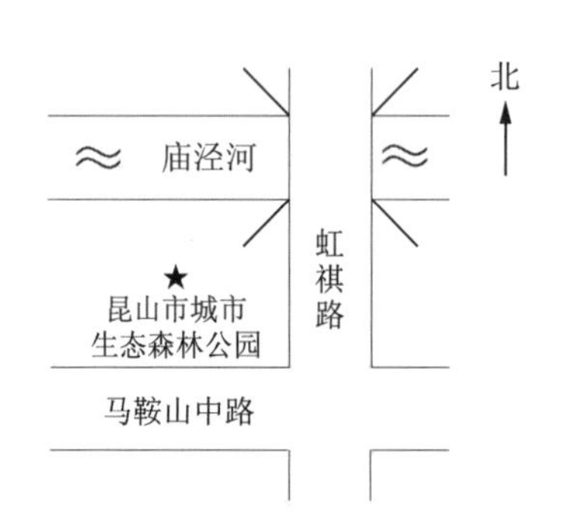

2020 年昆山市城市生态森林公园位置图
（2020 年，黄超绘）

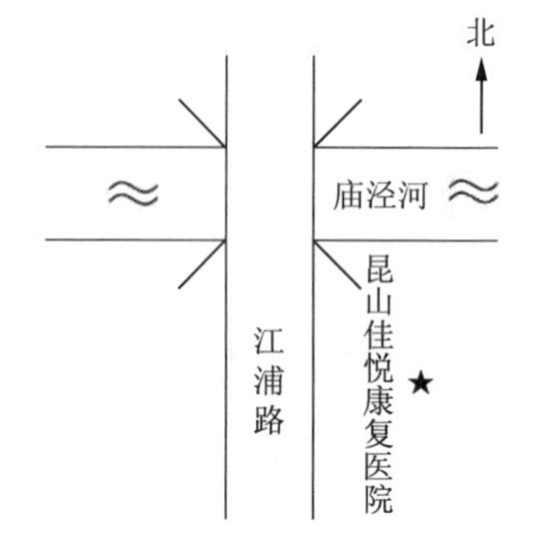

2020 年昆山佳悦康复医院位置图
（2020 年，黄超绘）

（八）昆山市急救中心

昆山市医疗救护中心位于江浦村域南部、震川西路北侧。该救护中心属昆山市医疗救护车队，占地面积为 22. 5 亩，建筑面积为 1. 2 万平方米，于 2000 年投入使用。

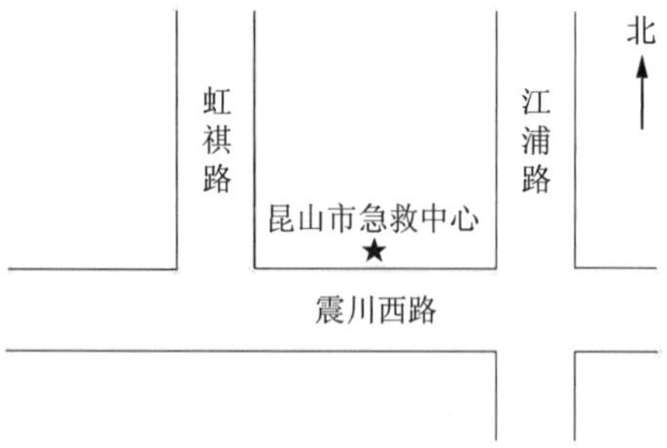

2020 年昆山市医疗救护中心位置图（2020 年，黄超绘）

（九）森林半岛花园

森林半岛花园位于江浦村中西部，即虹祺路与马鞍山中路交会处。该居住区为商品房居住区，于 2005 年动工建造，2008 年竣工并投入使用，占地面积 350 亩，建筑面积为 11. 7 万平方米。

（十）天地华城

天地华城位于江浦村域中南部，即虹祺路与前进西路交会处。该居住区为商品房居住区，于2007年竣工并投入使用，占地面积为265亩，建筑面积为8.4万平方米。

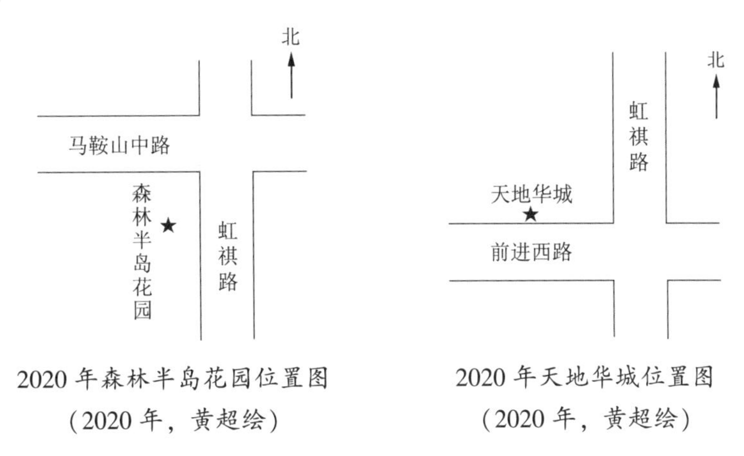

2020年森林半岛花园位置图
（2020年，黄超绘）

2020年天地华城位置图
（2020年，黄超绘）

（十一）虹祺雅苑

虹祺雅苑位于江浦村域中南部，即虹祺路与前进西路交会处。该居住区为商品房居住区，于2016年动工建造，2020年竣工并投入使用，占地面积为38.8亩，建筑面积为7.7万平方米。

（十二）兰亭天悦花园

兰亭天悦花园位于江浦村域中南部，即前进西路与虹祺路交会处。该居住区为商品房居住区，于2016年动工建造，2020年竣工并投入使用，占地面积为55亩，建筑面积为14.3万平方。

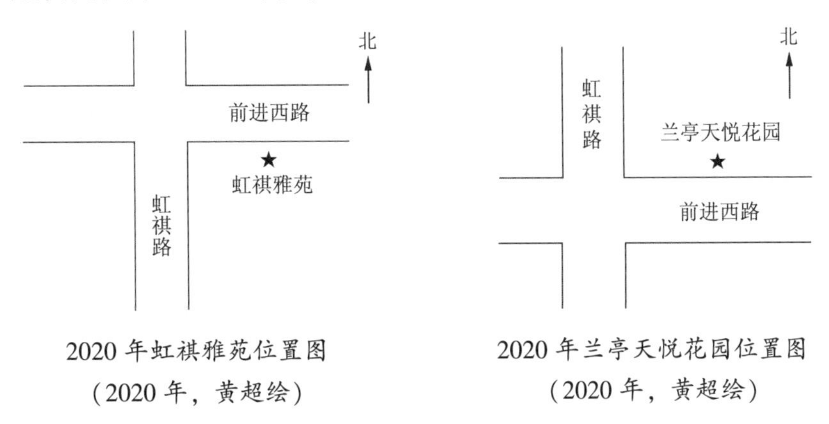

2020年虹祺雅苑位置图
（2020年，黄超绘）

2020年兰亭天悦花园位置图
（2020年，黄超绘）

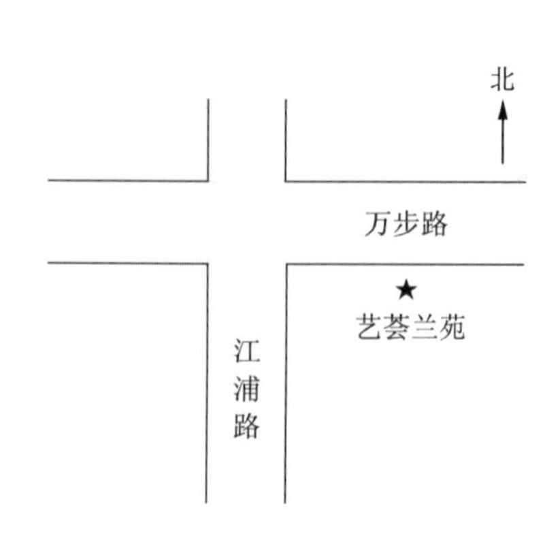

2020 年艺荟兰苑位置图
（2020 年，黄超绘）

（十三）艺荟兰苑

艺荟兰苑位于江浦村域东部，即万步路与江浦路交会处。该居住区为商品房居住区，于 2017 年动工建造，2020 年竣工并投入使用，占地面积为 130 亩，建筑面积为 19 万平方米。

（十四）虹桥佳苑

虹桥佳苑位于江浦村域中东部，即万步路与江浦路交会处。该居住区为商品房居住区，于 2011 年动工建造，2013 年竣工并投入使用，占地面积为 115 亩，建筑面积为 19.5 万平方米。

（十五）中国石油化工股份有限公司江苏苏州昆山海光加油站

中国石油化工股份有限公司江苏苏州昆山海光加油站（以下简称“中石化海光加油站”）位于江浦村中部，即虹祺路与马鞍山中路交会处。该加油站占地面积为 8 亩，建筑面积为 0.13 万平方米，于 2000 年对外营业，专供汽车加油。

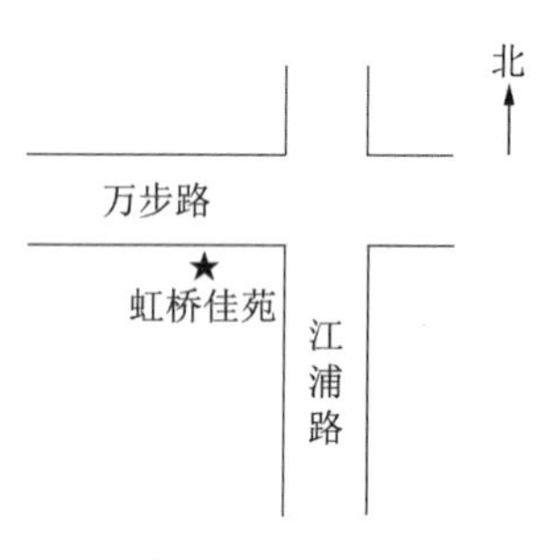

2020 年虹桥佳苑位置图
（2020 年，黄超绘）

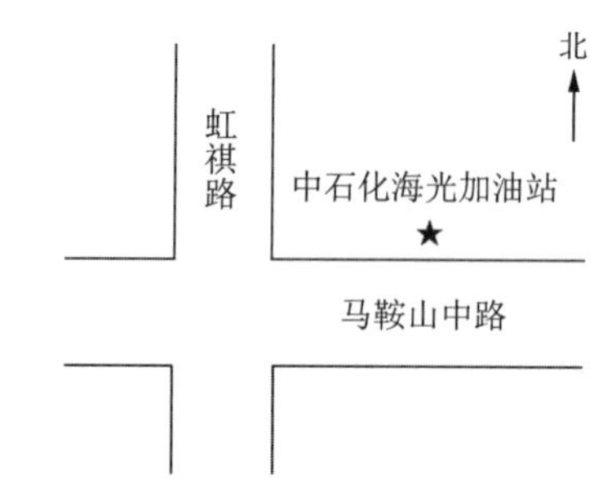

2020 年中石化海光加油站位置图
（2020 年，黄超绘）

第十一章　人物　荣誉

江浦村历史悠久，人杰地灵，养育了一批学者、专家、能工巧匠。抗日战争和解放战争时期，江浦村中的仁人志士投身革命，报效祖国。中华人民共和国成立以来，江浦村域内人才辈出，他们在各自的岗位上发挥着重要作用，为家乡的建设和发展做出巨大贡献。至 2020 年年底，江浦村有 10 人获评昆山市级以上先进人物，有教师 22 人，医务工作者 10 人，还有大学本科及以上学历人员 156 人，退伍军人 36 人，能工巧匠 85 人。

进入 21 世纪后，江埔村在历届党支部的带领下，团结广大群众努力奋斗，取得了令人瞩目的成绩。截至 2020 年，江埔村获得江苏省级及以上、苏州市级和昆山市级集体荣誉 27 项，村民个人荣誉 11 项。

第一节　人物传略

革命烈士证明书

李玉树　同志在抗美援朝战争中　壮烈牺牲，经批准为革命烈士，特发此证，以资褒扬。

中华人民共[illegible]部

一九八三年[illegible]五日

李玉树烈士证明书（2020年，夏正祥摄）

李玉树（1932—1952）　江苏宿迁人。中华人民共和国成立初期，李玉树的父亲李永盛全家落户东荡自然村。1946年10月，李玉树加入中国人民解放军，成为某部炮兵。1950年，他随所在部队开赴朝鲜战场，参加抗美援朝战争，在中国人民志愿军炮兵部队某部担任排长。1952年，在朝鲜战争中，为捍卫世界和平献出年轻而宝贵的生命，被追认为革命烈士。

杨荣根（1921—2005）　江苏常熟人。1940年，杨荣根加入在江南地区活动的新四军队伍，打击日本侵略者，之后参与常熟、昆山等地的解放战争。1949年，他在江浦村域成家。中华人民共和国成立后，他积极参与江浦村域的土地改革和农业合作化运动。1955年，他加入中国共产党。1956年，他担任江浦高级社社长、党支部书记。20世纪六七十年代，他担任江浦生产大队第4生产队队长。1987年，他担任江浦土窑厂厂长。1989年，江浦村老年人协会成立，杨荣根担任会长。

第二节　人物简介

张崇伦　1960 年 5 月生，江浦村第 4 村民小组村民。高中毕业后，张崇伦在村中务农。由于虚心好学、工作勤奋、积极能干，1980 年 12 月张崇伦被调至玉山镇粮食管理所，1982 年 8 月被调至玉山镇团委工作，担任团委副书记，1983 年转干，同年 3 月入党，1983—1987 年在中央党校学习。1994 年，张崇伦本科毕业于中央党校函授学院。1996 年，张崇伦任昆山市土地管理局副主任；2000 年 5 月，他被任命为昆山自然资源和规划局副局长一级主任科员。作为一名共产党员，他始终以高标准严格要求自己的言行和品质，团结奋进，积极努力，先后被昆山市国土资源局评为“先进个人”“优秀工作者”，被自然资源部评为“信访工作先进个人”。

许祥友　1962 年 9 月生，江浦村第 8 村民小组村民。1985 年，许祥友担任江浦村团支部书记；1995 年，担任中共江浦村党支部书记兼村主任；1999—2000 年，担任中共江浦村党支部书记兼任昆山高新区民营科技工业园管委会主任。在江浦村任职期间，许祥友带领村领导班子利用开发热潮，投身于江浦村开发事业中，为村民谋福利。

许祥友
(2020 年，许祥友供图)

刚开始起步的时候，江浦村资金紧缺，但思路清晰、年轻有担当的许祥友想到采用“借鸡生蛋”的办法，动员组织本村个体户印永刚等人，合资百万元组建起昆山第一个三产股份有限公司——昆山西城建筑装璜工程公司，并购买挖掘

机、推土机等大型设备，投标参与开发区土方工程。短短2年时间，许祥友为江浦村创造了可观的经济效益，取得了丰硕成果，壮大了村集体经济，江浦村从此摘掉了“负债村”的帽子。许祥友还新建了村办公大楼，在民新路上建起了标准厂房，出租厂房的年收入达百万元，受到上级党组织的表彰和村民的一致好评。江浦村民间流传着两句话：能人当家致富一村，为官一任平安一方。许祥友被推举为江浦村的楷模。1999年，许祥友荣获昆山市“优秀共产党员”称号。2000年，许祥友调任玉山镇副镇长，又先后被调任昆山高新区民营科技工业园管委会主任、玉山镇党委副书记、巴城镇镇长、昆山市人口和计划生育委员会党支部书记和昆山市民政局局长等职。由于许祥友虚心好学、勤奋工作、脚踏实地，为党的事业负责，为基层民众办实事、办好事，深受广大干部、群众赞扬。2010年，许祥友荣获全国计划生育协会授予的“全国计划生育先进个人”称号；2012年，他荣获苏州市人民政府颁发的“人口和计划生育系统个人二等功”。

张素珍　1962年12月出，江浦村第2村民小组村民。1994年，张素珍加入中国共产党；2000—2006年，担任中共江浦村党支部书记兼村主任；2001年，当选江苏省第五届人民代表大会代表；2002年，获江苏省“优秀调解员”荣誉称号；2006年，获“苏州市劳动模范”荣誉称号。

张素珍
（2020年，江浦村村委会供图）

王翠刚　1966年10月生，江浦村第4村民小组村民。1986年10月，王翠刚应征参军入伍；1989年8月，加入中国共产党，历任副班长、班长、代理排长；1990年3月，退伍。1991—2019年，王翠刚在昆山市自来水集团有限公司任职期间，先后担任供水管网运维中心主任、科长、副总经理，先后30多次被昆山市自来水集团有限公司评为先进个人、先进工作者和优秀共产党员，获苏州市

王翠刚
（2020年，江浦村村委会供图）

“五一劳动奖章”等荣誉。

顾秀根 1967年1月生，江浦村第3村民小组村民。顾秀根从小生长在贫寒的家庭里，生活朴素艰苦。1984年7月，顾秀根高中毕业后，在党和政府的关怀下，保送至中国矿业学院（今中国矿业大学）读大学。在校期间，顾秀根认真读书，成绩优秀，多次受到学校的表扬和奖励。1988年，顾秀根本科毕业于中国矿业大学；毕业后，因表现突出而被留校任教。1991年12月，顾秀根加入中国共产党，现任华北科技学院副校长，教授，博士生导师。

顾秀根
（2020年，江浦村村委会供图）

方　宏 1976年6月生，江浦村第6村民小组村民，中共党员。1999年，方宏毕业于淮南矿业学院（今安徽理工大学）。在校期间，方宏学习成绩优异，工作积极能干。之后，方宏被分配至江苏省矿业工程集团有限公司。由于表现优秀，勤奋好学，刻苦钻研，方宏被公司推荐为项目经理及总经理、爆破技术负责人、高级工程师。2007—2014年，方宏先后获得“优秀共产党员”、“十佳文明标兵”、江苏省矿业工程集团有限公司“优秀共产党员”和“勤廉兼优秀好干部”等荣誉称号。2017年1月，方宏获得江苏省矿业工程集团有限公司“优秀市场开发能手”荣誉称号。

方　宏
（2020年，江浦村村委会供图）

冯华青 1977年7月生，江浦村第1村民小组村民，中共党员。2001年7月，冯华青毕业于苏州大学。毕业后，冯华青开始投入旅游和园林事业。他勤奋好学，刻苦钻研，于2001年8月在昆山亭林公园工作。由于工作出色，他被调至昆山市城市生态森林公园有限公司工作，先后担任昆山市城市生态森林

公园有限公司主任、副总经理。2010年10月，冯华青兼任综合部主任、昆山市玉城物业管理公司经理；2012年10月，兼任昆山市城市生态森林公园管理中心主任、昆山市城市生态森林公园有限公司党支部书记；2016年，担任昆山市城市生态森林公园有限公司董事长兼总经理。

冯华青
（2020年，江浦村村委会供图）

第三节　人物名录

一、村籍退伍军人

江浦村先后有多位思想上进、身体健康的有志青年应征入伍。截至2020年12月，江浦村共有村籍退伍军人36人。

2020年江浦村村籍退伍军人名录如表11-1所示。

表11-1　2020年江浦村村籍退伍军人名录

序号	姓名	组别	入伍年月	退伍年月
1	富三男	1	1976年3月	1978年4月
2	汤小林	1	1977年1月	1981年1月
3	冯　良	1	1996年12月	1999年12月

续表

序号	姓名	组别	入伍年月	退伍年月
4	富舒越	1	2006 年 12 月	2008 年 12 月
5	刘国良	2	1989 年 3 月	1992 年 12 月
6	冯智超	2	2017 年 9 月	2019 年 12 月
7	富　俊	2	2008 年 12 月	2012 年 12 月
8	钱小弟	3	1969 年 12 月	1978 年 12 月
9	李伟东	3	1990 年 12 月	1994 年 12 月
10	王翠刚	4	1986 年 10 月	1990 年 3 月
11	夏　峰	4	2000 年 12 月	2002 年 12 月
12	朱敏华	4	2006 年 6 月	2008 年 6 月
13	刘建春	5	1990 年 12 月	1993 年 12 月
14	徐邓军	5	2003 年 11 月	2005 年 1 月
15	董　昊	5	2006 年 6 月	2014 年 7 月
16	袁茂丰	5	1999 年 12 月	2015 年 12 月
17	杨根林	6	1980 年 11 月	1982 年 1 月
18	季苏弟	6	1993 年 6 月	1997 年 6 月
19	马承元	7	1978 年 5 月	1981 年 6 月
20	夏正楼	8	1978 年 3 月	1984 年 1 月
21	赵俊邦	8	1990 年 12 月	1994 年 12 月
22	陈小弟	9	1976 年 3 月	1980 年 1 月
23	夏　魏	9	2004 年 12 月	2006 年 12 月
24	刘　亮	9	2012 年 12 月	2014 年 12 月
25	倪桂林	10	1969 年 3 月	1975 年 2 月
26	倪海章	10	1972 年 3 月	1977 年 12 月
27	王雪龙	10	1983 年 11 月	1986 年 1 月
28	倪　顺	10	2010 年 12 月	2012 年 12 月
29	殷　俊	10	2014 年 9 月	2016 年 9 月
30	王宝荣	11	1974 年 12 月	1980 年 1 月

续表

序号	姓名	组别	入伍年月	退伍年月
31	王伟平	11	1984 年 3 月	1989 年 3 月
32	何培良	11	1985 年 1 月	1988 年 1 月
33	李　峰	11	1991 年 12 月	1994 年 12 月
34	朱建中	11	1999 年 12 月	2001 年 12 月
35	于周明	11	2013 年 9 月	2017 年 9 月
36	刘　锐	11	2019 年 7 月	—

二、村籍大学生

江浦村先后有多位青年考入大学。截至 2020 年 12 月，江浦村拥有大学本科及以上学历的有 156 人，其中硕士研究生 4 人，博士研究生 1 人。

2020 年江浦村拥有大学本科及以上学历人员名录如表 11-2 所示。

表 11-2　2020 年江浦村拥有大学本科及以上学历人员名录

序号	组别	姓名	性别	出生年月	学历	毕业院校
1	1	曹小燕	女	1978 年 7 月	本科	南京财经大学
2	1	冯佳琪	女	2000 年 12 月	本科	湖南科技大学
3	1	蔡玲珍	女	1985 年 4 月	本科	苏州大学
4	1	郑　毅	男	1982 年 11 月	本科	华侨大学
5	1	冯惠青	男	1970 年 11 月	本科	武汉理工大学
6	1	冯晔祺	男	1993 年 8 月	本科	英国伯明翰城市大学
7	1	夏　添	男	1992 年 8 月	本科	英国伯明翰城市大学
8	1	冯华青	男	1977 年 7 月	本科	苏州大学
9	1	陆　燕	女	1983 年 9 月	本科	淮阴工学院
10	1	沈晓红	女	1986 年 12 月	本科	扬州大学
11	1	邬岳太	男	1978 年 7 月	本科	南京工业大学
12	1	王媛雯	女	1989 年 8 月	本科	复旦大学
13	1	赵金伟	男	1989 年 8 月	本科	湖南理工学院

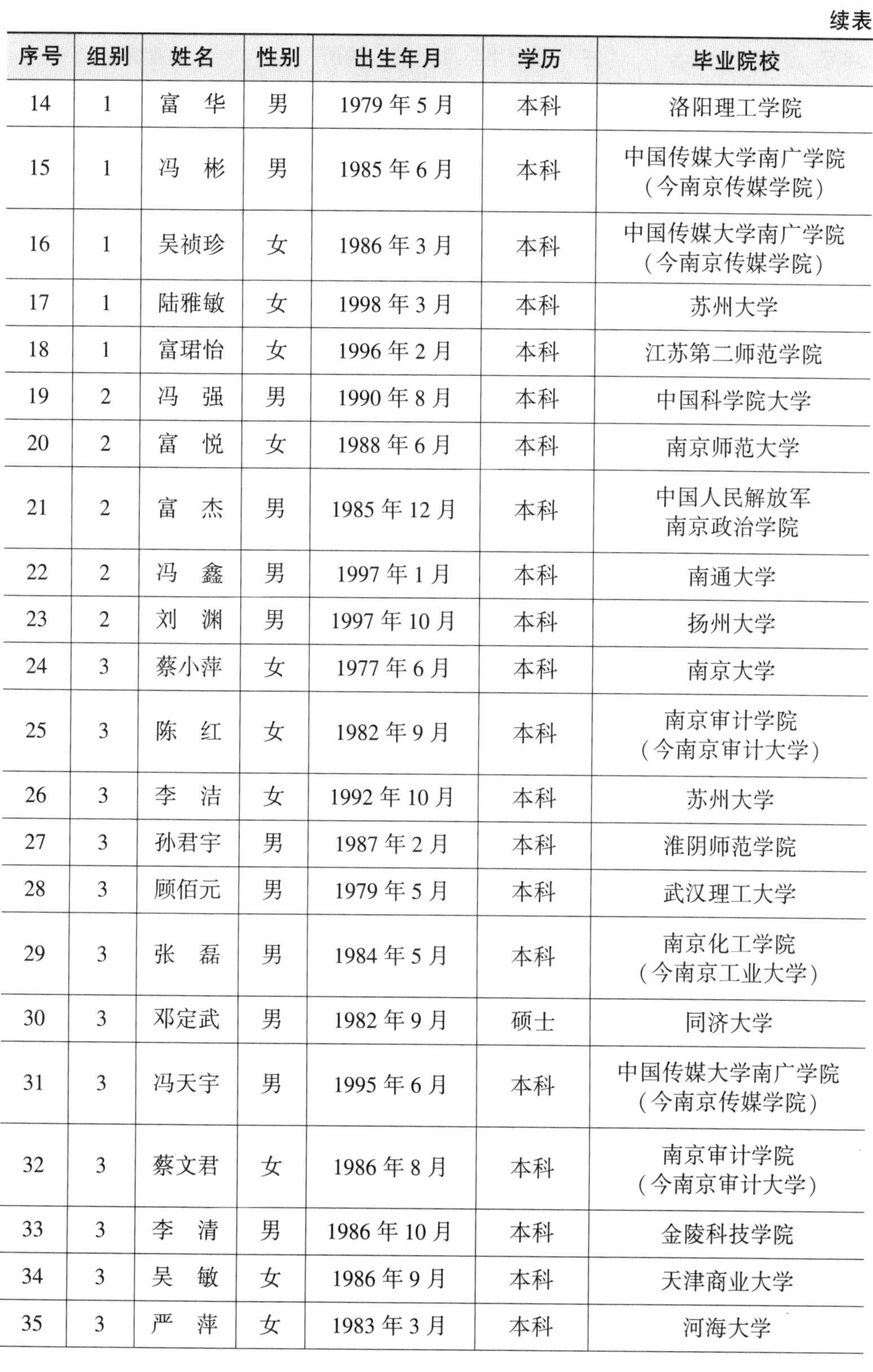

续表

序号	组别	姓名	性别	出生年月	学历	毕业院校
14	1	富　华	男	1979 年 5 月	本科	洛阳理工学院
15	1	冯　彬	男	1985 年 6 月	本科	中国传媒大学南广学院（今南京传媒学院）
16	1	吴祯珍	女	1986 年 3 月	本科	中国传媒大学南广学院（今南京传媒学院）
17	1	陆雅敏	女	1998 年 3 月	本科	苏州大学
18	1	富珺怡	女	1996 年 2 月	本科	江苏第二师范学院
19	2	冯　强	男	1990 年 8 月	本科	中国科学院大学
20	2	富　悦	女	1988 年 6 月	本科	南京师范大学
21	2	富　杰	男	1985 年 12 月	本科	中国人民解放军南京政治学院
22	2	冯　鑫	男	1997 年 1 月	本科	南通大学
23	2	刘　渊	男	1997 年 10 月	本科	扬州大学
24	3	蔡小萍	女	1977 年 6 月	本科	南京大学
25	3	陈　红	女	1982 年 9 月	本科	南京审计学院（今南京审计大学）
26	3	李　洁	女	1992 年 10 月	本科	苏州大学
27	3	孙君宇	男	1987 年 2 月	本科	淮阴师范学院
28	3	顾佰元	男	1979 年 5 月	本科	武汉理工大学
29	3	张　磊	男	1984 年 5 月	本科	南京化工学院（今南京工业大学）
30	3	邓定武	男	1982 年 9 月	硕士	同济大学
31	3	冯天宇	男	1995 年 6 月	本科	中国传媒大学南广学院（今南京传媒学院）
32	3	蔡文君	女	1986 年 8 月	本科	南京审计学院（今南京审计大学）
33	3	李　清	男	1986 年 10 月	本科	金陵科技学院
34	3	吴　敏	女	1986 年 9 月	本科	天津商业大学
35	3	严　萍	女	1983 年 3 月	本科	河海大学

续表

序号	组别	姓名	性别	出生年月	学历	毕业院校
36	3	严　建	男	1989 年 8 月	本科	江苏师范大学
37	3	管　莉	女	1995 年 12 月	本科	河海大学
38	3	蔡　敏	女	1991 年 1 月	本科	常州大学
39	3	严　伟	男	1990 年 12 月	本科	南京晓庄学院
40	3	浦春芳	女	1975 年 4 月	本科	中国农业大学
41	3	李峻铷	女	1996 年 11 月	本科	南京理工大学
42	3	李　峰	男	1987 年 12 月	本科	上海交通大学
43	3	刘　炜	女	1988 年 9 月	本科	淮阴师范学院
43	3	王永林	男	1969 年 4 月	本科	北京大学
45	3	刘思洵	女	1992 年 9 月	本科	南京审计学院（今南京审计大学）
46	3	严　明	男	1987 年 12 月	本科	中国人民解放军信息工程大学（今中国人民解放军战略支援部队信息工程大学）
47	3	潘　烨	女	1987 年 9 月	本科	中国人民解放军信息工程大学（今中国人民解放军战略支援部队信息工程大学）
48	3	钱　俊	男	1986 年 6 月	本科	徐州师范大学（今江苏师范大学）
49	3	陈甜甜	女	1986 年 12 月	本科	徐州师范大学（今江苏师范大学）
50	3	张来柱	男	1975 年 2 月	本科	哈尔滨工业大学
51	3	钱志魏	男	1988 年 11 月	本科	苏州科技学院（今苏州科技大学）
52	3	陈　薇	女	1990 年 5 月	本科	南京信息工程大学
53	3	苗晞语	女	1989 年 8 月	本科	南通大学

续表

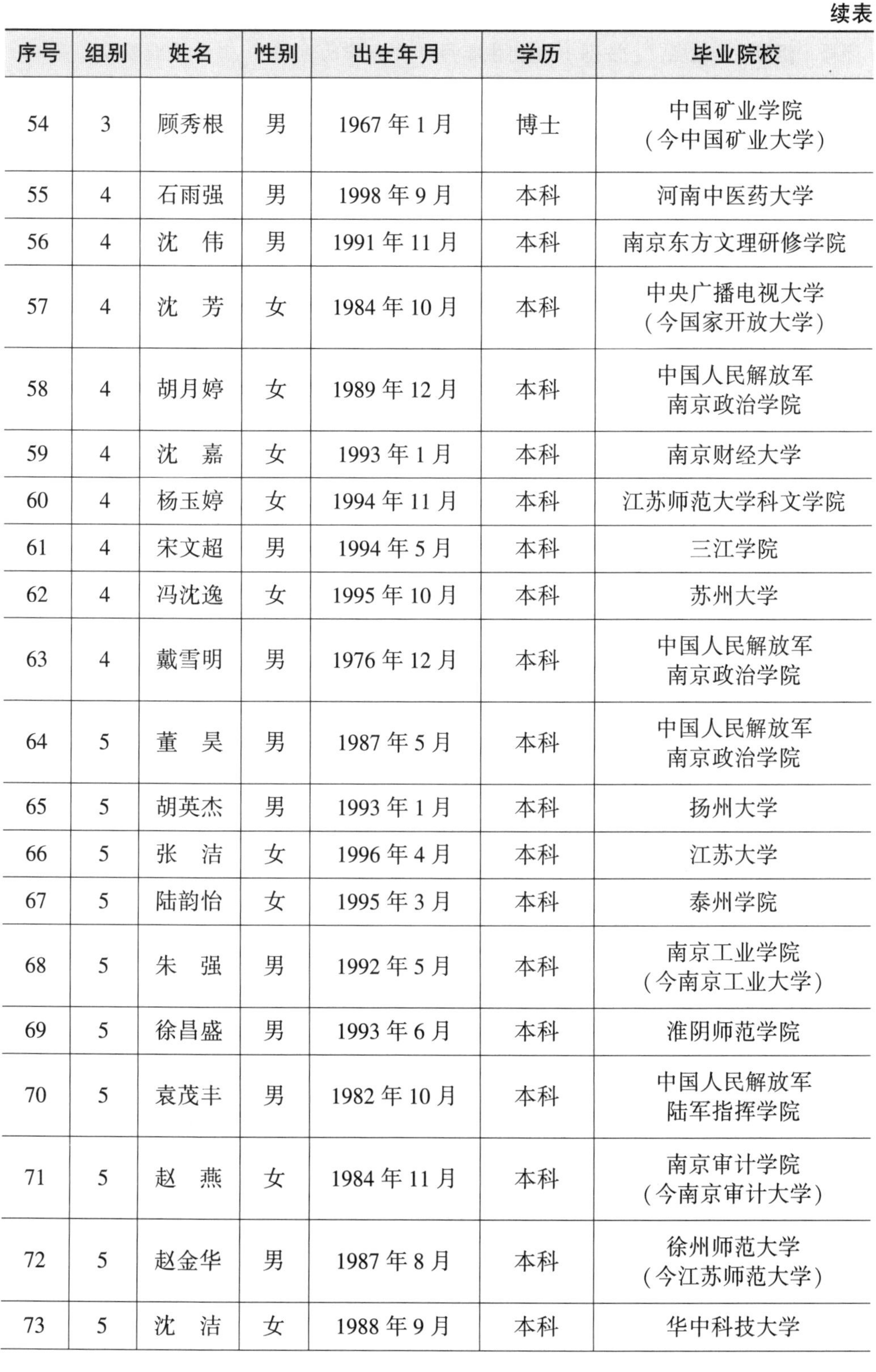

序号	组别	姓名	性别	出生年月	学历	毕业院校
54	3	顾秀根	男	1967 年 1 月	博士	中国矿业学院 （今中国矿业大学）
55	4	石雨强	男	1998 年 9 月	本科	河南中医药大学
56	4	沈　伟	男	1991 年 11 月	本科	南京东方文理研修学院
57	4	沈　芳	女	1984 年 10 月	本科	中央广播电视大学 （今国家开放大学）
58	4	胡月婷	女	1989 年 12 月	本科	中国人民解放军 南京政治学院
59	4	沈　嘉	女	1993 年 1 月	本科	南京财经大学
60	4	杨玉婷	女	1994 年 11 月	本科	江苏师范大学科文学院
61	4	宋文超	男	1994 年 5 月	本科	三江学院
62	4	冯沈逸	女	1995 年 10 月	本科	苏州大学
63	4	戴雪明	男	1976 年 12 月	本科	中国人民解放军 南京政治学院
64	5	董　昊	男	1987 年 5 月	本科	中国人民解放军 南京政治学院
65	5	胡英杰	男	1993 年 1 月	本科	扬州大学
66	5	张　洁	女	1996 年 4 月	本科	江苏大学
67	5	陆韵怡	女	1995 年 3 月	本科	泰州学院
68	5	朱　强	男	1992 年 5 月	本科	南京工业学院 （今南京工业大学）
69	5	徐昌盛	男	1993 年 6 月	本科	淮阴师范学院
70	5	袁茂丰	男	1982 年 10 月	本科	中国人民解放军 陆军指挥学院
71	5	赵　燕	女	1984 年 11 月	本科	南京审计学院 （今南京审计大学）
72	5	赵金华	男	1987 年 8 月	本科	徐州师范大学 （今江苏师范大学）
73	5	沈　洁	女	1988 年 9 月	本科	华中科技大学

续表

序号	组别	姓名	性别	出生年月	学历	毕业院校
74	5	石　磊	男	1987 年 8 月	本科	南京医科大学
75	5	胡志平	男	1991 年 2 月	本科	南京财经大学
76	5	沈华芳	女	1982 年 2 月	本科	苏州大学
77	6	方丽彤	女	1991 年 4 月	本科	江苏师范大学
78	6	左念念	女	1995 年 2 月	本科	苏州大学
79	6	杨志超	男	1987 年 8 月	本科	上海科技大学
80	6	吴　萍	女	1988 年 11 月	本科	上海科技大学
81	6	崔　华	男	1981 年 8 月	本科	河南科技学院
82	6	陈海昆	男	1986 年 5 月	本科	江苏科技大学
83	6	季艳红	女	1986 年 3 月	本科	江苏师范大学
84	6	马晓峰	男	1990 年 5 月	本科	南京邮电大学
85	6	季　芸	女	1991 年 11 月	本科	南京审计大学
86	6	张军辉	男	1977 年 12 月	本科	中国矿业大学
87	6	沈佳涛	男	1994 年 4 月	本科	常熟理工学院
88	6	陈小芬	女	1981 年 9 月	本科	绵阳师范学院
89	6	周蓉吉	女	1987 年 8 月	本科	南京财经大学
90	6	曹行星	男	1986 年 5 月	本科	河海大学
91	6	范晓艳	女	1989 年 10 月	本科	江苏理工学院
92	6	冯　杰	女	1995 年 1 月	本科	泰州学院
93	6	季　晨	男	1996 年 5 月	本科	南京传媒学院
94	6	施建锋	男	1980 年 3 月	本科	南京航空学院 （今南京航空航天大学）
95	6	季　芳	女	1983 年 11 月	本科	南京理工大学
96	6	符志均	男	1984 年 6 月	本科	南京理工大学
97	6	周小芳	女	1986 年 11 月	本科	常州大学
98	7	徐　良	男	1981 年 12 月	本科	郑州轻工业大学
99	7	金　晓	男	1990 年 9 月	本科	东南大学

续表

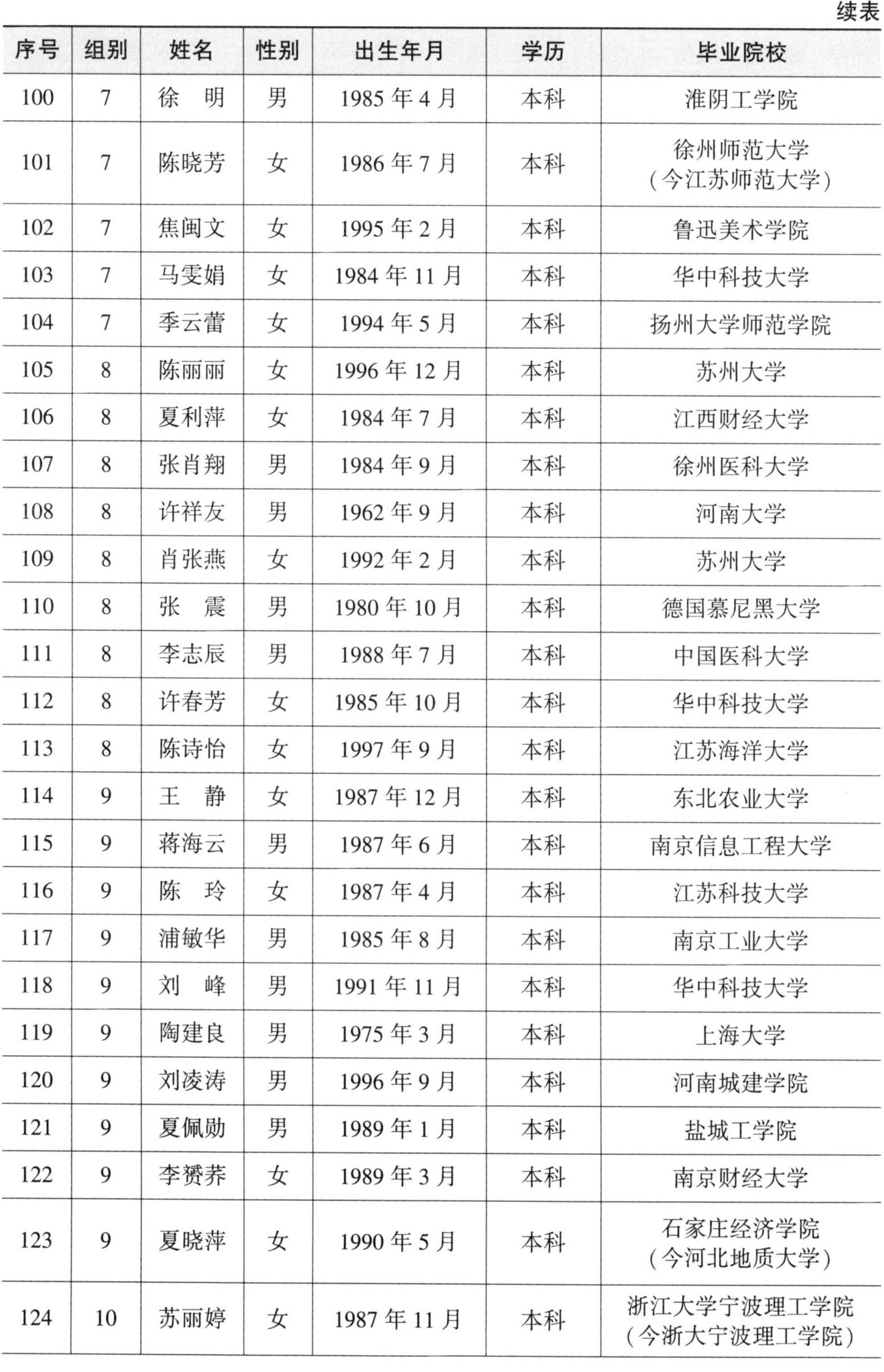

序号	组别	姓名	性别	出生年月	学历	毕业院校
100	7	徐　明	男	1985 年 4 月	本科	淮阴工学院
101	7	陈晓芳	女	1986 年 7 月	本科	徐州师范大学（今江苏师范大学）
102	7	焦闽文	女	1995 年 2 月	本科	鲁迅美术学院
103	7	马雯娟	女	1984 年 11 月	本科	华中科技大学
104	7	季云蕾	女	1994 年 5 月	本科	扬州大学师范学院
105	8	陈丽丽	女	1996 年 12 月	本科	苏州大学
106	8	夏利萍	女	1984 年 7 月	本科	江西财经大学
107	8	张肖翔	男	1984 年 9 月	本科	徐州医科大学
108	8	许祥友	男	1962 年 9 月	本科	河南大学
109	8	肖张燕	女	1992 年 2 月	本科	苏州大学
110	8	张　震	男	1980 年 10 月	本科	德国慕尼黑大学
111	8	李志辰	男	1988 年 7 月	本科	中国医科大学
112	8	许春芳	女	1985 年 10 月	本科	华中科技大学
113	8	陈诗怡	女	1997 年 9 月	本科	江苏海洋大学
114	9	王　静	女	1987 年 12 月	本科	东北农业大学
115	9	蒋海云	男	1987 年 6 月	本科	南京信息工程大学
116	9	陈　玲	女	1987 年 4 月	本科	江苏科技大学
117	9	浦敏华	男	1985 年 8 月	本科	南京工业大学
118	9	刘　峰	男	1991 年 11 月	本科	华中科技大学
119	9	陶建良	男	1975 年 3 月	本科	上海大学
120	9	刘凌涛	男	1996 年 9 月	本科	河南城建学院
121	9	夏佩勋	男	1989 年 1 月	本科	盐城工学院
122	9	李赟荞	女	1989 年 3 月	本科	南京财经大学
123	9	夏晓萍	女	1990 年 5 月	本科	石家庄经济学院（今河北地质大学）
124	10	苏丽婷	女	1987 年 11 月	本科	浙江大学宁波理工学院（今浙大宁波理工学院）

续表

序号	组别	姓名	性别	出生年月	学历	毕业院校
125	10	诸佳斌	男	1988 年 1 月	本科	江苏大学
126	10	倪　顺	男	1990 年 12 月	本科	昆山开放大学
127	10	殷　俊	男	1995 年 8 月	本科	江苏开放大学
128	10	王　寅	男	1986 年 6 月	本科	南通大学
129	10	顾亚萍	女	1986 年 9 月	本科	南通大学
130	10	顾玉芳	女	1970 年 6 月	本科	中共中央党校
131	10	顾　杰	男	1993 年 2 月	硕士	南京医科大学
132	10	顾　燕	女	1989 年 3 月	本科	盐城师范学院
133	10	陈　洁	女	1993 年 10 月	本科	南京工业大学
134	10	顾　晨	女	1993 年 8 月	本科	淮阴师范学院
135	10	柯　晨	男	1990 年 12 月	硕士	四川农业大学
136	10	殷敏杰	男	1991 年 12 月	本科	淮阴师范学院
137	10	吴佳丽	女	1992 年 10 月	本科	江苏海洋大学
138	10	顾晓峰	男	1988 年 10 月	本科	盐城师范学院
139	10	陆　雯	女	1993 年 4 月	本科	苏州大学
140	10	倪红霞	女	1981 年 11 月	本科	北京师范大学
141	10	顾　健	男	1996 年 3 月	本科	华北科技学院
142	10	陆　凯	男	1981 年 4 月	本科	苏州大学
143	10	钱丽静	女	1994 年 7 月	本科	扬州大学
144	11	杨　迪	女	1983 年 12 月	本科	江苏警官学院
145	11	于周明	男	1992 年 8 月	本科	苏州科技大学
146	11	杨韩涛	男	1998 年 5 月	本科	苏州大学
147	11	李伟豪	男	1996 年 9 月	本科	常熟理工学院
148	11	王　斌	男	1991 年 6 月	本科	南京师范大学
149	11	李文智	男	1974 年 7 月	本科	中国人民解放军 南京政治学院
150	11	戚嘉伟	男	1992 年 9 月	硕士	江苏大学

续表

序号	组别	姓名	性别	出生年月	学历	毕业院校
151	11	李　宁	男	1980 年 1 月	本科	沈阳工业大学
152	11	张　怡	女	1982 年 6 月	本科	南京工业大学
153	11	成　峰	男	1972 年 10 月	本科	四川大学
154	11	朱怡霖	女	1993 年 6 月	本科	江苏第二师范学院
155	11	张　静	女	1984 年 3 月	本科	江苏广播电视大学（今江苏开放大学）
156	11	张剑超	男	1980 年 2 月	本科	西北师范大学

三、村籍教师

截至 2020 年 12 月，江浦村共有村籍教师 22 人，其中村籍在职教师 20 人，村籍退休教师 2 人。

2020 年江浦村村籍教师名录如表 11-3 所示。

表 11-3　2020 年江浦村村籍教师名录

序号	姓名	组别	性别	出生年月	工作单位	备注
1	富　静	1	女	1988 年 3 月	昆山市周市金澄幼儿园	在职
2	富珺怡	1	女	1996 年 2 月	昆山高新区茗景苑幼儿园	在职
3	季嘉伦	1	女	1995 年 7 月	昆山市南港中心幼儿园	在职
4	冯　鑫	2	男	1989 年 1 月	昆山市周市镇永平小学	在职
5	沈　芳	4	女	1984 年 10 月	昆山市培本实验小学	在职
6	杨玉婷	4	女	1994 年 11 月	昆山康桥学校小学部	在职
7	胡英杰	5	男	1993 年 1 月	昆山市周市华城美地小学	在职
8	张　洁	5	女	1996 年 4 月	昆山市周市华城美地小学	在职
9	季艳红	6	女	1986 年 3 月	昆山市陆家中心小学校	在职
10	季　秋	6	女	1988 年 10 月	昆山高新区吴淞江学校	在职
11	冯　杰	6	女	1995 年 1 月	苏州相城经济开发区澄阳小学	在职
12	季云蕾	7	女	1994 年 5 月	昆山康桥学校初中部	在职

续表

序号	姓名	组别	性别	出生年月	工作单位	备注
13	刘凤英	9	女	1955 年 10 月	昆山市玉山镇司徒街小学	退休
14	刘建芳	9	女	1970 年 3 月	昆山高新区共青幼儿园	退休
15	倪红霞	10	女	1981 年 11 月	昆山市城北中心小学	在职
16	江依燃	10	女	1992 年 6 月	昆山市周市中心小学校	在职
17	陈　洁	10	女	1993 年 10 月	昆山市周市华城美地小学	在职
18	顾　晨	10	女	1993 年 8 月	昆山高新区吴淞江小学	在职
19	殷嘉彤	10	女	1999 年 3 月	昆山市玉山镇合兴幼儿园	在职
20	王　斌	11	男	1991 年 6 月	昆山市千灯中心小学	在职
21	戚嘉伟	11	男	1992 年 9 月	昆山高新区汉浦中学	在职
22	王　芸	11	女	1992 年 11 月	昆山市玉山镇鹿城幼儿园	在职

四、村籍医护人员

截至 2020 年 12 月，江浦村共有村籍医护人员 10 人，分别在昆山市内医院（医疗单位）及幼儿园工作。

2020 年江浦村村籍医护人员名录如表 11-4 所示。

表 11-4　2020 年江浦村村籍医护人员名录

序号	组别	姓名	性别	工作单位	备注
1	1	富招林	男	江浦村合作医疗站	退休
2	5	沈华芳	女	昆山市朝阳社区卫生服务站	在职
3	7	刘凤珍	女	江浦村合作医疗站	退休
4	8	张肖翔	男	昆山市第二人民医院	在职
5	8	袁佳雯	女	昆山市中医医院	在职
6	8	乔　云	女	昆山市第一人民医院	在职
7	9	王梅英	女	昆山市中医医院	退休
8	10	崔日升	男	江浦村合作医疗站	退休
9	10	顾　悦	女	昆山市第三人民医院	在职
10	10	钱丽静	女	昆山开发区蓬郎幼儿园	在职（校医）

五、村籍能工巧匠

江浦村有众多拥有一技之长的能工巧匠，他们为乡镇发展做出很大贡献。截至 2020 年 12 月，江浦村村籍能工巧匠共有 85 人，其中瓦工 42 人、木匠 27 人、竹匠 3 人、水电工 3 人、裁缝 5 人、理发师 5 人。

2020 年江浦村村籍能工巧匠名录如表 11-5 所示。

表 11-5　2020 年江浦村村籍能工巧匠名录

序号	姓名	性别	职业	组别
1	陆文安	男	理发师	1
2	冯建明	男	理发师	1
3	陆文龙	男	裁缝	1
4	王龙海	男	瓦工	1
5	冯惠根	男	瓦工	1
6	富惠忠	男	瓦工	1
7	冯阿小	男	瓦工	1
8	富炳男	男	瓦工	1
9	钱阿炳	男	裁缝	2
10	蔡风英	女	裁缝	2
11	富火根	男	木工	2
12	刘国良	男	瓦工	2
13	严桃妹	女	裁缝	3
14	严金苟	男	木工	3
15	严志良	男	木工	3
16	李金龙	男	木工	3
17	蔡惠林	男	瓦工	3
18	管建荣	男	瓦工	3
19	苗永生	男	瓦工	3
20	宋美弟	男	瓦工	3

续表

序号	姓名	性别	职业	组别
21	张金弟	男	瓦工	3
22	李银龙	男	瓦工	3
23	李金毛	男	瓦工	3
24	王永林	男	瓦工	3
25	范建明	男	瓦工	3
26	陈春扣	男	瓦工	3
27	李世东	男	瓦工	3
28	沈玉弟	男	瓦工	4
29	曹惠明	男	瓦工	4
30	沈水林	男	瓦工	4
31	张兴志	男	裁缝	5
32	沈三毛	男	瓦工	5
33	沈阿小	男	瓦工	5
34	沈根林	男	瓦工	5
35	徐正良	男	瓦工	5
36	徐林弟	男	瓦工	5
37	徐正华	男	瓦工	5
38	莫秀珍	女	理发师	6
39	黄秀萍	女	理发师	6
40	戴　萍	女	理发师	6
41	周建明	男	木工	6
42	季林根	男	木工	6
43	方导勤	男	木工	6
44	沈林弟	男	瓦工	6
45	单小龙	男	瓦工	6
46	季雪青	男	瓦工	6
47	全　阮	男	瓦工	6

续表

序号	姓名	性别	职业	组别
48	方国全	男	竹匠	6
49	郭其昌	男	木工	7
50	郭金祥	男	木工	7
51	郭金荣	男	木工	7
52	季兴荀	男	木工	7
53	季惠东	男	木工	7
54	季惠平	男	木工	7
55	季惠强	男	木工	7
56	季惠林	男	木工	7
57	季　华	男	木工	7
58	徐立新	男	木工	7
59	毛毛生	男	木工	7
60	毛利群	男	木工	7
61	季惠明	男	瓦工	7
62	陈邦荣	男	瓦工	7
63	陈根宝	男	瓦工	7
64	施志伟	男	瓦工	7
65	毛利群	男	瓦工	7
66	丁明章	男	竹匠	7
67	张桃祥	男	水电工	8
68	黄立根	男	水电工	8
69	袁立银	男	竹匠	8
70	伍根山	男	木工	9
71	卫二毛	男	木工	9
72	丁仁侃	男	木工	9
73	夏利根	男	瓦工	9
74	夏正发	男	瓦工	9

续表

序号	姓名	性别	职业	组别
75	刘洪伟	男	瓦工	9
76	倪桂林	男	水电工	10
77	顾德明	男	木工	10
78	顾佰云	男	木工	10
79	倪松林	男	木工	10
80	殷建明	男	木工	10
81	顾志刚	男	瓦工	10
82	倪桂林	男	瓦工	10
83	杨万喜	男	木工	11
84	朱惠明	男	瓦工	11
85	张永青	男	瓦工	11

第四节　荣　誉

自 1994 年以来，在上级政府的正确领导下，江浦村历届党支部齐心协力，团结奋斗，带领广大群众艰苦创业，获得丰硕成果，荣获了江苏省级及以上、苏州市级、昆山市级的多项嘉奖和荣誉。截至 2020 年，江浦村荣获江苏省级及以上、苏州市级和昆山市级集体荣誉 27 项，村民个人荣誉 11 项。

一、集体荣誉

（一）江苏省级及以上集体荣誉

截至 2020 年，江浦村荣获江苏省级及以上集体荣誉 4 项。

1998—2018 年江浦村荣获江苏省级及以上集体荣誉情况如表 11-6 所示。

表 11-6 1998—2018 年江浦村荣获江苏省级及以上集体荣誉情况一览表

获奖年份	名称	颁发单位
1998	江苏省卫生村	江苏省爱国卫生运动委员会
2001	江苏省百佳生态村	江苏省环境保护厅、江苏省农林厅
2010	江苏省生态村	江苏省环境保护委员会
2018	全国农村优秀学习型组织学习型村居（社区）	中国成人教育协会农村成人教育专业委员会、教育部社区教育研究培训中心

（二）苏州市级集体荣誉

截至 2020 年，江浦村荣获苏州市集体荣誉 7 项。

2000—2020 年江浦村荣获苏州市级集体荣誉情况 11-7 所示。

表 11-7 2000—2020 年江浦村荣获苏州市级集体荣誉情况一览表

获奖年份	荣誉名称	颁发单位
2000	加强农村基层组织建设加快农村现代化建设示范村	中共苏州市委员会、苏州市人民政府
2006	实践“三个代表”，实现“两个率先”先锋村	中共苏州市委员会
2008	民主法治村	苏州市依法治市领导小组办公室、苏州市司法局、苏州市民政局
2011	苏州市公共文化服务示范村	苏州市文化广电新闻出版局
2015	苏州市规范化村（社区）人民调解委员会	苏州市司法局
2019	苏州市健康村（社区）	苏州市卫生健康委员会
2020	先锋村	中共苏州市委员会

（三）昆山市级集体荣誉

截至 2020 年，江浦村荣获昆山市级集体荣誉 16 项。

1994—2019 年江浦村荣获昆山市级集体荣誉情况如表 11-8 所示。

表 11-8　1994—2019 年江浦村荣获昆山市级集体荣誉情况一览表

获奖年份	荣誉名称	颁发单位
1994	农业生产一级合格村	昆山市人民政府
1998	1997 年度 双文明建设先进村	中共昆山市委员会
		昆山市人民政府
1998	昆山市卫生村	昆山市爱国卫生运动委员会
1999	1998 年度 双文明建设先进村	中共昆山市委员会
		昆山市人民政府
2000	四好妇代会	昆山市妇女联合会
		昆山市人事局
2000	昆山市村民自治模范村	昆山市民政局
2001	先进基层党组织	中共昆山市委员会
2002	2001 年度双文明建设先进村	中共昆山市委员会
		昆山市人民政府
2006	“十五”人口和 计划生育工作示范村	昆山市人民政府
2007	全市关心下一代工作 “五有五好”先进单位	昆山市关心下一代工作委员会
2009	昆山市十佳卫生村	昆山市爱国卫生运动委员会
2010	2008—2010 年度 昆山市零犯罪社区（村）	昆山市社会治安综合 治理委员会办公室
		昆山市综治委预防青少年违法 犯罪工作领导小组办公室
		昆山市关心下一代工作委员会
2012	全市关心下一代工作 “五有五好”示范单位	昆山市关心下一代工作委员会
2014	昆山市 2013 年度 学习型党组织	昆山市社区教育办公室

续表

获奖年份	荣誉名称	颁发单位
2016	昆山市2015年度 学习型党组织	昆山市社区教育办公室
2018	2017年度文明村	昆山市精神文明建设委员会

二、个人荣誉

截至2020年，江浦村村民荣获昆山市级及以上个人荣誉11项。其中，1人荣获国家级个人荣誉1次，1人荣获江苏省级个人荣誉1次，4人荣获苏州市级个人荣誉5次，3人荣获昆山市级个人荣誉4次。

1996—2016年江浦村村民荣获昆山市及以上个人荣誉情况如表11-9所示。

表11-9　1996—2016年江浦村村民荣获昆山市及以上个人荣誉情况一览表

级别	姓名	性别	授予年份	荣誉	颁奖单位
国家级	许祥友	男	2010	计划生育先进个人	中国计划生育协会
江苏省级	张素珍	女	2002	优秀人民调解员	江苏省司法厅
苏州市级	许祥友	男	1999	爱国卫生先进工作者三等功	苏州市爱国卫生 运动与健康 促进委员会
	张素珍	女	2001	人民调解先进个人	苏州市司法局
			2006	劳动模范	苏州市人民政府
	许祥友	男	2012	人口和计划生育 系统个人二等功	苏州市人民政府
	王翠刚	男	2019	五一劳动奖章	苏州市总工会
昆山市级	许祥友	男	1996	十佳青年	中共昆山市 住房和城乡 建设局委员会
	王翠刚	男	1999	优秀共产党员	中共昆山市委员会
			2016	民政工作三等功	昆山市人民政府
	王翠刚	男	2016	优秀共产党员	中共昆山市委员会

三、入党50周年党员

截至2020年，江浦村党支部有5名共产党员入党50周年。

2020年江浦村入党50周年党员情况如表11-10所示。

表11-10　2020年江浦村入党50周年党员情况一览表

姓名	性别	入党年月	党龄
佘杏春	男	1955年1月	65年
季小翠	女	1960年3月	60年
富根梅	女	1965年3月	55年
季吉林	男	1965年3月	55年
倪桂林	男	1969年11月	51年

第十二章　物产美食

江浦村地处江南水乡，水网密布，是一个以农耕为主的农业村，村域内土地肥沃，物产丰富，又紧靠昆山城区，物资流通快捷、买卖便利。在长期的生产和生活中，村民在这片土地上辛勤劳作，艰苦奋斗，挥洒汗水，利用当地的自然资源，不仅种植了粮食作物及经济作物，还饲养了家禽、家畜，并利用河浜水面饲养了鱼、虾和蟹，为生活提供了充足的物质保障。这些不但改善了村民的日常饮食，而且创造了一批充满特色的农家菜和时令小吃，让村民尽情地享受舌尖上的快乐，体味吴地饮食文化的丰富。

第一节　农家菜

20世纪五六十年代，江浦村村民的生活处于解决温饱问题阶段，饮食以蔬菜、瓜果、豆制品、咸菜、酱菜等素食为家常菜。1978年，中共十一届三中全会后，村民生活水平逐步提升，传统的农家特色菜肴开始在村域中流行，成为家家户户喜爱的餐饮佳品。其中，红烧东坡肉、红烧蹄子等数十种农家菜是江浦村域内颇有特色的传统美食。

一、红烧东坡肉、红烧蹄子

红烧东坡肉、红烧蹄子既是江浦村域内村民家庭操办红白大事的酒席上必备主菜，也是几代人传承下来的经典菜肴。

东坡肉取自猪的肋条肉，一般为1公斤左右的方块肉料；而蹄子则取自猪的后腿肉下方一小段至猪脚接近髋关节的部分，一般为1.5公斤左右的肉料。先把准备好的肉料清洗干净，置于铁锅之中，加入清水，使其没过肉料；再放入葱、姜、料酒等材料及调味料，进行焯水，去除肉料中的血水和腥味；然后将焯过水的肉料放入清水中漂洗，去除其表皮的杂质，待洗净后，将肉料进行烧煮，全程大约需要3小时；接着将多次处理后的肉料放入铁锅中，加入没过肉料的清水，加入桂皮、八角、香叶、茴香、香葱、生姜等香料，并加入料酒，用大火将清水烧开，再转为文火烧煮1小时，放入适量的盐、酱油、海鲜酱等调味料；最后待肉料基本熟透，放入白糖、冰糖、味精等调料，用文火烧煮1小时，待其汤汁变得浓稠，色、香、味浸润肉料，便可装盆上菜。

村民偶尔也会将红烧东坡肉、红烧蹄子进行过油处理，谓之走油红烧东坡肉、走油红烧蹄子，其烹饪方法与红烧东坡肉、红烧蹄子类似，只是增加了油炸的工序。当肉料焯水之后，入锅加入清水，放入适量香料，用大火烧开后，通过烹煮的方法，将肉料煮至六七成熟，捞起后，沥干水分，再进行油炸，炸至肉料表皮呈黄色后捞起沥干，然后进行第二次油炸，使肉料表皮呈金黄色或表皮起泡后即成。肉料被油炸后，变得更加紧实，油脂更少。

红烧东坡肉、红烧蹄子，以及走油红烧东坡肉、走油红烧蹄子被做成菜品后，给人一种“红润透亮、香味四溢”的感觉，其肥肉肥而不腻、入口即化，其瘦肉酥软不柴、入口软绵，它们成为村民家中常备的佳肴。

红烧东坡肉（2020 年，罗英摄）

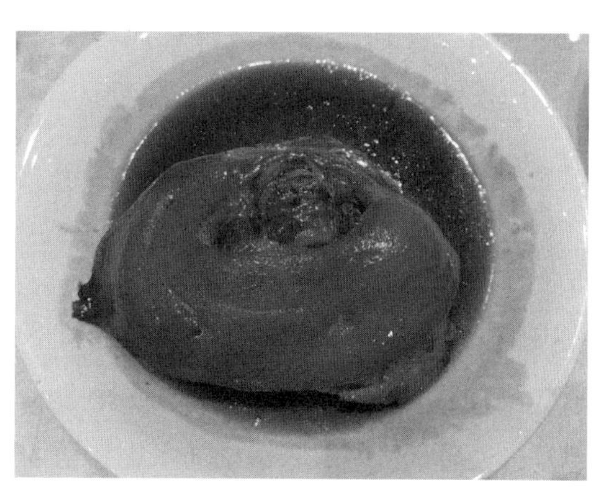

红烧蹄子（2020 年，罗英摄）

二、红烧肉圆

红烧肉圆是江浦村域内村民家庭日常生活中布置酒席的传统菜品，其中尤以节假日烹饪较多。

村民一般精选三成肥肉、七成瘦肉的新鲜猪肉。先把肥肉打成肉泥，将瘦肉打成肉末，将两种肉料混合拌在一起，加入适量的盐、料酒、胡椒粉、味精、生抽、耗油、葱姜水等，搅拌均匀；再加入适量的马蹄碎末、山药碎末、香菇碎末、胡萝卜碎末，进行搅拌；然后加入适量的水淀粉或鸡蛋液，将其搅拌成适宜制作肉圆的原料；接着在锅中放入食用油，将油温保持在 150 ℃左右，这时一边将肉泥做成圆球状，一边对其进行油汆，全程用文火、宽油慢炸，炸至肉圆表皮紧实，即可捞起，之后在锅中加入适量清水、冰糖、料酒、生姜、香葱及八角、桂皮、香叶等各种调料和香料；最后待水烧开后，放入炸好的肉圆，闷烧 20—30 分钟，便可开盖，再烧煮 10 分钟左右，使汤汁充分地给肉圆上色即

成。个别村民会用油、白砂糖或冰糖下锅炒至焦糖色，加入适量热水、各种调料和香料，待水烧开后，放入肉圆煮熟。

如此一来，一盆圆润、油亮的红烧肉圆通过村民的巧手在荤素搭配下被端上了饭桌，变成了色、香、味俱全和老少皆宜的美味佳肴。

三、百叶包肉

百叶包肉是一道江浦村家喻户晓的家常菜。通常会将猪肉切成肉泥，加入葱末、姜末、酱油、白糖、水、淀粉调匀成肉馅。百叶皮也富含营养，先用水将其泡软，切成 10 厘米大小的方块；再在百叶皮内放入肉馅，像包春卷似的把肉馅包在百叶皮内；然后用细绳扎紧，逐个包好；最后，将其放入锅中加水烧沸约 15 分钟，起锅后将其装入碗内即成。食用时，须解去细绳。这道菜经济实惠，味道甚佳。百叶软嫩，肉馅鲜香多汁。这道菜颇受江浦村村民喜爱。

百叶包肉（2020 年，罗英摄）

四、油豆腐塞肉

油豆腐是一种传统的豆制品，也称“油泡”。从菜市场买回油泡后，先将油泡用筷子插一个小口，再把准备好的肉馅填进去。因油泡本身没有味道，里面塞的馅料可根据个人喜好调制。油泡焖煮后适时放点蚝油，或加入生抽与白糖，味道极好。油豆腐塞肉也是江浦村村民非常爱吃的一道菜。

五、面拖蟹

面拖蟹以螃蟹为主要食材，是江浦村域内一道传统名菜。这道菜选用六月黄（大闸蟹）为主料，将其一切为二，在切口处沾上面粉下锅油炸，拌炒时加入毛豆，浇上面糊勾芡，炒匀即可出锅。鲜红的螃蟹、碧绿的毛豆、米黄色的面糊，香气扑鼻。此时的蟹黄更加鲜嫩，肉质也更加软糯，味道比清蒸大闸蟹更胜一筹。

油豆腐塞肉（2020年，罗英摄）

面拖蟹（2020年，罗英摄）

六、腌笃鲜

腌笃鲜（2020年，罗英摄）

腌笃鲜将竹笋或莴笋和咸肉与火腿一起煮，是江浦村域内的一道名菜。“腌”就是指腌制过的咸肉与火腿；“笃”就是用小火焖的意思；“鲜”就是指竹笋或莴笋。先将农家自家腌制的腊肉放入锅中煮半小时，再加入自家农田里种植的竹笋或莴笋，然后用砂锅文火炖煮至熟透即可。在江浦村域内素有“吃着腌笃鲜，还想把饭添”的俗语。这道菜肴口味咸鲜，汤白汁浓，肉质酥肥，笋质脆嫩，鲜味浓厚。

七、白斩鸡

白斩鸡（2020年，罗英摄）

白斩鸡又叫白切鸡，外形美观，皮黄肉白，肥嫩鲜美，十分可口。这道菜鸡肉洁白，皮带黄油，散发葱油香味。烹饪白斩鸡时，须先将整只鸡洗净，放入开水氽一下；然后在锅中加入料酒、生姜和葱段，将葱段拍散下锅，不用加入其他调

料，白煮而成。食用白斩鸡时，随吃随斩，保持了鸡肉的鲜美，原汁原味，皮爽肉滑，别有一番风味，是家喻户晓的菜肴。这道菜肴通常作为冷盘菜，食用时，佐以姜末、酱油、麻油混合的蘸汁，各种宴席皆宜，逢年过节必备，深受村民青睐。

八、清蒸白丝鱼

白丝鱼又名窜白条，身体细长、扁薄，呈柳叶形，长约8~50厘米，口在上位，下颌突出往上翘，细鳞银白，肉质肥嫩，刺较多，味极鲜，是生长在淡水河中的水产珍品。清蒸的白丝鱼香味扑鼻，口感极佳，是村民家中一道上等的名菜。

九、炒螺蛳

在生活条件不算富足、物资自产自销的年代，江浦村域内几乎有淡水沟的地方就有螺蛳。每到春季来临，清明前后，螺蛳就开始繁殖。清明前，村民们拎着篓子，穿上雨鞋，沿着河边堤岸，双手伸进水中摸螺蛳。摸上来的螺蛳，得先用老虎钳把尖尾处钳去，以便吃的时候吮吸出肉。食用螺蛳前，先把螺蛳浸泡在水中，倒些许食用油；然后静待一晚，螺蛳中的沙子、淤泥就可排出；最后将其洗净，加上调料烹饪，翻炒焖煮，熟透即可装盘食用。2000年后，有人创作一道“三鲜螺蛳”（碗底放一条野生鳝鱼，中间装螺蛳，上面切些腊肉片盖平，蒸熟即可)，这是一道营养丰富的鲜美菜肴，让人垂涎三尺。

清蒸白丝鱼（2020年，罗英摄）

炒螺蛳（2020年，罗英摄）

第二节　时令小吃

一、年糕

年糕是江浦村域内传统糕点，历史悠久，每逢春节、儿女婚嫁、老人做寿，村民便开始张罗蒸年糕，寓意蒸蒸日上，步步登高。年糕的制作过程是先将糯米磨成粉，加些水和糖，把粉末搅拌成棉絮状；然后把糕粉放入特制的木桶中，表面可镶嵌红枣、五彩的萝卜丝等食材作为装饰；接着放到锅里蒸 30 分钟；最后把木桶倒扣，充满米香味、软糯圆润的年糕就完整出形了，待其凉透后即可切块食用。

蒸年糕（2020 年，罗英摄）

二、粽子

粽子是由粽叶包裹糯米煮制而成的食品。江浦村在端午节前后，家家户户都需要包粽子。村民常用芦苇叶包粽子，粽叶选用洗净的芦苇叶，先将其放入沸水氽一下；然后将其包裹浸泡好的糯米。从馅料上看，粽子种类繁多，糯米中有放入赤豆或红枣，也有放入五花肉、豆沙、咸蛋黄

粽子（2020 年，罗英摄）

等做馅料。一般白粽和豆粽可以蘸白糖食用。江浦村流传着一种不用绳系就可以包出一个完整美观粽子的方法，其包扎过程既简便又快捷。粽子成形后，只需要把粽叶尾部穿过一根10厘米长的银针的针孔，像穿针引线一样，让银针将粽叶尾部穿过粽子，就可以巧妙地固定粽子了。如此一来，成形的三角形粽子既利落又美观。

三、南瓜饼

村民制作南瓜饼时，先将老南瓜焐熟、捣烂，与糯米粉融合后，将其揉成粉团；然后将赤豆捂烂，沥浆、加糖，混合脂油做馅，做成饼状。南瓜饼既可以上蒸笼，又可以在油锅里煎，其颜色金黄，带有南瓜的香味，食用方便。此外，还可以用水烧开后与汤或粥一起烧煮，香味扑鼻。

南瓜饼（2020年，罗英摄）

四、青团子

青团子（2020年，罗英摄）

江浦村历来就有做青团子的习俗，青团子也是清明扫墓时的必备祭品，如今也被摆上桌，成为一道点心。青团子的制作方法是先从田间采来浆麦草，把浆麦草捣烂取汁，加入少量石灰稀点浆；然后将水澄清后，按一定比例倒入糯米粉内，揉成粉团，捏成团壳，加入各种馅做成青团子。青团子上笼蒸熟，出笼后涂上熟菜油，使青团子鲜艳光亮，其味醇美，细腻可口。

第十三章　村民记忆

中华人民共和国成立至今，江浦村发生了翻天覆地的变化。村民已经告别了“面朝黄土背朝天”的日子，迎来了“奋发图强绣地球”的生活。进入 21 世纪后，随着昆山市城市建设的快速发展，江浦村域内土地全部被政府征用，村民举家搬迁，集中居住。村民对当年农业生产的劳动热情，已成为回忆。村民常常在茶前饭后，回忆起辛勤的昨天。村民忆事入志，形成公共记忆，旨在继承优良的传统，开创美好的未来。

第一节　四季农事

一、春季农事

以前，每年农历正月十五后，江浦村村民便从事春耕备耕、小麦与油菜管理、病虫害防治等农活，期待夏熟能够得到较好的收成，同时又为夏熟作物栽培做好准备工作。

做秧田　春季各生产队（村民小组）按照水稻面积和秧田面积的比例，留种秧田。通常选择排灌方便的冬闲田或红花草田作为秧田。20 世纪六七十年代前，在清明节前后，各生产队先用牛多次翻耕，再削平秧板，并开好沟，上水后用门板拖平，使秧板平滑，然后播种。20 世纪 70 年代后，用农机翻耕，播种后用稻柴灰覆盖，播种结束后还要做好秧田水浆管理工作，追施肥料，防病治虫，等等。1970 年，全面种植双季稻。做双季稻秧田时，为了保持一定的温度，村民会用薄膜覆盖，保证出苗齐全。

铡田岸脚　又称“岔田角”。20 世纪 60 年代，村民在空闲时，就做好备耕工作，在田岸脚和大岸边铲铡田岸，以防野草深入田间。耕田的四角因牛犁不到只能人工岔翻，以便耕作。

割青草　春天农闲时，组织妇女割青草，制作肥料。割草采用计量定工办法，200 斤草为一工。有的年轻姑娘一天可割草 300 斤以上。

修开草泥潭　每年过春节，生产队开展积肥工作，但草泥潭每年必须修整见新，还需保证每亩田都要施上草塘泥，草塘泥不够还需要新开几个塘来补充。

放养“三水一绿”　“三水”，即水花生、水葫芦、水浮莲；“一绿”，即绿萍。1964 年，江浦生产大队组织各生产队摇船至浙江引进水花生，随后又陆续引进水葫芦、水浮莲、绿萍。在放养“三水一绿”时，江浦生产大队由农技员负责，各生产队由专人管理。“三水”的主要用途有两个：一是为草塘泥添料，二是用来打浆喂猪。

精选良种　俗话说，“秧好半年稻”，稻种处理也是关键工序。20世纪60年代中期，江浦村域内开始选稻种、麦种。在收割前，村民会到稻田里拔杂草及杂稻。收割后，村里组织妇女把稻种放进筐里，逐粒筛选。小麦的选种方式和水稻基本一致。在夏天，用石灰水浸泡，浸泡24小时后取出，晒干进仓。这样能降低小麦黑穗病等病害的传播。

二、夏季农事

夏天，油菜和小麦进入收割季节，村民忙于拔油菜、割小麦、脱粒等农事，还要做好水稻育秧和移栽，以及前期田间管理等农活，特别是油菜脱粒要抓紧时机，以防受潮发芽。

小麦收割脱粒　20世纪五六十年代，村民收割小麦，全部是由人工完成，其方法是先用镰刀将小麦割下来在田里晒干；再用稻索绳扣起来，挑上场堆起来，等水稻移栽结束后脱粒小麦。脱粒小麦靠人工掼麦，一个强壮劳动力一天只能掼一亩麦。20世纪60年代中后期，村民使用柴油机或汽油机配置两节木滚筒脱粒。到了1975年，各生产队逐步购置铁滚筒，配置2.5千瓦电动机脱粒。1983年，江浦村域内推广和实行家庭联产承包责任制后，村民用小型脱粒机脱粒。1993年，江浦村购置了“桂林”牌联合收割机。同时，村民将秸秆还田，改良土地，既提高了工作效率，又降低了劳动强度，确保了适时收割不耽误农事。

拔秧　拔秧是一项技术活，秧拔得好不好和插秧有一定的关系。秧拔得整齐，根部无泥酥松，插秧就快，浅插易发棵。拔秧需要早起，两人用一块秧板，上午拔秧，一天的时间就可以完成插秧工作。旧时，插秧从不经绳，很不齐整。20世纪60年代中后期，村民开始用稻草绳插秧，后来改用塑料绳，既轻松又方便。1996年后，江浦村推广直播稻（稻种谷直接播到大田），此项农技就此停用。

水稻移栽　水稻移栽经历了从人工移栽到旱育秧（机插秧），再到直播稻的过程。

旧时，水稻都是人工移栽。从20世纪60年代开始，村民学习推广陈永康小

株密植法，每亩移栽秧苗3万棵，每棵3~4株，基本苗有12万株左右，单位面积产量明显提高。

双抢黄梅 谓之抢收、抢种，此外还要抢管理。20世纪70年代，村民开始种植双季稻，以后产量逐年增加。至1978年，江浦村域内全部种上双季稻。当时农时紧迫，江浦生产大队要求各生产队在一周内完成100~200亩双季稻。俗话说，“移栽不插八月秧”，村民在高温天气下，每天起早贪黑，辛苦劳作，面朝黄土背朝天。虽然双季稻中两熟比一熟的产量高些，但是用工量大，成本较高，经济效益低。1980年，江浦村域结束了种植双季稻，恢复单季稻种植，双抢黄梅此后不再出现。

三、秋季农事

俗话说，“寒露无青稻，霜降一齐倒”。秋季是秋熟作物收获的季节，也是一年中第二个农忙阶段——秋收秋种。江浦村的秋收主要是水稻收割、脱粒和出售给国家进粮库，秋种主要是油菜苗培育、移栽，小麦播种及前期管理。

秋收 20世纪80年代前，村民一直用镰刀割稻，每人每天最多能割2亩稻田。1993年，江浦村购置割晒机2台，每台每天能割30~40亩。2000年后，种田大户用“久保田”牌联合收割机，收割、脱粒一次性完成。

中华人民共和国成立初期至1958年，水稻脱粒大多采用老式工具，用稻床掼稻，效率很低，每人每天只能掼稻1亩田左右。20世纪60年代，改用滚筒（人踏）掼稻，1975年后各生产队购置铁滚筒，配置2.5千瓦电动脱粒机。1983年，实行家庭联产承包责任制后，小型脱粒机得到推广，基本家家配备小型脱粒机。

三麦种植 三麦即小麦、元麦、大麦。中华人民共和国成立初期，耕作粗放，播种方式多样。有人用铁搭翻田做麦垅，将土粒削细，再行播种；也有人用牛犁翻耕，再耙平，将土粒削细，再行播种。1958年，耕作方式变为深耕；20世纪60年代，耕作方式变为浅耕；20世纪70年代，提倡精耕细作，消灭“露籽麦”，并配套竖沟、腰沟、横沟，降低地下水，做到一方麦田，两头出水，三沟配套，四面托起。

从20世纪80年代开始，江浦村域推广免耕麦，在晚稻收割前4~5天将麦种均匀播撒到稻田里。这种方法既能解决水稻养老稻，又能解决与三麦适时播种的矛盾。

四、冬季农事

冬季管理　村民为了来年夏熟作物有更好的收成，对油菜、三麦进行冬季管理。同时还要参加冬季积肥和水利建设工作，以及维修农耕机具等一些杂活，为春耕做好准备。

三麦、油菜的冬季管理主要是施足腊肥、拍好麦泥、清理沟系等农活。20世纪60年代后期，用拖拉机压麦，确保三麦温暖过冬，油菜主要是松土培根，施好腊肥，清理好沟系。2000年后，这些农活逐渐消失。

摇单绳　单绳是收割稻麦上场的必备用具之一。每年冬季农闲时，生产队先组织5~6人刷稻柴，然后用木榔头锤软稻柴，用摇单绳木制机将稻柴绞合成单绳。每根绳长约2米，每个生产队每年要摇400~500条单绳，待收割稻麦时作为捆扎之用。

搓绳　农闲时，妇女和部分青年组织搓绳。一般选用麻金糯稻柴，待其锤软之后有韧劲，不易折断。所搓绳子主要用于社员的生产生活。

农田水利　冬季是一年中加强农田水利建设的最佳季节，除个别年份有开挖河道、清淤疏河任务之外，主要是做好田间工程的维修与配套工作。村民在做好站闸修理与维护之外，还要把田间工程中的灌溉渠、排水沟的清理与修整工作落实好，以便为来年生产打好基础。

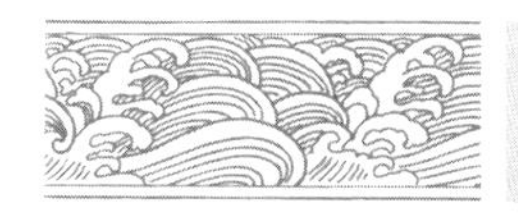

第二节　农事记忆

一、耕作制度

江浦村域内一直以种植水稻、三麦、油菜为主，冬季作物除三麦、油菜之

外，还种植红花草，但其种植面积仅占大田面积的10%～12%。

1949年前，江浦村域内因地势较低，地下水位高，种植三麦较少，大田一般种植籼稻，为一年一熟制。

中华人民共和国成立后，随着水利建设发展，一年一熟制改为一年两熟制。20世纪50年代，夏熟作物一度为三麦、油菜轮作。20世纪60年代，江浦村域内增种红花草作为绿肥，对粮食增产起了促进作用。这时，籼稻改为粳稻，中稻改为晚稻。从1972年开始种植双季稻，以红花草或三麦作为前茬作物，连种两季水稻，实行一年三熟制。由于前季稻遇低温易烂秧，后季稻易遭霜，使秕谷增多，其播种面积不大。1972年，江浦生产大队共种双季稻1 025亩，占总面积的47.6%。20世纪70年代中期，江浦生产大队实行“以粮为纲”的政策，在片面追求复种指数的思想指导下，江浦村域内大量种植双季稻。1975年，复种指数为57.9%，双季稻种植面积为1 217亩，之后仍不断扩大。由于扩种双季稻常常带来时令紧、秧田增多、劳动强度大等问题，江浦生产大队不得不减少三麦、油菜的种植面积，最后导致增产不增收。再加上双季稻品质差，收益低，至20世纪80年代初，江浦生产大队根据实际情况，停种双季稻，将一年三熟制改为一年两熟制。此举一直持续到2000年，后因农田被政策征收而终止。

二、植保技术

中华人民共和国成立前，村民存在“靠天吃饭”的思想，对农作物病虫害抱着“听天由命”的想法，祈求上天保佑。中华人民共和国成立后，党和政府在思想上加强对村民科学知识的宣传教育，重视病虫害的测报工作，以便及时采取防治措施；在技术上对植物保护工作高度重视，予以具体指导；在物质上通过在大田内安装植保器械并保证农药的供应，有效地提高了对病虫害的防治控制能力。

水稻植保 江浦村域内水稻虫害主要有稻苞虫、稻飞虱、稻蓟马、大螟、稻纵卷叶螟、二化螟、三化螟等。螟虫中，三化螟是在中华人民共和国成立初期至20世纪70年代的主要虫害。三化螟在水稻分蘖期会造成水稻枯心（俗称“笠帽瘟”），抽穗期会造成白穗（农民称之“白插旗”）。此种虫害曾十分猖獗。

中华人民共和国成立初期，人民政府动员和组织农民开展大规模治螟工作。村民采取冬季挖掘稻根、小秧放叶及移栽前后采摘卵块、剪枯心、晚上点灯诱蛾等人工方法防治螟害。20 世纪 70 年代，单季稻、双季稻并存，主要依靠药剂控制螟害。进入 20 世纪 80 年代恢复一年两熟制，种植单季晚稻，一代三化螟仅在秧田中为害。在水稻生长期间，村民多次用药，特别是杀虫脒的全面应用，三化螟虫害得到有效控制。稻飞虱分为褐飞虱、白背飞虱、灰稻虱 3 种，以褐飞虱危害最重。20 世纪 70 年代后期，稻飞虱已成为常发性虫害，每年需要花大量人力防治，1975—1987 年，虫害较为严重。稻飞虱危害严重时，在虫口密集处，由水稻基部蔓延到上部，使整株水稻枯死；最严重时，水稻成片枯死，俗称“冒穿”。20 世纪 90 年代后期，植保方针进一步得到贯彻，由人工防治发展为药剂防治，大面积施用混合粉、有机磷农药、汞制剂等高效农药，有效地控制病虫害。水稻的病害主要有稻瘟病、白叶枯病和纹枯病，采用敌枯霜和井冈霉素防治，以泼浇为主，每亩用药 3~5 两。

三麦植保　三麦的主要虫害有黏虫、蚜虫等。黏虫对三麦的危害是吃光麦叶，咬断麦穗，危害麦芒、麦粒。自 20 世纪 70 年代起，黏虫为常发性虫害。针对这些虫害采用有机磷乳剂甲胺磷等加水喷杀，20 世纪 90 年代后期改用吡虫啉防治，防效率均在 90% 以上，深受村民欢迎。三麦的主要病害有赤霉病、纹枯病、白粉病。这些病害均系气候性流行病，流行频率高，对三麦生产造成威胁。危害最大的是赤霉病，会造成产量低、麦面粉质量差，人畜食用会引起中毒。针对三麦的赤霉病害，主要以多菌灵进行防治。白粉病主要用粉锈宁药剂进行防治。纹枯病主要用井冈霉素进行防治，以喷雾为主，每亩 3~5 两。

三、积造自然肥

20 世纪 60—70 年代，江浦村域的粮食生产由于缺乏有机肥，因而就充分利用本土劳动力多、水面多、船只多、野草绿肥多的资源，组织人员掀起广积自然肥的高潮。当时生产大队要求每 3 亩田要有一个草泥潭，每亩须积足 80~100 担优质草塘泥。1971 年，各生产队为解决农田有机肥料，发动所有年富力强的劳动力到上海潭子湾罱黑泥、捡垃圾。此类肥既可作为培育壮秧肥，又可作为其他有机肥使用。垃圾可作为麦田盖籽肥和油菜秧苗的基肥。同时，江浦生产

大队还组织积肥突击队、先锋队，铲除田岸草造肥，并派人到上海、苏州郊区等地割野草，积造自然肥，这样初步实现了稻麦亩产超千斤。

罱河泥 河泥历来是水稻、三麦生长需要的一种有机肥，一般都是以草塘泥为主。村民过了农历正月十五之后就开始罱河泥。罱河泥是一种既要有技巧，又要有体力的农活，两个人一天可罱 15~20 吨泥。村民用铡短的稻柴、青草或花草等塘泥，放在河泥里，叫作草塘泥。待 20 天之后，再把草塘泥挑至 60~100 米远的泥塘里，这称作“颠潭”，以便将空潭再积满，保证每块田里都能送上草塘泥。

翻潭 历来为农村主要农事之一。村民先把已填好的草塘泥从塘里吊起，把塘岸锤实夯结以防漏水；然后将花草或野草与草塘泥一层一层掺和，混在一起；一般待 10 天后，它们会腐烂、发酵，产生很好的肥效。注意要保证其间不漏水，否则效果会差。

猪窠肥 20 世纪 60—70 年代，江浦村域内几乎家家养猪。农家养猪除了在经济上增加收入，还要踏猪窠。凡农家的有机垃圾，如吃剩的蔬菜等，都要同稻柴一起混合起来垫猪圈，这是优质有机肥，是对水稻、三麦、油菜生产十分有利的有机肥，猪窠肥效力长、效力高。农家有“养仔三年亏本猪，垩在田里不得知”的谚语。

罱黑泥 20 世纪 70 年代，江浦村域内多数生产队在每年的春、冬两季组织强壮的劳动力去上海罱黑泥。每年春季，派两人摇载重量 5 吨的船去上海潭子湾罱黑泥，最快一天一夜就能装满黑泥返回（当时没有电动帆船，只能靠手摇或拉纤，遇顺风时，船只就能扬帆前进）。村民将黑泥装回队里后，再挑进泥潭，经过 2 个多月的发酵后，铺在秧板上，能培育出壮秧，效果很好。

捡垃圾 每年冬季，生产队用载重量 5 吨的船派 3 人去上海捡垃圾，最快两天一夜就能返回。垃圾经过 1—2 个月的腐烂、发酵，去除有害物质，撒在小麦垄上或播种在油菜地里作为肥料。此类做法效果十分明显。

四、兴修水利

1949 年前，江浦村自然村分散零落，大多数农田分布广，且高低不平，圩堤低矮，河道极少，淤泥极多。中华人民共和国成立后，党和政府高度重视水利建设，把兴修水利作为农村经济建设的重点，以根治水患。1958 年 10 月 27 日，昆山县开展高标准河网化试点工程，即动工兴建江浦圩河网化工程。全县组织 25 000 名民工参与施工，在江浦村域内开通疏浚江浦河、西荡河、东风河及 8 条生产河，至 11 月底该工程基本竣工。仅用 1 个月的时间，民工累计挖土 132 万立方米。

1958 年江浦村域水利建设
（2019 年，昆山市水利局档案室供图）

在昆山县重点工程建设指挥部的领导下，施工期间，工地上插满了红旗、彩旗，民工按连队编制，进行分段施工，场面声势浩大，几万人在长达 3 000 米的江浦河、西荡河、东风河，不分昼夜，挑灯夜战，干劲十足，你追我赶，人人争当先锋。民工就地吃饭，夜宿民房，有的挑担子，有的扛箩筐，还有的用绳索牵引。仅花了 1 个月时间，民工就完成了全部工程，使得江浦圩真正达到了河网化的标准。

1958 年 12 月初，在昆山县水利部门领导的陪同下，苏联水文地质专家巴索娃对江浦圩高标准河网化试点工程进行指导，在刚竣工的西荡河北、庙泾河边建造电力排灌站——江浦排灌站。建成的排灌站能灌溉 3 000 多亩农田，汛期可在 24 小时内排出洪水。王友开担任江浦排灌站第一任站长。

1958 年 12 月 4 日，全国水利检查团团长杨继光视察昆山县江浦圩高标准河网化试点工程。12 月 31 日，江苏省委书记刘顺元在江苏省委农村工作部部长孙加诺、苏州地委书记储江的陪同下，视察了该工程。江浦村域通过兴建电力排灌站，开挖丰产河，修建沟渠、涵洞，抢修圩堤，疏浚河道，提高了抗洪、排涝能力；通过配套更新改造，遇旱有水，遇涝排水，以及采用机械化作业，确保丰产丰收。

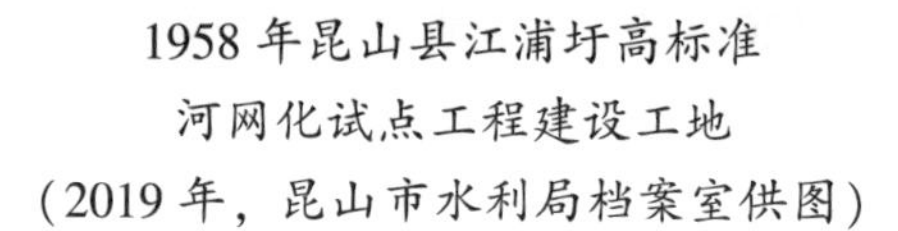
1958 年昆山县江浦圩高标准
河网化试点工程建设工地
（2019 年，昆山市水利局档案室供图）

1958 年苏联专家巴索娃考察昆山县
江浦圩高标准河网化试点工程建设情况
（2019 年，昆山市水利局档案室供图）

20 世纪 60 年代，江浦生产大队在上级党组织和政府的正确领导下，以“愚公移山”的精神大兴水利建设。通过联圩并圩，疏通河道，筑防洪圩堤，冬季发动群众对大、小渠系及三沟进行维修、清理、加固等措施，增强了农田排灌能力，为粮食生产稳产、高产打好了扎实的基础。

1973 年，江浦排灌站将 20 英寸水泵改造为 40 英寸水泵。1975 年，江浦生产大队自筹资金，建造 20 英寸水泵站 1 座，主要解决第 1、第 2、第 4 生产队灌溉难题。此后，江浦村域农田灾年不受涝灾，旱年不愁缺水，基本实现旱涝保收，使全大队的粮食生产保持在全社的上游水平。1980 年，在江浦村域内东风桥下建闸 1 座，有效控制汛期洪灾。2007 年，在东荡河北侧建立东荡排水站，配置轴流泵 2 台，功率分别是 132 千瓦和 80 千瓦。2008 年，在共青小区 C 区建立西荡排水站 1 座，配置轴流泵 2 台，每台功率 132 千瓦。

五、“四新技术”推广

（一）推广新品种

水稻品种　最初，江浦村域自选自留的籼稻以六十黄为主，辅以少量的晚粳、中粳品种。1955—1970 年，江浦村域逐渐更换中晚粳品种。由于晚粳秸秆长，易倒伏，又引进了矮秆抗倒伏的农垦 58，又称“世界稻”。20 世纪 70 年代，江浦村域推行双季稻种植品种。前季稻以二九青、元丰早、矮南早、广矮 4

号、二九南等籼稻为主，后季稻以农垦 6 号、金南风、沪选 19、桂花黄、扬糯等中粳稻为主。20 世纪 70 年代的单季稻引进了杂交稻广年矮等品种，缩减双季稻后，恢复两熟制，淘汰广年矮，改种昆农选、苏粳等单季稻品种。20 世纪 80 年代后期，江浦村域推广以昆稻、昆农选、太湖糯为主的优良品种。2000 年后，江浦村域因农田被征用而停止推广水稻品种。

三麦 20 世纪 60 年代前，江浦村域种植三麦仍以农家自种自留为主。20 世纪 60 年代后，小麦品种有华东 6 号、苏麦 1 号、望麦 17 号等良种。20 世纪 70 年代，三麦品种有早熟 3 号、沪麦 4 号、海麦 1 号。20 世纪 80 年代，小麦有昆麦 672、扬麦、宁麦，大麦有沪麦 4 号、早熟 3 号，元麦有海麦 1 号。20 世纪 90 年代，小麦以扬麦 5 号、扬麦 4 号为主，大麦以沪麦 4 号为主。2000 年，江浦村域因农田被征，三麦品种没有变化。

油菜 1949 年前，江浦村域内的蔬菜品种主要有土油菜、荠菜、野麻菜。中华人民共和国成立后，油菜良种有胜利 52 号、朝鲜菜、泰兴油菜、宁油良种等，20 世纪 90 年代，油菜良种主要引进汇油 50 号新品，油菜采用免耕移栽，并采取边种边施肥的方式，以确保成活率高。至 2000 年，江浦村域因农田被征用而停止推广油菜品种。

（二）推广新农技

水稻新农技 20 世纪 60 年代，江浦生产大队农业生产开始注重推广新农技。20 世纪 70 年代，水稻播种推广陈永康的“稀落谷”育秧法，通过这一农艺培育壮秧。每亩秧田播种在 60 公斤左右，秧田与大田比例为 1 ∶ 30。通过这一新农技，水稻移栽后早发棵、增粒重。20 世纪 80 年代，为适应机械插秧，江浦村域推广薄膜育秧，使秧苗生长与机械插秧时间节点相吻合。20 世纪 80 年代末，水稻育秧推广肥床旱育，使秧苗在移栽前粗壮有力，确保增产。

三麦新农技 20 世纪 60—70 年代，江浦村域在三麦新农技方面主要推广沙洲县塘桥式栽培技术，即弓背式麦纶，一纶一沟。在确保麦种下田既能吸肥，又不受雨水影响造成烂种的情况下，保证出芽率。20 世纪 80 年代，江浦村域推广板田麦，板田麦必须在水稻收割前把麦种播到水稻田里，收稻时麦已长出两三片叶子。这一新农技省工、省力，出苗效果好。

（三）推广新肥药

20 世纪 60 年代初期，各级政府十分重视农作物的病虫害防治工作，采取防重兼治、以防为主、防治并举的原则。随着农业技术的发展，药物防治逐渐代替人工防治。目前，江浦村应用的新肥药主要有氯化铵、氯化钾、碳酸氢铵、硫酸铵、硫酸钾等。

20 世纪 70 年代，江浦村域成立了农业技术专业队伍，城南乡成立了农科站，江浦村配备了专业技术人员。农技员胡阿毛掌握农作物病情，做好虫情监测调查记录，并分析和研究上级发出的具体防治指令，即防治二化螟须掌握虫口密度、产卵高峰期，在虫龄 2~3 天时防治效果最佳。江浦村域推广新肥药后，替代了原始的点灯、摘稻苞虫、拔枯心苗等人工防治方法，对水稻稳产、高产起到了重要作用。

（四）推广新农机

随着工业化的迅速发展，自 20 世纪 70 年代起，江浦村域农耕农事逐步采用机械化运作。如：耕田用手扶拖拉机和中型拖拉机；治虫用迷雾喷雾机；脱粒由人工脚踏脱粒机改为电动脱粒机；运输由人工摇船改为挂机运输船。江浦村域新农机的推广大大提高了农业生产效率。

农业“四新技术”的推广，逐步摆脱了长期以来农事依靠人力、耕田依靠牛力、运输依靠船力的原始、传统、粗放的模式和广种薄收、自给自足的被动局面，并向科技兴农进军。20 世纪 60 年代，在传统农业模式下，江浦村域水稻亩产水平停留在 250~400 斤，三麦亩产停留在 200~300 斤，油菜亩产停留在 100~150 斤。进入 20 世纪 70 年代，随着江浦村域丰产片的建设和“四新技术”的推广，粮油产量明显上升，水稻亩产超 800 斤，三麦亩产超 400 斤，油菜亩产超 300 斤，农民真正尝到了“四新技术”的甜头。上述农耕制度一直沿用至 2000 年，后因农田被征用，村民基本停止耕作。

第三节　轶闻杂记

一、缺医少药

中华人民共和国成立后，昆山基本没有像样的医院及医疗设备，只有个别私人诊所，村民就医难。当时，江浦村域只有几名民间自学行医的土郎中，为村民服务。20世纪五六十年代，东荡自然村有两位贴牙郎中，一位是杨金奎，另一位是杨如松，在当时的江浦村域内，小有名气，为牙病患者解决了很多牙科问题。

1947—1968年，河南港自然村有一个在方圆十里内小有名气的接生婆，名叫沈爱宝。周边自然村中的妇女都请她接生孩子，她接生的婴儿成活率很高，深受村民的赞扬和尊重。

南西荡自然村曾有一位民间医生徐阿大，他擅长中医推拿疗法，尤其是针对小孩高烧不退、惊厥等病症可以达到手到病除的效果。

北西荡自然村内有一名乡下郎中——徐林生，江阴人士，出生于1905年，于1955年来到北西荡自然村的陈家入赘。在那个医疗资源匮乏的年代，东荡自然村曾有几个小孩时常出现肚子疼等症状，他们的家人找到徐林生医治。徐林生凭借自己精湛的中医针灸技术，做到针到病除。徐林生因医术高超，治好了很多村民的病，至今被人赞颂。

二、抗美援朝

1950年6月，朝鲜战争爆发，战火燃烧到鸭绿江边，直接威胁到中国领土完整和人民财产安全。10月，党中央毅然做出“抗美援朝，保家卫国”的重大决策。全国人民积极响应，江浦村域也不例外，村民积极投入抗美援朝运动。

1951年，江浦村域村民殷胃南报名参军，之后直接奔赴抗美援朝前线作战。

三、学习“老三篇”

毛主席的著作《为人民服务》《纪念白求恩》《愚公移山》被称为“老三篇”。学习“老三篇”高潮掀起后，农业生产掀起了“比学赶帮超”的高潮。1966年1月，城南人民公社社教分团党委和公社党委联合召开学习毛主席著作动员大会。该会议采用宣讲报告、回忆对比、典型介绍、现身说法等方式进行，调动了干部、群众学习毛主席著作的积极性，尤其是贫下中农通过学习，怀着朴素的阶级感情，深有体会地说：“翻身靠毛主席，干革命靠毛主席，毛主席思想是命根子。”还有的人说：“饭可以一日不吃，觉可以一晚不睡，毛主席著作不可一日不读。”当时，江浦生产大队掀起了男女老少一起学，家家户户共同学；在家学，在田头学，在学校学；识字的带头学，不识字的跟着学的热潮。

四、《车轮滚滚》拍摄记

1974年10月初，八一电影制片厂拍摄故事片《车轮滚滚》。这是一部国产剧情片，讲述了1948年冬，老民工耿东山在其养女——指导员耿春梅的带领下，运粮支援前线，途中与以大地主郑子成为首的一股流窜土匪进行斗争的故事。根据拍摄要求，影片摄制组在娄江边取景，并选用由江浦生产大队长夏咸康领班的40余名群众演员参演。此外，江浦小学也组织学生参与拍摄。

拍摄地选在江浦村域内的苏昆公路（312国道）及苏州河（娄江）两岸。影片摄制组拍摄了如下场景：村民杨荣根、刘步洪等人演绎拉着装有满袋粮食和物资的8条船，向东行驶前往上海方向的场景；岸边的学生演绎孩子们欢送的场景；夏梅香等人在苏昆公路上演绎挑担送货的场景；村民丁长林等随行人员演绎用独轮车前往上海方向送粮、送货的场景。当时，拍摄现场不少村民围观，场面十分热闹。影片摄制组在江浦村域整整拍摄了3天。

五、捕蟹记

江浦生产大队地处水网地区，河流、河浜纵横交错，并和阳澄湖紧密相连。20世纪60年代后期，江浦村域内的河流、河浜到处都有阳澄湖大闸蟹。有时，稻田里也能抓到蟹，俗话说："西风响，蟹脚痒，菊花开，闸蟹来。"每年9—10月，村民在白天、夜晚都可以捉到阳澄湖大闸蟹。捉蟹的方法有多种：一是用蟹网捕；二是用小方网钓；三是用铁钩到蟹洞里挖，等等。当时，江浦村域内有好多人白天到洞里挖，夜晚去捕，根据自己的爱好和情况各选一种方式，从一条河的这头走到那头，晚上河面的灯火星星点点，甚是美丽。

六、杂事记

1937年，日军入侵中国，昆山沦陷，殃及江浦村域。东荡自然村的东荡庙内，驻扎了一支日军小分队。他们横行乡里，烧杀抢掠，欺压村民，使得左邻右村的百姓不得安宁，人们只能避之不及、绕道而行。日军还肆意地捉弄村民。那时，村民过着提心吊胆的日子。

1947年，盘踞在昆山城区的国民党部队的将领曾不惜重金在江浦自然村沈支庆家的大院地下，建造地下室。地下室选用经柏油密封处理的道木来支撑地坪、顶板和四周墙体，建筑面积为300平方米。之后，国民党部队兵败，地下室没来得及被使用。1966年，在"文化大革命"初期，地下室被"红卫兵"挖开，清理出的木材，全部收缴归江浦生产大队所有，其中大部分作为建造大礼堂的建筑材料，以及制作江浦文艺宣传队的道具。

第四节　旧事拾遗

一、庙宇旧忆

土地庙　始建于清雍正二年（1724），位于江浦村东荡自然村南端，建筑面积约为16平方米。该庙由于规模小，香客不多，加上村上另一座庙宇的兴盛，

因而该庙逐年被冷落而衰败。1958 年，土地庙因开挖东风河而被拆除。

东荡庙 始建于清雍正二年，村民称其为“刘城隍庙”。整个庙院建筑面积为 380 平方米，设有山门、天井、正殿。旧时，每逢农历初一、十五，江浦村域及附近虹桥、蔡家、共青自然村的香客都会前来烧香。每年 7—8 月份，东荡庙还要举行祭祀活动。寺庙祭祀之日，香客云集，各地摊贩聚集，形成庙会。参加庙会的目的是驱瘟免疫。出庙会前，村民一般会把菩萨全部用油漆刷新，并为其穿新袍，插新旗。到了庙会当日，村民先把菩萨雕像抬至广场，搭棚，磕香案，香客云集于此，烧香跪拜。在离佛像约 30 米的地方，村民会搭一台戏，请草台班演戏。是日，家家户户请外村的亲朋好友前来看戏。戏台两边摊位鳞次栉比，摊位上有各种美食，诸如山楂片、萝卜丝、糖果等，观众云集，热闹非凡。1958 年，该庙被拆除，拆除的房料用于建造江浦排灌站。2016 年，应村民要求，重建东荡庙，位置设在江浦新村西北处，占地面积为 1.8 亩，建筑面积为 800 平方米。

二、老物件

石磨 历史上遗存的磨粉工具之一，直至 20 世纪 50 年代，江浦村域仍在使用。石磨的主要功能是将大米、麦粒等谷物磨成粉状，以便人们制作各式各样的食品。20 世纪 60 年代中期，江浦村域有了电动打粉机后，石磨的作用逐渐消退。

石锁 历史上遗存的一种力量型锻炼器具。石锁一般有 10 公斤和 15 公斤两种类型，能够有效锻炼成年人的臂力。20 世纪 50 年代后，石锁逐渐消失。

石磨（2021 年，夏正祥摄）

石锁（2021 年，夏正祥摄）

稻床 历史上遗存的生产工具之一，又称“麦床”，主要用于水稻、三麦的人工脱粒。稻床的主体是用竹子做成的床垫。村民可以将稻谷、麦子掼下来，俗称“掼稻”“掼麦”。

栈条 历史上遗存的储藏工具之一。栈条由竹篾编制而成，一般长300~600厘米，高80~100厘米。它是农户或生产队围囤粮食（稻谷、麦子等）的工具之一。20世纪80年代初期，栈条逐渐消失。

稻床（2020年，夏正祥摄）

栈条（2020年，夏正祥摄）

古钱币 古代人使用的钱币，由铜质金属制作而成。古钱币中间有孔的被称作“铜钱”，中间无孔的被称作“铜板”。

铜钱（2020年，夏正祥摄）

朝烟筒 又称“旱烟筒”，是旧时吸烟者的烟具。

摇篮 小孩日间睡觉的床。旧时，因家庭生活条件不同，村民家中主要有

竹片编制、草竹编制和木质结构三种摇篮，其中又以竹片编制的摇篮使用的人最多。

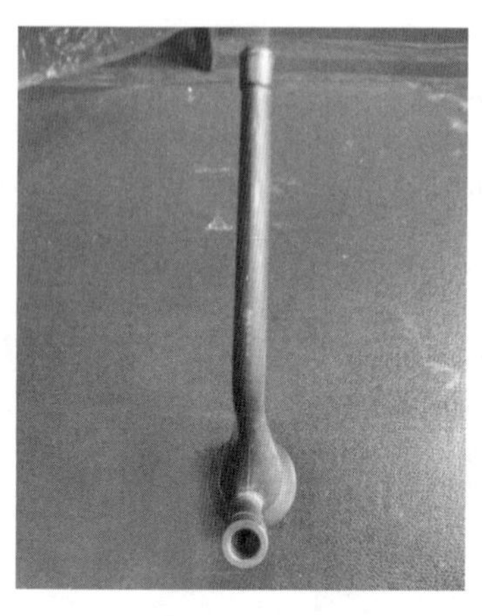

朝烟筒（2020 年，夏正祥摄）

摇篮（2020 年，夏正祥摄）

三、票证

在计划经济年代，由于物资匮乏，人们购买生活必需品时，一律凭票供应。

（一）粮油票券

下面是昆山县购粮券、购油券及江苏省地方粮票。

昆山县购粮券、购油券及江苏省地方粮票
（2020 年，夏正祥摄）

（二）煤球券

下面是昆山市煤球券。

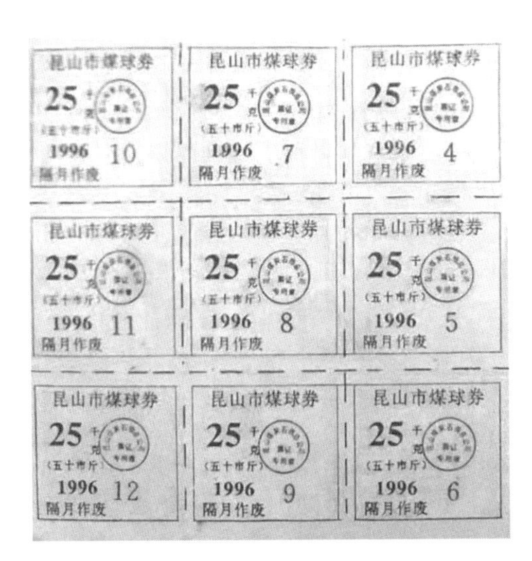

昆山市煤球券（2020 年，夏正祥摄）

（三）购粮证

下面是江苏省昆山市城镇居民购粮证。

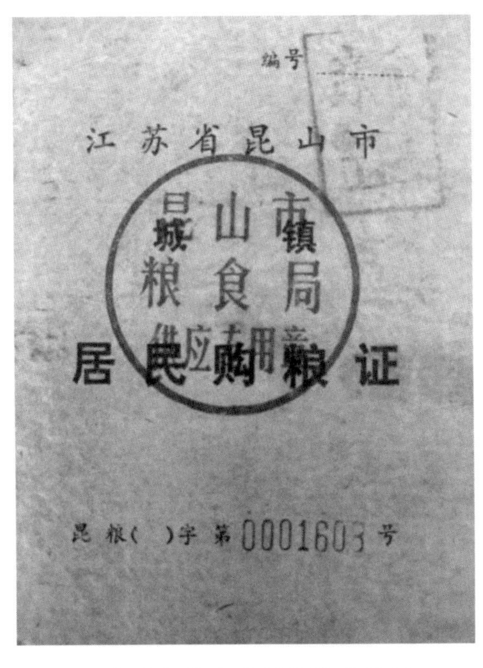

江苏省昆山市城镇居民购粮证
（2020 年，夏正祥摄）

（四）农业承包合同书

下面是昆山市玉山镇江浦村农业承包合同书。

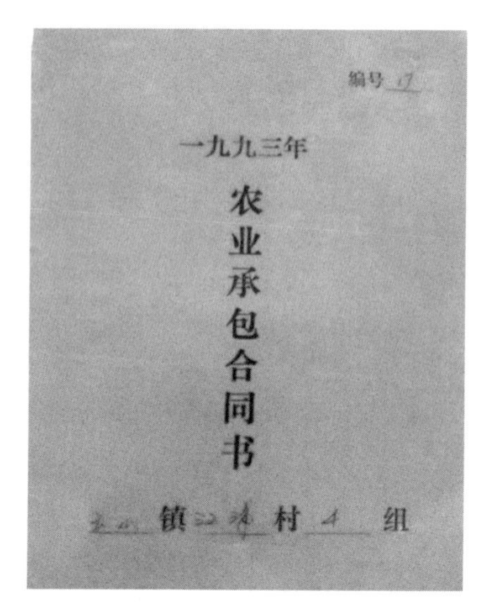

昆山市玉山镇江浦村农业承包合同书
（2020 年，夏正祥摄）

（五）农村集体土地承包经营权证书

下面是农村集体土地承包经营权证书。

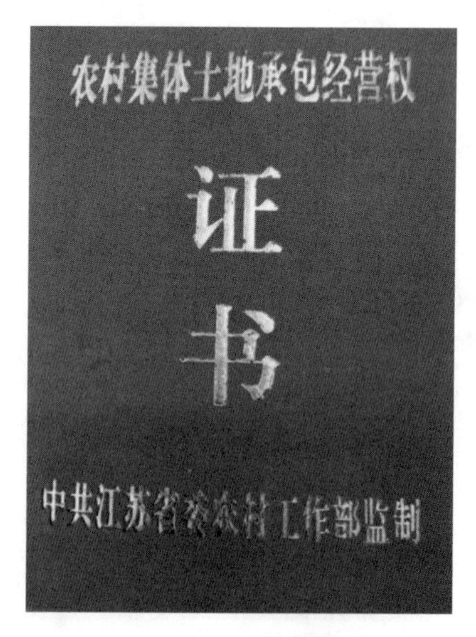

农村集体土地承包经营权证书
（2020 年，夏正祥摄）

(六) 售粮卡

下面是昆山市(县)粮食局粮油合同定购(任务)售粮卡。

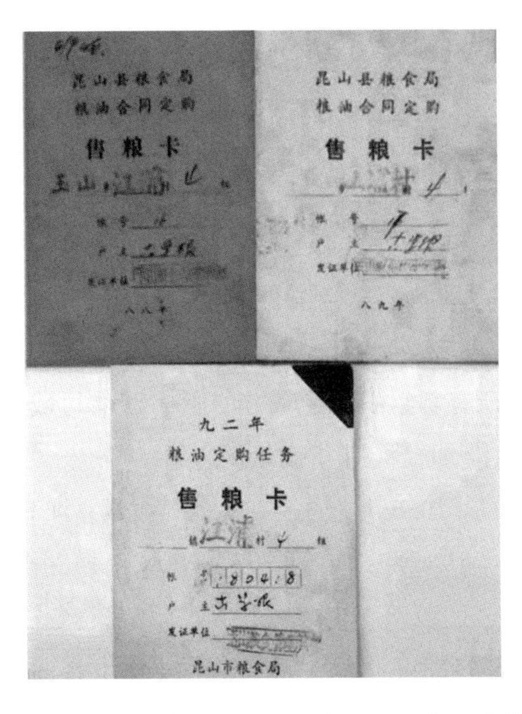
昆山县粮食局
粮油合同定购
售粮卡
帐号
户主
发证单位
八八年

昆山县粮食局
粮油合同定购
售粮卡
帐号
户主
发证单位
八九年

九二年
粮油定购任务
售粮卡
镇 江浦 村 组
帐
户主
发证单位
昆山市粮食局

昆山市(县)粮食局粮油合同定购(任务)售粮卡
(2020 年,夏正祥摄)

(七) 股票

下面是昆山县城南供销合作社股票。

昆山县城南供销合作社
№21316
股票
股数 壹股
金额 叁元整
社员
姓名 朱华仁
理事主任
会计
年 月 日

昆山县城南供销合作社股票(2020 年,夏正祥摄)

第五节　江浦“第一”

第一所农业中学　1950年2月，在江浦村域东荡庙内开办江浦农业中学。

第一个村级集体所有制组织　1956年3月，江浦村域成立江浦高级社。江浦高级社既是经济实体，也是基层行政组织。

第一个基层党组织　1956年3月，在江浦村域成立江浦高级社党支部。

第一所初级小学　1956年3月，在江浦村域南西荡自然村开办江浦初级小学。

第一个生产大队　1958年10月，在江浦村域成立江浦生产大队管理委员会和江浦生产大队党支部。

第一次兴修水利　1958年10月27日，昆山县组织全县2.5万名民工参与江浦圩高标准河网化试点工程建设，历时月余。

第一座电力排灌站　1958年12月，江浦电力排灌站——江浦排灌站竣工。

第一辆自行车　1959年，殷为男购买上海永久牌自行车。

第一所完全小学　1964年9月，江浦村域开办江浦完全小学。

第一个队办厂　1966年5月，江浦生产大队在第7生产队所在地开办粮食饲料加工厂。

第一位义务兵　1969年3月，江浦生产大队社员倪桂林光荣参军。

第一个革命委员会　1969年5月，江浦生产大队成立江浦生产大队革命委员会。

第一个合作医疗组织　1969年12月，江浦生产大队保健室更名为江浦生产大队合作医疗卫生室。

第一台手扶拖拉机　1971年5月，江浦生产大队第7、第8生产队合购第一台“东风 12 型”手扶拖拉机。

第一台中型拖拉机 1975 年 3 月，江浦生产大队购置“东方红 28 型”中型拖拉机，这是城南人民公社的第一台中型拖拉机。

第一所中学 1976 年，江浦村域开办江浦中学，招收来自江浦片区 3 个生产大队（江浦、共青、蔡家）的学生就读。

第一幢农民自建楼房 1978 年，村民陆根梅家庭建造二上二下 100 平方米楼房。

第一所幼儿园 1979 年 3 月，江浦生产大队开办江浦幼儿园。

第一条公路 1982 年，修筑虹祺路，于 1983 年通车。整条公路呈南北走向，全长 7 000 米，江浦段长 3 000 米。

第一届村委会 1983 年 6 月，江浦村域成立江浦村村委会，这是村域内第一届村委会。

第一个大学生 1984 年，村民顾秀根考上中国矿业学院（今中国矿业大学）。

第一家饭店 1985 年，村民张玉英在震川西路经营虹口饭店。

第一户购置商品房 1988 年 3 月，村民冯建新在昆山县城购置 100 平方米商品房。

第一台联合收割机 1989 年，江浦村购置“桂林 2 号”联合收割机。

第一辆轿车 1993 年，村民张志明购置轿车 1 辆。

第一户安装有线电话 1993 年，村民李玉刚家庭安装有线电话。

第一次用上自来水 1994 年 4 月，江浦村每户家庭基本用上自来水。

第一家股份制公司 1995 年 2 月，经昆山市发展和改革委员会批准，江浦村与印永刚等人共同投资入股，成立三产股份有限公司，即昆山西城建筑装璜工程公司。

第一家个体企业 1998 年，村民冯友良创办昆山市宏顺通信工程有限公司。

第一次实行普惠医疗制度 2017 年 12 月，江浦村为 161 名村民提供普惠医疗，费用共计 18.48 万元。

编后记

《江浦村志》在昆山高新区党工委、管委会的直接领导下，以及昆山市地方志编纂委员会办公室、昆山高新区（玉山镇）村志系列丛书编纂办公室的精心指导下，于2020年5月正式启动。历经2年时间，数易其稿，在志书编纂人员的共同努力下，终于问世。

江浦村党支部和江浦村村委会对村志编纂工作予以高度重视，成立了《江浦村志》编纂领导小组。由村党支部书记领衔，党支部副书记全面负责协调，同时组建了《江浦村志》编纂委员会，江浦村村“两委”在经济上也给予了充分的支持和保障，至2021年10月《江浦村志》的初稿顺利完成。

在《江浦村志》的资料收集和编纂过程中，《江浦村志》编纂委员会委员始终坚持“历史的真实性、文章的可读性、后人的传承性”原则，通过前往昆山市档案馆，查阅县志、镇志、苏州地情网和多次走访村民及召开座谈会等方式全方位收集和记录资料，并多次邀请村“两委”班子成员和“五老”人员（老干部、老战士、老专家、老教师、老劳模等离退休同志）进行反复论证，为村志编纂工作奠定良好基础。

为能客观真实地反映江浦村历史，编写人员对把握不准、史料不清的内容，尽最大努力对其进行调查、考证，不给历史留下遗憾，不对子孙进行误导，既严格按照村志写作要求，又做到文笔清晰、通俗易懂。《江浦村志》采取图文并茂的形式，力求内容丰富、史料翔实，向人民展现一幅既有传统村庄原貌，又有新时代中国特色社会主义新农村景象的画卷。

志书编修的内容浩繁，涉及面广，时间跨度长。改革开放后，由于区域调整、人员迁移与土地变更等因素，部分资料匮乏，因而部分章节内容概述不详，加上编写人员水平有限，不尽之处敬请读者批评与指正。

《江浦村志》编纂委员会

2023年10月

昆山高新区（玉山镇）村志系列丛书

江浦村志

村民家庭记载

JIANGPU CUNZHI CUNMIN JIATING JIZAI

昆山高新区（玉山镇）村志系列丛书编纂委员会 编

苏州大学出版社
Soochow University Press

图书在版编目（CIP）数据

江浦村志. 村民家庭记载 / 戴雪明主编 ; 昆山高新区（玉山镇）村志系列丛书编纂委员会编. -- 苏州 : 苏州大学出版社, 2023. 12

（昆山高新区（玉山镇）村志系列丛书）

ISBN 978-7-5672-4663-8

Ⅰ. ①江… Ⅱ. ①戴… ②昆… Ⅲ. ①村史–昆山 Ⅳ. ①K295. 35

中国国家版本馆 CIP 数据核字（2023）第 239762 号

江浦村志　村民家庭记载

编　　者　昆山高新区(玉山镇)村志系列丛书编纂委员会
主　　编　戴雪明
责任编辑　冯　云
装帧设计　刘　俊
出版发行　苏州大学出版社
地　　址　苏州市十梓街 1 号
邮　　编　215006
电　　话　0512-67481020
网　　址　http://www.sudapress.com
邮　　箱　sdcbs@ suda.edu.cn
印　　刷　苏州市越洋印刷有限公司
开　　本　787 mm×1 092 mm　1/16　插页 16　印张 25. 25(共两册)　字数 445 千
版　　次　2023 年 12 月第 1 版
印　　次　2023 年 12 月第 1 次印刷
书　　号　ISBN 978-7-5672-4663-8
定　　价　120. 00 元(共两册)

目　录

村民家庭记载

村民家庭记载

江浦村辖11个村民小组。至2020年年底，本村民家庭记载根据村民意愿与实际情况，将每户村民“家庭成员”信息、“家庭大事”有选择地收录，实际收录的户数为314户。

本村民家庭记载将314户村民家庭进行列表记述，仅对村民家庭的现状和历史片段进行简明记录。所载“家庭成员”以户籍登记为主，辅以生于域内而户籍不在者。所载“家庭大事”，是为记录家庭及成员重大事件而设，部分家庭出于各种缘由留有空白。

一、江浦村村民小组、户数一览表

江浦村村民小组、户数一览表

村民小组	户数/户	村民小组	户数/户
第1村民小组	45	第7村民小组	24
第2村民小组	18	第8村民小组	25
第3村民小组	36	第9村民小组	25
第4村民小组	24	第10村民小组	31
第5村民小组	33	第11村民小组	30
第6村民小组	23	—	—

二、江浦村村民家庭记载

江浦村第 1 村民小组

	姓名	与户主关系	性别	出生年月	民族
家庭成员	崔 健	户主	男	1964 年 9 月	汉族
	富丽娟	妻子	女	1969 年 8 月	汉族
	富泉根	岳父	男	1947 年 8 月	汉族
	富玲燕	女儿	女	1991 年 11 月	汉族
	赵予凡	女婿	男	1990 年 11 月	汉族
	赵芷宁	长外孙女	女	2014 年 12 月	汉族
	富昱宁	次外孙女	女	2016 年 11 月	汉族
家庭大事	2000 年，购商品房 1 套。 2001 年，动迁至江浦新村自建别墅。 2014 年，购轿车 1 辆。 2016 年，购轿车 1 辆。 2019 年，翻建别墅 1 幢。				

	姓名	与户主关系	性别	出生年月	民族
家庭成员	冯友明	户主	男	1968 年 11 月	汉族
	王银花	妻子	女	1967 年 2 月	汉族
	冯 燕	女儿	女	1991 年 8 月	汉族
家庭大事	2001 年，动迁至江浦新村自建别墅。 2005 年，购商品房 1 套。 2019 年，购轿车 1 辆。 2020 年，翻建别墅 1 幢。				

<table>
<tr><td rowspan="7">家庭成员</td><td>姓名</td><td>与户主关系</td><td>性别</td><td>出生年月</td><td>民族</td></tr>
<tr><td>冯友根</td><td>户主</td><td>男</td><td>1956 年 4 月</td><td>汉族</td></tr>
<tr><td>蔡素英</td><td>妻子</td><td>女</td><td>1960 年 4 月</td><td>汉族</td></tr>
<tr><td>冯　俊</td><td>儿子</td><td>男</td><td>1982 年 7 月</td><td>汉族</td></tr>
<tr><td>王丽娜</td><td>儿媳</td><td>女</td><td>1986 年 6 月</td><td>汉族</td></tr>
<tr><td>冯梓瑞</td><td>长孙</td><td>男</td><td>2011 年 1 月</td><td>汉族</td></tr>
<tr><td>王梓齐</td><td>次孙</td><td>男</td><td>2013 年 4 月</td><td>汉族</td></tr>
<tr><td>家庭大事</td><td colspan="5">1994 年，购商品房 1 套。
2000 年，动迁至江浦新村自建别墅。
2009 年，购轿车 1 辆。
2015 年，购轿车 1 辆。
2019 年，翻建别墅 1 幢。</td></tr>
</table>

<table>
<tr><td rowspan="9">家庭成员</td><td>姓名</td><td>与户主关系</td><td>性别</td><td>出生年月</td><td>民族</td></tr>
<tr><td>沈根妹</td><td>户主</td><td>女</td><td>1966 年 5 月</td><td>汉族</td></tr>
<tr><td>王龙海</td><td>丈夫</td><td>男</td><td>1964 年 5 月</td><td>汉族</td></tr>
<tr><td>王步泉</td><td>公公</td><td>男</td><td>1938 年 2 月</td><td>汉族</td></tr>
<tr><td>刘正妹</td><td>婆婆</td><td>女</td><td>1940 年 12 月</td><td>汉族</td></tr>
<tr><td>王媛雯</td><td>女儿</td><td>女</td><td>1989 年 8 月</td><td>汉族</td></tr>
<tr><td>赵金伟</td><td>女婿</td><td>男</td><td>1989 年 8 月</td><td>汉族</td></tr>
<tr><td>赵一雯</td><td>外孙女</td><td>女</td><td>2016 年 1 月</td><td>汉族</td></tr>
<tr><td>王知一</td><td>外孙</td><td>男</td><td>2020 年 4 月</td><td>汉族</td></tr>
<tr><td>家庭大事</td><td colspan="5">1994 年，王龙海加入中国共产党。
2001 年，动迁至江浦新村自建别墅。
2011 年，王媛雯毕业于复旦大学。
2012 年，赵金伟毕业于湖南理工学院。
2012 年，购货车 1 辆。
2014 年，购轿车 1 辆。
2019 年，购商品房 1 套。
2020 年，翻建别墅 1 幢。</td></tr>
</table>

	姓名	与户主关系	性别	出生年月	民族
家庭成员	钱志明	户主	男	1966 年 5 月	汉族
	黄雪芳	妻子	女	1968 年 8 月	汉族
	钱　俊	儿子	男	1989 年 6 月	汉族
家庭大事	2001 年，动迁至江浦新村自建别墅。 2018 年，购轿车 1 辆。 2020 年，翻建别墅 1 幢。				

	姓名	与户主关系	性别	出生年月	民族
家庭成员	陆文明	户主	男	1969 年 1 月	汉族
	杨应秀	妻子	女	1970 年 1 月	汉族
	陆　琪	女儿	女	1996 年 8 月	汉族
	陈　童	女婿	男	1992 年 6 月	汉族
	陈沐霖	外孙	男	2018 年 9 月	汉族
家庭大事	2001 年，动迁至江浦新村自建别墅。 2020 年，翻建别墅 1 幢。				

	姓名	与户主关系	性别	出生年月	民族
家庭成员	丁桃宝	户主	女	1946 年 10 月	汉族
	季金花	女儿	女	1971 年 4 月	汉族
	孙水根	女婿	男	1968 年 8 月	汉族
	季嘉伦	外孙女	女	1995 年 7 月	汉族
家庭大事	2000 年，动迁至江浦新村自建别墅。 2000 年，购商品房 1 套。 2015 年，季嘉伦毕业于苏州幼儿师范高等专科学校，并担任昆山市南港中心幼儿园教师。 2015 年，购轿车 1 辆。 2019 年，翻建别墅 1 幢。				

	姓名	与户主关系	性别	出生年月	民族
家庭成员	汤世发	户主	男	1954 年 4 月	汉族
	蒋阿六	妻子	女	1957 年 12 月	汉族
	汤建娟	女儿	女	1979 年 12 月	汉族
	丁付荣	女婿	男	1973 年 9 月	汉族
	汤丁玥	外孙女	女	2004 年 4 月	汉族
	丁汤智轩	外孙	男	2011 年 2 月	汉族
家庭大事	2001 年，动迁至江浦新村自建别墅。 2016 年，购轿车 1 辆。 2020 年，翻建别墅 1 幢。				

	姓名	与户主关系	性别	出生年月	民族
家庭成员	富雪根	户主	男	1954 年 1 月	汉族
	叶秀珍	妻子	女	1954 年 2 月	汉族
	富勤花	女儿	女	1979 年 11 月	汉族
	龚宝林	女婿	男	1979 年 10 月	汉族
	龚芮兴	外孙	男	2002 年 8 月	汉族
	富千芮	外孙女	女	2008 年 1 月	汉族
家庭大事	2000 年，动迁至江浦新村自建别墅。 2010 年，购轿车 1 辆。 2019 年，翻建别墅 1 幢。				

<table>
<tr><td rowspan="7">家庭成员</td><td>姓名</td><td>与户主关系</td><td>性别</td><td>出生年月</td><td>民族</td></tr>
<tr><td>冯阿小</td><td>户主</td><td>男</td><td>1958 年 12 月</td><td>汉族</td></tr>
<tr><td>冯妹妹</td><td>妻子</td><td>女</td><td>1959 年 12 月</td><td>汉族</td></tr>
<tr><td>冯苏珍</td><td>女儿</td><td>女</td><td>1982 年 1 月</td><td>汉族</td></tr>
<tr><td>戴柯祥</td><td>女婿</td><td>男</td><td>1973 年 3 月</td><td>汉族</td></tr>
<tr><td>冯智伟</td><td>长外孙</td><td>男</td><td>2005 年 7 月</td><td>汉族</td></tr>
<tr><td>戴为杰</td><td>次外孙</td><td>男</td><td>2017 年 1 月</td><td>汉族</td></tr>
<tr><td>家庭大事</td><td colspan="5">1990 年，动迁至江浦新村自建别墅。
1992 年，戴柯祥毕业于盐城“五七”干校。
1997 年，翻建楼房 1 幢。
2014 年，购轿车 1 辆。
2019 年，翻建别墅 1 幢。</td></tr>
</table>

<table>
<tr><td rowspan="2">家庭成员</td><td>姓名</td><td>与户主关系</td><td>性别</td><td>出生年月</td><td>民族</td></tr>
<tr><td>富小弟</td><td>户主</td><td>男</td><td>1952 年 4 月</td><td>汉族</td></tr>
<tr><td>家庭大事</td><td colspan="5">2008 年，获动迁安置房 2 套。</td></tr>
</table>

<table>
<tr><td rowspan="2">家庭成员</td><td>姓名</td><td>与户主关系</td><td>性别</td><td>出生年月</td><td>民族</td></tr>
<tr><td>吴国琴</td><td>户主</td><td>女</td><td>1974 年 7 月</td><td>汉族</td></tr>
<tr><td>家庭大事</td><td colspan="5">2010 年，购商品房 1 套。</td></tr>
</table>

	姓名	与户主关系	性别	出生年月	民族
家庭成员	冯　良	户主	男	1976 年 2 月	汉族
	李艳丽	妻子	女	1985 年 12 月	汉族
	冯克明	父亲	男	1949 年 11 月	汉族
	蔡玉英	母亲	女	1953 年 8 月	汉族
	冯佳琪	女儿	女	2000 年 12 月	汉族
	冯奕文	长子	男	2012 年 6 月	汉族
	冯奕豪	次子	男	2012 年 6 月	汉族
家庭大事	1996 年，冯良加入中国共产党，并参军入伍，于 1999 年退伍。 2001 年，动迁至江浦新村自建别墅。 2019 年，冯佳琪就读于湖南科技大学。 2020 年，翻建别墅 1 幢。				

	姓名	与户主关系	性别	出生年月	民族
家庭成员	富三男	户主	男	1956 年 12 月	汉族
	焦凤鸣	妻子	女	1963 年 10 月	汉族
	富玉芳	女儿	女	1985 年 7 月	汉族
	高志亮	女婿	男	1978 年 9 月	汉族
	富诗琪	长外孙女	女	2007 年 12 月	汉族
	高诗滢	次外孙女	女	2018 年 8 月	汉族
家庭大事	1976 年，富三男参军入伍，于 1978 年退伍。 1990 年，动迁至江浦新村自建别墅。 2016 年，购轿车 1 辆。 2019 年，翻建别墅 1 幢。				

	姓名	与户主关系	性别	出生年月	民族
家庭成员	富舒越	户主	男	1987 年 9 月	汉族
	沈晓红	妻子	女	1986 年 12 月	汉族
	季梅芳	母亲	女	1964 年 11 月	汉族
	富懿轩	儿子	男	2012 年 9 月	汉族
	富嘉婕	女儿	女	2019 年 9 月	汉族
家庭大事	2001 年，动迁至江浦新村自建别墅。 2006 年，富舒越参军入伍，于 2008 年退伍，并加入中国共产党。 2009 年，沈晓红毕业于扬州大学，并加入中国共产党。 2016 年，购商品房 1 套。 2019 年，翻建别墅 1 幢。 2020 年，购轿车 2 辆。				

	姓名	与户主关系	性别	出生年月	民族
家庭成员	富阿毛	户主	男	1950 年 4 月	汉族
	朱玉珍	妻子	女	1953 年 3 月	汉族
	富春梅	长女	女	1977 年 3 月	汉族
	黄华平	长婿	男	1977 年 6 月	汉族
	富冬梅	次女	女	1978 年 12 月	汉族
	朱建华	次婿	男	1977 年 1 月	汉族
	富婧雯	长外孙女	女	2002 年 3 月	汉族
	朱以文	次外孙女	女	2007 年 9 月	汉族
	朱翎嘉	三外孙女	女	2009 年 7 月	汉族
家庭大事	2001 年，购商品房 1 套。 2001 年，购轿车 1 辆。				

	姓名	与户主关系	性别	出生年月	民族
家庭成员	富小男	户主	男	1955 年 1 月	汉族
	严爱萍	妻子	女	1959 年 11 月	汉族
	富　华	儿子	男	1979 年 5 月	汉族
	曹小燕	儿媳	女	1978 年 7 月	汉族
	富宇轩	长孙女	女	2003 年 8 月	汉族
	富奕辰	次孙女	女	2012 年 4 月	汉族
家庭大事	1986 年，建楼房 1 幢。 2001 年，动迁至江浦新村自建别墅。 2001 年，富华毕业于洛阳理工学院。 2005 年，购商品房 1 套。 2008 年，曹小燕加入中国共产党，于 2014 毕业于南京财经大学。 2016 年，购轿车 1 辆。 2020 年，翻建别墅 1 幢。 2020 年，购轿车 1 辆。				

	姓名	与户主关系	性别	出生年月	民族
家庭成员	富卫忠	户主	男	1970 年 3 月	汉族
	吴国珍	妻子	女	1971 年 12 月	汉族
	富泉生	父亲	男	1941 年 4 月	汉族
	顾雪妹	母亲	女	1947 年 11 月	汉族
	富　雯	女儿	女	1993 年 11 月	汉族
	何　伟	女婿	男	1992 年 8 月	汉族
	何懿萱	长外孙女	女	2016 年 10 月	汉族
	富瑜懿	次外孙女	女	2019 年 1 月	汉族
家庭大事	2001 年，动迁至江浦新村自建别墅。 2015 年，购轿车 1 辆。 2017 年，购轿车 1 辆。 2020 年，翻建别墅 1 幢。				

<table>
<tr><td rowspan="2">家庭成员</td><td>姓名</td><td>与户主关系</td><td>性别</td><td>出生年月</td><td>民族</td></tr>
<tr><td>张文珍</td><td>户主</td><td>女</td><td>1966 年 7 月</td><td>汉族</td></tr>
<tr><td>家庭大事</td><td colspan="5">2001 年，动迁至江浦新村自建别墅。</td></tr>
</table>

<table>
<tr><td rowspan="6">家庭成员</td><td>姓名</td><td>与户主关系</td><td>性别</td><td>出生年月</td><td>民族</td></tr>
<tr><td>蔡瑞兴</td><td>户主</td><td>男</td><td>1954 年 11 月</td><td>汉族</td></tr>
<tr><td>张念梅</td><td>妻子</td><td>女</td><td>1954 年 12 月</td><td>汉族</td></tr>
<tr><td>蔡玲珍</td><td>女儿</td><td>女</td><td>1985 年 4 月</td><td>汉族</td></tr>
<tr><td>郑　毅</td><td>女婿</td><td>男</td><td>1982 年 11 月</td><td>汉族</td></tr>
<tr><td>郑蔡恒</td><td>外孙</td><td>男</td><td>2020 年 9 月</td><td>汉族</td></tr>
<tr><td>家庭大事</td><td colspan="5">2001 年，动迁至江浦新村自建别墅。
1996 年，购商品房 1 套。
2007 年，郑毅毕业于华侨大学。
2012 年，蔡玲珍毕业于苏州大学。</td></tr>
</table>

<table>
<tr><td rowspan="8">家庭成员</td><td>姓名</td><td>与户主关系</td><td>性别</td><td>出生年月</td><td>民族</td></tr>
<tr><td>冯惠青</td><td>户主</td><td>男</td><td>1970 年 11 月</td><td>汉族</td></tr>
<tr><td>周琴华</td><td>妻子</td><td>女</td><td>1971 年 12 月</td><td>汉族</td></tr>
<tr><td>钱玉英</td><td>母亲</td><td>女</td><td>1949 年 1 月</td><td>汉族</td></tr>
<tr><td>冯晔祺</td><td>女儿</td><td>女</td><td>1993 年 8 月</td><td>汉族</td></tr>
<tr><td>夏　添</td><td>女婿</td><td>男</td><td>1992 年 8 月</td><td>汉族</td></tr>
<tr><td>夏子淳</td><td>外孙女</td><td>女</td><td>2016 年 8 月</td><td>汉族</td></tr>
<tr><td>冯奕棠</td><td>外孙</td><td>男</td><td>2018 年 7 月</td><td>汉族</td></tr>
<tr><td>家庭大事</td><td colspan="5">1993 年，冯惠青毕业于武汉理工大学。
2003 年，建楼房 1 幢。
2004 年，购商品房 1 套。
2014 年，周琴华加入中国共产党。
2015 年，购轿车 1 辆。
2015 年，冯晔祺毕业于英国伯明翰城市大学。
2015 年，夏添毕业于英国伯明翰城市大学。
2017 年，购轿车 1 辆。
2019 年，购轿车 1 辆。</td></tr>
</table>

	姓名	与户主关系	性别	出生年月	民族
家庭成员	汤保权	户主	男	1969 年 11 月	汉族
	梁培芳	妻子	女	1967 年 5 月	汉族
	张雪琴	母亲	女	1950 年 12 月	汉族
	汤修成	儿子	男	1992 年 7 月	汉族
	徐　莉	儿媳	女	1993 年 3 月	汉族
	汤贻欣	孙女	女	2015 年 10 月	汉族
	徐祎飞	孙子	男	2017 年 11 月	汉族
家庭大事	2001 年，动迁至江浦新村自建别墅。 2012 年，购轿车 1 辆。 2018 年，购轿车 1 辆。 2020 年，翻建别墅 1 幢。				

	姓名	与户主关系	性别	出生年月	民族
家庭成员	富梅花	户主	女	1979 年 1 月	汉族
	郭新华	丈夫	男	1977 年 3 月	汉族
	富阿炳	父亲	男	1950 年 4 月	汉族
	孙光秀	母亲	女	1950 年 7 月	汉族
	富郭昊	儿子	男	2004 年 8 月	汉族
家庭大事	2001 年，动迁至江浦新村自建别墅。 2004 年，购轿车 1 辆。 2020 年，翻建别墅 1 幢。				

	姓名	与户主关系	性别	出生年月	民族
家庭成员	富炳男	户主	男	1963 年 12 月	汉族
	沈玉芳	妻子	女	1979 年 11 月	汉族
	富　静	女儿	女	1988 年 3 月	汉族
	严　峰	女婿	男	1983 年 3 月	汉族
	严晨文	外孙	男	2012 年 8 月	汉族
家庭大事	2000 年，购商品房 1 套。 2001 年，动迁至江浦新村自建别墅。 2001 年，购商品房 1 套。 2008 年，富静担任昆山市周市金澄幼儿园教师。 2014 年，购轿车 1 辆。 2017 年，沈玉芳创办昆山恒富辉装饰工程有限公司。 2018 年，购轿车 1 辆。 2019 年，翻建别墅 1 幢。				

	姓名	与户主关系	性别	出生年月	民族
家庭成员	冯惠根	户主	男	1968 年 12 月	汉族
	柳秀英	妻子	女	1968 年 8 月	汉族
	冯　民	儿子	男	1994 年 2 月	汉族
	支淑娴	儿媳	女	1994 年 1 月	汉族
家庭大事	2001 年，动迁至江浦新村自建别墅。 2010 年，购轿车 1 辆。 2016 年，购轿车 1 辆。 2020 年，翻建别墅 1 幢。				

	姓名	与户主关系	性别	出生年月	民族
家庭成员	夏建琴	户主	女	1964 年 5 月	汉族
	富惠明	丈夫	男	1966 年 9 月	汉族
	富　芸	女儿	女	1989 年 3 月	汉族
家庭大事	1998 年，动迁至江浦新村自建别墅。 2017 年，购轿车 1 辆。 2019 年，翻建别墅 1 幢。				

	姓名	与户主关系	性别	出生年月	民族
家庭成员	阚玉华	户主	女	1970 年 8 月	汉族
	王龙金	丈夫	男	1968 年 2 月	汉族
	王佳萍	女儿	女	1994 年 1 月	汉族
	顾　吉	女婿	男	1990 年 1 月	汉族
	顾晓绮	外孙	男	2019 年 2 月	汉族
家庭大事	2001 年，动迁至江浦新村自建别墅。 2017 年，购轿车 1 辆。 2020 年，翻建别墅 1 幢。				

	姓名	与户主关系	性别	出生年月	民族
家庭成员	汤小林	户主	男	1956 年 9 月	汉族
	杨春花	妻子	女	1960 年 2 月	汉族
	汤建刚	儿子	男	1992 年 8 月	汉族
	高玉萍	儿媳	女	1987 年 9 月	汉族
	汤文杰	长孙	男	2005 年 12 月	汉族
	高文俊	次孙	男	2011 年 7 月	汉族
家庭大事	1977 年，汤小林参军入伍，于 1981 年退伍。 2001 年，动迁至江浦新村自建别墅。 2016 年，购轿车 1 辆。 2019 年，翻建别墅 1 幢。				

	姓名	与户主关系	性别	出生年月	民族
家庭成员	富卫国	户主	男	1972 年 5 月	汉族
	李建兰	妻子	女	1975 年 11 月	汉族
	富欣怡	女儿	女	1997 年 2 月	汉族
家庭大事	1999 年，动迁至江浦新村自建别墅。 2017 年，购轿车 1 辆。 2020 年，翻建别墅 1 幢。				

	姓名	与户主关系	性别	出生年月	民族
家庭成员	冯惠良	户主	男	1962 年 6 月	汉族
	沈彩珍	妻子	女	1964 年 8 月	汉族
	冯大毛	父亲	男	1941 年 6 月	汉族
	冯珠妹	母亲	女	1943 年 5 月	汉族
	冯银珍	女儿	女	1985 年 11 月	汉族
	邬岳太	女婿	男	1978 年 7 月	汉族
	冯安琪	外孙女	女	2007 年 11 月	汉族
	邬冯洋	外孙	男	2012 年 11 月	汉族
家庭大事	2001 年，动迁至江浦新村自建别墅。 2008 年，购商品房 1 套。 2009 年，邬岳太毕业于南京工业大学。 2019 年，购轿车 1 辆。 2020 年，翻建别墅 1 幢。				

	姓名	与户主关系	性别	出生年月	民族
家庭成员	沈雪民	户主	男	1979 年 3 月	汉族
	高月琴	妻子	女	1977 年 7 月	汉族
	沈进元	父亲	男	1952 年 3 月	汉族
	富美芳	母亲	女	1952 年 3 月	汉族
	沈嘉豪	长子	男	2004 年 6 月	汉族
	富嘉俊	次子	男	2013 年 1 月	汉族
家庭大事	2013 年，购商品房 1 套。 2016 年，购轿车 1 辆。 2018 年，动迁至江浦新村自建别墅。 2020 年，翻建别墅 1 幢。				

	姓名	与户主关系	性别	出生年月	民族
家庭成员	富炳生	户主	男	1958 年 5 月	汉族
	朱金凤	妻子	女	1966 年 5 月	汉族
	富　雄	儿子	男	1990 年 1 月	汉族
	富梓涵	孙女	女	2012 年 6 月	汉族
家庭大事					

	姓名	与户主关系	性别	出生年月	民族
家庭成员	富寒斌	户主	男	1972 年 12 月	汉族
	孙小英	妻子	女	1973 年 1 月	汉族
	季文青	母亲	女	1957 年 12 月	汉族
	富珺怡	女儿	女	1996 年 2 月	汉族
家庭大事	2001 年，动迁至江浦新村自建别墅。 2010 年，购轿车 1 辆。 2016 年，购轿车 1 辆。 2019 年，富珺怡毕业于江苏第二师范学院，并担任昆山高新区茗景苑幼儿园教师。 2020 年，翻建别墅 1 幢。				

<table>
<tr><td rowspan="4">家庭成员</td><th>姓名</th><th>与户主关系</th><th>性别</th><th>出生年月</th><th>民族</th></tr>
<tr><td>冯建青</td><td>户主</td><td>男</td><td>1978 年 10 月</td><td>汉族</td></tr>
<tr><td>唐亚琴</td><td>妻子</td><td>女</td><td>1981 年 9 月</td><td>汉族</td></tr>
<tr><td>唐俊杰</td><td>儿子</td><td>男</td><td>2006 年 10 月</td><td>汉族</td></tr>
<tr><td>家庭大事</td><td colspan="5">2001 年，购商品房 1 套。
2020 年，购轿车 1 辆。</td></tr>
</table>

<table>
<tr><td rowspan="8">家庭成员</td><th>姓名</th><th>与户主关系</th><th>性别</th><th>出生年月</th><th>民族</th></tr>
<tr><td>季招妹</td><td>户主</td><td>女</td><td>1921 年 9 月</td><td>汉族</td></tr>
<tr><td>汪长生</td><td>儿子</td><td>男</td><td>1958 年 2 月</td><td>汉族</td></tr>
<tr><td>李梅花</td><td>儿媳</td><td>女</td><td>1961 年 1 月</td><td>汉族</td></tr>
<tr><td>汪　瑜</td><td>孙女</td><td>女</td><td>1983 年 2 月</td><td>汉族</td></tr>
<tr><td>秦莉强</td><td>孙婿</td><td>男</td><td>1982 年 6 月</td><td>汉族</td></tr>
<tr><td>秦海鑫</td><td>曾孙女</td><td>女</td><td>2007 年 8 月</td><td>汉族</td></tr>
<tr><td>秦海赟</td><td>曾孙</td><td>男</td><td>2018 年 4 月</td><td>汉族</td></tr>
<tr><td>家庭大事</td><td colspan="5">2001 年，购商品房 1 套。
2019 年，购轿车 1 辆。</td></tr>
</table>

<table>
<tr><td rowspan="6">家庭成员</td><th>姓名</th><th>与户主关系</th><th>性别</th><th>出生年月</th><th>民族</th></tr>
<tr><td>冯三毛</td><td>户主</td><td>男</td><td>1952 年 3 月</td><td>汉族</td></tr>
<tr><td>朱梅珍</td><td>妻子</td><td>女</td><td>1953 年 7 月</td><td>汉族</td></tr>
<tr><td>冯建明</td><td>儿子</td><td>男</td><td>1976 年 10 月</td><td>汉族</td></tr>
<tr><td>邵金凤</td><td>儿媳</td><td>女</td><td>1978 年 4 月</td><td>汉族</td></tr>
<tr><td>冯熙雯</td><td>孙女</td><td>女</td><td>2001 年 11 月</td><td>汉族</td></tr>
<tr><td>家庭大事</td><td colspan="5">2000 年，动迁至江浦新村自建别墅。
2019 年，翻建别墅 1 幢。
2019 年，购轿车 1 辆。</td></tr>
</table>

<table>
<tr><td rowspan="6">家庭成员</td><th>姓名</th><th>与户主关系</th><th>性别</th><th>出生年月</th><th>民族</th></tr>
<tr><td>冯友良</td><td>户主</td><td>男</td><td>1962 年 8 月</td><td>汉族</td></tr>
<tr><td>姚凤英</td><td>妻子</td><td>女</td><td>1963 年 5 月</td><td>汉族</td></tr>
<tr><td>冯　彬</td><td>儿子</td><td>男</td><td>1985 年 6 月</td><td>汉族</td></tr>
<tr><td>吴祯珍</td><td>儿媳</td><td>女</td><td>1986 年 3 月</td><td>汉族</td></tr>
<tr><td>冯馨禾</td><td>孙女</td><td>女</td><td>2011 年 3 月</td><td>汉族</td></tr>
<tr><td>家庭大事</td><td colspan="5">1998 年，冯友良创办昆山市宏顺通信工程有限公司，并加入中国共产党。
1998 年，购轿车 1 辆。
2001 年，动迁至江浦新村自建别墅。
2005 年，购商品房 1 套。
2006 年，购轿车 1 辆。
2009 年，冯彬毕业于中国传媒大学南广学院（今南京传媒学院），并于 2012 年加入中国共产党。
2009 年，吴祯珍毕业于中国传媒大学南广学院（今南京传媒学院），并加入中国共产党。
2020 年，翻建别墅 1 幢。</td></tr>
</table>

<table>
<tr><td rowspan="6">家庭成员</td><th>姓名</th><th>与户主关系</th><th>性别</th><th>出生年月</th><th>民族</th></tr>
<tr><td>陆文龙</td><td>户主</td><td>男</td><td>1954 年 8 月</td><td>汉族</td></tr>
<tr><td>束美娟</td><td>妻子</td><td>女</td><td>1958 年 5 月</td><td>汉族</td></tr>
<tr><td>陆　燕</td><td>女儿</td><td>女</td><td>1983 年 9 月</td><td>汉族</td></tr>
<tr><td>顾恺汶</td><td>长外孙</td><td>男</td><td>2007 年 6 月</td><td>汉族</td></tr>
<tr><td>陆恺辰</td><td>次外孙</td><td>男</td><td>2011 年 2 月</td><td>汉族</td></tr>
<tr><td>家庭大事</td><td colspan="5">2001 年，动迁至江浦新村自建别墅。
2006 年，陆燕毕业于淮阴工学院。
2019 年，购轿车 1 辆。</td></tr>
</table>

家庭成员	姓名	与户主关系	性别	出生年月	民族
	张龙元	户主	男	1951 年 11 月	汉族
	陈玉珍	妻子	女	1954 年 2 月	汉族
	张振宇	儿子	男	1980 年 11 月	汉族
	朱艳萍	儿媳	女	1982 年 7 月	汉族
	张志新	孙子	男	2007 年 5 月	汉族
家庭大事	2001 年，动迁至江浦新村自建别墅。 2011 年，购轿车 1 辆。 2019 年，购商品房 1 套。				

家庭成员	姓名	与户主关系	性别	出生年月	民族
	王龙伟	户主	男	1971 年 1 月	汉族
	丁玉玲	妻子	女	1971 年 9 月	汉族
	王佳俊	儿子	男	1994 年 11 月	汉族
家庭大事	2001 年，动迁至江浦新村自建别墅。 2016 年，购轿车 1 辆。 2020 年，翻建别墅 1 幢。				

家庭成员	姓名	与户主关系	性别	出生年月	民族
	冯华青	户主	男	1977 年 7 月	汉族
	陈芳英	妻子	女	1976 年 3 月	汉族
	冯欣暖	女儿	女	2003 年 12 月	汉族
家庭大事	2001 年，冯华青毕业于苏州大学，并于 2006 年加入中国共产党。 2009 年，购轿车 1 辆。 2013 年，购商品房 1 套。 2019 年，购轿车 1 辆。				

	姓名	与户主关系	性别	出生年月	民族
家庭成员	冯惠男	户主	男	1963 年 10 月	汉族
	季金妹	妻子	女	1965 年 2 月	汉族
	冯　俊	儿子	男	1987 年 2 月	汉族
	庄　荔	儿媳	女	1987 年 6 月	汉族
	冯晟洁	长孙女	女	2011 年 9 月	汉族
	庄梦涵	次孙女	女	2014 年 8 月	汉族
家庭大事	1990 年，建楼房 1 幢。 1992 年，动迁至江浦新村自建别墅。 2004 年，购商品房 1 套。 2018 年，购轿车 1 辆。 2020 年，翻建别墅 1 幢。				

	姓名	与户主关系	性别	出生年月	民族
家庭成员	陆文安	户主	男	1965 年 10 月	汉族
	孙凤珍	妻子	女	1964 年 10 月	汉族
	王云娣	母亲	女	1933 年 9 月	汉族
	陆雅敏	女儿	女	1998 年 3 月	汉族
	周　超	女婿	男	1987 年 2 月	汉族
	周奕辰	外孙	男	2014 年 10 月	汉族
家庭大事	1999 年，购商品房 1 套。 2000 年，动迁至江浦新村自建别墅。 2017 年，陆雅敏就读于苏州大学。 2018 年，购轿车 1 辆。 2020 年，翻建别墅 1 幢。				

	姓名	与户主关系	性别	出生年月	民族
家庭成员	钱宝根	户主	男	1936 年 6 月	汉族
	佘阿梅	妻子	女	1944 年 2 月	汉族
	钱志良	儿子	男	1963 年 9 月	汉族
	钱　斌	孙子	男	1989 年 10 月	汉族
家庭大事	2001 年，动迁至江浦新村自建别墅。				

	姓名	与户主关系	性别	出生年月	民族
家庭成员	佘杏春	户主	男	1936 年 4 月	汉族
	佘雪芳	女儿	女	1972 年 12 月	汉族
	鲍雄强	女婿	男	1970 年 2 月	汉族
	鲍昱辉	外孙	男	1998 年 9 月	汉族
家庭大事	1955 年，佘杏春加入中国共产党。 2002 年，动迁至江浦新村自建别墅。 2013 年，佘雪芳加入中国共产党。 2013 年，购轿车 1 辆。 2019 年，翻建别墅 1 幢。				

	姓名	与户主关系	性别	出生年月	民族
家庭成员	富火良	户主	男	1964 年 10 月	汉族
	沈凤妹	妻子	女	1966 年 9 月	汉族
	富　悦	女儿	女	1988 年 6 月	汉族
	富梓恒	长外孙	男	2012 年 2 月	汉族
	夏浩钧	次外孙	男	2013 年 12 月	汉族
家庭大事	1981 年，富火良加入中国共产党。 1986 年，建平房 3 间。 2000 年，建楼房 1 幢。 2010 年，购轿车 1 辆。 2011 年，富悦毕业于南京师范大学。 2020 年，购轿车 1 辆。 2020 年，翻建别墅 1 幢。				

	姓名	与户主关系	性别	出生年月	民族
家庭成员	钱炳炳	户主	男	1958 年 8 月	汉族
	罗月珍	妻子	女	1959 年 4 月	汉族
	沈金妹	母亲	女	1942 年 2 月	汉族
	钱　红	女儿	女	1982 年 4 月	汉族
	钱盛雨	外孙女	女	2005 年 9 月	汉族
家庭大事	1991 年，建楼房 1 幢。 2000 年，建楼房 1 幢。 2009 年，购轿车 1 辆。 2019 年，购轿车 1 辆。 2020 年，翻建别墅 1 幢。				

家庭成员	姓名	与户主关系	性别	出生年月	民族
	富火根	户主	男	1962 年 12 月	汉族
	顾惠兰	妻子	女	1964 年 7 月	汉族
	富大毛	父亲	男	1939 年 2 月	汉族
	姚炳英	母亲	女	1940 年 7 月	汉族
	富　杰	儿子	男	1985 年 12 月	汉族
	马于婷	儿媳	女	1992 年 2 月	汉族
家庭大事	1990 年，建平房 2 间。 2001 年，建楼房 1 幢。 2009 年，购轿车 1 辆。 2010 年，富杰毕业于中国人民解放军南京政治学院。 2017 年，购轿车 1 辆。 2020 年，翻建别墅 1 幢。				

家庭成员	姓名	与户主关系	性别	出生年月	民族
	钱建忠	户主	男	1971 年 6 月	汉族
	鲍凤娣	妻子	女	1972 年 9 月	汉族
	王月青	母亲	女	1944 年 3 月	汉族
	钱毅峰	儿子	男	1995 年 3 月	汉族
家庭大事	1986 年，建楼房 1 幢。 2000 年，建楼房 1 幢。 2012 年，购轿车 1 辆。 2020 年，翻建别墅 1 幢。				

	姓名	与户主关系	性别	出生年月	民族
家庭成员	田学富	户主	男	1945 年 10 月	汉族
	冯水英	妻子	女	1950 年 3 月	汉族
	冯建娥	长女	女	1968 年 10 月	汉族
	冯建妹	次女	女	1971 年 3 月	汉族
	周　源	外孙	男	1989 年 8 月	汉族
家庭大事	1981 年，建平房 4 间。 2000 年，建楼房 1 幢。 2018 年，购轿车 1 辆。 2020 年，翻建别墅 1 幢。				

	姓名	与户主关系	性别	出生年月	民族
家庭成员	钱阿炳	户主	男	1945 年 2 月	汉族
	蔡凤英	妻子	女	1949 年 4 月	汉族
	钱仁元	叔父	男	1939 年 4 月	汉族
	钱惠芳	女儿	女	1970 年 7 月	汉族
	钱杰康	外孙	男	1991 年 5 月	汉族
	钱王怡	外孙女	女	2001 年 2 月	汉族
	钱欣怡	曾外孙女	女	2020 年 2 月	汉族
家庭大事	2006 年，获动迁安置房 4 套。 2010 年，购轿车 1 辆。 2016 年，购轿车 1 辆。				

	姓名	与户主关系	性别	出生年月	民族
家庭成员	冯玉珍	户主	女	1978 年 12 月	汉族
	王冬英	母亲	女	1954 年 1 月	汉族
	冯天憶	女儿	女	2009 年 8 月	汉族
家庭大事	1990 年，建平房 6 间。 2000 年，建楼房 1 幢。 2019 年，翻建别墅 1 幢。				

	姓名	与户主关系	性别	出生年月	民族
家庭成员	冯根兴	户主	男	1954 年 7 月	汉族
	张秧妹	妻子	女	1953 年 6 月	汉族
	冯建华	儿子	男	1974 年 11 月	汉族
	冯智超	孙子	男	1999 年 8 月	汉族
家庭大事	1987 年，建楼房 1 幢。 2000 年，建楼房 1 幢。 2012 年，购轿车 1 辆。 2017 年，冯智超参军入伍，于 2019 年退伍。 2019 年，翻建别墅 1 幢。				

	姓名	与户主关系	性别	出生年月	民族
家庭成员	冯　娟	户主	女	1970 年 1 月	汉族
	陆建华	丈夫	男	1967 年 5 月	汉族
	冯惠英	母亲	女	1949 年 12 月	汉族
	冯　强	儿子	男	1990 年 8 月	汉族
家庭大事	1987 年，建楼房 1 幢。 2000 年，建楼房 1 幢。 2014 年，冯强毕业于中国科学院大学。 2018 年，购轿车 1 辆。 2020 年，翻建别墅 1 幢。				

	姓名	与户主关系	性别	出生年月	民族
家庭成员	富大苟	户主	男	1946 年 4 月	汉族
	富金妹	妻子	女	1945 年 4 月	汉族
	富成强	儿子	男	1976 年 5 月	汉族
	柳金妹	儿媳	女	1975 年 5 月	汉族
	富潇意	孙女	女	1997 年 6 月	汉族
家庭大事	1988 年，建楼房 1 幢。 2000 年，建楼房 1 幢。 2018 年，购轿车 1 辆。 2020 年，翻建别墅 1 幢。				

	姓名	与户主关系	性别	出生年月	民族
家庭成员	曹进峰	户主	男	1970 年 12 月	汉族
	肖玉珍	妻子	女	1973 年 6 月	汉族
	曹宝英	母亲	女	1945 年 6 月	汉族
	曹　烨	儿子	男	1995 年 8 月	汉族
家庭大事	1986 年，建楼房 1 幢。 2000 年，建楼房 1 幢。 2012 年，购轿车 1 辆。 2016 年，购轿车 1 辆。 2020 年，翻建别墅 1 幢。				

	姓名	与户主关系	性别	出生年月	民族
家庭成员	刘国良	户主	男	1970 年 3 月	汉族
	黄白妹	妻子	女	1971 年 7 月	汉族
	刘正女	母亲	女	1950 年 2 月	汉族
	刘国琴	妹妹	女	1976 年 4 月	汉族
	刘　渊	儿子	男	1997 年 10 月	汉族
家庭大事	1988 年，建楼房 1 幢。 1989 年，刘国良参军入伍，并于 1992 年退伍。 2000 年，建楼房 1 幢。 2016 年，购轿车 1 辆。 2018 年，刘渊毕业于扬州大学。 2020 年，翻建别墅 1 幢。				

	姓名	与户主关系	性别	出生年月	民族
家庭成员	曹月英	户主	女	1950 年 1 月	汉族
	李　娟	女儿	女	1976 年 11 月	汉族
家庭大事	1991 年，建楼房 1 幢。 2000 年，建楼房 1 幢。 2011 年，购轿车 1 辆。 2020 年，翻建别墅 1 幢。				

	姓名	与户主关系	性别	出生年月	民族
家庭成员	冯建明	户主	男	1954 年 9 月	汉族
	楼雪娥	妻子	女	1955 年 3 月	汉族
	黄宁玉	女儿	女	1980 年 8 月	汉族
	冯　磊	儿子	男	1999 年 4 月	汉族
家庭大事	1982 年，建楼房 1 幢。 2000 年，建楼房 1 幢。 2018 年，购轿车 1 辆。 2020 年，翻建别墅 1 幢。				

	姓名	与户主关系	性别	出生年月	民族
家庭成员	陈士昆	户主	男	1975 年 6 月	汉族
	施玲玲	妻子	女	1987 年 11 月	汉族
	刘小英	母亲	女	1954 年 4 月	汉族
	俞佳成	儿子	男	2008 年 9 月	汉族
家庭大事	1993 年，购轿车 1 辆。 1995 年，刘小英加入中国共产党。 2006 年，获动迁安置房 2 套。				

	姓名	与户主关系	性别	出生年月	民族
家庭成员	陈建荣	户主	男	1959 年 9 月	汉族
	张素珍	妻子	女	1962 年 12 月	汉族
	陈　翀	儿子	男	1986 年 1 月	汉族
家庭大事	1986 年，建楼房 1 幢。 1990 年，张素珍加入中国共产党。 2000 年，建楼房 1 幢。 2001 年，张素珍被选为江苏省第五届人民代表大会代表，并于 2002 年获“苏州市劳动模范”称号。 2007 年，购轿车 1 辆。 2013 年，购轿车 1 辆。 2015 年，购轿车 1 辆。 2020 年，翻建别墅 1 幢。				

<table>
<tr><td rowspan="6">家庭成员</td><td>姓名</td><td>与户主关系</td><td>性别</td><td>出生年月</td><td>民族</td></tr>
<tr><td>冯建良</td><td>户主</td><td>男</td><td>1965 年 6 月</td><td>汉族</td></tr>
<tr><td>吴惠琴</td><td>妻子</td><td>女</td><td>1966 年 8 月</td><td>汉族</td></tr>
<tr><td>冯　鑫</td><td>儿子</td><td>男</td><td>1997 年 1 月</td><td>汉族</td></tr>
<tr><td>冯逸墨</td><td>长孙</td><td>男</td><td>2013 年 10 月</td><td>汉族</td></tr>
<tr><td>赵裕然</td><td>次孙</td><td>男</td><td>2017 年 5 月</td><td>汉族</td></tr>
<tr><td>家庭大事</td><td colspan="5">1982 年，建楼房 1 幢。
1994 年，建楼房 1 幢。
2011 年，冯鑫毕业于南通大学，并担任昆山市周市镇永平小学教师。
2016 年，购轿车 1 辆。
2019 年，翻建别墅 1 幢。</td></tr>
</table>

<table>
<tr><td rowspan="5">家庭成员</td><td>姓名</td><td>与户主关系</td><td>性别</td><td>出生年月</td><td>民族</td></tr>
<tr><td>富建民</td><td>户主</td><td>男</td><td>1967 年 1 月</td><td>汉族</td></tr>
<tr><td>郑红妹</td><td>妻子</td><td>女</td><td>1965 年 5 月</td><td>汉族</td></tr>
<tr><td>周野梅</td><td>母亲</td><td>女</td><td>1944 年 1 月</td><td>汉族</td></tr>
<tr><td>富　俊</td><td>儿子</td><td>男</td><td>1989 年 5 月</td><td>汉族</td></tr>
<tr><td>家庭大事</td><td colspan="5">1996 年，建楼房 1 幢。
1998 年，购轿车 1 辆。
2008 年，富俊参军入伍，并于 2012 年退伍。
2018 年，购轿车 1 辆。
2020 年，翻建别墅 1 幢。</td></tr>
</table>

江浦村第3村民小组

	姓名	与户主关系	性别	出生年月	民族
家庭成员	陈光林	户主	男	1947年8月	汉族
	夏正秀	妻子	女	1948年12月	汉族
	陈小虎	儿子	男	1974年7月	汉族
	陈梦蝶	孙女	女	1997年8月	汉族
家庭大事	1981年，建楼房1幢。 2004年，获动迁安置房2套。				

	姓名	与户主关系	性别	出生年月	民族
家庭成员	李惠明	户主	男	1965年3月	汉族
	沈玉珍	妻子	女	1964年8月	汉族
	李　峰	儿子	男	1987年12月	汉族
	刘　炜	儿媳	女	1988年9月	汉族
	李昱毅	孙子	男	2012年8月	汉族
家庭大事	1985年，建楼房1幢。 2004年，获动迁安置房2套。 2010年，李峰毕业于上海交通大学。 2011年，刘炜毕业于淮阴师范学院。 2016年，购轿车1辆。 2017年，购轿车1辆。				

	姓名	与户主关系	性别	出生年月	民族
家庭成员	李伟东	户主	男	1970 年 8 月	汉族
	浦春芳	妻子	女	1975 年 4 月	汉族
	李峻铷	女儿	女	1996 年 11 月	汉族
家庭大事	1988 年，建楼房 1 幢。 1990 年，李伟东参军入伍，于 1994 年退伍，并加入中国共产党。 1999 年，购商品房 1 套。 2004 年，获动迁安置房 4 套。 2017 年，购轿车 1 辆。 2019 年，浦春芳毕业于中国农业大学。 2020 年，李峻铷毕业于南京理工大学。				

	姓名	与户主关系	性别	出生年月	民族
家庭成员	管建弟	户主	男	1968 年 2 月	汉族
	李春兰	妻子	女	1968 年 2 月	汉族
	管坤福	父亲	男	1944 年 10 月	汉族
	管　军	儿子	男	1992 年 3 月	汉族
家庭大事	1989 年，建楼房 1 幢。 2004 年，获动迁安置房 2 套。				

	姓名	与户主关系	性别	出生年月	民族
家庭成员	李世连	户主	男	1971 年 6 月	汉族
	翁建芬	妻子	女	1974 年 11 月	汉族
	翁永吉	儿子	男	1996 年 1 月	汉族
	高艳芳	儿媳	女	1994 年 1 月	汉族
家庭大事	1998 年，建楼房 1 幢。 2004 年，获动迁安置房 3 套。 2009 年，购轿车 1 辆。 2018 年，购商品房 1 套。				

	姓名	与户主关系	性别	出生年月	民族
家庭成员	翁建兴	户主	男	1977 年 1 月	汉族
	杨　红	妻子	女	1978 年 8 月	汉族
	许其富	父亲	男	1949 年 12 月	汉族
	翁秋花	母亲	女	1952 年 9 月	汉族
	翁永琪	女儿	女	2001 年 11 月	汉族
	杨孝铭	儿子	男	2010 年 12 月	汉族
家庭大事	1990 年，建楼房 1 幢。 2004 年，获动迁安置房 3 套。 2018 年，购轿车 1 辆。				

	姓名	与户主关系	性别	出生年月	民族
家庭成员	蔡福宝	户主	男	1946 年 7 月	汉族
	富根梅	妻子	女	1947 年 3 月	汉族
	蔡惠勇	儿子	男	1976 年 6 月	汉族
	许德洪	儿媳	女	1981 年 7 月	汉族
	蔡欣远	孙子	男	2018 年 10 月	汉族
家庭大事	1965 年，富根梅加入中国共产党。 1988 年，建楼房 1 幢。 2004 年，获动迁安置房 2 套。 2017 年，购轿车 1 辆。				

	姓名	与户主关系	性别	出生年月	民族
家庭成员	蔡惠林	户主	男	1968 年 11 月	汉族
	王翠英	妻子	女	1968 年 8 月	汉族
	蔡　敏	女儿	女	1991 年 10 月	汉族
	严　伟	女婿	男	1990 年 12 月	汉族
	严屹俊	外孙	男	2016 年 4 月	汉族
家庭大事	1988 年，建楼房 1 幢。 2004 年，获动迁安置房 2 套。 2013 年，严伟毕业于南京晓庄学院。 2014 年，蔡敏毕业于常州大学。 2016 年，购轿车 1 辆。				

	姓名	与户主关系	性别	出生年月	民族
家庭成员	管小友	户主	男	1949 年 2 月	汉族
	蔡水英	妻子	女	1949 年 3 月	汉族
	管立新	儿子	男	1971 年 2 月	汉族
	李　琴	儿媳	女	1971 年 4 月	汉族
	管嘉磊	孙子	男	1994 年 2 月	汉族
家庭大事	1987 年，建楼房 1 幢。 2004 年，获动迁安置房 2 套。 2020 年，购轿车 1 辆。				

	姓名	与户主关系	性别	出生年月	民族
家庭成员	苗民坤	户主	男	1970 年 3 月	汉族
	孙红妹	妻子	女	1973 年 6 月	汉族
	全粉孝	母亲	女	1946 年 10 月	汉族
	苗俊杰	儿子	男	1994 年 6 月	汉族
家庭大事	1991 年，建楼房 1 幢。 2000 年，购商品房 1 套。 2004 年，获动迁安置房 2 套。 2016 年，购轿车 1 辆。				

	姓名	与户主关系	性别	出生年月	民族
家庭成员	管建荣	户主	男	1971 年 7 月	汉族
	殷雪芬	妻子	女	1971 年 11 月	汉族
	管　莉	女儿	女	1995 年 12 月	汉族
	成　功	女婿	男	1994 年 3 月	汉族
家庭大事	1989 年，建楼房 1 幢。 2004 年，获动迁安置房 3 套。 2017 年，管莉毕业于河海大学。				

	姓名	与户主关系	性别	出生年月	民族
家庭成员	严志良	户主	男	1959 年 11 月	汉族
	朱纪珍	妻子	女	1961 年 11 月	汉族
	严志明	哥哥	男	1956 年 6 月	汉族
	严　萍	女儿	女	1983 年 3 月	汉族
	李　明	女婿	男	1981 年 5 月	汉族
	严　建	儿子	男	1989 年 8 月	汉族
	陈佳妮	儿媳	女	2001 年 1 月	汉族
	李泽卉	外孙女	女	2012 年 8 月	汉族
	严艺桐	孙子	男	2013 年 7 月	汉族
家庭大事	1985 年，建楼房 1 幢。 2004 年，获动迁安置房 2 套。 2007 年，严萍毕业于河海大学。 2012 年，严建毕业于江苏师范大学。 2013 年，购轿车 1 辆。				

	姓名	与户主关系	性别	出生年月	民族
家庭成员	张金弟	户主	男	1964 年 4 月	汉族
	莫阿静	妻子	女	1966 年 3 月	汉族
	张　平	儿子	男	1980 年 1 月	汉族
	张雨涵	孙女	女	2017 年 9 月	汉族
家庭大事	1986 年，建楼房 1 幢。 2004 年，获动迁安置房 2 套。				

<table>
<tr><td rowspan="5">家庭成员</td><th>姓名</th><th>与户主关系</th><th>性别</th><th>出生年月</th><th>民族</th></tr>
<tr><td>李银龙</td><td>户主</td><td>男</td><td>1964 年 3 月</td><td>汉族</td></tr>
<tr><td>季凤珍</td><td>妻子</td><td>女</td><td>1964 年 6 月</td><td>汉族</td></tr>
<tr><td>管秀英</td><td>母亲</td><td>女</td><td>1941 年 8 月</td><td>汉族</td></tr>
<tr><td>李　杰</td><td>儿子</td><td>男</td><td>1996 年 10 月</td><td>汉族</td></tr>
<tr><td>家庭大事</td><td colspan="5">1989 年，建楼房 1 幢。
2004 年，获动迁安置房 2 套。
2009 年，购轿车 1 辆。</td></tr>
</table>

<table>
<tr><td rowspan="7">家庭成员</td><th>姓名</th><th>与户主关系</th><th>性别</th><th>出生年月</th><th>民族</th></tr>
<tr><td>李金龙</td><td>户主</td><td>男</td><td>1962 年 7 月</td><td>汉族</td></tr>
<tr><td>严金娥</td><td>妻子</td><td>女</td><td>1962 年 3 月</td><td>汉族</td></tr>
<tr><td>李　清</td><td>儿子</td><td>男</td><td>1986 年 10 月</td><td>汉族</td></tr>
<tr><td>吴　敏</td><td>儿媳</td><td>女</td><td>1986 年 9 月</td><td>汉族</td></tr>
<tr><td>李睿诚</td><td>孙子</td><td>男</td><td>2012 年 2 月</td><td>汉族</td></tr>
<tr><td>吴雨葶</td><td>孙女</td><td>女</td><td>2015 年 8 月</td><td>汉族</td></tr>
<tr><td>家庭大事</td><td colspan="5">1990 年，建楼房 1 幢。
2004 年，获动迁安置房 1 套。
2008 年，李清毕业于金陵科技学院，于 2019 年加入中国共产党。
2009 年，吴敏毕业于天津商业大学。
2019 年，购轿车 1 辆。</td></tr>
</table>

	姓名	与户主关系	性别	出生年月	民族
家庭成员	蔡惠芬	户主	女	1965 年 5 月	汉族
	陈春扣	丈夫	男	1962 年 11 月	汉族
	汤小妹	母亲	女	1941 年 10 月	汉族
	蔡文君	女儿	女	1986 年 8 月	汉族
	蔡韵涵	长外孙女	女	2013 年 1 月	汉族
	朱韵萌	次外孙女	女	2015 年 4 月	汉族
家庭大事	2004 年，获动迁安置房 2 套。 2012 年，购轿车 1 辆。 2013 年，蔡文君毕业于南京审计学院（今南京审计大学）。				

	姓名	与户主关系	性别	出生年月	民族
家庭成员	王雪弟	户主	男	1949 年 2 月	汉族
	冯兰英	妻子	女	1950 年 4 月	汉族
	冯建华	女儿	女	1969 年 3 月	汉族
	冯建兴	儿子	男	1971 年 4 月	汉族
	李菊花	儿媳	女	1970 年 12 月	汉族
	冯天宇	孙子	男	1995 年 6 月	汉族
	王　玥	孙女	女	2005 年 7 月	汉族
家庭大事	1989 年，购商品房 1 套。 2000 年，冯建兴加入中国共产党。 2004 年，获动迁安置房 2 套。 2019 年，冯天宇毕业于中国传媒大学南广学院（今南京传媒学院）。				

<table>
<tr><td rowspan="6">家庭成员</td><td>姓名</td><td>与户主关系</td><td>性别</td><td>出生年月</td><td>民族</td></tr>
<tr><td>蔡福祥</td><td>户主</td><td>男</td><td>1951 年 9 月</td><td>汉族</td></tr>
<tr><td>刘正英</td><td>妻子</td><td>女</td><td>1953 年 1 月</td><td>汉族</td></tr>
<tr><td>蔡小萍</td><td>女儿</td><td>女</td><td>1977 年 6 月</td><td>汉族</td></tr>
<tr><td>吴雪明</td><td>女婿</td><td>男</td><td>1976 年 3 月</td><td>汉族</td></tr>
<tr><td>蔡怡婕</td><td>外孙女</td><td>女</td><td>1999 年 10 月</td><td>汉族</td></tr>
<tr><td>家庭大事</td><td colspan="5">1990 年，建楼房 1 幢。
2001 年，购商品房 1 套。
2004 年，获动迁安置房 4 套。
2005 年，蔡小萍毕业于南京大学。
2008 年，购轿车 1 辆。
2019 年，蔡怡婕就读于苏州大学。</td></tr>
</table>

<table>
<tr><td rowspan="6">家庭成员</td><td>姓名</td><td>与户主关系</td><td>性别</td><td>出生年月</td><td>民族</td></tr>
<tr><td>张金龙</td><td>户主</td><td>男</td><td>1958 年 4 月</td><td>汉族</td></tr>
<tr><td>钱惠芬</td><td>妻子</td><td>女</td><td>1961 年 6 月</td><td>汉族</td></tr>
<tr><td>张　荣</td><td>儿子</td><td>男</td><td>1982 年 10 月</td><td>汉族</td></tr>
<tr><td>宗丽浩</td><td>儿媳</td><td>女</td><td>1987 年 7 月</td><td>汉族</td></tr>
<tr><td>宗思涵</td><td>孙女</td><td>女</td><td>2010 年 1 月</td><td>汉族</td></tr>
<tr><td>家庭大事</td><td colspan="5">1990 年，建楼房 1 幢。
2004 年，购商品房 1 套。
2004 年，获动迁安置房 2 套。
2016 年，购轿车 1 辆。</td></tr>
</table>

<table>
<tr><td rowspan="4">家庭成员</td><td>姓名</td><td>与户主关系</td><td>性别</td><td>出生年月</td><td>民族</td></tr>
<tr><td>叶　青</td><td>户主</td><td>男</td><td>1986 年 10 月</td><td>汉族</td></tr>
<tr><td>陶月萍</td><td>母亲</td><td>女</td><td>1963 年 6 月</td><td>汉族</td></tr>
<tr><td>叶昊成</td><td>儿子</td><td>男</td><td>2009 年 8 月</td><td>汉族</td></tr>
<tr><td>家庭大事</td><td colspan="5">2004 年，获动迁安置房 1 套。</td></tr>
</table>

	姓名	与户主关系	性别	出生年月	民族
家庭成员	张良兴	户主	男	1956 年 11 月	汉族
	严金凤	妻子	女	1957 年 12 月	汉族
	陈　红	女儿	女	1982 年 9 月	汉族
	邓定武	女婿	男	1982 年 9 月	汉族
	陈雨桐	外孙	男	2008 年 11 月	汉族
	邓雨佳	外孙女	女	2012 年 5 月	汉族
家庭大事	1994 年，建楼房 1 幢。 2004 年，获动迁安置房 2 套。 2007 年，陈红毕业于南京审计学院（今南京审计大学）。 2011 年，购轿车 1 辆。 2017 年，邓定武毕业于同济大学。				

	姓名	与户主关系	性别	出生年月	民族
家庭成员	蔡凤珍	户主	女	1966 年 3 月	汉族
	范建明	丈夫	男	1963 年 9 月	汉族
	居妹妹	母亲	女	1942 年 11 月	汉族
	蔡晓鑫	女儿	女	1989 年 1 月	汉族
	沈一峰	女婿	男	1990 年 4 月	汉族
	蔡子山	孙子	男	2016 年 5 月	汉族
家庭大事	1992 年，建楼房 1 幢。 2004 年，获动迁安置房 3 套。 2016 年，购轿车 1 辆。				

	姓名	与户主关系	性别	出生年月	民族
家庭成员	李金毛	户主	男	1969 年 2 月	汉族
	蔡惠珍	妻子	女	1969 年 2 月	汉族
	李　洁	女儿	女	1992 年 10 月	汉族
	孙君宇	女婿	男	1987 年 2 月	汉族
	李同泽	外孙	男	2019 年 3 月	汉族
家庭大事	1989 年，建楼房 1 幢。 2004 年，获动迁安置房 2 套。 2009 年，孙君宇毕业于淮阴师范学院。 2015 年，李洁毕业于苏州大学。 2019 年，购轿车 1 辆。				

	姓名	与户主关系	性别	出生年月	民族
家庭成员	顾佰元	户主	男	1979 年 5 月	汉族
	蔡小红	妻子	女	1979 年 5 月	汉族
	顾茗博	儿子	男	2004 年 11 月	汉族
家庭大事	2000 年，购商品房 1 套。 2010 年，购商品房 1 套。 2019 年，购轿车 1 辆。 2019 年，顾佰元毕业于武汉理工大学。				

	姓名	与户主关系	性别	出生年月	民族
家庭成员	叶昆林	户主	男	1970 年 4 月	汉族
	贾　敬	妻子	女	1980 年 8 月	汉族
	叶荣生	父亲	男	1937 年 7 月	汉族
	叶俊文	儿子	男	1995 年 5 月	汉族
	叶思媛	女儿	女	2011 年 4 月	汉族
家庭大事	1995 年，建楼房 1 幢。 2004 年，获动迁安置房 3 套。				

	姓名	与户主关系	性别	出生年月	民族
家庭成员	田学明	户主	男	1946 年 9 月	汉族
	李金妹	妻子	女	1950 年 1 月	汉族
	李惠忠	儿子	男	1972 年 4 月	汉族
	陈　燕	儿媳	女	1971 年 9 月	汉族
	李欣怡	孙女	女	1996 年 6 月	汉族
家庭大事	1988 年，建楼房 1 幢。 2004 年，获动迁安置房 3 套。 2019 年，购轿车 1 辆。				

	姓名	与户主关系	性别	出生年月	民族
家庭成员	张根男	户主	男	1936 年 2 月	汉族
	严桃妹	妻子	女	1937 年 2 月	汉族
	张梅芳	女儿	女	1962 年 10 月	汉族
	石冬良	女婿	男	1961 年 8 月	汉族
	张　磊	长外孙	男	1984 年 5 月	汉族
	张　坚	次外孙	男	1991 年 2 月	汉族
	叶学美	孙媳	女	1987 年 3 月	汉族
	张宸宇	长曾外孙	男	2018 年 4 月	汉族
	张宸豪	次曾外孙	男	2020 年 7 月	汉族
家庭大事	1997 年，购商品房 1 套。 2004 年，获动迁安置房 2 套。 2007 年，张磊毕业于南京化工学院（今南京工业大学）。 2012 年，购轿车 1 辆。				

	姓名	与户主关系	性别	出生年月	民族
家庭成员	李桃妹	户主	女	1945 年 4 月	汉族
	宋美弟	儿子	男	1965 年 2 月	汉族
	包建萍	儿媳	女	1967 年 6 月	汉族
	宋梦怡	女儿	女	1991 年 1 月	汉族
家庭大事	1991 年，建楼房 1 幢。 2004 年，获动迁安置房 2 套。 2017 年，购轿车 1 辆。 2019 年，购轿车 1 辆。				

	姓名	与户主关系	性别	出生年月	民族
家庭成员	刘正林	户主	男	1949 年 3 月	汉族
	钱粉英	妻子	女	1951 年 10 月	汉族
	刘秋芳	女儿	女	1971 年 10 月	汉族
	王永林	女婿	男	1969 年 4 月	汉族
	刘思洵	外孙女	女	1992 年 9 月	汉族
	张　斌	外孙婿	男	1989 年 7 月	汉族
	王刘禾	外孙	男	2014 年 7 月	汉族
	刘峻然	长曾外孙	男	2016 年 9 月	汉族
	张谨彦	次曾外孙	男	2019 年 1 月	汉族
家庭大事	1986 年，建楼房 1 幢。 1993 年，刘秋芳加入中国共产党。 2000 年，购别墅 1 幢。 2004 年，获动迁安置房 4 套。 2008 年，王永林加入中国共产党，于 2014 年毕业于北京大学。 2010 年，购轿车 1 辆。 2016 年，刘思洵毕业于南京审计学院（今南京审计大学）。				

	姓名	与户主关系	性别	出生年月	民族
家庭成员	严金苟	户主	男	1965 年 6 月	汉族
	徐凤英	妻子	女	1964 年 3 月	汉族
	严小妹	母亲	女	1929 年 5 月	汉族
	严　明	儿子	男	1987 年 12 月	汉族
	潘　烨	儿媳	女	1987 年 9 月	汉族
	严梓瑞	长孙	男	2012 年 6 月	汉族
	潘梓霖	次孙	男	2017 年 6 月	汉族
家庭大事	1983 年，建楼房 1 幢。 1997 年，严金苟加入中国共产党。 2004 年，获动迁安置房 3 套。 2006 年，购轿车 1 辆。 2009 年，购轿车 1 辆。 2009 年，严明、潘烨毕业于中国人民解放军信息工程大学（今中国人民解放军战略支援部队信息工程大学）。				

	姓名	与户主关系	性别	出生年月	民族
家庭成员	钱惠泉	户主	男	1957 年 6 月	汉族
	陈雅珍	妻子	女	1962 年 9 月	汉族
	钱　俊	儿子	男	1986 年 6 月	汉族
	陈甜甜	儿媳	女	1986 年 12 月	汉族
	钱陈澄	孙子	男	2012 年 11 月	汉族
家庭大事	2009 年，钱俊、陈甜甜毕业于徐州师范大学（今江苏师范大学）。 2010 年，钱俊加入中国共产党。 2011 年，购轿车 1 辆。 2019 年，动迁至江浦新村自建别墅。 2020 年，翻建别墅 1 幢。				

	姓名	与户主关系	性别	出生年月	民族
家庭成员	钱小弟	户主	男	1949 年 11 月	汉族
	钱　萍	女儿	女	1978 年 2 月	汉族
	钱紫莹	外孙女	女	2007 年 12 月	汉族
家庭大事	1969 年，钱小弟参军入伍，于 1978 年退伍。 1995 年，购商品房 2 套。 2018 年，购轿车 1 辆。				

	姓名	与户主关系	性别	出生年月	民族
家庭成员	苗明祥	户主	男	1954 年 5 月	汉族
	苗苏兰	女儿	女	1980 年 8 月	汉族
	张来柱	女婿	男	1975 年 2 月	汉族
	王靖瑜	外孙女	女	2004 年 7 月	汉族
家庭大事	1980 年，建楼房 1 幢。 1998 年，张来柱毕业于哈尔滨工业大学。 2004 年，获动迁安置房 2 套。 2011 年，张来柱加入中国共产党。 2014 年，购轿车 1 辆。				

	姓名	与户主关系	性别	出生年月	民族
家庭成员	钱惠明	户主	男	1964 年 5 月	汉族
	徐惠珍	非亲属	女	1964 年 2 月	汉族
	钱志魏	儿子	男	1988 年 11 月	汉族
	陈　薇	儿媳	女	1990 年 5 月	汉族
	钱玥涵	孙女	女	2016 年 8 月	汉族
家庭大事	1987 年，钱惠明加入中国共产党。 2002 年，获动迁安置房 1 套。 2011 年，钱志魏毕业于苏州科技学院（今苏州科技大学）。 2012 年，陈薇毕业于南京信息工程大学。 2013 年，购轿车 1 辆。 2019 年，购轿车 1 辆。				

	姓名	与户主关系	性别	出生年月	民族
家庭成员	管建珍	户主	女	1975 年 2 月	汉族
	刘何中	丈夫	男	1974 年 6 月	汉族
	姜文龙	儿子	男	1996 年 10 月	汉族
家庭大事	2004 年，获动迁安置房 2 套。				

	姓名	与户主关系	性别	出生年月	民族
家庭成员	苗永生	户主	男	1964 年 4 月	汉族
	顾伟芳	妻子	女	1966 年 4 月	汉族
	苗晞语	女儿	女	1989 年 8 月	汉族
	苗欣缘	外孙女	女	2013 年 10 月	汉族
家庭大事	1980 年，建楼房 1 幢。 2001 年，购轿车 1 辆。 2004 年，获动迁安置房 2 套。 2012 年，苗晞语毕业于南通大学。 2015 年，购商品房 1 套。				

江浦村第4村民小组

	姓名	与户主关系	性别	出生年月	民族
家庭成员	沈水林	户主	男	1969年3月	汉族
	赵凤珍	妻子	女	1969年2月	汉族
	赵福妹	母亲	女	1928年12月	汉族
	沈　嘉	女儿	女	1993年1月	汉族
家庭大事	2003年，购商品房1套。 2006年，获动迁安置房2套。 2010年，购轿车1辆。 2017年，沈嘉毕业于南京财经大学。				

	姓名	与户主关系	性别	出生年月	民族
家庭成员	杨根喜	户主	男	1948年11月	汉族
	曹根大	妻子	女	1948年3月	汉族
	杨惠明	儿子	男	1971年5月	汉族
	姜金花	儿媳	女	1972年5月	汉族
	杨玉婷	孙女	女	1994年11月	汉族
	宋文超	孙婿	男	1994年5月	汉族
	宋羽纾	曾外孙女	女	2019年12月	汉族
家庭大事	1986年，建楼房1幢。 2001年，购商品房1套。 2005年，获动迁安置房3套。 2006年，购轿车1辆。 2010年，姜金花加入中国共产党。 2015年，杨玉婷加入中国共产党，于2016年毕业于江苏师范大学科文学院，并担任昆山康桥学校小学部教师。 2016年，宋文超毕业于三江学院。				

<table>
<tr><td rowspan="4">家庭成员</td><th>姓名</th><th>与户主关系</th><th>性别</th><th>出生年月</th><th>民族</th></tr>
<tr><td>季小翠</td><td>户主</td><td>女</td><td>1930 年 12 月</td><td>汉族</td></tr>
<tr><td>张崇伦</td><td>儿子</td><td>男</td><td>1960 年 5 月</td><td>汉族</td></tr>
<tr><td>金兴凤</td><td>儿媳</td><td>女</td><td>1964 年 3 月</td><td>汉族</td></tr>
<tr><td>家庭大事</td><td colspan="5">1960 年，季小翠加入中国共产党。
2005 年，购商铺 1 套。
2010 年，购商品房 1 套。</td></tr>
</table>

<table>
<tr><td rowspan="2">家庭成员</td><th>姓名</th><th>与户主关系</th><th>性别</th><th>出生年月</th><th>民族</th></tr>
<tr><td>张正英</td><td>户主</td><td>女</td><td>1949 年 3 月</td><td>汉族</td></tr>
<tr><td>家庭大事</td><td colspan="5">1986 年，建楼房 1 幢。
2006 年，获动迁安置房 4 套。</td></tr>
</table>

<table>
<tr><td rowspan="6">家庭成员</td><th>姓名</th><th>与户主关系</th><th>性别</th><th>出生年月</th><th>民族</th></tr>
<tr><td>胡惠良</td><td>户主</td><td>男</td><td>1964 年 1 月</td><td>汉族</td></tr>
<tr><td>王清梅</td><td>妻子</td><td>女</td><td>1966 年 5 月</td><td>汉族</td></tr>
<tr><td>张梅英</td><td>母亲</td><td>女</td><td>1937 年 1 月</td><td>汉族</td></tr>
<tr><td>胡　敏</td><td>女儿</td><td>女</td><td>1988 年 10 月</td><td>汉族</td></tr>
<tr><td>陈煜轩</td><td>外孙</td><td>男</td><td>2016 年 2 月</td><td>汉族</td></tr>
<tr><td>家庭大事</td><td colspan="5">1980 年，建平房 3 间。
1994 年，建楼房 1 幢。
2006 年，获动迁安置房 2 套。
2015 年，购轿车 1 辆。</td></tr>
</table>

<table>
<tr><td rowspan="2">家庭成员</td><th>姓名</th><th>与户主关系</th><th>性别</th><th>出生年月</th><th>民族</th></tr>
<tr><td>沈阿三</td><td>户主</td><td>男</td><td>1949 年 12 月</td><td>汉族</td></tr>
<tr><td>家庭大事</td><td colspan="5">2006 年，获动迁安置房 1 套。</td></tr>
</table>

<table>
<tr><td rowspan="4">家庭成员</td><td>姓名</td><td>与户主关系</td><td>性别</td><td>出生年月</td><td>民族</td></tr>
<tr><td>胡纪良</td><td>户主</td><td>男</td><td>1971 年 8 月</td><td>汉族</td></tr>
<tr><td>刘　琴</td><td>妻子</td><td>女</td><td>1974 年 1 月</td><td>汉族</td></tr>
<tr><td>张子轩</td><td>儿子</td><td>男</td><td>1997 年 12 月</td><td>汉族</td></tr>
<tr><td>家庭大事</td><td colspan="5">1994 年，建楼房 1 幢。
2006 年，获动迁安置房 2 套。
2020 年，购轿车 1 辆。</td></tr>
</table>

<table>
<tr><td rowspan="6">家庭成员</td><td>姓名</td><td>与户主关系</td><td>性别</td><td>出生年月</td><td>民族</td></tr>
<tr><td>曹惠明</td><td>户主</td><td>男</td><td>1968 年 2 月</td><td>汉族</td></tr>
<tr><td>王翠红</td><td>妻子</td><td>女</td><td>1970 年 1 月</td><td>回族</td></tr>
<tr><td>潘梅英</td><td>母亲</td><td>女</td><td>1939 年 7 月</td><td>汉族</td></tr>
<tr><td>曹　文</td><td>儿子</td><td>男</td><td>1991 年 3 月</td><td>汉族</td></tr>
<tr><td>曹云皓</td><td>孙子</td><td>男</td><td>2017 年 5 月</td><td>汉族</td></tr>
<tr><td>家庭大事</td><td colspan="5">1985 年，建平房 3 间。
2005 年，获动迁安置房 2 套。</td></tr>
</table>

<table>
<tr><td rowspan="3">家庭成员</td><td>姓名</td><td>与户主关系</td><td>性别</td><td>出生年月</td><td>民族</td></tr>
<tr><td>缪国宝</td><td>户主</td><td>男</td><td>1964 年 4 月</td><td>汉族</td></tr>
<tr><td>缪佳芸</td><td>女儿</td><td>女</td><td>1996 年 11 月</td><td>汉族</td></tr>
<tr><td>家庭大事</td><td colspan="5"></td></tr>
</table>

	姓名	与户主关系	性别	出生年月	民族
家庭成员	富三宝	户主	女	1943 年 9 月	汉族
	沈玉弟	儿子	男	1968 年 2 月	汉族
	郁建娥	儿媳	女	1966 年 11 月	汉族
	沈　伟	孙子	男	1991 年 11 月	汉族
家庭大事	1978 年，建平房 4 间。 1989 年，建楼房 1 幢。 2006 年，获动迁安置房 2 套。 2008 年，购轿车 1 辆。 2009 年，沈伟毕业于南京东方文理研修学院。 2018 年，购轿车 1 辆。				

	姓名	与户主关系	性别	出生年月	民族
家庭成员	孙鸿飞	户主	男	1968 年 1 月	汉族
	胡惠芳	妻子	女	1969 年 2 月	汉族
	孙　月	女儿	女	1991 年 2 月	汉族
	王晨志	外孙	男	2015 年 12 月	汉族
	孙晨馨	外孙女	女	2017 年 12 月	汉族
家庭大事	2000 年，购商品房 1 套。 2011 年，获动迁安置房 1 套。 2013 年，购轿车 1 辆。				

	姓名	与户主关系	性别	出生年月	民族
家庭成员	胡养桃	户主	男	1949 年 4 月	汉族
	胡桂珍	妻子	女	1952 年 2 月	汉族
	胡品良	儿子	男	1974 年 8 月	汉族
	刘　华	儿媳	女	1976 年 10 月	汉族
	胡清云	孙子	男	1999 年 7 月	汉族
家庭大事	1986 年，建楼房 1 幢。 2006 年，获动迁安置房 2 套。 2011 年，购商品房 1 套。 2018 年，购轿车 1 辆。 2020 年，购轿车 1 辆。				

	姓名	与户主关系	性别	出生年月	民族
家庭成员	冯沈江	户主	男	1973 年 1 月	汉族
	陶　英	妻子	女	1975 年 1 月	汉族
	沈杏妹	母亲	女	1934 年 5 月	汉族
	冯沈逸	女儿	女	1995 年 10 月	汉族
家庭大事	1985 年，建平房 4 间。 2006 年，获动迁安置房 2 套。 2008 年，购轿车 1 辆。 2016 年，冯沈逸毕业于苏州大学。				

	姓名	与户主关系	性别	出生年月	民族
家庭成员	夏正华	户主	男	1963 年 12 月	汉族
	王翠平	妻子	女	1964 年 6 月	汉族
	夏丽婷	女儿	女	1992 年 11 月	汉族
	毕　冬	女婿	男	1992 年 1 月	满族
	毕夏铭	外孙	男	2018 年 3 月	满族
家庭大事	1982 年，建平房 2 间。 1992 年，建楼房 1 幢。 2005 年，获动迁安置房 2 套。 2012 年，购轿车 1 辆。 2015 年，购轿车 1 辆。				

	姓名	与户主关系	性别	出生年月	民族
家庭成员	袁梅芳	户主	女	1973 年 5 月	汉族
	甄录河	丈夫	男	1968 年 1 月	汉族
	甄华山	儿子	男	2004 年 9 月	汉族
家庭大事					

	姓名	与户主关系	性别	出生年月	民族
家庭成员	胡耀良	户主	男	1966 年 4 月	汉族
	朱　娟	妻子	女	1969 年 12 月	汉族
	胡月婷	女儿	女	1989 年 12 月	汉族
	朱敏华	女婿	男	1985 年 5 月	汉族
	胡忞亦	外孙女	女	2014 年 10 月	汉族
家庭大事	1994 年，建楼房 1 幢。 2006 年，获动迁安置房 3 套。 2006 年，购轿车 1 辆。 2006 年，朱敏华参军入伍，于 2008 年退伍。 2010 年，胡月婷毕业于中国人民解放军南京政治学院。 2018 年，购轿车 1 辆。				

<table>
<tr><td rowspan="5">家庭成员</td><th>姓名</th><th>与户主关系</th><th>性别</th><th>出生年月</th><th>民族</th></tr>
<tr><td>王翠刚</td><td>户主</td><td>男</td><td>1966 年 10 月</td><td>回族</td></tr>
<tr><td>方桃英</td><td>妻子</td><td>女</td><td>1965 年 11 月</td><td>汉族</td></tr>
<tr><td>潘玉华</td><td>母亲</td><td>女</td><td>1945 年 3 月</td><td>汉族</td></tr>
<tr><td>王　芳</td><td>女儿</td><td>女</td><td>1992 年 3 月</td><td>回族</td></tr>
<tr><td>家庭大事</td><td colspan="5">1986 年，建平房 3 间。
1986 年，王翠刚参军入伍，于 1989 年加入中国共产党，并于 1990 年退伍。
2004 年，购商品房 1 套。
2006 年，获动迁安置房 2 套。
2012 年，王芳加入中国共产党。
2013 年，购轿车 1 辆。</td></tr>
</table>

<table>
<tr><td rowspan="6">家庭成员</td><th>姓名</th><th>与户主关系</th><th>性别</th><th>出生年月</th><th>民族</th></tr>
<tr><td>戴雪明</td><td>户主</td><td>男</td><td>1976 年 12 月</td><td>汉族</td></tr>
<tr><td>姜惠珍</td><td>妻子</td><td>女</td><td>1979 年 10 月</td><td>汉族</td></tr>
<tr><td>戴学根</td><td>父亲</td><td>男</td><td>1948 年 10 月</td><td>汉族</td></tr>
<tr><td>张巧英</td><td>母亲</td><td>女</td><td>1947 年 9 月</td><td>汉族</td></tr>
<tr><td>戴　颖</td><td>女儿</td><td>女</td><td>2003 年 3 月</td><td>汉族</td></tr>
<tr><td>家庭大事</td><td colspan="5">1973 年，建平房 3 间。
2000 年，建楼房 1 幢。
2008 年，戴雪明毕业于中国人民解放军南京政治学院，并于 2011 年加入中国共产党。
2015 年，购轿车 1 辆。
2019 年，翻建别墅 1 幢。</td></tr>
</table>

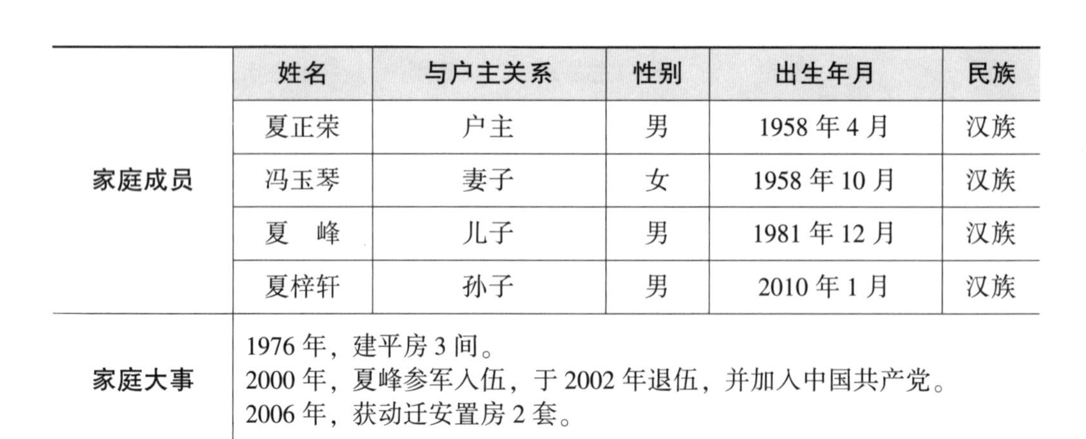

	姓名	与户主关系	性别	出生年月	民族
家庭成员	夏正荣	户主	男	1958 年 4 月	汉族
	冯玉琴	妻子	女	1958 年 10 月	汉族
	夏　峰	儿子	男	1981 年 12 月	汉族
	夏梓轩	孙子	男	2010 年 1 月	汉族
家庭大事	1976 年，建平房 3 间。 2000 年，夏峰参军入伍，于 2002 年退伍，并加入中国共产党。 2006 年，获动迁安置房 2 套。				

	姓名	与户主关系	性别	出生年月	民族
家庭成员	夏正义	户主	男	1962 年 5 月	汉族
	候秋菊	妻子	女	1968 年 8 月	汉族
	夏丽珠	女儿	女	1991 年 5 月	汉族
家庭大事	2006 年，获动迁安置房 2 套。				

	姓名	与户主关系	性别	出生年月	民族
家庭成员	张金虎	户主	男	1948 年 2 月	汉族
	孟尔兰	妻子	女	1958 年 9 月	汉族
	张锡金	儿子	男	1985 年 1 月	汉族
	孙冬梅	儿媳	女	1988 年 11 月	汉族
	张　奕	长孙	男	2008 年 6 月	汉族
	张柏彦	次孙	男	2016 年 8 月	汉族
家庭大事	1980 年，建平房 4 间。 1990 年，建楼房 1 幢。 2006 年，获动迁安置房 3 套。				

<table>
<tr><td rowspan="6">家庭成员</td><td>姓名</td><td>与户主关系</td><td>性别</td><td>出生年月</td><td>民族</td></tr>
<tr><td>沈桂男</td><td>户主</td><td>男</td><td>1942 年 9 月</td><td>汉族</td></tr>
<tr><td>季玉英</td><td>妻子</td><td>女</td><td>1946 年 6 月</td><td>汉族</td></tr>
<tr><td>沈美娟</td><td>女儿</td><td>女</td><td>1967 年 2 月</td><td>汉族</td></tr>
<tr><td>袁小弟</td><td>女婿</td><td>男</td><td>1964 年 1 月</td><td>汉族</td></tr>
<tr><td>沈　燕</td><td>外孙女</td><td>女</td><td>1988 年 2 月</td><td>汉族</td></tr>
<tr><td>家庭大事</td><td colspan="5">1984 年，建平房 3 间。
1992 年，建楼房 1 幢。
2005 年，获动迁安置房 2 套。
2019 年，购轿车 1 辆。</td></tr>
</table>

<table>
<tr><td rowspan="7">家庭成员</td><td>姓名</td><td>与户主关系</td><td>性别</td><td>出生年月</td><td>民族</td></tr>
<tr><td>沈水根</td><td>户主</td><td>男</td><td>1954 年 2 月</td><td>汉族</td></tr>
<tr><td>夏红英</td><td>妻子</td><td>女</td><td>1958 年 6 月</td><td>汉族</td></tr>
<tr><td>赵福妹</td><td>母亲</td><td>女</td><td>1928 年 12 月</td><td>汉族</td></tr>
<tr><td>沈　芳</td><td>女儿</td><td>女</td><td>1984 年 10 月</td><td>汉族</td></tr>
<tr><td>姚云舒</td><td>长外孙女</td><td>女</td><td>2007 年 8 月</td><td>汉族</td></tr>
<tr><td>沈茉尧</td><td>次外孙女</td><td>女</td><td>2015 年 12 月</td><td>汉族</td></tr>
<tr><td>家庭大事</td><td colspan="5">1978 年，建平房 3 间。
1992 年，建楼房 1 幢。
2005 年，沈芳毕业于中央广播电视大学（今国家开放大学），并担任昆山市培本实验小学教师。
2006 年，获动迁安置房 3 套。
2009 年，购轿车 1 辆。</td></tr>
</table>

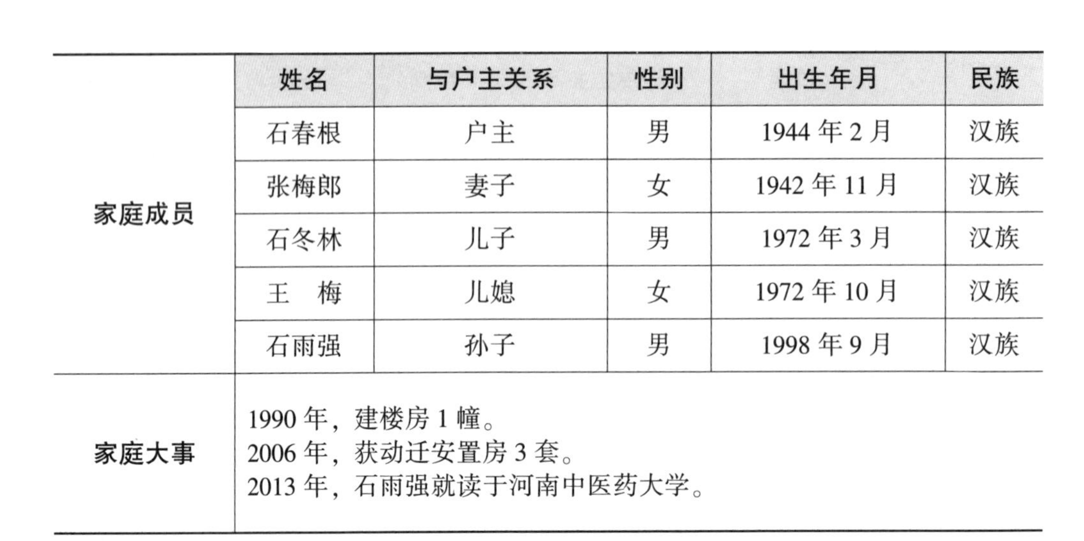

	姓名	与户主关系	性别	出生年月	民族
家庭成员	石春根	户主	男	1944 年 2 月	汉族
	张梅郎	妻子	女	1942 年 11 月	汉族
	石冬林	儿子	男	1972 年 3 月	汉族
	王　梅	儿媳	女	1972 年 10 月	汉族
	石雨强	孙子	男	1998 年 9 月	汉族
家庭大事	1990 年，建楼房 1 幢。 2006 年，获动迁安置房 3 套。 2013 年，石雨强就读于河南中医药大学。				

江浦村第 5 村民小组

<table>
<tr><td rowspan="7">家庭成员</td><td>姓名</td><td>与户主关系</td><td>性别</td><td>出生年月</td><td>民族</td></tr>
<tr><td>沈惠明</td><td>户主</td><td>男</td><td>1964 年 10 月</td><td>汉族</td></tr>
<tr><td>高慧芳</td><td>妻子</td><td>女</td><td>1963 年 10 月</td><td>汉族</td></tr>
<tr><td>沈根林</td><td>父亲</td><td>男</td><td>1940 年 4 月</td><td>汉族</td></tr>
<tr><td>沈瑞琦</td><td>女儿</td><td>女</td><td>1988 年 7 月</td><td>汉族</td></tr>
<tr><td>赛　毛</td><td>女婿</td><td>男</td><td>1988 年 7 月</td><td>汉族</td></tr>
<tr><td>赛博源</td><td>外孙</td><td>男</td><td>2015 年 4 月</td><td>汉族</td></tr>
<tr><td>家庭大事</td><td colspan="5">1984 年，建楼房 1 幢。
2003 年，获动迁安置房 2 套。
2013 年，购轿车 1 辆。
2015 年，赛毛加入中国共产党。</td></tr>
</table>

<table>
<tr><td rowspan="7">家庭成员</td><td>姓名</td><td>与户主关系</td><td>性别</td><td>出生年月</td><td>民族</td></tr>
<tr><td>沈阿小</td><td>户主</td><td>男</td><td>1943 年 4 月</td><td>汉族</td></tr>
<tr><td>张杨妹</td><td>妻子</td><td>女</td><td>1945 年 9 月</td><td>汉族</td></tr>
<tr><td>沈凤弟</td><td>儿子</td><td>男</td><td>1969 年 8 月</td><td>汉族</td></tr>
<tr><td>孙　芳</td><td>儿媳</td><td>女</td><td>1971 年 2 月</td><td>汉族</td></tr>
<tr><td>沈凤秀</td><td>女儿</td><td>女</td><td>1977 年 3 月</td><td>汉族</td></tr>
<tr><td>沈　达</td><td>孙子</td><td>男</td><td>1993 年 4 月</td><td>汉族</td></tr>
<tr><td>家庭大事</td><td colspan="5">1982 年，建平房 4 间。
1987 年，建楼房 1 幢。
2003 年，获动迁安置房 2 套。
2005 年，购轿车 1 辆。</td></tr>
</table>

<table>
<tr><td rowspan="3">家庭成员</td><td>姓名</td><td>与户主关系</td><td>性别</td><td>出生年月</td><td>民族</td></tr>
<tr><td>石冬生</td><td>户主</td><td>男</td><td>1964 年 1 月</td><td>汉族</td></tr>
<tr><td>石　磊</td><td>儿子</td><td>男</td><td>1987 年 8 月</td><td>汉族</td></tr>
<tr><td>家庭大事</td><td colspan="5">2003 年，获动迁安置房 1 套。
2011 年，石磊毕业于南京医科大学。</td></tr>
</table>

<table>
<tr><td rowspan="2">家庭成员</td><td>姓名</td><td>与户主关系</td><td>性别</td><td>出生年月</td><td>民族</td></tr>
<tr><td>刘国生</td><td>户主</td><td>男</td><td>1966 年 9 月</td><td>汉族</td></tr>
<tr><td>家庭大事</td><td colspan="5">2006 年，获动迁安置房 1 套。
2011 年，购轿车 1 辆。</td></tr>
</table>

<table>
<tr><td rowspan="4">家庭成员</td><td>姓名</td><td>与户主关系</td><td>性别</td><td>出生年月</td><td>民族</td></tr>
<tr><td>沈建英</td><td>户主</td><td>女</td><td>1969 年 10 月</td><td>汉族</td></tr>
<tr><td>刘建春</td><td>丈夫</td><td>男</td><td>1973 年 10 月</td><td>汉族</td></tr>
<tr><td>刘　静</td><td>女儿</td><td>女</td><td>2010 年 10 月</td><td>汉族</td></tr>
<tr><td>家庭大事</td><td colspan="5">1990 年，刘建春参军入伍，于 1993 年退伍。
2003 年，获动迁安置房 1 套。</td></tr>
</table>

<table>
<tr><td rowspan="4">家庭成员</td><td>姓名</td><td>与户主关系</td><td>性别</td><td>出生年月</td><td>民族</td></tr>
<tr><td>胡丽珍</td><td>户主</td><td>女</td><td>1969 年 2 月</td><td>汉族</td></tr>
<tr><td>胡英杰</td><td>儿子</td><td>男</td><td>1993 年 1 月</td><td>汉族</td></tr>
<tr><td>张　洁</td><td>儿媳</td><td>女</td><td>1996 年 4 月</td><td>汉族</td></tr>
<tr><td>家庭大事</td><td colspan="5">2003 年，获动迁安置房 2 套。
2012 年，购轿车 1 辆。
2015 年，胡英杰毕业于扬州大学，并于 2016 年担任昆山市周市华城美地小学教师。
2015 年，张洁毕业于江苏大学，并于 2016 年担任昆山市周市华城美地小学教师。
2017 年，购轿车 1 辆。</td></tr>
</table>

<table>
<tr><td rowspan="3">家庭成员</td><td>姓名</td><td>与户主关系</td><td>性别</td><td>出生年月</td><td>民族</td></tr>
<tr><td>胡阿毛</td><td>户主</td><td>男</td><td>1946 年 4 月</td><td>汉族</td></tr>
<tr><td>张宝娣</td><td>妻子</td><td>女</td><td>1948 年 12 月</td><td>汉族</td></tr>
<tr><td>家庭大事</td><td colspan="5">1983 年，胡阿毛加入中国共产党。
1988 年，建楼房 1 幢。</td></tr>
</table>

<table>
<tr><td rowspan="3">家庭成员</td><td>姓名</td><td>与户主关系</td><td>性别</td><td>出生年月</td><td>民族</td></tr>
<tr><td>徐有旭</td><td>户主</td><td>男</td><td>1948 年 2 月</td><td>汉族</td></tr>
<tr><td>顾雨英</td><td>妻子</td><td>女</td><td>1947 年 6 月</td><td>汉族</td></tr>
<tr><td>家庭大事</td><td colspan="5"></td></tr>
</table>

<table>
<tr><td rowspan="4">家庭成员</td><td>姓名</td><td>与户主关系</td><td>性别</td><td>出生年月</td><td>民族</td></tr>
<tr><td>徐林弟</td><td>户主</td><td>男</td><td>1970 年 10 月</td><td>汉族</td></tr>
<tr><td>谭根英</td><td>妻子</td><td>女</td><td>1972 年 2 月</td><td>汉族</td></tr>
<tr><td>徐　霞</td><td>女儿</td><td>女</td><td>1993 年 12 月</td><td>汉族</td></tr>
<tr><td>家庭大事</td><td colspan="5">2019 年，建楼房 1 幢。
2019 年，购轿车 1 辆。</td></tr>
</table>

<table>
<tr><td rowspan="4">家庭成员</td><td>姓名</td><td>与户主关系</td><td>性别</td><td>出生年月</td><td>民族</td></tr>
<tr><td>沈三男</td><td>户主</td><td>男</td><td>1951 年 6 月</td><td>汉族</td></tr>
<tr><td>石桂娣</td><td>妻子</td><td>女</td><td>1954 年 9 月</td><td>汉族</td></tr>
<tr><td>沈叶红</td><td>女儿</td><td>女</td><td>1976 年 5 月</td><td>汉族</td></tr>
<tr><td>家庭大事</td><td colspan="5">1987 年，建楼房 1 幢。
2003 年，获动迁安置房 1 套。
2007 年，购轿车 1 辆。</td></tr>
</table>

	姓名	与户主关系	性别	出生年月	民族
家庭成员	徐正华	户主	男	1966 年 8 月	汉族
	季雪娟	妻子	女	1968 年 1 月	汉族
	王小宝	母亲	女	1947 年 11 月	汉族
	徐　斌	儿子	男	1989 年 11 月	汉族
家庭大事	1999 年，建楼房 1 幢。 2020 年，建别墅 1 幢。				

	姓名	与户主关系	性别	出生年月	民族
家庭成员	徐玉莲	户主	女	1968 年 3 月	汉族
	丁建明	丈夫	男	1971 年 4 月	汉族
	徐必琴	女儿	女	1990 年 11 月	汉族
	董　昊	女婿	男	1987 年 5 月	汉族
家庭大事	1995 年，建平房 3 间 2006 年，获动迁安置房 1 套。 2006 年，董昊参军入伍，于 2009 年加入中国共产党，并于 2012 年毕业于中国人民解放军南京政治学院，于 2014 年退伍。 2017 年，购轿车 1 辆。				

	姓名	与户主关系	性别	出生年月	民族
家庭成员	沈凤麟	户主	男	1965 年 8 月	汉族
	陶巧花	妻子	女	1967 年 12 月	汉族
	沈　洁	女儿	女	1988 年 9 月	汉族
	沈星琦	外孙女	女	2012 年 7 月	汉族
家庭大事	1983 年，建楼房 1 幢。 2006 年，获动迁安置房 1 套。 2010 年，沈洁毕业于华中科技大学。 2019 年，购轿车 1 辆。 2020 年，购轿车 1 辆。				

<table>
<tr><td rowspan="7">家庭成员</td><td>姓名</td><td>与户主关系</td><td>性别</td><td>出生年月</td><td>民族</td></tr>
<tr><td>刘国民</td><td>户主</td><td>男</td><td>1963 年 9 月</td><td>汉族</td></tr>
<tr><td>阚巧华</td><td>妻子</td><td>女</td><td>1962 年 10 月</td><td>汉族</td></tr>
<tr><td>王金妹</td><td>母亲</td><td>女</td><td>1935 年 7 月</td><td>汉族</td></tr>
<tr><td>刘必君</td><td>儿子</td><td>男</td><td>1986 年 12 月</td><td>汉族</td></tr>
<tr><td>刘德泽</td><td>长孙</td><td>男</td><td>2010 年 9 月</td><td>汉族</td></tr>
<tr><td>刘德伟</td><td>次孙</td><td>男</td><td>2012 年 6 月</td><td>汉族</td></tr>
<tr><td>家庭大事</td><td colspan="5">1986 年，建楼房 1 幢。
2003 年，获动迁安置房 3 套。
2018 年，购轿车 1 辆。</td></tr>
</table>

<table>
<tr><td rowspan="4">家庭成员</td><td>姓名</td><td>与户主关系</td><td>性别</td><td>出生年月</td><td>民族</td></tr>
<tr><td>陆文泉</td><td>户主</td><td>男</td><td>1961 年 4 月</td><td>汉族</td></tr>
<tr><td>马芬菊</td><td>妻子</td><td>女</td><td>1966 年 4 月</td><td>汉族</td></tr>
<tr><td>陆韵怡</td><td>女儿</td><td>女</td><td>1995 年 3 月</td><td>汉族</td></tr>
<tr><td>家庭大事</td><td colspan="5">2003 年，获动迁安置房 1 套。
2015 年，购轿车 1 辆。
2017 年，陆韵怡毕业于泰州学院。</td></tr>
</table>

<table>
<tr><td rowspan="6">家庭成员</td><td>姓名</td><td>与户主关系</td><td>性别</td><td>出生年月</td><td>民族</td></tr>
<tr><td>朱永祥</td><td>户主</td><td>男</td><td>1969 年 5 月</td><td>汉族</td></tr>
<tr><td>高凤英</td><td>妻子</td><td>女</td><td>1968 年 7 月</td><td>汉族</td></tr>
<tr><td>朱惠英</td><td>母亲</td><td>女</td><td>1947 年 10 月</td><td>汉族</td></tr>
<tr><td>朱　强</td><td>儿子</td><td>男</td><td>1992 年 5 月</td><td>汉族</td></tr>
<tr><td>朱定宏</td><td>孙子</td><td>男</td><td>2019 年 8 月</td><td>汉族</td></tr>
<tr><td>家庭大事</td><td colspan="5">1987 年，建楼房 1 幢。
2003 年，获动迁安置房 1 套。
2009 年，购轿车 1 辆。
2013 年，购轿车 1 辆。
2020 年，朱强毕业于南京工业学院（今南京工业大学）。</td></tr>
</table>

	姓名	与户主关系	性别	出生年月	民族
家庭成员	丁玉弟	户主	男	1968 年 11 月	汉族
	丁　瑜	女儿	女	2009 年 5 月	汉族
家庭大事	2003 年，获动迁安置房 1 套。 2010 年，购轿车 1 辆。 2019 年，购轿车 1 辆。				

	姓名	与户主关系	性别	出生年月	民族
家庭成员	徐邓军	户主	男	1984 年 11 月	汉族
	徐六旭	父亲	男	1959 年 1 月	汉族
	邓梅珍	母亲	女	1962 年 8 月	汉族
	徐鑫浩	儿子	男	2007 年 7 月	汉族
家庭大事	1992 年，建楼房 1 幢。 2003 年，获动迁安置房 2 套。 2003 年，购轿车 1 辆。 2003 年，徐邓军参军入伍，并于 2005 年退伍。				

	姓名	与户主关系	性别	出生年月	民族
家庭成员	石冬明	户主	男	1966 年 1 月	汉族
	沈菊文	妻子	女	1968 年 4 月	汉族
	石　琴	女儿	女	1989 年 12 月	汉族
	陆宇轩	孙子	男	2011 年 11 月	汉族
家庭大事	1986 年，建楼房 1 幢。 2001 年，购轿车 1 辆。 2003 年，获动迁安置房 3 套。 2016 年，购轿车 1 辆。 2017 年，购轿车 1 辆。				

<table>
<tr><td rowspan="6">家庭成员</td><td>姓名</td><td>与户主关系</td><td>性别</td><td>出生年月</td><td>民族</td></tr>
<tr><td>沈华荣</td><td>户主</td><td>男</td><td>1977 年 11 月</td><td>汉族</td></tr>
<tr><td>刘芝林</td><td>妻子</td><td>女</td><td>1978 年 12 月</td><td>汉族</td></tr>
<tr><td>张兴志</td><td>父亲</td><td>男</td><td>1950 年 9 月</td><td>汉族</td></tr>
<tr><td>陈满芳</td><td>母亲</td><td>女</td><td>1953 年 10 月</td><td>汉族</td></tr>
<tr><td>沈　鑫</td><td>儿子</td><td>男</td><td>2002 年 4 月</td><td>汉族</td></tr>
<tr><td>家庭大事</td><td colspan="5">1988 年，建楼房 1 幢。
2003 年，获动迁安置房 3 套。
2012 年，购轿车 1 辆。</td></tr>
</table>

<table>
<tr><td rowspan="4">家庭成员</td><td>姓名</td><td>与户主关系</td><td>性别</td><td>出生年月</td><td>民族</td></tr>
<tr><td>沈国良</td><td>户主</td><td>男</td><td>1976 年 5 月</td><td>汉族</td></tr>
<tr><td>刘艾红</td><td>妻子</td><td>女</td><td>1982 年 10 月</td><td>汉族</td></tr>
<tr><td>沈张佳</td><td>儿子</td><td>男</td><td>2004 年 9 月</td><td>汉族</td></tr>
<tr><td>家庭大事</td><td colspan="5">1988 年，建楼房 1 幢。
2003 年，获动迁安置房 1 套。
2016 年，购轿车 1 辆。</td></tr>
</table>

<table>
<tr><td rowspan="7">家庭成员</td><td>姓名</td><td>与户主关系</td><td>性别</td><td>出生年月</td><td>民族</td></tr>
<tr><td>沈小男</td><td>户主</td><td>男</td><td>1955 年 1 月</td><td>汉族</td></tr>
<tr><td>张季华</td><td>妻子</td><td>女</td><td>1957 年 9 月</td><td>汉族</td></tr>
<tr><td>沈华芳</td><td>女儿</td><td>女</td><td>1982 年 2 月</td><td>汉族</td></tr>
<tr><td>沈华强</td><td>儿子</td><td>男</td><td>1985 年 7 月</td><td>汉族</td></tr>
<tr><td>沈铭玮</td><td>孙子</td><td>男</td><td>2010 年 9 月</td><td>汉族</td></tr>
<tr><td>沈陈澄</td><td>孙女</td><td>女</td><td>2017 年 11 月</td><td>汉族</td></tr>
<tr><td>家庭大事</td><td colspan="5">1989 年，建楼房 1 幢。
2003 年，获动迁安置房 3 套。
2004 年，沈华芳担任昆山市朝阳社区卫生服务站药剂师，并于 2007 年毕业于苏州大学。
2016 年，购轿车 1 辆。</td></tr>
</table>

	姓名	与户主关系	性别	出生年月	民族
家庭成员	石冬宝	户主	男	1956 年 12 月	汉族
	张腊妹	妻子	女	1959 年 1 月	汉族
	石小燕	女儿	女	1982 年 9 月	汉族
	刘三刚	女婿	男	1979 年 6 月	汉族
	石刘羿	外孙	男	2004 年 11 月	汉族
家庭大事	1988 年，建楼房 1 幢。 2003 年，获动迁安置房 2 套。 2009 年，购轿车 1 辆。 2018 年，购轿车 1 辆。				

	姓名	与户主关系	性别	出生年月	民族
家庭成员	徐有斌	户主	男	1964 年 8 月	汉族
	吉桂芳	妻子	女	1967 年 2 月	汉族
	徐 吉	儿子	男	1988 年 1 月	汉族
	徐 懿	孙女	女	2016 年 7 月	汉族
家庭大事	2003 年，获动迁安置房 2 套。 2016 年，购轿车 1 辆。				

	姓名	与户主关系	性别	出生年月	民族
家庭成员	沈叶平	户主	女	1979 年 4 月	汉族
	匡定宇	丈夫	男	1978 年 8 月	汉族
	沈 城	儿子	男	2005 年 6 月	汉族
家庭大事	2003 年，获动迁安置房 2 套。 2010 年，购轿车 1 辆。 2016 年，购轿车 1 辆。				

<table>
<tr><td rowspan="6">家庭成员</td><td>姓名</td><td>与户主关系</td><td>性别</td><td>出生年月</td><td>民族</td></tr>
<tr><td>丁凤英</td><td>户主</td><td>女</td><td>1939 年 3 月</td><td>汉族</td></tr>
<tr><td>徐凤文</td><td>儿子</td><td>男</td><td>1981 年 11 月</td><td>汉族</td></tr>
<tr><td>肖克莲</td><td>儿媳</td><td>女</td><td>1984 年 5 月</td><td>汉族</td></tr>
<tr><td>徐俊恩</td><td>长孙</td><td>男</td><td>2006 年 11 月</td><td>汉族</td></tr>
<tr><td>徐俊贤</td><td>次孙</td><td>男</td><td>2019 年 2 月</td><td>汉族</td></tr>
<tr><td>家庭大事</td><td colspan="5">2003 年，获动迁安置房 1 套。</td></tr>
</table>

<table>
<tr><td rowspan="6">家庭成员</td><td>姓名</td><td>与户主关系</td><td>性别</td><td>出生年月</td><td>民族</td></tr>
<tr><td>胡黎明</td><td>户主</td><td>男</td><td>1967 年 2 月</td><td>汉族</td></tr>
<tr><td>王安美</td><td>妻子</td><td>女</td><td>1967 年 10 月</td><td>汉族</td></tr>
<tr><td>胡招妹</td><td>母亲</td><td>女</td><td>1944 年 5 月</td><td>汉族</td></tr>
<tr><td>胡志平</td><td>儿子</td><td>男</td><td>1991 年 2 月</td><td>汉族</td></tr>
<tr><td>胡承远</td><td>孙子</td><td>男</td><td>2020 年 10 月</td><td>汉族</td></tr>
<tr><td>家庭大事</td><td colspan="5">1986 年，建楼房 1 幢。
2003 年，获动迁安置房 2 套。
2014 年，购轿车 1 辆。
2019 年，胡志平毕业于南京财经大学。</td></tr>
</table>

<table>
<tr><td rowspan="6">家庭成员</td><td>姓名</td><td>与户主关系</td><td>性别</td><td>出生年月</td><td>民族</td></tr>
<tr><td>沈三毛</td><td>户主</td><td>男</td><td>1954 年 9 月</td><td>汉族</td></tr>
<tr><td>徐阿二</td><td>妻子</td><td>女</td><td>1957 年 9 月</td><td>汉族</td></tr>
<tr><td>沈　娟</td><td>女儿</td><td>女</td><td>1979 年 10 月</td><td>汉族</td></tr>
<tr><td>沈玉鸣</td><td>外孙</td><td>男</td><td>2000 年 9 月</td><td>汉族</td></tr>
<tr><td>张宜茹</td><td>外孙女</td><td>女</td><td>2011 年 1 月</td><td>汉族</td></tr>
<tr><td>家庭大事</td><td colspan="5">1986 年，建楼房 1 幢。
2003 年，获动迁安置房 4 套。
2011 年，购轿车 1 辆。
2019 年，购轿车 1 辆。</td></tr>
</table>

	姓名	与户主关系	性别	出生年月	民族
家庭成员	徐凤阳	户主	男	1965 年 12 月	汉族
	崔红梅	妻子	女	1964 年 6 月	汉族
	徐昌盛	儿子	男	1993 年 6 月	汉族
家庭大事	1988 年，建平房 1 间。 2003 年，获动迁安置房 1 套。 2012 年，购轿车 1 辆。 2015 年，徐昌盛毕业于淮阴师范学院。				

	姓名	与户主关系	性别	出生年月	民族
家庭成员	沈　小	户主	男	1958 年 4 月	汉族
	赵彩珍	妻子	女	1963 年 4 月	汉族
	赵　燕	女儿	女	1984 年 11 月	汉族
	袁茂丰	女婿	男	1982 年 10 月	汉族
	赵金华	儿子	男	1987 年 8 月	汉族
	袁睿进	外孙	男	2008 年 11 月	汉族
	袁珺玥	外孙女	女	2017 年 10 月	汉族
	赵予乐	孙子	男	2020 年 12 月	汉族
家庭大事	1986 年，翻建楼房 1 幢。 1999 年，袁茂丰参军入伍，于 2003 年加入中国共产党，于 2014 年毕业于中国人民解放军陆军指挥学院，于 2015 年退伍。 2008 年，获动迁安置房 3 套。 2012 年，购轿车 1 辆。				

	姓名	与户主关系	性别	出生年月	民族
家庭成员	沈建明	户主	男	1966 年 11 月	汉族
	吉桂琴	妻子	女	1970 年 12 月	汉族
	沈琳琦	儿子	男	1991 年 6 月	汉族
	何赟祎	儿媳	女	1991 年 3 月	汉族
	沈筱语	孙女	女	2016 年 9 月	汉族
家庭大事	1998 年，建楼房 1 幢。 2015 年，购轿车 1 辆。 2020 年，翻建别墅 1 幢。				

	姓名	与户主关系	性别	出生年月	民族
家庭成员	徐美华	户主	男	1964 年 7 月	汉族
	邱梅芳	妻子	女	1963 年 10 月	汉族
	李　珍	母亲	女	1934 年 8 月	汉族
	徐　佳	女儿	女	1989 年 2 月	汉族
家庭大事	1988 年，建楼房 1 幢。 2003 年，获动迁安置房 2 套。 2018 年，购轿车 1 辆。				

	姓名	与户主关系	性别	出生年月	民族
家庭成员	徐美芳	户主	女	1962 年 1 月	汉族
	徐　君	女儿	女	1981 年 12 月	汉族
家庭大事					

江浦村第 6 村民小组

	姓名	与户主关系	性别	出生年月	民族
家庭成员	沈林弟	户主	男	1969 年 5 月	汉族
	黄秀平	妻子	女	1970 年 1 月	汉族
	沈梅大	母亲	女	1940 年 2 月	汉族
	沈佳涛	儿子	男	1994 年 4 月	汉族
家庭大事	1985 年，建平房 3 间。 1992 年，建楼房 1 幢。 2006 年，获动迁安置房 2 套。 2017 年，沈佳涛毕业于常熟理工学院。 2018 年，购商品房 1 套。 2018 年，购轿车 1 辆。				

	姓名	与户主关系	性别	出生年月	民族
家庭成员	季雪青	户主	男	1970 年 1 月	汉族
	沈时英	妻子	女	1970 年 10 月	汉族
	季　芸	女儿	女	1991 年 11 月	汉族
	马晓峰	女婿	男	1990 年 5 月	汉族
	马煜皓	外孙	男	2016 年 1 月	汉族
家庭大事	1985 年，建楼房 1 幢。 1995 年，建楼房 1 幢。 1999 年，沈时英加入中国共产党。 2012 年，购轿车 1 辆。 2014 年，购轿车 1 辆。 2015 年，季芸毕业于南京审计大学，并于 2020 年加入中国共产党。 2017 年，季雪青加入中国共产党。 2019 年，翻建别墅 1 幢。 2019 年，马晓峰毕业于南京邮电大学。				

<table>
<tr><td rowspan="7">家庭成员</td><td>姓名</td><td>与户主关系</td><td>性别</td><td>出生年月</td><td>民族</td></tr>
<tr><td>全卫元</td><td>户主</td><td>男</td><td>1967 年 2 月</td><td>汉族</td></tr>
<tr><td>周建珍</td><td>妻子</td><td>女</td><td>1967 年 10 月</td><td>汉族</td></tr>
<tr><td>周志华</td><td>儿子</td><td>男</td><td>1989 年 12 月</td><td>汉族</td></tr>
<tr><td>范晓艳</td><td>儿媳</td><td>女</td><td>1989 年 10 月</td><td>汉族</td></tr>
<tr><td>周艺馨</td><td>长孙女</td><td>女</td><td>2015 年 4 月</td><td>汉族</td></tr>
<tr><td>范艺萱</td><td>次孙女</td><td>女</td><td>2018 年 1 月</td><td>汉族</td></tr>
<tr><td>家庭大事</td><td colspan="5">1998 年，购商品房 1 套。
2007 年，获动迁安置房 1 套。
2012 年，范晓艳毕业于江苏理工学院。
2013 年，购轿车 1 辆。</td></tr>
</table>

<table>
<tr><td rowspan="6">家庭成员</td><td>姓名</td><td>与户主关系</td><td>性别</td><td>出生年月</td><td>民族</td></tr>
<tr><td>杨根林</td><td>户主</td><td>男</td><td>1961 年 3 月</td><td>汉族</td></tr>
<tr><td>季玲妹</td><td>妻子</td><td>女</td><td>1961 年 5 月</td><td>汉族</td></tr>
<tr><td>杨晓丽</td><td>女儿</td><td>女</td><td>1985 年 3 月</td><td>汉族</td></tr>
<tr><td>施建锋</td><td>女婿</td><td>男</td><td>1980 年 3 月</td><td>汉族</td></tr>
<tr><td>施星妤</td><td>外孙</td><td>女</td><td>2011 年 3 月</td><td>汉族</td></tr>
<tr><td>家庭大事</td><td colspan="5">1980 年，建平房 3 间。
1980 年，杨根林参军入伍，于 1982 年退伍。
1991 年，建楼房 1 幢。
2002 年，施建锋毕业于南京航空学院（今南京航空航天大学）。
2006 年，获动迁安置房 3 套。
2008 年，购轿车 1 辆。</td></tr>
</table>

	姓名	与户主关系	性别	出生年月	民族
家庭成员	周阿二	户主	女	1944 年 3 月	汉族
	周惠良	儿子	男	1963 年 2 月	汉族
	曹惠英	儿媳	女	1965 年 9 月	汉族
	周小芳	孙女	女	1986 年 11 月	汉族
	朱　平	孙婿	男	1982 年 9 月	汉族
	周昱颖	长曾孙女	女	2012 年 3 月	汉族
	朱芸逸	次曾孙女	女	2015 年 5 月	汉族
家庭大事	1980 年，建平房 3 间。 1988 年，建楼房 1 幢。 1997 年，购商品房 1 套。 1997 年，购轿车 1 辆。 2006 年，获动迁安置房 3 套。 2008 年，周小芳毕业于常州大学。				

	姓名	与户主关系	性别	出生年月	民族
家庭成员	季素珍	户主	女	1970 年 1 月	汉族
	冯　杰	女儿	女	1995 年 1 月	汉族
家庭大事	2015 年，购商品房 1 套。 2016 年，购轿车 1 辆。 2017 年，冯杰毕业于泰州学院，并担任苏州相城经济开发区澄阳小学教师。				

	姓名	与户主关系	性别	出生年月	民族
家庭成员	富黑小	户主	男	1949 年 7 月	汉族
	季桃妹	妻子	女	1949 年 10 月	汉族
	张梅宝	岳母	女	1923 年 11 月	汉族
	季苏弟	儿子	男	1975 年 2 月	汉族
	吴　萍	儿媳	女	1978 年 7 月	汉族
	季泽超	孙子	男	2001 年 7 月	汉族
家庭大事	1986 年，建楼房 1 幢。 1993 年，季苏弟参军入伍，于 1997 年退伍。 2006 年，获动迁安置房 3 套。				

	姓名	与户主关系	性别	出生年月	民族
家庭成员	季素芬	户主	女	1972 年 3 月	汉族
	季　晨	儿子	男	1996 年 5 月	汉族
家庭大事	2006 年，获动迁安置房 1 套。 2018 年，季晨毕业于南京传媒学院。				

	姓名	与户主关系	性别	出生年月	民族
家庭成员	季凤英	户主	女	1962 年 10 月	汉族
	沈建华	丈夫	男	1956 年 6 月	汉族
	季永福	父亲	男	1932 年 9 月	汉族
	张梅妹	母亲	女	1938 年 3 月	汉族
	季　芳	女儿	女	1983 年 11 月	汉族
	符志均	女婿	男	1984 年 6 月	汉族
	符清桐	外孙女	女	2012 年 9 月	汉族
	季泽舟	外孙	男	2017 年 2 月	汉族
家庭大事	1980 年，建平房 3 间。 1988 年，建楼房 1 幢。 2004 年，符志均加入中国共产党，于 2006 年毕业于南京理工大学。 2006 年，季芳毕业于南京理工大学。 2006 年，获动迁安置房 3 套。 2010 年，购轿车 1 辆。 2019 年，购轿车 1 辆。				

	姓名	与户主关系	性别	出生年月	民族
家庭成员	方正根	户主	男	1947 年 10 月	汉族
	徐扣英	妻子	女	1948 年 12 月	汉族
	方道勤	儿子	男	1968 年 12 月	汉族
	左月霞	儿媳	女	1968 年 10 月	汉族
	方丽彤	长孙女	女	1991 年 4 月	汉族
	左念念	次孙女	女	1995 年 2 月	汉族
家庭大事	1964 年，建平房 3 间。 1976 年，方正根加入中国共产党。 1985 年，建楼房 1 幢。 2001 年，获动迁安置房 4 套。 2011 年，方丽彤加入中国共产党，于 2013 年毕业于江苏师范大学。 2016 年，左念念毕业于苏州大学。				

<table>
<tr><td rowspan="4">家庭成员</td><td>姓名</td><td>与户主关系</td><td>性别</td><td>出生年月</td><td>民族</td></tr>
<tr><td>张军辉</td><td>户主</td><td>男</td><td>1977 年 12 月</td><td>汉族</td></tr>
<tr><td>莫秀珍</td><td>妻子</td><td>女</td><td>1978 年 5 月</td><td>汉族</td></tr>
<tr><td>张　璐</td><td>女儿</td><td>女</td><td>2002 年 3 月</td><td>汉族</td></tr>
<tr><td>家庭大事</td><td colspan="5">2007 年，获动迁安置房 1 套。
2008 年，购轿车 1 辆。
2019 年，张军辉毕业于中国矿业大学。</td></tr>
</table>

<table>
<tr><td rowspan="9">家庭成员</td><td>姓名</td><td>与户主关系</td><td>性别</td><td>出生年月</td><td>民族</td></tr>
<tr><td>周建明</td><td>户主</td><td>男</td><td>1964 年 12 月</td><td>汉族</td></tr>
<tr><td>王金花</td><td>妻子</td><td>女</td><td>1964 年 10 月</td><td>汉族</td></tr>
<tr><td>姚锦臣</td><td>父亲</td><td>男</td><td>1937 年 3 月</td><td>汉族</td></tr>
<tr><td>周根娣</td><td>母亲</td><td>女</td><td>1943 年 8 月</td><td>汉族</td></tr>
<tr><td>周蓉吉</td><td>女儿</td><td>女</td><td>1987 年 8 月</td><td>汉族</td></tr>
<tr><td>曹行星</td><td>女婿</td><td>男</td><td>1986 年 5 月</td><td>汉族</td></tr>
<tr><td>周雨橙</td><td>长外孙女</td><td>女</td><td>2013 年 9 月</td><td>汉族</td></tr>
<tr><td>曹雨琪</td><td>次外孙女</td><td>女</td><td>2016 年 4 月</td><td>汉族</td></tr>
<tr><td>家庭大事</td><td colspan="5">1984 年，建楼房 1 幢。
1994 年，周建明加入中国共产党。
2000 年，购商品房 1 套。
2006 年，获动迁安置房 2 套。
2008 年，周蓉吉加入中国共产党，于 2010 年毕业于南京财经大学。
2010 年，曹行星毕业于河海大学。
2017 年，购轿车 1 辆。</td></tr>
</table>

	姓名	与户主关系	性别	出生年月	民族
家庭成员	杨根宝	户主	男	1963 年 12 月	汉族
	施金凤	妻子	女	1964 年 10 月	汉族
	杨志超	儿子	男	1987 年 8 月	汉族
	吴　萍	儿媳	女	1988 年 11 月	汉族
	杨语彤	长孙女	女	2015 年 10 月	汉族
	吴语沐	次孙女	女	2019 年 5 月	汉族
家庭大事	2006 年，获动迁安置房 1 套。 2010 年，杨志超毕业于上海科技大学。 2010 年，吴萍毕业于上海科技大学。 2015 年，购轿车 1 辆。				

	姓名	与户主关系	性别	出生年月	民族
家庭成员	崔德夫	户主	男	1957 年 5 月	汉族
	徐月妹	妻子	女	1958 年 11 月	汉族
	崔　华	儿子	男	1981 年 8 月	汉族
	陈小芬	儿媳	女	1981 年 9 月	汉族
	崔诚轩	长孙	男	2009 年 4 月	汉族
	崔程智	次孙	男	2018 年 1 月	汉族
家庭大事	1997 年，建楼房 1 幢。 2004 年，崔华毕业于河南科技学院。 2004 年，陈小芬毕业于绵阳师范学院。 2006 年，获动迁安置房 2 套。 2015 年，购轿车 1 辆。				

家庭成员	姓名	与户主关系	性别	出生年月	民族
	胡国华	户主	男	1969 年 10 月	汉族
	莫静英	妻子	女	1969 年 2 月	汉族
	胡　燕	女儿	女	1994 年 12 月	汉族
	朱　伟	女婿	男	1993 年 11 月	汉族
	朱忻睿	外孙	男	2017 年 7 月	汉族
家庭大事	2017 年，购商品房 1 套。 2018 年，购轿车 1 辆。				

家庭成员	姓名	与户主关系	性别	出生年月	民族
	董学余	户主	男	1964 年 12 月	汉族
	莫桂英	妻子	女	1962 年 5 月	汉族
	董　青	儿子	男	1988 年 6 月	汉族
	陈好好	儿媳	女	1988 年 10 月	汉族
	董彦希	孙女	女	2014 年 8 月	汉族
家庭大事	1995 年，购商品房 1 套。 2003 年，建楼房 1 幢。 2013 年，购轿车 1 辆。 2020 年，翻建别墅 1 幢。				

	姓名	与户主关系	性别	出生年月	民族
家庭成员	单小龙	户主	男	1964 年 5 月	汉族
	莫静娟	妻子	女	1965 年 12 月	汉族
	单晓红	女儿	女	1987 年 7 月	汉族
	陈海昆	女婿	男	1986 年 5 月	汉族
家庭大事	1984 年，建楼房 1 幢。 1995 年，建楼房 1 幢。 2009 年，陈海昆毕业于江苏科技大学。 2011 年，购轿车 1 辆。 2015 年，购轿车 1 辆。 2020 年，翻建别墅 1 幢。				

	姓名	与户主关系	性别	出生年月	民族
家庭成员	莫建国	户主	男	1975 年 11 月	汉族
	张娣妹	妻子	女	1975 年 8 月	汉族
	刘阿龙	母亲	女	1951 年 10 月	汉族
	莫思佳	女儿	女	1999 年 7 月	汉族
家庭大事	1995 年，建楼房 1 幢。 2020 年，翻建别墅 1 幢。				

	姓名	与户主关系	性别	出生年月	民族
家庭成员	沈林妹	户主	女	1962 年 8 月	汉族
	梁学明	丈夫	男	1963 年 1 月	汉族
	季艳红	女儿	女	1986 年 3 月	汉族
	沈　强	女婿	男	1981 年 11 月	汉族
	季　节	长外孙女	女	2010 年 5 月	汉族
	季　辰	次外孙女	女	2018 年 4 月	汉族
家庭大事	1989 年，建楼房 1 幢。 1995 年，建楼房 1 幢。 2009 年，季艳红担任昆山市陆家中心小学校教师，并于 2011 年毕业于江苏师范大学。 2016 年，购轿车 1 辆。 2020 年，翻建别墅 1 幢。				

	姓名	与户主关系	性别	出生年月	民族
家庭成员	季林根	户主	男	1965 年 9 月	汉族
	刘义珍	妻子	女	1965 年 9 月	汉族
	季金男	父亲	男	1936 年 3 月	汉族
	张巧妹	母亲	女	1939 年 12 月	汉族
	季　秋	女儿	女	1988 年 10 月	汉族
	郭　平	女婿	男	1988 年 6 月	汉族
	郭子阳	长外孙	男	2015 年 9 月	汉族
	季子新	次外孙	男	2017 年 10 月	汉族
家庭大事	1978 年，建平房 3 间。 1995 年，建楼房 1 幢。 2004 年，季秋加入中国共产党，并于 2008 年担任昆山高新区吴淞江学校教师。 2013 年，购轿车 1 辆。 2020 年，翻建别墅 1 幢。				

	姓名	与户主关系	性别	出生年月	民族
家庭成员	季雪峰	户主	男	1973 年 5 月	汉族
	薛阿平	妻子	女	1974 年 1 月	汉族
	季桃英	母亲	女	1946 年 4 月	汉族
	季梦莉	女儿	女	1996 年 3 月	汉族
家庭大事	1992 年，建楼房 1 幢。 2010 年，购轿车 1 辆。 2020 年，翻建别墅 1 幢。				

	姓名	与户主关系	性别	出生年月	民族
家庭成员	刘　芳	户主	女	1983 年 1 月	汉族
	刘鑫鹏	儿子	男	2011 年 10 月	汉族
家庭大事					

	姓名	与户主关系	性别	出生年月	民族
家庭成员	刘立成	户主	男	1958 年 7 月	汉族
	管红于	妻子	女	1956 年 2 月	汉族
	刘　建	儿子	男	1984 年 4 月	汉族
	刘昊宇	孙子	男	2006 年 7 月	汉族
家庭大事	1981 年，建平房 3 间。 1998 年，建楼房 1 幢。 2015 年，购轿车 1 辆。 2019 年，购轿车 1 辆。 2020 年，翻建别墅 1 幢。				

江浦村第7村民小组

	姓名	与户主关系	性别	出生年月	民族
家庭成员	徐友根	户主	男	1955年8月	汉族
	叶翠平	妻子	女	1957年7月	汉族
	徐　良	儿子	男	1981年12月	汉族
	费春香	儿媳	女	1981年6月	汉族
	费亦佳	孙女	女	2007年11月	汉族
	徐屹鑫	孙子	男	2010年10月	汉族
家庭大事	1986年，建楼房1幢。 2001年，获动迁安置房2套。 2004年，徐良毕业于郑州轻工业大学。 2014年，购轿车1辆。 2019年，购轿车1辆。				

	姓名	与户主关系	性别	出生年月	民族
家庭成员	季吉林	户主	男	1945年6月	汉族
	刘凤珍	妻子	女	1949年10月	汉族
	季　华	儿子	男	1970年9月	汉族
	叶　红	儿媳	女	1974年6月	汉族
	季语菡	孙女	女	2010年10月	汉族
家庭大事	1965年，季吉林加入中国共产党。 1968年，刘凤珍担任江浦村合作医疗站赤脚医生。 1993年，建楼房1幢。 2012年，购轿车1辆。 2016年，购轿车1辆。 2019年，翻建别墅1幢。				

<table>
<tr><td rowspan="8">家庭成员</td><th>姓名</th><th>与户主关系</th><th>性别</th><th>出生年月</th><th>民族</th></tr>
<tr><td>季小白</td><td>户主</td><td>男</td><td>1955 年 10 月</td><td>汉族</td></tr>
<tr><td>丁兰英</td><td>妻子</td><td>女</td><td>1955 年 2 月</td><td>汉族</td></tr>
<tr><td>季卫锋</td><td>儿子</td><td>男</td><td>1979 年 2 月</td><td>汉族</td></tr>
<tr><td>唐　芳</td><td>儿媳</td><td>女</td><td>1980 年 1 月</td><td>汉族</td></tr>
<tr><td>季玲玲</td><td>女儿</td><td>女</td><td>1988 年 5 月</td><td>汉族</td></tr>
<tr><td>季璟文</td><td>孙子</td><td>男</td><td>2004 年 7 月</td><td>汉族</td></tr>
<tr><td>张馨悦</td><td>外孙女</td><td>女</td><td>2014 年 10 月</td><td>汉族</td></tr>
<tr><td>家庭大事</td><td colspan="5">1994 年，动迁至江浦新村自建别墅。
2011 年，购轿车 1 辆。
2016 年，购轿车 1 辆。
2020 年，翻建别墅 1 幢。</td></tr>
</table>

<table>
<tr><td rowspan="7">家庭成员</td><th>姓名</th><th>与户主关系</th><th>性别</th><th>出生年月</th><th>民族</th></tr>
<tr><td>王小生</td><td>户主</td><td>男</td><td>1954 年 10 月</td><td>汉族</td></tr>
<tr><td>丁金兰</td><td>妻子</td><td>女</td><td>1957 年 1 月</td><td>汉族</td></tr>
<tr><td>丁明章</td><td>岳父</td><td>男</td><td>1926 年 6 月</td><td>汉族</td></tr>
<tr><td>丁红珍</td><td>女儿</td><td>女</td><td>1980 年 9 月</td><td>汉族</td></tr>
<tr><td>丁卓群</td><td>长外孙女</td><td>女</td><td>2000 年 9 月</td><td>汉族</td></tr>
<tr><td>刘心怡</td><td>次外孙女</td><td>女</td><td>2009 年 10 月</td><td>汉族</td></tr>
<tr><td>家庭大事</td><td colspan="5">1993 年，动迁至江浦新村自建别墅。
2006 年，购轿车 1 辆。
2019 年，翻建别墅 1 幢。</td></tr>
</table>

<table>
<tr><td rowspan="6">家庭成员</td><td>姓名</td><td>与户主关系</td><td>性别</td><td>出生年月</td><td>民族</td></tr>
<tr><td>季惠祥</td><td>户主</td><td>男</td><td>1971 年 5 月</td><td>汉族</td></tr>
<tr><td>王翠琴</td><td>妻子</td><td>女</td><td>1977 年 9 月</td><td>汉族</td></tr>
<tr><td>季云蕾</td><td>女儿</td><td>女</td><td>1994 年 5 月</td><td>汉族</td></tr>
<tr><td>平　杰</td><td>女婿</td><td>男</td><td>1995 年 10 月</td><td>汉族</td></tr>
<tr><td>季安颐</td><td>外孙女</td><td>女</td><td>2020 年 7 月</td><td>汉族</td></tr>
<tr><td>家庭大事</td><td colspan="5">1994 年，动迁至江浦新村自建别墅。
2014 年，购轿车 1 辆。
2016 年，季云蕾毕业于扬州大学师范学院，并担任昆山康桥学校初中部教师。
2020 年，翻建别墅 1 幢。
2020 年，购轿车 1 辆。</td></tr>
</table>

<table>
<tr><td rowspan="6">家庭成员</td><td>姓名</td><td>与户主关系</td><td>性别</td><td>出生年月</td><td>民族</td></tr>
<tr><td>季惠林</td><td>户主</td><td>男</td><td>1968 年 1 月</td><td>汉族</td></tr>
<tr><td>沈　琴</td><td>妻子</td><td>女</td><td>1970 年 12 月</td><td>汉族</td></tr>
<tr><td>季阿二</td><td>父亲</td><td>男</td><td>1936 年 3 月</td><td>汉族</td></tr>
<tr><td>王琴妹</td><td>母亲</td><td>女</td><td>1938 年 1 月</td><td>汉族</td></tr>
<tr><td>季　敏</td><td>儿子</td><td>男</td><td>1993 年 7 月</td><td>汉族</td></tr>
<tr><td>家庭大事</td><td colspan="5">1988 年，建楼房 1 幢。
1994 年，动迁至江浦新村自建别墅。</td></tr>
</table>

<table>
<tr><td rowspan="3">家庭成员</td><td>姓名</td><td>与户主关系</td><td>性别</td><td>出生年月</td><td>民族</td></tr>
<tr><td>季兴荀</td><td>户主</td><td>男</td><td>1949 年 8 月</td><td>汉族</td></tr>
<tr><td>姚苏宝</td><td>妻子</td><td>女</td><td>1950 年 3 月</td><td>汉族</td></tr>
<tr><td>家庭大事</td><td colspan="5">1989 年，建楼房 1 幢。
2013 年，购轿车 1 辆。</td></tr>
</table>

家庭成员	姓名	与户主关系	性别	出生年月	民族
	季惠平	户主	男	1972 年 1 月	汉族
	季文琪	女儿	女	1995 年 7 月	汉族
家庭大事	2001 年，获动迁安置房 2 套。 2015 年，购轿车 1 辆。				

家庭成员	姓名	与户主关系	性别	出生年月	民族
	季惠东	户主	男	1969 年 12 月	汉族
	蔡惠芳	妻子	女	1971 年 8 月	汉族
	季文青	儿子	男	1993 年 1 月	汉族
家庭大事	2001 年，获动迁安置房 2 套。 2016 年，购轿车 1 辆。				

家庭成员	姓名	与户主关系	性别	出生年月	民族
	朱玉明	户主	男	1971 年 3 月	汉族
	戴　平	妻子	女	1972 年 6 月	汉族
	陈王女	母亲	女	1945 年 3 月	汉族
	朱　薀	女儿	女	1996 年 11 月	汉族
家庭大事	1987 年，建楼房 1 幢。 2001 年，获动迁安置房 2 套。 2015 年，购轿车 1 辆。				

家庭成员	姓名	与户主关系	性别	出生年月	民族
	毛利群	户主	男	1964 年 3 月	汉族
	丁兰娣	妻子	女	1963 年 10 月	汉族
	丁　剑	儿子	男	1987 年 2 月	汉族
家庭大事	1993 年，建楼房 1 幢。 2001 年，获动迁安置房 3 套。 2008 年，购轿车 1 辆。				

<table>
<tr><td rowspan="6">家庭成员</td><th>姓名</th><th>与户主关系</th><th>性别</th><th>出生年月</th><th>民族</th></tr>
<tr><td>毛立刚</td><td>户主</td><td>男</td><td>1975 年 11 月</td><td>汉族</td></tr>
<tr><td>陈旭霞</td><td>妻子</td><td>女</td><td>1976 年 10 月</td><td>汉族</td></tr>
<tr><td>毛毛生</td><td>父亲</td><td>男</td><td>1946 年 11 月</td><td>汉族</td></tr>
<tr><td>吴凤金</td><td>母亲</td><td>女</td><td>1948 年 4 月</td><td>汉族</td></tr>
<tr><td>毛嘉伟</td><td>儿子</td><td>男</td><td>2001 年 1 月</td><td>汉族</td></tr>
<tr><td>家庭大事</td><td colspan="5">1988 年，建楼房 1 幢。
2001 年，获动迁安置房 2 套。
2010 年，购轿车 1 辆。
2015 年，购轿车 1 辆。</td></tr>
</table>

<table>
<tr><td rowspan="6">家庭成员</td><th>姓名</th><th>与户主关系</th><th>性别</th><th>出生年月</th><th>民族</th></tr>
<tr><td>包志明</td><td>户主</td><td>男</td><td>1958 年 10 月</td><td>汉族</td></tr>
<tr><td>季惠英</td><td>妻子</td><td>女</td><td>1962 年 10 月</td><td>汉族</td></tr>
<tr><td>包亚萍</td><td>女儿</td><td>女</td><td>1993 年 11 月</td><td>汉族</td></tr>
<tr><td>李晓飞</td><td>女婿</td><td>男</td><td>1993 年 11 月</td><td>汉族</td></tr>
<tr><td>李艺桐</td><td>外孙女</td><td>女</td><td>2019 年 10 月</td><td>汉族</td></tr>
<tr><td>家庭大事</td><td colspan="5">1986 年，建楼房 1 幢。
2001 年，获动迁安置房 2 套。
2003 年，购轿车 1 辆。</td></tr>
</table>

<table>
<tr><td rowspan="4">家庭成员</td><th>姓名</th><th>与户主关系</th><th>性别</th><th>出生年月</th><th>民族</th></tr>
<tr><td>马承元</td><td>户主</td><td>男</td><td>1958 年 7 月</td><td>汉族</td></tr>
<tr><td>许卫芳</td><td>妻子</td><td>女</td><td>1961 年 9 月</td><td>汉族</td></tr>
<tr><td>马雯娟</td><td>女儿</td><td>女</td><td>1984 年 11 月</td><td>汉族</td></tr>
<tr><td>家庭大事</td><td colspan="5">1978 年，马承元参军入伍，于 1981 年退伍。
1987 年，建楼房 1 幢。
2001 年，获动迁安置房 2 套。
2008 年，购轿车 1 辆。
2015 年，马雯娟毕业于华中科技大学。</td></tr>
</table>

	姓名	与户主关系	性别	出生年月	民族
家庭成员	陈海元	户主	男	1951 年 10 月	汉族
	殷　荣	儿子	男	1974 年 12 月	汉族
	朱国英	儿媳	女	1977 年 2 月	汉族
	殷子怡	孙女	女	2000 年 10 月	汉族
	殷子来	孙子	男	2008 年 8 月	汉族
家庭大事	2001 年，获动迁安置房 1 套。				

	姓名	与户主关系	性别	出生年月	民族
家庭成员	杨大男	户主	男	1966 年 5 月	汉族
	徐虎英	妻子	女	1962 年 11 月	汉族
	杨艳倩	女儿	女	1990 年 3 月	汉族
家庭大事	2005 年，购轿车 1 辆。				

	姓名	与户主关系	性别	出生年月	民族
家庭成员	徐洪根	户主	男	1958 年 8 月	汉族
	王惠英	妻子	女	1962 年 10 月	汉族
	徐　明	儿子	男	1985 年 4 月	汉族
	陈晓芳	儿媳	女	1986 年 7 月	汉族
	徐昊辰	长孙	男	2015 年 9 月	汉族
	徐宇宸	次孙	男	2019 年 8 月	汉族
家庭大事	1989 年，建楼房 1 幢。 2001 年，获动迁安置房 2 套。 2008 年，徐明毕业于淮阴工学院。 2009 年，陈晓芳毕业于徐州师范大学（今江苏师范大学）。 2017 年，购轿车 1 辆。				

	姓名	与户主关系	性别	出生年月	民族
家庭成员	徐立新	户主	男	1967 年 2 月	汉族
	周献红	妻子	女	1967 年 2 月	汉族
	徐家骏	儿子	男	1990 年 1 月	汉族
家庭大事	1988 年，建楼房 1 幢。 2001 年，获动迁安置房 2 套。				

	姓名	与户主关系	性别	出生年月	民族
家庭成员	周国元	户主	男	1967 年 12 月	汉族
	郭金秀	妻子	女	1971 年 6 月	汉族
	周　艺	女儿	女	1992 年 8 月	汉族
	金　晓	女婿	男	1990 年 9 月	汉族
	金宸宥	外孙	男	2020 年 3 月	汉族
家庭大事	2004 年，购轿车 1 辆。 2007 年，购商品房 1 套。 2013 年，金晓毕业于东南大学。				

	姓名	与户主关系	性别	出生年月	民族
家庭成员	郭金祥	户主	男	1965 年 1 月	汉族
	王雪珍	妻子	女	1964 年 2 月	汉族
	郭　芸	女儿	女	1988 年 3 月	汉族
家庭大事	1982 年，建楼房 1 幢。 2001 年，获动迁安置房 2 套。 2007 年，购商品房 1 套。 2010 年，购轿车 1 辆。				

<table>
<tr><td rowspan="3">家庭成员</td><td>姓名</td><td>与户主关系</td><td>性别</td><td>出生年月</td><td>民族</td></tr>
<tr><td>郭金坤</td><td>户主</td><td>男</td><td>1962 年 12 月</td><td>汉族</td></tr>
<tr><td>郭　政</td><td>儿子</td><td>男</td><td>2001 年 2 月</td><td>汉族</td></tr>
<tr><td>家庭大事</td><td colspan="5">1984 年，建楼房 1 幢。
2001 年，获动迁安置房 1 套。</td></tr>
</table>

<table>
<tr><td rowspan="3">家庭成员</td><td>姓名</td><td>与户主关系</td><td>性别</td><td>出生年月</td><td>民族</td></tr>
<tr><td>沈凤英</td><td>户主</td><td>女</td><td>1964 年 2 月</td><td>汉族</td></tr>
<tr><td>郭　倩</td><td>女儿</td><td>女</td><td>1985 年 12 月</td><td>汉族</td></tr>
<tr><td>家庭大事</td><td colspan="5">1982 年，建楼房 1 幢。
2001 年，获动迁安置房 2 套。
2014 年，购轿车 1 辆。</td></tr>
</table>

<table>
<tr><td rowspan="8">家庭成员</td><td>姓名</td><td>与户主关系</td><td>性别</td><td>出生年月</td><td>民族</td></tr>
<tr><td>郭金荣</td><td>户主</td><td>男</td><td>1967 年 12 月</td><td>汉族</td></tr>
<tr><td>夏玲玲</td><td>妻子</td><td>女</td><td>1966 年 10 月</td><td>汉族</td></tr>
<tr><td>郭其昌</td><td>父亲</td><td>男</td><td>1939 年 7 月</td><td>汉族</td></tr>
<tr><td>方桂英</td><td>母亲</td><td>女</td><td>1944 年 11 月</td><td>汉族</td></tr>
<tr><td>郭　鑫</td><td>儿子</td><td>男</td><td>1990 年 11 月</td><td>汉族</td></tr>
<tr><td>吴　薛</td><td>儿媳</td><td>女</td><td>1992 年 7 月</td><td>汉族</td></tr>
<tr><td>郭禹神</td><td>孙子</td><td>男</td><td>2017 年 3 月</td><td>汉族</td></tr>
<tr><td>家庭大事</td><td colspan="5">1998 年，建楼房 1 幢。
2001 年，获动迁安置房 2 套。
2015 年，购轿车 1 辆。</td></tr>
</table>

	姓名	与户主关系	性别	出生年月	民族
家庭成员	焦永来	户主	男	1970 年 6 月	汉族
	袁正芳	妻子	女	1971 年 1 月	汉族
	焦闽文	女儿	女	1995 年 2 月	汉族
家庭大事	1992 年，建楼房 1 幢。 2001 年，获动迁安置房 3 套。 2008 年，购轿车 1 辆。 2015 年，购轿车 1 辆。 2017 年，焦闽文毕业于鲁迅美术学院。				

江浦村第 8 村民小组

	姓名	与户主关系	性别	出生年月	民族
家庭成员	黄晓琴	户主	女	1978 年 11 月	汉族
	赵俊邦	丈夫	男	1970 年 12 月	汉族
	黄立山	父亲	男	1952 年 3 月	汉族
	戴桂珍	母亲	女	1953 年 3 月	汉族
	黄　越	儿子	男	2000 年 10 月	汉族
	赵　瑞	女儿	女	2011 年 7 月	汉族
家庭大事	1998 年，建楼房 1 幢。 1990 年，赵俊邦参军入伍，于 1994 年退伍。 1993 年，赵俊邦加入中国共产党。 2001 年，获动迁安置房 2 套。 2005 年，购轿车 1 辆。				

	姓名	与户主关系	性别	出生年月	民族
家庭成员	陈邦林	户主	男	1950 年 1 月	汉族
	奚怀珍	妻子	女	1952 年 6 月	汉族
	陈咸龙	儿子	男	1974 年 9 月	汉族
	陈金霞	儿媳	女	1973 年 12 月	汉族
	陈诗怡	孙女	女	1997 年 9 月	汉族
	陈咸凤	女儿	女	1976 年 2 月	汉族
家庭大事	1990 年，建楼房 1 幢。 2001 年，获动迁安置房 2 套。 2017 年，陈诗怡毕业于江苏海洋大学。 2019 年，购轿车 1 辆。				

<table>
<tr><td rowspan="7">家庭成员</td><td>姓名</td><td>与户主关系</td><td>性别</td><td>出生年月</td><td>民族</td></tr>
<tr><td>许祥林</td><td>户主</td><td>男</td><td>1954 年 8 月</td><td>汉族</td></tr>
<tr><td>崔桂英</td><td>妻子</td><td>女</td><td>1954 年 3 月</td><td>汉族</td></tr>
<tr><td>许小妹</td><td>母亲</td><td>女</td><td>1934 年 8 月</td><td>汉族</td></tr>
<tr><td>许春明</td><td>儿子</td><td>男</td><td>1979 年 2 月</td><td>汉族</td></tr>
<tr><td>黄　莉</td><td>儿媳</td><td>女</td><td>1979 年 2 月</td><td>汉族</td></tr>
<tr><td>许哲豪</td><td>孙子</td><td>男</td><td>2003 年 8 月</td><td>汉族</td></tr>
<tr><td>家庭大事</td><td colspan="5">1985 年，建楼房 1 幢。
1995 年，许祥林加入中国共产党。
1995 年，购商品房 1 套。
2001 年，获动迁安置房 2 套。
2004 年，购轿车 1 辆。</td></tr>
</table>

<table>
<tr><td rowspan="7">家庭成员</td><td>姓名</td><td>与户主关系</td><td>性别</td><td>出生年月</td><td>民族</td></tr>
<tr><td>施志祥</td><td>户主</td><td>男</td><td>1956 年 8 月</td><td>汉族</td></tr>
<tr><td>史翠云</td><td>妻子</td><td>女</td><td>1958 年 1 月</td><td>汉族</td></tr>
<tr><td>施文忠</td><td>儿子</td><td>男</td><td>1982 年 7 月</td><td>汉族</td></tr>
<tr><td>占金金</td><td>儿媳</td><td>女</td><td>1986 年 8 月</td><td>汉族</td></tr>
<tr><td>施义欣</td><td>孙女</td><td>女</td><td>2005 年 12 月</td><td>汉族</td></tr>
<tr><td>施义浩</td><td>孙子</td><td>男</td><td>2016 年 12 月</td><td>汉族</td></tr>
<tr><td>家庭大事</td><td colspan="5">1986 年，建楼房 1 幢。
2001 年，获动迁安置房 2 套。</td></tr>
</table>

	姓名	与户主关系	性别	出生年月	民族
家庭成员	乔龙关	户主	男	1945 年 8 月	汉族
	梁小宝	妻子	女	1951 年 2 月	汉族
	乔月洪	儿子	男	1974 年 7 月	汉族
	周琴妹	儿媳	女	1973 年 11 月	汉族
	乔　云	孙女	女	1998 年 3 月	汉族
家庭大事	1988 年，建楼房 1 幢。 2001 年，获动迁安置房 2 套。 2011 年，购轿车 1 辆。 2018 年，乔云在昆山市第一人民医院担任护士。				

	姓名	与户主关系	性别	出生年月	民族
家庭成员	陈邦荣	户主	男	1963 年 2 月	汉族
	顾大妹	妻子	女	1966 年 11 月	汉族
	陈咸芳	女儿	女	1988 年 2 月	汉族
	刘陈彧	外孙	男	2012 年 10 月	汉族
家庭大事	1992 年，建楼房 1 幢。 2001 年，获动迁安置房 2 套。 2017 年，购轿车 1 辆。				

	姓名	与户主关系	性别	出生年月	民族
家庭成员	李乃文	户主	男	1955 年 12 月	汉族
	史桂珍	妻子	女	1962 年 7 月	汉族
	李振瑾	女儿	女	1984 年 12 月	汉族
	周红兵	女婿	男	1982 年 4 月	汉族
家庭大事	1988 年，建楼房 1 幢。 2001 年，获动迁安置房 2 套。				

<table>
<tr><td rowspan="6">家庭成员</td><td>姓名</td><td>与户主关系</td><td>性别</td><td>出生年月</td><td>民族</td></tr>
<tr><td>李乃祥</td><td>户主</td><td>男</td><td>1962 年 11 月</td><td>汉族</td></tr>
<tr><td>周秀梅</td><td>妻子</td><td>女</td><td>1966 年 10 月</td><td>汉族</td></tr>
<tr><td>李志辰</td><td>儿子</td><td>男</td><td>1988 年 7 月</td><td>汉族</td></tr>
<tr><td>朱小丽</td><td>儿媳</td><td>女</td><td>1986 年 11 月</td><td>汉族</td></tr>
<tr><td>李卫鑫</td><td>孙子</td><td>男</td><td>2010 年 8 月</td><td>汉族</td></tr>
<tr><td>家庭大事</td><td colspan="5">2000 年，建楼房 1 幢。
2001 年，获动迁安置房 2 套。
2015 年，购轿车 1 辆。
2019 年，李志辰毕业于中国医科大学。</td></tr>
</table>

<table>
<tr><td rowspan="4">家庭成员</td><td>姓名</td><td>与户主关系</td><td>性别</td><td>出生年月</td><td>民族</td></tr>
<tr><td>陈龙宝</td><td>户主</td><td>男</td><td>1957 年 12 月</td><td>汉族</td></tr>
<tr><td>覃庆兰</td><td>妻子</td><td>女</td><td>1962 年 7 月</td><td>汉族</td></tr>
<tr><td>陈丽丽</td><td>女儿</td><td>女</td><td>1996 年 12 月</td><td>汉族</td></tr>
<tr><td>家庭大事</td><td colspan="5">2001 年，获动迁安置房 2 套。
2019 年，陈丽丽毕业于苏州大学。</td></tr>
</table>

<table>
<tr><td rowspan="6">家庭成员</td><td>姓名</td><td>与户主关系</td><td>性别</td><td>出生年月</td><td>民族</td></tr>
<tr><td>夏利华</td><td>户主</td><td>男</td><td>1979 年 8 月</td><td>汉族</td></tr>
<tr><td>夏文娟</td><td>妻子</td><td>女</td><td>1980 年 8 月</td><td>汉族</td></tr>
<tr><td>夏咬其</td><td>父亲</td><td>男</td><td>1954 年 1 月</td><td>汉族</td></tr>
<tr><td>王春风</td><td>母亲</td><td>女</td><td>1954 年 1 月</td><td>汉族</td></tr>
<tr><td>夏艺萌</td><td>女儿</td><td>女</td><td>2004 年 1 月</td><td>汉族</td></tr>
<tr><td>家庭大事</td><td colspan="5">1989 年，建楼房 1 幢。
2001 年，获动迁安置房 2 套。
2007 年，夏利华加入中国共产党。
2011 年，夏文娟加入中国共产党。
2012 年，购轿车 1 辆。</td></tr>
</table>

	姓名	与户主关系	性别	出生年月	民族
家庭成员	陈金妹	户主	女	1946 年 10 月	汉族
	丁怀根	儿子	男	1968 年 2 月	汉族
家庭大事					

	姓名	与户主关系	性别	出生年月	民族
家庭成员	乔文富	户主	男	1957 年 12 月	汉族
	武扣珍	妻子	女	1961 年 7 月	汉族
	乔盛华	儿子	男	1985 年 12 月	汉族
	范　菲	儿媳	女	1986 年 1 月	汉族
	乔芸欣	孙女	女	2010 年 2 月	汉族
	乔芸峰	孙子	男	2016 年 7 月	汉族
家庭大事	1997 年，建楼房 1 幢。 2001 年，获动迁安置房 2 套。				

	姓名	与户主关系	性别	出生年月	民族
家庭成员	袁立银	户主	男	1950 年 2 月	汉族
	李龙花	妻子	女	1952 年 11 月	汉族
	袁大龙	儿子	男	1976 年 4 月	汉族
	陆志芬	儿媳	女	1975 年 11 月	汉族
	袁佳雯	长孙女	女	2000 年 2 月	汉族
	袁佳雲	次孙女	女	2008 年 7 月	汉族
	袁佳祺	孙子	男	2008 年 7 月	汉族
家庭大事	1988 年，建楼房 1 幢。 2001 年，获动迁安置房 2 套。 2015 年，购轿车 1 辆。 2020 年，袁佳雯担任昆山市中医院护士。				

<table>
<tr><td rowspan="5">家庭成员</td><td>姓名</td><td>与户主关系</td><td>性别</td><td>出生年月</td><td>民族</td></tr>
<tr><td>丁怀良</td><td>户主</td><td>男</td><td>1972 年 9 月</td><td>汉族</td></tr>
<tr><td>汤琴芳</td><td>妻子</td><td>女</td><td>1973 年 5 月</td><td>汉族</td></tr>
<tr><td>丁奕杰</td><td>长子</td><td>男</td><td>1996 年 11 月</td><td>汉族</td></tr>
<tr><td>丁奕豪</td><td>次子</td><td>男</td><td>2009 年 9 月</td><td>汉族</td></tr>
<tr><td>家庭大事</td><td colspan="5">1989 年，建楼房 1 幢。
2001 年，获动迁安置房 2 套。
2014 年，购轿车 1 辆。
2016 年，购轿车 1 辆。</td></tr>
</table>

<table>
<tr><td rowspan="7">家庭成员</td><td>姓名</td><td>与户主关系</td><td>性别</td><td>出生年月</td><td>民族</td></tr>
<tr><td>黄立根</td><td>户主</td><td>男</td><td>1964 年 4 月</td><td>汉族</td></tr>
<tr><td>施桂英</td><td>妻子</td><td>女</td><td>1964 年 7 月</td><td>汉族</td></tr>
<tr><td>黄惠忠</td><td>儿子</td><td>男</td><td>1987 年 11 月</td><td>汉族</td></tr>
<tr><td>沈丹萍</td><td>儿媳</td><td>女</td><td>1988 年 11 月</td><td>汉族</td></tr>
<tr><td>黄以静</td><td>长孙女</td><td>女</td><td>2010 年 10 月</td><td>汉族</td></tr>
<tr><td>沈以帆</td><td>次孙女</td><td>女</td><td>2014 年 6 月</td><td>汉族</td></tr>
<tr><td>家庭大事</td><td colspan="5">1999 年，建楼房 1 幢。
2001 年，获动迁安置房 2 套。
2014 年，购轿车 1 辆。
2017 年，购轿车 1 辆。</td></tr>
</table>

<table>
<tr><td rowspan="5">家庭成员</td><td>姓名</td><td>与户主关系</td><td>性别</td><td>出生年月</td><td>民族</td></tr>
<tr><td>张桃祥</td><td>户主</td><td>男</td><td>1962 年 4 月</td><td>汉族</td></tr>
<tr><td>夏春香</td><td>妻子</td><td>女</td><td>1965 年 2 月</td><td>汉族</td></tr>
<tr><td>张雪雷</td><td>儿子</td><td>男</td><td>1988 年 3 月</td><td>汉族</td></tr>
<tr><td>张梦杰</td><td>孙子</td><td>男</td><td>2010 年 9 月</td><td>汉族</td></tr>
<tr><td>家庭大事</td><td colspan="5">1998 年，建楼房 1 幢。
2001 年，获动迁安置房 3 套。
2010 年，购轿车 1 辆。</td></tr>
</table>

	姓名	与户主关系	性别	出生年月	民族
家庭成员	夏正楼	户主	男	1958 年 3 月	汉族
	储桃妹	妻子	女	1960 年 2 月	汉族
	夏利萍	女儿	女	1984 年 7 月	汉族
	夏妙涵	孙女	女	2014 年 10 月	汉族
家庭大事	1978 年，夏正楼参军入伍，于 1984 年退伍。 1983 年，建楼房 1 幢。 2004 年，购轿车 1 辆。 2007 年，夏利萍毕业于江西财经大学。 2014 年，购商品房 1 套。				

	姓名	与户主关系	性别	出生年月	民族
家庭成员	张杏祥	户主	男	1954 年 3 月	汉族
	吉雀妹	妻子	女	1953 年 6 月	汉族
	张雪琴	女儿	女	1978 年 11 月	汉族
	叶建国	女婿	男	1977 年 12 月	汉族
	张　叶	外孙	男	2001 年 5 月	汉族
家庭大事	1983 年，建楼房 1 幢。 2001 年，获动迁安置房 2 套。 2019 年，购轿车 1 辆。				

	姓名	与户主关系	性别	出生年月	民族
家庭成员	施志伟	户主	男	1967 年 8 月	汉族
	张迁会	妻子	女	1966 年 4 月	汉族
	施文萍	长女	女	1990 年 10 月	汉族
	施文艺	次女	女	2000 年 4 月	汉族
家庭大事	1985 年，建楼房 1 幢。 2001 年，获动迁安置房 2 套。 2012 年，购轿车 1 辆。				

	姓名	与户主关系	性别	出生年月	民族
家庭成员	陈根宝	户主	男	1965 年 6 月	汉族
	俞龙娣	妻子	女	1969 年 8 月	汉族
	陈　燕	女儿	女	1990 年 8 月	汉族
	陶建飞	女婿	男	1992 年 11 月	汉族
	陶业航	外孙	男	2016 年 11 月	汉族
	陈姝怡	外孙女	女	2020 年 3 月	汉族
家庭大事	1982 年，建楼房 1 幢。 2005 年，购商品房 1 套。				

	姓名	与户主关系	性别	出生年月	民族
家庭成员	肖卫平	户主	男	1958 年 2 月	汉族
	张玉英	妻子	女	1962 年 10 月	汉族
	张肖翔	儿子	男	1984 年 9 月	汉族
	肖张燕	女儿	女	1992 年 2 月	汉族
	张可馨	孙女	女	2015 年 8 月	汉族
家庭大事	1985 年，建楼房 1 幢。 2000 年，购轿车 1 辆。 2001 年，获动迁安置房 2 套。 2008 年，张肖翔毕业于徐州医科大学，并担任昆山市第二人民医院泌尿外科医生。 2013 年，肖张燕加入中国共产党，并于 2014 年毕业于苏州大学。				

	姓名	与户主关系	性别	出生年月	民族
家庭成员	乔文才	户主	男	1962 年 10 月	汉族
	杨玉宣	妻子	女	1965 年 7 月	汉族
	乔中婷	女儿	女	1989 年 11 月	汉族
	张　力	女婿	男	1991 年 2 月	汉族
	张毅方	外孙	男	2019 年 11 月	汉族
家庭大事	2001 年，获动迁安置房 1 套。				

	姓名	与户主关系	性别	出生年月	民族
家庭成员	李乃龙	户主	男	1965 年 4 月	汉族
	陈文春	妻子	女	1971 年 1 月	汉族
	李阿子	母亲	女	1931 年 11 月	汉族
	李晓玲	长女	女	1994 年 1 月	汉族
	徐春华	长婿	男	1987 年 3 月	汉族
	李　萌	次女	女	1999 年 3 月	汉族
	徐李博	外孙	男	2018 年 11 月	汉族
家庭大事	1989 年，建楼房 1 幢。 2001 年，获动迁安置房 3 套。 2014 年，购轿车 1 辆。				

	姓名	与户主关系	性别	出生年月	民族
家庭成员	许祥友	户主	男	1962 年 9 月	汉族
	张琴芳	妻子	女	1967 年 3 月	汉族
	许春芳	女儿	女	1985 年 10 月	汉族
	张　震	女婿	男	1980 年 10 月	汉族
	张铭轩	长外孙	男	2012 年 10 月	汉族
	许明鑫	次外孙	男	2014 年 6 月	汉族
家庭大事	1988 年，许祥友加入中国共产党，于 2000 年毕业于河南大学。 1990 年，建楼房 1 幢。 2001 年，获动迁安置房 2 套。 2008 年，购轿车 1 辆。 2009 年，张震毕业于德国慕尼黑大学。 2011 年，许春芳毕业于华中科技大学，于 2012 年加入中国共产党。				

	姓名	与户主关系	性别	出生年月	民族
家庭成员	顾凤祥	户主	男	1963 年 9 月	汉族
	王福文	妻子	女	1969 年 11 月	汉族
	顾旭霞	女儿	女	1994 年 10 月	汉族
	朱　亮	女婿	男	1994 年 2 月	汉族
	朱梓萱	外孙女	女	2018 年 6 月	汉族
家庭大事	2000 年，获动迁安置房 2 套。 2013 年，购轿车 1 辆。 2017 年，购轿车 1 辆。				

江浦村第 9 村民小组

	姓名	与户主关系	性别	出生年月	民族
家庭成员	方理敏	户主	男	1988 年 4 月	汉族
	方道荣	父亲	男	1949 年 10 月	汉族
	马陈芳	母亲	女	1954 年 1 月	汉族
家庭大事	1993 年，建楼房 1 幢。 2001 年，获动迁安置房 2 套。 2012 年，购轿车 1 辆。				

	姓名	与户主关系	性别	出生年月	民族
家庭成员	刘洪伟	户主	男	1968 年 7 月	汉族
	杨惠英	妻子	女	1970 年 9 月	汉族
	刘　亮	儿子	男	1991 年 5 月	汉族
	方冯圆	儿媳	女	1991 年 4 月	汉族
	刘思源	孙子	男	2018 年 8 月	汉族
家庭大事	1985 年，建楼房 1 幢。 1999 年，刘洪伟加入中国共产党。 2001 年，获动迁安置房 2 套。 2004 年，购轿车 1 辆。 2012 年，刘亮参军入伍，并于 2014 年退伍。				

	姓名	与户主关系	性别	出生年月	民族
家庭成员	张福虎	户主	男	1962 年 11 月	汉族
	季冬云	妻子	女	1965 年 9 月	汉族
	张云超	儿子	男	1987 年 11 月	汉族
	朱梦雅	儿媳	女	1987 年 10 月	汉族
	朱熙萌	孙女	女	2014 年 7 月	汉族
家庭大事	1980 年，建楼房 1 幢。 2001 年，获动迁安置房 2 套。 2012 年，购轿车 1 辆。				

<table>
<tr><td rowspan="7">家庭成员</td><td>姓名</td><td>与户主关系</td><td>性别</td><td>出生年月</td><td>民族</td></tr>
<tr><td>王叶宝</td><td>户主</td><td>男</td><td>1964 年 10 月</td><td>汉族</td></tr>
<tr><td>陈粉香</td><td>妻子</td><td>女</td><td>1964 年 10 月</td><td>汉族</td></tr>
<tr><td>王　静</td><td>女儿</td><td>女</td><td>1987 年 12 月</td><td>汉族</td></tr>
<tr><td>蒋海云</td><td>女婿</td><td>男</td><td>1987 年 6 月</td><td>汉族</td></tr>
<tr><td>蒋裕泽</td><td>长外孙</td><td>男</td><td>2014 年 5 月</td><td>汉族</td></tr>
<tr><td>王裕泽</td><td>次外孙</td><td>男</td><td>2020 年 7 月</td><td>汉族</td></tr>
<tr><td>家庭大事</td><td colspan="5">1997 年，建楼房 1 幢。
2001 年，获动迁安置房 2 套。
2008 年，王静加入中国共产党，于 2010 年毕业于东北农业大学。
2009 年，蒋海云加入中国共产党，于 2010 年毕业于南京信息工程大学。
2012 年，购轿车 1 辆。</td></tr>
</table>

<table>
<tr><td rowspan="6">家庭成员</td><td>姓名</td><td>与户主关系</td><td>性别</td><td>出生年月</td><td>民族</td></tr>
<tr><td>夏利根</td><td>户主</td><td>男</td><td>1963 年 12 月</td><td>汉族</td></tr>
<tr><td>季琴珍</td><td>妻子</td><td>女</td><td>1962 年 4 月</td><td>汉族</td></tr>
<tr><td>夏　冬</td><td>女儿</td><td>女</td><td>1986 年 12 月</td><td>汉族</td></tr>
<tr><td>汤夏涵</td><td>长外孙</td><td>男</td><td>2011 年 12 月</td><td>汉族</td></tr>
<tr><td>夏博晗</td><td>次外孙</td><td>男</td><td>2017 年 7 月</td><td>汉族</td></tr>
<tr><td>家庭大事</td><td colspan="5">1985 年，建楼房 1 幢。
2001 年，获动迁安置房 1 套。
2012 年，购轿车 1 辆。</td></tr>
</table>

<table>
<tr><td rowspan="6">家庭成员</td><td>姓名</td><td>与户主关系</td><td>性别</td><td>出生年月</td><td>民族</td></tr>
<tr><td>夏正林</td><td>户主</td><td>男</td><td>1940 年 12 月</td><td>汉族</td></tr>
<tr><td>赵小妹</td><td>妻子</td><td>女</td><td>1944 年 4 月</td><td>汉族</td></tr>
<tr><td>夏利民</td><td>儿子</td><td>男</td><td>1967 年 9 月</td><td>汉族</td></tr>
<tr><td>管玲香</td><td>儿媳</td><td>女</td><td>1979 年 4 月</td><td>汉族</td></tr>
<tr><td>夏奕骏</td><td>孙子</td><td>男</td><td>2002 年 3 月</td><td>汉族</td></tr>
<tr><td>家庭大事</td><td colspan="5">1985 年，建楼房 1 幢。
2001 年，获动迁安置房 3 套。
2018 年，购轿车 1 辆。</td></tr>
</table>

<table>
<tr><td rowspan="2">家庭成员</td><td>姓名</td><td>与户主关系</td><td>性别</td><td>出生年月</td><td>民族</td></tr>
<tr><td>刘行发</td><td>户主</td><td>男</td><td>1933 年 2 月</td><td>汉族</td></tr>
<tr><td>家庭大事</td><td colspan="5"></td></tr>
</table>

<table>
<tr><td rowspan="6">家庭成员</td><td>姓名</td><td>与户主关系</td><td>性别</td><td>出生年月</td><td>民族</td></tr>
<tr><td>夏正祥</td><td>户主</td><td>男</td><td>1959 年 7 月</td><td>汉族</td></tr>
<tr><td>刘红英</td><td>妻子</td><td>女</td><td>1962 年 1 月</td><td>汉族</td></tr>
<tr><td>夏　魏</td><td>儿子</td><td>男</td><td>1984 年 11 月</td><td>汉族</td></tr>
<tr><td>吴小红</td><td>儿媳</td><td>女</td><td>1987 年 2 月</td><td>汉族</td></tr>
<tr><td>夏心诺</td><td>孙女</td><td>女</td><td>2010 年 1 月</td><td>汉族</td></tr>
<tr><td>家庭大事</td><td colspan="5">1995 年，建楼房 1 幢。
2001 年，获动迁安置房 2 套。
2004 年，夏魏参军入伍，于 2006 年退伍。
2008 年，购轿车 1 辆。</td></tr>
</table>

<table>
<tr><td rowspan="7">家庭成员</td><td>姓名</td><td>与户主关系</td><td>性别</td><td>出生年月</td><td>民族</td></tr>
<tr><td>李德元</td><td>户主</td><td>男</td><td>1943 年 2 月</td><td>汉族</td></tr>
<tr><td>孙永兰</td><td>妻子</td><td>女</td><td>1947 年 6 月</td><td>汉族</td></tr>
<tr><td>李　强</td><td>儿子</td><td>男</td><td>1975 年 6 月</td><td>汉族</td></tr>
<tr><td>张宏彩</td><td>儿媳</td><td>女</td><td>1974 年 7 月</td><td>汉族</td></tr>
<tr><td>李佳玲</td><td>孙女</td><td>女</td><td>1998 年 12 月</td><td>汉族</td></tr>
<tr><td>李佳航</td><td>孙子</td><td>男</td><td>2011 年 7 月</td><td>汉族</td></tr>
<tr><td>家庭大事</td><td colspan="5">1966 年，李德元加入中国共产党。
1985 年，建楼房 1 幢。
2001 年，获动迁安置房 2 套。</td></tr>
</table>

<table>
<tr><td rowspan="6">家庭成员</td><td>姓名</td><td>与户主关系</td><td>性别</td><td>出生年月</td><td>民族</td></tr>
<tr><td>陈小奎</td><td>户主</td><td>男</td><td>1952 年 9 月</td><td>汉族</td></tr>
<tr><td>陆洪妹</td><td>妻子</td><td>女</td><td>1965 年 9 月</td><td>汉族</td></tr>
<tr><td>陈　玲</td><td>女儿</td><td>女</td><td>1987 年 4 月</td><td>汉族</td></tr>
<tr><td>浦敏华</td><td>女婿</td><td>男</td><td>1985 年 8 月</td><td>汉族</td></tr>
<tr><td>浦　烁</td><td>外孙</td><td>男</td><td>2011 年 2 月</td><td>汉族</td></tr>
<tr><td>家庭大事</td><td colspan="5">1994 年，建楼房 1 幢。
2011 年，购轿车 1 辆。
2018 年，浦敏华加入中国共产党，于 2019 年毕业于南京工业大学。
2019 年，陈玲毕业于江苏科技大学。
2020 年，翻建别墅 1 幢。</td></tr>
</table>

<table>
<tr><td rowspan="6">家庭成员</td><th>姓名</th><th>与户主关系</th><th>性别</th><th>出生年月</th><th>民族</th></tr>
<tr><td>陈小弟</td><td>户主</td><td>男</td><td>1955 年 8 月</td><td>汉族</td></tr>
<tr><td>于保妹</td><td>妻子</td><td>女</td><td>1958 年 3 月</td><td>汉族</td></tr>
<tr><td>陈亚军</td><td>女儿</td><td>女</td><td>1981 年 10 月</td><td>汉族</td></tr>
<tr><td>管雪丰</td><td>女婿</td><td>男</td><td>1979 年 3 月</td><td>汉族</td></tr>
<tr><td>陈心怡</td><td>外孙女</td><td>女</td><td>2007 年 11 月</td><td>汉族</td></tr>
<tr><td>家庭大事</td><td colspan="5">1976 年，陈小弟参军入伍，于 1980 年退伍，并于 1999 年加入中国共产党。
1992 年，建楼房 1 幢。
2001 年，获动迁安置房 2 套。</td></tr>
</table>

<table>
<tr><td rowspan="5">家庭成员</td><th>姓名</th><th>与户主关系</th><th>性别</th><th>出生年月</th><th>民族</th></tr>
<tr><td>张　斌</td><td>户主</td><td>男</td><td>1983 年 4 月</td><td>汉族</td></tr>
<tr><td>黄　妍</td><td>妻子</td><td>女</td><td>1986 年 2 月</td><td>汉族</td></tr>
<tr><td>张福根</td><td>父亲</td><td>男</td><td>1957 年 8 月</td><td>汉族</td></tr>
<tr><td>张慕思</td><td>女儿</td><td>女</td><td>2009 年 11 月</td><td>汉族</td></tr>
<tr><td>家庭大事</td><td colspan="5">1991 年，建楼房 1 幢。
2001 年，获动迁安置房 2 套。
2017 年，购轿车 1 辆。</td></tr>
</table>

<table>
<tr><td rowspan="5">家庭成员</td><th>姓名</th><th>与户主关系</th><th>性别</th><th>出生年月</th><th>民族</th></tr>
<tr><td>刘建芳</td><td>户主</td><td>女</td><td>1970 年 3 月</td><td>汉族</td></tr>
<tr><td>卫二毛</td><td>丈夫</td><td>男</td><td>1967 年 6 月</td><td>汉族</td></tr>
<tr><td>刘小东</td><td>父亲</td><td>男</td><td>1947 年 12 月</td><td>汉族</td></tr>
<tr><td>刘　峰</td><td>儿子</td><td>男</td><td>1991 年 11 月</td><td>汉族</td></tr>
<tr><td>家庭大事</td><td colspan="5">1968 年，刘小东加入中国共产党。
1989 年，建楼房 1 幢。
1995 年，刘建芳担任昆山高新区共青幼儿园教师，并于 2005 年加入中国共产党。
2001 年，获动迁安置房 2 套。
2014 年，购轿车 1 辆。
2018 年，刘峰毕业于华中科技大学。</td></tr>
</table>

家庭成员	姓名	与户主关系	性别	出生年月	民族
	温启明	户主	男	1972 年 12 月	汉族
	陈小红	妻子	女	1977 年 5 月	汉族
	乔小马	岳母	女	1954 年 2 月	汉族
	陈温俊	儿子	男	2000 年 7 月	汉族
家庭大事	1998 年，建楼房 1 幢。 2001 年，获动迁安置房 1 套。 2014 年，陈小红加入中国共产党。				

家庭成员	姓名	与户主关系	性别	出生年月	民族
	姜国友	户主	男	1948 年 12 月	汉族
家庭大事	1985 年，建楼房 1 幢。				

家庭成员	姓名	与户主关系	性别	出生年月	民族
	张彩娣	户主	女	1946 年 11 月	汉族
	刘水琴	女儿	女	1969 年 7 月	汉族
	刘　海	儿子	男	1974 年 3 月	汉族
	陈颖霞	儿媳	女	1971 年 9 月	汉族
	刘凌涛	孙子	男	1996 年 9 月	汉族
家庭大事	1987 年，建楼房 1 幢。 2001 年，获动迁安置房 2 套。 2006 年，购轿车 1 辆。 2019 年，刘凌涛毕业于河南城建学院。				

	姓名	与户主关系	性别	出生年月	民族
家庭成员	夏正雷	户主	男	1963 年 5 月	汉族
	陈荷英	妻子	女	1966 年 8 月	汉族
	夏　青	儿子	男	1988 年 12 月	汉族
	王　玲	儿媳	女	1989 年 2 月	汉族
	夏易轩	孙子	男	2012 年 12 月	汉族
	王易锦	孙女	女	2017 年 2 月	汉族
家庭大事	1997 年，建楼房 1 幢。 2001 年，获动迁安置房 2 套。 2010 年，购轿车 1 辆。				

	姓名	与户主关系	性别	出生年月	民族
家庭成员	姜国才	户主	男	1956 年 6 月	汉族
	刘凤英	妻子	女	1955 年 10 月	汉族
	姜海燕	女儿	女	1981 年 11 月	汉族
	陶建良	女婿	男	1975 年 3 月	汉族
	陶奕涵	外孙女	女	2006 年 11 月	汉族
家庭大事	1974 年，刘凤英担任昆山市玉山镇司徒街小学教师。 1986 年，建楼房 1 幢。 1986 年，姜国才加入中国共产党。 1997 年，陶建良毕业于上海大学。 2001 年，获动迁安置房 1 套。 2008 年，购轿车 1 辆。 2012 年，姜海燕加入中国共产党。				

	姓名	与户主关系	性别	出生年月	民族
家庭成员	陈阿珍	户主	女	1949 年 3 月	汉族
	陈亚英	女儿	女	1969 年 2 月	汉族
	伍根三	女婿	男	1967 年 7 月	汉族
	陈　萍	长外孙女	女	1990 年 8 月	汉族
	陈琦雯	次外孙女	女	1997 年 6 月	汉族
	陈博轩	曾外孙	男	2017 年 12 月	汉族
家庭大事	1987 年，建楼房 1 幢。 2001 年，获动迁安置房 3 套。 2013 年，购轿车 1 辆。				

	姓名	与户主关系	性别	出生年月	民族
家庭成员	丁仁侃	户主	男	1962 年 3 月	汉族
	夏月琴	妻子	女	1962 年 4 月	汉族
	李才英	岳母	女	1940 年 12 月	汉族
	夏月梅	妻妹	女	1964 年 6 月	汉族
	夏蓓莉	女儿	女	1985 年 6 月	汉族
	夏佩勋	儿子	男	1989 年 1 月	汉族
	李赟荠	儿媳	女	1989 年 3 月	汉族
	夏梓茵	孙女	女	2014 年 6 月	汉族
家庭大事	1976 年，建楼房 1 幢。 2001 年，获动迁安置房 2 套。 2009 年，李赟荠加入中国共产党。 2012 年，购轿车 1 辆。 2012 年，夏佩勋毕业于盐城工学院，于 2018 年加入中国共产党。 2015 年，李赟荠毕业于南京财经大学。				

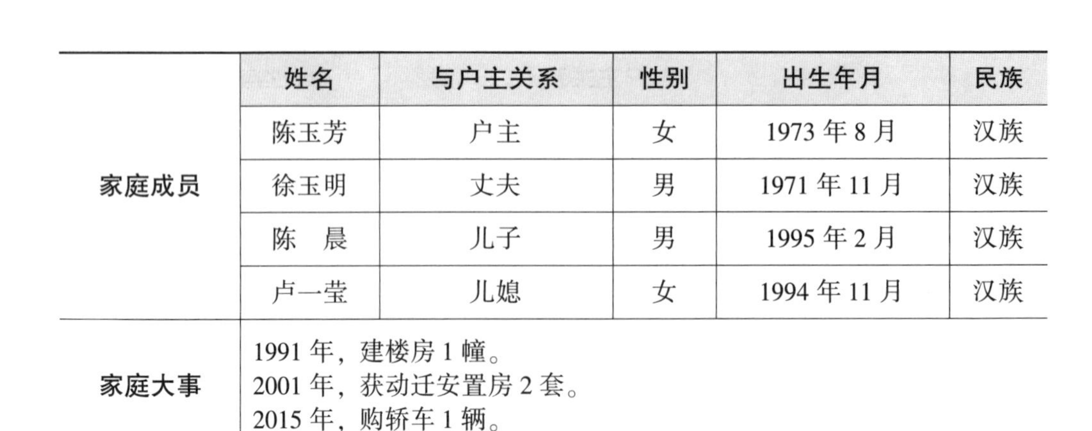

家庭成员	姓名	与户主关系	性别	出生年月	民族
	陈玉芳	户主	女	1973 年 8 月	汉族
	徐玉明	丈夫	男	1971 年 11 月	汉族
	陈　晨	儿子	男	1995 年 2 月	汉族
	卢一莹	儿媳	女	1994 年 11 月	汉族
家庭大事	1991 年，建楼房 1 幢。 2001 年，获动迁安置房 2 套。 2015 年，购轿车 1 辆。				

家庭成员	姓名	与户主关系	性别	出生年月	民族
	陶红圣	户主	男	1956 年 11 月	汉族
家庭大事	1998 年，建楼房 1 幢。 2001 年，获动迁安置房 1 套。				

家庭成员	姓名	与户主关系	性别	出生年月	民族
	刘松松	户主	女	1987 年 9 月	汉族
	陈秀兰	母亲	女	1967 年 11 月	汉族
	刘纯霜	女儿	女	2009 年 3 月	汉族
	刘昊天	儿子	男	2013 年 2 月	汉族
家庭大事	2012 年，购商品房 1 套。				

家庭成员	姓名	与户主关系	性别	出生年月	民族
	夏正发	户主	男	1966 年 4 月	汉族
	张小红	妻子	女	1966 年 11 月	汉族
	夏晓萍	女儿	女	1990 年 5 月	汉族
家庭大事	1997 年，购商品房 1 套。 2004 年，购商品房 1 套。 2012 年，夏晓萍加入中国共产党，于 2013 年毕业于石家庄经济学院（今河北地质大学）。				

<table>
<tr><td rowspan="2">家庭成员</td><td>姓名</td><td>与户主关系</td><td>性别</td><td>出生年月</td><td>民族</td></tr>
<tr><td>孙成珍</td><td>户主</td><td>女</td><td>1958 年 11 月</td><td>汉族</td></tr>
<tr><td>家庭大事</td><td colspan="5"></td></tr>
</table>

江浦村第 10 村民小组

	姓名	与户主关系	性别	出生年月	民族
家庭成员	倪松林	户主	男	1957 年 3 月	汉族
	顾玉英	妻子	女	1957 年 9 月	汉族
	倪红霞	女儿	女	1981 年 11 月	汉族
	陈　羽	女婿	男	1980 年 10 月	汉族
	陈力维	外孙	男	2007 年 3 月	汉族
家庭大事	1987 年，建平房 6 间。 1999 年，翻建楼房 1 幢。 2002 年，倪红霞担任昆山市城北中心小学教师，并于 2005 年毕业于北京师范大学，于 2012 年加入中国共产党。 2007 年，购轿车 1 辆。 2020 年，翻建别墅 1 幢。				

	姓名	与户主关系	性别	出生年月	民族
家庭成员	陈扣弟	户主	男	1963 年 11 月	汉族
	顾玉芬	妻子	女	1968 年 7 月	汉族
	陈　洁	女儿	女	1993 年 10 月	汉族
家庭大事	1996 年，顾玉芬加入中国共产党。 2003 年，购门面房 1 套。 2009 年，翻建别墅 1 幢。 2014 年，购轿车 1 辆。 2015 年，陈洁加入中国共产党，于 2016 年毕业于南京工业大学，并担任昆山市周市华城美地小学教师。 2016 年，购轿车 1 辆。 2016 年，购商品房 1 套。 2018 年，购商品房 1 套。				

<table>
<tr><td rowspan="4">家庭成员</td><td>姓名</td><td>与户主关系</td><td>性别</td><td>出生年月</td><td>民族</td></tr>
<tr><td>江瑞生</td><td>户主</td><td>男</td><td>1946 年 5 月</td><td>汉族</td></tr>
<tr><td>吴国华</td><td>妻子</td><td>女</td><td>1963 年 9 月</td><td>汉族</td></tr>
<tr><td>江依燃</td><td>女儿</td><td>女</td><td>1992 年 6 月</td><td>汉族</td></tr>
<tr><td>家庭大事</td><td colspan="5">2013 年，江依燃毕业于连云港师范高等专科学校，并担任昆山市周市中心小学教师。
2015 年，购商品房 1 套。
2017 年，购轿车 1 辆。</td></tr>
</table>

<table>
<tr><td rowspan="6">家庭成员</td><td>姓名</td><td>与户主关系</td><td>性别</td><td>出生年月</td><td>民族</td></tr>
<tr><td>殷泉弟</td><td>户主</td><td>男</td><td>1954 年 12 月</td><td>汉族</td></tr>
<tr><td>杨正英</td><td>妻子</td><td>女</td><td>1962 年 12 月</td><td>汉族</td></tr>
<tr><td>殷春香</td><td>女儿</td><td>女</td><td>1984 年 5 月</td><td>汉族</td></tr>
<tr><td>费　华</td><td>女婿</td><td>男</td><td>1982 年 1 月</td><td>汉族</td></tr>
<tr><td>费扬帆</td><td>外孙</td><td>男</td><td>2008 年 3 月</td><td>汉族</td></tr>
<tr><td>家庭大事</td><td colspan="5">1998 年，获动迁安置房 1 套。
2016 年，购轿车 1 辆。
2017 年，获动迁安置房 2 套。</td></tr>
</table>

<table>
<tr><td rowspan="2">家庭成员</td><td>姓名</td><td>与户主关系</td><td>性别</td><td>出生年月</td><td>民族</td></tr>
<tr><td>侯玉琴</td><td>户主</td><td>女</td><td>1942 年 10 月</td><td>汉族</td></tr>
<tr><td>家庭大事</td><td colspan="5">2017 年，获动迁安置房 1 套。</td></tr>
</table>

	姓名	与户主关系	性别	出生年月	民族
家庭成员	张雪英	户主	女	1947 年 6 月	汉族
	顾　晨	孙女	女	1993 年 8 月	汉族
	柯　晨	孙婿	男	1990 年 12 月	汉族
	柯昊然	孙子	男	2019 年 3 月	汉族
家庭大事	1998 年，购门面房 1 套。 2009 年，翻建别墅 1 幢。 2011 年，柯晨加入中国共产党，并于 2015 年毕业于四川农业大学。 2015 年，顾晨毕业于淮阴师范学院，并于 2016 年担任昆山市高新区吴淞江小学教师。 2015 年，购轿车 1 辆。 2016 年，购轿车 1 辆。 2018 年，购商品房 1 套。				

	姓名	与户主关系	性别	出生年月	民族
家庭成员	顾志刚	户主	男	1963 年 9 月	汉族
	朱庆生	妻子	女	1965 年 12 月	汉族
	顾阿琴	父亲	男	1937 年 8 月	汉族
	钱林妹	母亲	女	1938 年 11 月	汉族
	顾振超	儿子	男	1988 年 6 月	汉族
	冷玲娟	儿媳	女	1989 年 1 月	汉族
	顾睿洋	孙子	男	2014 年 7 月	汉族
	冷珈甯	孙女	女	2018 年 2 月	汉族
家庭大事	1987 年，建楼房 1 幢。 2009 年，翻建别墅 1 幢。 2015 年，购面包车 1 辆。 2018 年，顾振超加入中国共产党。 2020 年，购商品房 1 套。				

	姓名	与户主关系	性别	出生年月	民族
家庭成员	顾云龙	户主	男	1964 年 10 月	汉族
	曹龙英	妻子	女	1964 年 3 月	汉族
	顾忠仁	父亲	男	1933 年 11 月	汉族
	戴秀兰	母亲	女	1944 年 12 月	汉族
	顾丽娟	女儿	女	1988 年 4 月	汉族
	顾利伟	儿子	男	1995 年 9 月	汉族
	钱丽静	儿媳	女	1994 年 7 月	汉族
	张晨铭	外孙	男	2012 年 2 月	汉族
	张晨雨	外孙女	女	2018 年 6 月	汉族
	顾梓妍	孙女	女	2018 年 11 月	汉族
家庭大事	1998 年，建楼房 1 幢。 2012 年，购轿车 1 辆。 2016 年，钱丽静毕业于扬州大学，并担任昆山开发区蓬朗幼儿园校医。 2016 年，购轿车 1 辆。 2019 年，翻建别墅 1 幢。				

	姓名	与户主关系	性别	出生年月	民族
家庭成员	倪春雷	户主	男	1978 年 11 月	汉族
	李晓羚	妻子	女	1979 年 6 月	汉族
	倪桂林	父亲	男	1949 年 8 月	汉族
	王益珍	母亲	女	1949 年 5 月	汉族
	倪春霞	姐姐	女	1977 年 4 月	汉族
	倪天钰	女儿	女	2004 年 10 月	汉族
家庭大事	1958 年，建平房 6 间。 1969 年，倪桂林参军入伍，并加入中国共产党，于 1975 年退伍。 1999 年，建楼房 1 幢。 2009 年，翻建别墅 1 幢。 2009 年，购轿车 1 辆。 2011 年，倪春雷加入中国共产党。				

	姓名	与户主关系	性别	出生年月	民族
家庭成员	顾佰林	户主	男	1956 年 10 月	汉族
	唐竹仙	妻子	女	1954 年 8 月	汉族
	顾昆明	儿子	男	1982 年 11 月	汉族
	顾云翔	孙子	男	2012 年 12 月	汉族
家庭大事	1990 年，建楼房 1 幢。 2009 年，翻建别墅 1 幢。 2010 年，购轿车 1 辆。				

	姓名	与户主关系	性别	出生年月	民族
家庭成员	顾忠义	户主	男	1939 年 11 月	汉族
	史　兰	妻子	女	1943 年 8 月	汉族
	顾惠强	儿子	男	1973 年 11 月	汉族
	殷文英	儿媳	女	1973 年 11 月	汉族
	顾　悦	孙女	女	1997 年 6 月	汉族
家庭大事	1988 年，建楼房 1 幢。 2009 年，翻建别墅 1 幢。 2018 年，购轿车 1 辆。 2018 年，顾悦担任昆山市第三人民医院护士。				

	姓名	与户主关系	性别	出生年月	民族
家庭成员	张阿三	户主	男	1950 年 8 月	汉族
	殷凤娥	妻子	女	1951 年 11 月	汉族
	殷正良	儿子	男	1976 年 6 月	汉族
	殷芷涵	孙女	女	2014 年 10 月	汉族
家庭大事	1980 年，建楼房 1 幢。 1982 年，翻建楼房 1 幢。 1982 年，张阿三加入中国共产党，于 2003 年创办昆山市志诚金属制品厂。 2009 年，翻建别墅 1 幢。 2011 年，购轿车 1 辆。 2019 年，购轿车 1 辆。				

<table>
<tr><td rowspan="7">家庭成员</td><td>姓名</td><td>与户主关系</td><td>性别</td><td>出生年月</td><td>民族</td></tr>
<tr><td>殷龙妹</td><td>户主</td><td>女</td><td>1952 年 11 月</td><td>汉族</td></tr>
<tr><td>汤小龙</td><td>丈夫</td><td>男</td><td>1951 年 11 月</td><td>汉族</td></tr>
<tr><td>殷建平</td><td>儿子</td><td>男</td><td>1976 年 2 月</td><td>汉族</td></tr>
<tr><td>陈小英</td><td>儿媳</td><td>女</td><td>1974 年 10 月</td><td>汉族</td></tr>
<tr><td>殷嘉彤</td><td>孙女</td><td>女</td><td>1999 年 3 月</td><td>汉族</td></tr>
<tr><td>殷鼎翔</td><td>孙子</td><td>男</td><td>2008 年 7 月</td><td>汉族</td></tr>
<tr><td>家庭大事</td><td colspan="5">1981 年，建楼房 1 幢。
2009 年，翻建别墅 1 幢。
2009 年，购轿车 1 辆。
2020 年，殷嘉彤担任昆山市玉山镇合兴幼儿园教师。</td></tr>
</table>

<table>
<tr><td rowspan="6">家庭成员</td><td>姓名</td><td>与户主关系</td><td>性别</td><td>出生年月</td><td>民族</td></tr>
<tr><td>倪　征</td><td>户主</td><td>男</td><td>1989 年 9 月</td><td>汉族</td></tr>
<tr><td>顾　燕</td><td>妻子</td><td>女</td><td>1989 年 3 月</td><td>汉族</td></tr>
<tr><td>倪海章</td><td>父亲</td><td>男</td><td>1952 年 9 月</td><td>汉族</td></tr>
<tr><td>张银娣</td><td>母亲</td><td>女</td><td>1954 年 2 月</td><td>汉族</td></tr>
<tr><td>倪悦熙</td><td>女儿</td><td>女</td><td>2020 年 1 月</td><td>汉族</td></tr>
<tr><td>家庭大事</td><td colspan="5">1970 年，建平房 3 间。
1972 年，倪海章参军入伍，并加入中国共产党，于 1977 年退伍。
1983 年，建楼房 1 幢。
2009 年，翻建别墅 1 幢。
2011 年，顾燕毕业于盐城师范学院。
2012 年，购轿车 1 辆。
2015 年，购轿车 1 辆。</td></tr>
</table>

<table>
<tr><td rowspan="6">家庭成员</td><td>姓名</td><td>与户主关系</td><td>性别</td><td>出生年月</td><td>民族</td></tr>
<tr><td>杨正平</td><td>户主</td><td>女</td><td>1964 年 10 月</td><td>汉族</td></tr>
<tr><td>王雪龙</td><td>丈夫</td><td>男</td><td>1964 年 1 月</td><td>汉族</td></tr>
<tr><td>杨思怡</td><td>女儿</td><td>女</td><td>1985 年 11 月</td><td>汉族</td></tr>
<tr><td>陆　凯</td><td>女婿</td><td>男</td><td>1981 年 4 月</td><td>汉族</td></tr>
<tr><td>陆皇顺</td><td>外孙</td><td>男</td><td>2000 年 1 月</td><td>汉族</td></tr>
<tr><td>家庭大事</td><td colspan="5">1983 年，王雪龙参军入伍，于 1986 年退伍。
1993 年，建楼房 1 幢。
2003 年，陆凯毕业于苏州大学。
2014 年，购轿车 1 辆。
2019 年，翻建别墅 1 幢。</td></tr>
</table>

<table>
<tr><td rowspan="4">家庭成员</td><td>姓名</td><td>与户主关系</td><td>性别</td><td>出生年月</td><td>民族</td></tr>
<tr><td>顾庆华</td><td>户主</td><td>男</td><td>1973 年 8 月</td><td>汉族</td></tr>
<tr><td>吴惠芳</td><td>妻子</td><td>女</td><td>1972 年 5 月</td><td>汉族</td></tr>
<tr><td>顾　健</td><td>儿子</td><td>男</td><td>1996 年 3 月</td><td>汉族</td></tr>
<tr><td>家庭大事</td><td colspan="5">2000 年，建楼房 1 幢。
2009 年，翻建别墅 1 幢。
2016 年，购轿车 1 辆。
2019 年，顾健毕业于华北科技大学，于 2020 年在昆山市周市镇综合行政执法局工作。
2020 年，购轿车 1 辆。</td></tr>
</table>

	姓名	与户主关系	性别	出生年月	民族
家庭成员	顾庆丰	户主	男	1970 年 10 月	汉族
	龚小英	妻子	女	1969 年 3 月	汉族
	顾火根	父亲	男	1944 年 11 月	汉族
	苏玉妹	母亲	女	1946 年 4 月	汉族
	顾　杰	儿子	男	1993 年 2 月	汉族
家庭大事	1976 年，顾火根加入中国共产党。 1988 年，建楼房 1 幢。 2009 年，翻建别墅 1 幢。 2016 年，购轿车 1 辆。 2020 年，顾杰毕业于南京医科大学。 2020 年，购轿车 1 辆。				

	姓名	与户主关系	性别	出生年月	民族
家庭成员	陈阿林	户主	女	1947 年 1 月	汉族
	江俊峰	儿子	男	1969 年 9 月	汉族
	凌　云	儿媳	女	1972 年 11 月	汉族
	江玮庭	孙子	男	2000 年 7 月	汉族
家庭大事	1987 年，建平房 8 间。 1997 年，翻建楼房 1 幢。 2009 年，翻建别墅 1 幢。 2012 年，购轿车 1 辆。 2015 年，购轿车 1 辆。				

	姓名	与户主关系	性别	出生年月	民族
家庭成员	殷林生	户主	男	1949 年 5 月	汉族
	孙夫英	妻子	女	1951 年 2 月	汉族
	殷勤芳	女儿	女	1974 年 2 月	汉族
	黄　伟	外孙	男	1997 年 12 月	汉族
家庭大事	1989 年，建楼房 1 幢。 2009 年，翻建别墅 1 幢。				

	姓名	与户主关系	性别	出生年月	民族
家庭成员	殷建明	户主	男	1966 年 5 月	汉族
	郁建英	妻子	女	1969 年 1 月	汉族
	顾阿木	父亲	男	1942 年 1 月	汉族
	殷凤英	母亲	女	1943 年 8 月	汉族
	殷敏杰	儿子	男	1991 年 12 月	汉族
	吴佳丽	儿媳	女	1992 年 10 月	汉族
家庭大事	1990 年，殷建明加入中国共产党。 2005 年，购商品房 1 套。 2007 年，购轿车 1 辆。 2009 年，翻建别墅 1 幢。 2014 年，购商品房 1 套。 2014 年，殷敏杰毕业于淮阴师范学院。 2015 年，吴佳丽毕业于江苏海洋大学。 2016 年，购轿车 1 辆。				

	姓名	与户主关系	性别	出生年月	民族
家庭成员	殷美娟	户主	女	1964 年 10 月	汉族
	苏丽婷	女儿	女	1987 年 11 月	汉族
	诸佳斌	女婿	男	1988 年 1 月	汉族
	诸奕辰	外孙	男	2012 年 4 月	汉族
	诸奕柠	外孙女	女	2020 年 4 月	汉族
家庭大事	1990 年，建楼房 1 幢。 2008 年，苏丽婷加入中国共产党，于 2010 年毕业于浙江大学宁波理工学院（今浙大宁波理工学院）。 2011 年，诸佳斌毕业于江苏大学。 2012 年，购轿车 1 辆。 2019 年，购轿车 1 辆。 2019 年，翻建别墅 1 幢。				

<table>
<tr><td rowspan="5">家庭成员</td><th>姓名</th><th>与户主关系</th><th>性别</th><th>出生年月</th><th>民族</th></tr>
<tr><td>殷冬明</td><td>户主</td><td>男</td><td>1969 年 12 月</td><td>汉族</td></tr>
<tr><td>李树珍</td><td>妻子</td><td>女</td><td>1966 年 1 月</td><td>汉族</td></tr>
<tr><td>殷　俊</td><td>儿子</td><td>男</td><td>1995 年 8 月</td><td>汉族</td></tr>
<tr><td>丁　晨</td><td>儿媳</td><td>女</td><td>1994 年 1 月</td><td>汉族</td></tr>
<tr><td>家庭大事</td><td colspan="5">1992 年，建楼房 1 幢。
2009 年，翻建别墅 1 幢。
2014 年，殷俊参军入伍，于 2016 年退伍，并于 2017 年毕业于江苏开放大学。
2018 年，购轿车 1 辆。</td></tr>
</table>

<table>
<tr><td rowspan="9">家庭成员</td><th>姓名</th><th>与户主关系</th><th>性别</th><th>出生年月</th><th>民族</th></tr>
<tr><td>印永刚</td><td>户主</td><td>男</td><td>1958 年 1 月</td><td>汉族</td></tr>
<tr><td>江金萍</td><td>妻子</td><td>女</td><td>1960 年 1 月</td><td>汉族</td></tr>
<tr><td>印翠英</td><td>母亲</td><td>女</td><td>1926 年 12 月</td><td>汉族</td></tr>
<tr><td>陈秀兰</td><td>岳母</td><td>女</td><td>1931 年 8 月</td><td>汉族</td></tr>
<tr><td>王德华</td><td>岳父</td><td>男</td><td>1938 年 6 月</td><td>汉族</td></tr>
<tr><td>印　莺</td><td>女儿</td><td>女</td><td>1983 年 2 月</td><td>汉族</td></tr>
<tr><td>戴治国</td><td>女婿</td><td>男</td><td>1977 年 9 月</td><td>汉族</td></tr>
<tr><td>印祉瑜</td><td>孙女</td><td>女</td><td>2010 年 3 月</td><td>汉族</td></tr>
<tr><td>家庭大事</td><td colspan="5">1975 年，建平房 5 间。
1982 年，翻建楼房 1 幢。
1995 年，印永刚合股创办昆山西城建筑装璜工程公司，并于 1999 年加入中国共产党。
2009 年，翻建别墅 1 幢。
2015 年，江金萍创办昆山高新区新城域学前儿童看护点。
2016 年，购轿车 1 辆。
2018 年，印莺创办昆山莺悦文化传媒有限公司。</td></tr>
</table>

	姓名	与户主关系	性别	出生年月	民族
家庭成员	殷冬华	户主	男	1962 年 8 月	汉族
	曾祥红	妻子	女	1969 年 4 月	汉族
	殷　辉	儿子	男	1990 年 4 月	汉族
	殷沈芯	孙女	女	2012 年 9 月	汉族
家庭大事	1983 年，建楼房 1 幢。 2009 年，翻建别墅 1 幢。 2012 年，购轿车 1 辆。				

	姓名	与户主关系	性别	出生年月	民族
家庭成员	陈建国	户主	男	1950 年 4 月	汉族
	王兰娣	妻子	女	1956 年 3 月	汉族
	陈保华	儿子	男	1978 年 7 月	汉族
	陈正杰	孙子	男	2007 年 7 月	汉族
家庭大事	1988 年，建楼房 1 幢。 2009 年，翻建别墅 1 幢。				

	姓名	与户主关系	性别	出生年月	民族
家庭成员	倪桂龙	户主	男	1965 年 8 月	汉族
	方　兰	妻子	女	1970 年 5 月	汉族
	倪　顺	儿子	男	1990 年 12 月	汉族
	张君萍	儿媳	女	1991 年 10 月	汉族
	倪艺航	长孙	男	2016 年 8 月	汉族
	张艺然	次孙	男	2018 年 5 月	汉族
家庭大事	1990 年，建平房 6 间。 1992 年，翻建楼房 1 幢。 2010 年，倪顺参军入伍，并于 2011 年加入中国共产党，于 2012 年退伍，于 2013 年毕业于昆山开放大学。 2014 年，购轿车 1 辆。 2019 年，翻建别墅 1 幢。				

	姓名	与户主关系	性别	出生年月	民族
家庭成员	殷金苟	户主	男	1951 年 10 月	汉族
	吴银娣	妻子	女	1945 年 9 月	汉族
家庭大事	2014 年，获动迁安置房 1 套。				

	姓名	与户主关系	性别	出生年月	民族
家庭成员	崔正强	户主	男	1963 年 9 月	汉族
	季惠琴	妻子	女	1963 年 10 月	汉族
	崔日升	父亲	男	1936 年 11 月	汉族
	王学根	母亲	女	1943 年 3 月	汉族
	崔岭峰	儿子	男	1986 年 12 月	汉族
	谢 婷	儿媳	女	1986 年 3 月	汉族
	谢浩宇	长孙	男	2013 年 2 月	汉族
	崔浩轩	次孙	男	2017 年 12 月	汉族
家庭大事	1969 年，崔日升担任江浦村合作医疗站赤脚医生。 2000 年，翻建别墅 1 幢。 2020 年，购商品房 1 套。 2020 年，购轿车 2 辆。				

	姓名	与户主关系	性别	出生年月	民族
家庭成员	顾德明	户主	男	1966 年 1 月	汉族
	陆玉珍	妻子	女	1966 年 10 月	汉族
	顾晓峰	儿子	男	1988 年 10 月	汉族
	陆 雯	儿媳	女	1993 年 4 月	汉族
家庭大事	1985 年，建楼房 1 幢。 2008 年，翻建别墅 1 幢。 2011 年，顾晓峰毕业于盐城师范学院。 2014 年，购轿车 1 辆。 2015 年，陆雯毕业于苏州大学。 2019 年，购商品房 1 套。				

	姓名	与户主关系	性别	出生年月	民族
家庭成员	顾佰云	户主	男	1963 年 11 月	汉族
	陆桂英	妻子	女	1964 年 9 月	汉族
	顾亚萍	女儿	女	1986 年 9 月	汉族
	王　寅	女婿	男	1986 年 6 月	汉族
	顾滢心	外孙女	女	2011 年 9 月	汉族
家庭大事	1989 年，建楼房 1 幢。 2006 年，购商品房 1 套。 2008 年，翻建别墅 1 幢。 2009 年，顾亚萍毕业于南通大学。 2009 年，王寅毕业于南通大学。 2013 年，购轿车 1 辆。 2014 年，获动迁安置房 1 套。				

	姓名	与户主关系	性别	出生年月	民族
家庭成员	王建明	户主	男	1970 年 8 月	汉族
	顾玉芳	妻子	女	1970 年 6 月	汉族
	王顾骏	儿子	男	2002 年 5 月	汉族
家庭大事	2003 年，购商品房 1 套。 2004 年，顾玉芳加入中国共产党。 2008 年，购轿车 1 辆。 2009 年，翻建别墅 1 幢。 2013 年，王建明获二级建造师执业资格证书。				

江浦村第11村民小组

<table>
<tr><td rowspan="4">家庭成员</td><td>姓名</td><td>与户主关系</td><td>性别</td><td>出生年月</td><td>民族</td></tr>
<tr><td>张永清</td><td>户主</td><td>男</td><td>1969年6月</td><td>汉族</td></tr>
<tr><td>唐丽丽</td><td>妻子</td><td>女</td><td>1982年10月</td><td>汉族</td></tr>
<tr><td>张怡婷</td><td>女儿</td><td>女</td><td>2005年11月</td><td>汉族</td></tr>
<tr><td>家庭大事</td><td colspan="5">1999年，建楼房1幢。
2020年，翻建别墅1幢。
2020年，购轿车1辆。</td></tr>
</table>

<table>
<tr><td rowspan="6">家庭成员</td><td>姓名</td><td>与户主关系</td><td>性别</td><td>出生年月</td><td>民族</td></tr>
<tr><td>王小龙</td><td>户主</td><td>男</td><td>1964年6月</td><td>汉族</td></tr>
<tr><td>张林芬</td><td>妻子</td><td>女</td><td>1963年11月</td><td>汉族</td></tr>
<tr><td>王　军</td><td>儿子</td><td>男</td><td>1990年5月</td><td>汉族</td></tr>
<tr><td>孙　娇</td><td>儿媳</td><td>女</td><td>1992年4月</td><td>汉族</td></tr>
<tr><td>王　涛</td><td>孙子</td><td>男</td><td>2016年2月</td><td>汉族</td></tr>
<tr><td>家庭大事</td><td colspan="5">1992年，翻建楼房1幢。
2019年，翻建别墅1幢。</td></tr>
</table>

<table>
<tr><td rowspan="6">家庭成员</td><td>姓名</td><td>与户主关系</td><td>性别</td><td>出生年月</td><td>民族</td></tr>
<tr><td>戚惠芬</td><td>户主</td><td>女</td><td>1976年5月</td><td>汉族</td></tr>
<tr><td>王雪根</td><td>丈夫</td><td>男</td><td>1974年7月</td><td>汉族</td></tr>
<tr><td>杨巧兰</td><td>母亲</td><td>女</td><td>1952年2月</td><td>汉族</td></tr>
<tr><td>戚桂生</td><td>叔叔</td><td>男</td><td>1950年1月</td><td>汉族</td></tr>
<tr><td>王一心</td><td>女儿</td><td>女</td><td>1999年10月</td><td>汉族</td></tr>
<tr><td>家庭大事</td><td colspan="5">1989年，建平房4间。
1992年，翻建楼房1幢。
2019年，翻建别墅1幢。
2019年，购轿车1辆。</td></tr>
</table>

<table>
<tr><td rowspan="5">家庭成员</td><th>姓名</th><th>与户主关系</th><th>性别</th><th>出生年月</th><th>民族</th></tr>
<tr><td>李　峰</td><td>户主</td><td>男</td><td>1973 年 7 月</td><td>汉族</td></tr>
<tr><td>张芳琴</td><td>妻子</td><td>女</td><td>1976 年 1 月</td><td>汉族</td></tr>
<tr><td>张秀英</td><td>母亲</td><td>女</td><td>1943 年 1 月</td><td>汉族</td></tr>
<tr><td>李伟豪</td><td>儿子</td><td>男</td><td>1996 年 9 月</td><td>汉族</td></tr>
<tr><td>家庭大事</td><td colspan="5">1991 年，李峰参军入伍，并于 1994 年退伍。
1992 年，建楼房 1 幢。
2019 年，翻建别墅 1 幢。
2020 年，翻建别墅 1 幢。
2020 年，李伟豪毕业于常熟理工学院。</td></tr>
</table>

<table>
<tr><td rowspan="7">家庭成员</td><th>姓名</th><th>与户主关系</th><th>性别</th><th>出生年月</th><th>民族</th></tr>
<tr><td>张小弟</td><td>户主</td><td>男</td><td>1963 年 5 月</td><td>汉族</td></tr>
<tr><td>黄美英</td><td>妻子</td><td>女</td><td>1970 年 2 月</td><td>汉族</td></tr>
<tr><td>张怡蓉</td><td>女儿</td><td>女</td><td>1995 年 2 月</td><td>汉族</td></tr>
<tr><td>王冬成</td><td>女婿</td><td>男</td><td>1991 年 5 月</td><td>汉族</td></tr>
<tr><td>王思雨</td><td>长外孙女</td><td>女</td><td>2018 年 5 月</td><td>汉族</td></tr>
<tr><td>张思彤</td><td>次外孙女</td><td>女</td><td>2020 年 5 月</td><td>汉族</td></tr>
<tr><td>家庭大事</td><td colspan="5">1988 年，建平房 3 间。
2017 年，获动迁安置房 2 套。</td></tr>
</table>

<table>
<tr><th rowspan="6">家庭成员</th><th>姓名</th><th>与户主关系</th><th>性别</th><th>出生年月</th><th>民族</th></tr>
<tr><td>杨龙生</td><td>户主</td><td>男</td><td>1952 年 3 月</td><td>汉族</td></tr>
<tr><td>陈银华</td><td>妻子</td><td>女</td><td>1954 年 11 月</td><td>汉族</td></tr>
<tr><td>杨　燕</td><td>女儿</td><td>女</td><td>1981 年 5 月</td><td>汉族</td></tr>
<tr><td>张华明</td><td>女婿</td><td>男</td><td>1981 年 8 月</td><td>汉族</td></tr>
<tr><td>杨忆彤</td><td>外孙女</td><td>女</td><td>2013 年 5 月</td><td>汉族</td></tr>
<tr><th>家庭大事</th><td colspan="5">1988 年，建楼房 1 幢。
1992 年，翻建楼房 1 幢。
2008 年，购轿车 1 辆。
2019 年，翻建别墅 1 幢。
2020 年，购轿车 1 辆。</td></tr>
</table>

<table>
<tr><th rowspan="7">家庭成员</th><th>姓名</th><th>与户主关系</th><th>性别</th><th>出生年月</th><th>民族</th></tr>
<tr><td>张根桃</td><td>户主</td><td>男</td><td>1966 年 1 月</td><td>汉族</td></tr>
<tr><td>陈雪芬</td><td>妻子</td><td>女</td><td>1968 年 2 月</td><td>汉族</td></tr>
<tr><td>张　晨</td><td>儿子</td><td>男</td><td>1989 年 5 月</td><td>汉族</td></tr>
<tr><td>潘夏萍</td><td>儿媳</td><td>女</td><td>1990 年 7 月</td><td>汉族</td></tr>
<tr><td>张皓钧</td><td>孙子</td><td>男</td><td>2014 年 11 月</td><td>汉族</td></tr>
<tr><td>潘星妤</td><td>孙女</td><td>女</td><td>2017 年 11 月</td><td>汉族</td></tr>
<tr><th>家庭大事</th><td colspan="5">1985 年，建平房 3 间。
1999 年，翻建楼房 1 幢。
2011 年，购轿车 1 辆。
2016 年，建木园堂 12 间。
2020 年，翻建别墅 1 幢。</td></tr>
</table>

	姓名	与户主关系	性别	出生年月	民族
家庭成员	顾春梅	户主	女	1976 年 3 月	汉族
	成　峰	丈夫	男	1972 年 10 月	汉族
	顾根兴	父亲	男	1936 年 8 月	汉族
	朱纪英	母亲	女	1941 年 11 月	汉族
	成苏珩	儿子	男	1999 年 8 月	汉族
家庭大事	1994 年，成峰毕业于四川大学，于 2002 年加入中国共产党。 1999 年，购商品房 1 套。 2000 年，建楼房 1 幢。 2006 年，购轿车 1 辆。 2016 年，购轿车 1 辆。 2020 年，翻建别墅 1 幢。				

	姓名	与户主关系	性别	出生年月	民族
家庭成员	王志强	户主	男	1966 年 7 月	汉族
	于雪芹	妻子	女	1969 年 11 月	汉族
	王　斌	儿子	男	1991 年 6 月	汉族
	朱怡霖	儿媳	女	1993 年 6 月	汉族
	王婧昀	孙女	女	2019 年 7 月	汉族
家庭大事	1994 年，建楼房 1 幢。 2012 年，购轿车 1 辆。 2014 年，王斌毕业于南京师范大学，并担任昆山市千灯中心小学教师。 2015 年，朱怡霖毕业于江苏第二师范学院。 2020 年，翻建别墅 1 幢。				

	姓名	与户主关系	性别	出生年月	民族
家庭成员	杨明生	户主	男	1953 年 4 月	汉族
	顾才英	妻子	女	1955 年 4 月	汉族
家庭大事	2017 年，获动迁安置房 2 套。				

	姓名	与户主关系	性别	出生年月	民族
家庭成员	张　怡	户主	女	1982 年 6 月	汉族
	李　宁	丈夫	男	1980 年 1 月	汉族
	朱小妹	祖母	女	1933 年 6 月	汉族
	张志明	父亲	男	1959 年 3 月	汉族
	张煜涵	女儿	女	2008 年 4 月	汉族
家庭大事	1986 年，张志明加入中国共产党。 1992 年，建楼房 1 幢。 1993 年，购轿车 1 辆。 2002 年，李宁毕业于沈阳工业大学。 2004 年，张怡毕业于南京工业大学。 2005 年，购商品房 1 套。 2005 年，购轿车 1 辆。 2015 年，购轿车 1 辆。 2019 年，翻建别墅 1 幢。				

	姓名	与户主关系	性别	出生年月	民族
家庭成员	李培英	户主	女	1965 年 10 月	汉族
	王伟平	丈夫	男	1964 年 2 月	汉族
	李　琳	女儿	女	1990 年 3 月	汉族
	郑彦筠	外孙女	女	2015 年 12 月	汉族
家庭大事	1984 年，王伟平参军入伍，于 1989 年退伍。 1992 年，建楼房 1 幢。 2019 年，翻建别墅 1 幢。				

<table>
<tr><td rowspan="6">家庭成员</td><td>姓名</td><td>与户主关系</td><td>性别</td><td>出生年月</td><td>民族</td></tr>
<tr><td>杨万喜</td><td>户主</td><td>男</td><td>1951 年 12 月</td><td>汉族</td></tr>
<tr><td>夏友珍</td><td>妻子</td><td>女</td><td>1952 年 1 月</td><td>汉族</td></tr>
<tr><td>杨芬娣</td><td>女儿</td><td>女</td><td>1977 年 3 月</td><td>汉族</td></tr>
<tr><td>韩华山</td><td>女婿</td><td>男</td><td>1968 年 6 月</td><td>汉族</td></tr>
<tr><td>杨韩涛</td><td>外孙</td><td>男</td><td>1998 年 5 月</td><td>汉族</td></tr>
<tr><td>家庭大事</td><td colspan="5">1994 年，建楼房 1 幢。
2010 年，购轿车 1 辆。
2019 年，翻建别墅 1 幢。
2020 年，杨韩涛毕业于苏州大学。</td></tr>
</table>

<table>
<tr><td rowspan="3">家庭成员</td><td>姓名</td><td>与户主关系</td><td>性别</td><td>出生年月</td><td>民族</td></tr>
<tr><td>于义龙</td><td>户主</td><td>男</td><td>1954 年 12 月</td><td>汉族</td></tr>
<tr><td>于继根</td><td>儿子</td><td>男</td><td>1995 年 8 月</td><td>汉族</td></tr>
<tr><td>家庭大事</td><td colspan="5">1997 年，建楼房 1 幢。
2019 年，翻建别墅 1 幢。</td></tr>
</table>

<table>
<tr><td rowspan="6">家庭成员</td><td>姓名</td><td>与户主关系</td><td>性别</td><td>出生年月</td><td>民族</td></tr>
<tr><td>朱惠清</td><td>户主</td><td>男</td><td>1972 年 3 月</td><td>汉族</td></tr>
<tr><td>符建新</td><td>妻子</td><td>女</td><td>1974 年 10 月</td><td>汉族</td></tr>
<tr><td>朱纪宝</td><td>父亲</td><td>男</td><td>1948 年 10 月</td><td>汉族</td></tr>
<tr><td>张梅珍</td><td>母亲</td><td>女</td><td>1950 年 10 月</td><td>汉族</td></tr>
<tr><td>朱子轶</td><td>儿子</td><td>男</td><td>1997 年 10 月</td><td>汉族</td></tr>
<tr><td>家庭大事</td><td colspan="5">1983 年，建楼房 1 幢。
1992 年，翻建楼房 1 幢。
1993 年，朱纪宝加入中国共产党。
2007 年，购轿车 1 辆。
2009 年，翻建别墅 1 幢。
2010 年，符建新加入中国共产党。
2014 年，购轿车 1 辆。
2019 年，翻建别墅 1 幢。</td></tr>
</table>

<table>
<tr><td rowspan="4">家庭成员</td><th>姓名</th><th>与户主关系</th><th>性别</th><th>出生年月</th><th>民族</th></tr>
<tr><td>刘金弟</td><td>户主</td><td>男</td><td>1957 年 4 月</td><td>汉族</td></tr>
<tr><td>徐顺英</td><td>妻子</td><td>女</td><td>1965 年 1 月</td><td>汉族</td></tr>
<tr><td>刘　锐</td><td>儿子</td><td>男</td><td>1998 年 8 月</td><td>汉族</td></tr>
<tr><td>家庭大事</td><td colspan="5">2012 年，获动迁安置房 2 套。
2019 年，购轿车 1 辆。
2019 年，刘锐参军入伍，于 2020 年在役。</td></tr>
</table>

<table>
<tr><td rowspan="5">家庭成员</td><th>姓名</th><th>与户主关系</th><th>性别</th><th>出生年月</th><th>民族</th></tr>
<tr><td>叶美娟</td><td>户主</td><td>女</td><td>1958 年 9 月</td><td>汉族</td></tr>
<tr><td>朱阿龙</td><td>丈夫</td><td>男</td><td>1954 年 8 月</td><td>汉族</td></tr>
<tr><td>朱建中</td><td>儿子</td><td>男</td><td>1981 年 11 月</td><td>汉族</td></tr>
<tr><td>朱兆哲</td><td>孙子</td><td>男</td><td>2004 年 10 月</td><td>汉族</td></tr>
<tr><td>家庭大事</td><td colspan="5">1988 年，建楼房 1 幢。
1992 年，翻建楼房 1 幢。
1999 年，朱建中参军入伍，于 2001 年退伍。
2013 年，购轿车 1 辆。
2020 年，翻建别墅 1 幢。</td></tr>
</table>

<table>
<tr><td rowspan="7">家庭成员</td><th>姓名</th><th>与户主关系</th><th>性别</th><th>出生年月</th><th>民族</th></tr>
<tr><td>张志刚</td><td>户主</td><td>男</td><td>1957 年 6 月</td><td>汉族</td></tr>
<tr><td>朱建华</td><td>妻子</td><td>女</td><td>1958 年 7 月</td><td>汉族</td></tr>
<tr><td>张　静</td><td>女儿</td><td>女</td><td>1984 年 3 月</td><td>汉族</td></tr>
<tr><td>张剑超</td><td>女婿</td><td>男</td><td>1980 年 2 月</td><td>汉族</td></tr>
<tr><td>张馨月</td><td>长外孙女</td><td>女</td><td>2008 年 4 月</td><td>汉族</td></tr>
<tr><td>张淅云</td><td>次外孙女</td><td>女</td><td>2017 年 5 月</td><td>汉族</td></tr>
<tr><td>家庭大事</td><td colspan="5">1999 年，建楼房 1 幢。
2004 年，张剑超毕业于西北师范大学。
2005 年，张静毕业于江苏广播电视大学（今江苏开放大学）。
2016 年，购轿车 1 辆。
2020 年，翻建别墅 1 幢。</td></tr>
</table>

	姓名	与户主关系	性别	出生年月	民族
家庭成员	陈务华	户主	女	1958 年 6 月	汉族
	杨　迪	女儿	女	1983 年 12 月	汉族
	浦振华	女婿	男	1983 年 10 月	汉族
	杨宇青	外孙女	女	2007 年 3 月	汉族
	浦宇程	外孙	男	2010 年 1 月	汉族
家庭大事	1994 年，建楼房 1 幢。 2014 年，杨迪加入中国共产党，并于 2015 年毕业于江苏警官学院。 2019 年，翻建别墅 1 幢。				

	姓名	与户主关系	性别	出生年月	民族
家庭成员	刘扣锁	户主	男	1947 年 12 月	汉族
	陈青华	妻子	女	1952 年 1 月	汉族
	刘　霞	女儿	女	1977 年 12 月	汉族
	李文智	女婿	男	1974 年 7 月	汉族
	刘世奇	孙子	男	2000 年 8 月	汉族
家庭大事	1988 年，建楼房 1 幢。 1992 年，翻建楼房 1 幢。 2008 年，李文智加入中国共产党，并于 2010 年毕业于中国人民解放军南京政治学院。 2011 年，购轿车 1 辆。 2020 年，翻建别墅 1 幢。				

<table>
<tr><td rowspan="8">家庭成员</td><td>姓名</td><td>与户主关系</td><td>性别</td><td>出生年月</td><td>民族</td></tr>
<tr><td>张云龙</td><td>户主</td><td>男</td><td>1964 年 7 月</td><td>汉族</td></tr>
<tr><td>张玉珍</td><td>妻子</td><td>女</td><td>1965 年 1 月</td><td>汉族</td></tr>
<tr><td>王桂英</td><td>母亲</td><td>女</td><td>1939 年 8 月</td><td>汉族</td></tr>
<tr><td>张　敏</td><td>女儿</td><td>女</td><td>1990 年 8 月</td><td>汉族</td></tr>
<tr><td>张　星</td><td>女婿</td><td>男</td><td>1990 年 11 月</td><td>汉族</td></tr>
<tr><td>张泽会</td><td>外孙女</td><td>女</td><td>2015 年 6 月</td><td>汉族</td></tr>
<tr><td>张泽予</td><td>外孙</td><td>男</td><td>2018 年 12 月</td><td>汉族</td></tr>
<tr><td>家庭大事</td><td colspan="5">1999 年，建楼房 1 幢。
2010 年，购轿车 1 辆。
2010 年，张敏毕业于江苏联合职业技术学院苏州建设交通分院（今苏州建设交通高等职业技术学校）。
2020 年，翻建别墅 1 幢。</td></tr>
</table>

<table>
<tr><td rowspan="6">家庭成员</td><td>姓名</td><td>与户主关系</td><td>性别</td><td>出生年月</td><td>民族</td></tr>
<tr><td>于爱琴</td><td>户主</td><td>女</td><td>1966 年 11 月</td><td>汉族</td></tr>
<tr><td>周一峰</td><td>丈夫</td><td>男</td><td>1966 年 10 月</td><td>汉族</td></tr>
<tr><td>于周明</td><td>儿子</td><td>男</td><td>1992 年 8 月</td><td>汉族</td></tr>
<tr><td>邹雪晴</td><td>儿媳</td><td>女</td><td>1993 年 1 月</td><td>汉族</td></tr>
<tr><td>于栋安</td><td>孙子</td><td>男</td><td>2018 年 8 月</td><td>汉族</td></tr>
<tr><td>家庭大事</td><td colspan="5">1999 年，建楼房 1 幢。
2013 年，于周明参军入伍，并于 2015 年加入中国共产党，于 2017 年退伍。
2018 年，购轿车 1 辆。
2019 年，翻建别墅 1 幢。
2020 年，于周明毕业于苏州科技大学。</td></tr>
</table>

	姓名	与户主关系	性别	出生年月	民族
家庭成员	王咬其	户主	男	1948 年 4 月	汉族
	陈春娣	妻子	女	1948 年 8 月	汉族
	王　勇	儿子	男	1972 年 6 月	汉族
家庭大事	1982 年，建楼房 1 幢。				

	姓名	与户主关系	性别	出生年月	民族
家庭成员	朱惠明	户主	男	1971 年 8 月	汉族
	时　影	妻子	女	1973 年 9 月	汉族
	丁网兆	继父	男	1953 年 4 月	汉族
	朱雨婷	女儿	女	1995 年 11 月	汉族
家庭大事	1979 年，建平房 4 间。 1998 年，翻建楼房 1 幢。 2014 年，购轿车 1 辆。 2020 年，翻建别墅 1 幢。				

	姓名	与户主关系	性别	出生年月	民族
家庭成员	王宝荣	户主	男	1953 年 4 月	汉族
	朱云妹	妻子	女	1955 年 6 月	汉族
	王惠根	儿子	男	1980 年 12 月	汉族
	王金桂	儿媳	女	1979 年 8 月	汉族
	朱志德	长孙	男	2003 年 11 月	汉族
	王志豪	次孙	男	2007 年 6 月	汉族
家庭大事	1974 年，王宝荣参军入伍，并于 1976 年加入中国共产党，于 1980 年退伍。 1992 年，建楼房 1 幢。 2015 年，购轿车 1 辆。 2019 年，翻建别墅 1 幢。				

家庭成员	姓名	与户主关系	性别	出生年月	民族
	戚明强	户主	男	1969 年 11 月	汉族
	季婉珍	妻子	女	1969 年 9 月	汉族
	戚嘉伟	儿子	男	1992 年 9 月	汉族
家庭大事	1993 年，建平房 10 间。 2016 年，戚嘉伟担任昆山高新区汉浦中学教师，并于 2020 年毕业于江苏大学。 2016 年，购轿车 1 辆。 2019 年，翻建别墅 1 幢。				

家庭成员	姓名	与户主关系	性别	出生年月	民族
	张建平	户主	男	1973 年 3 月	汉族
	唐国英	妻子	女	1971 年 12 月	汉族
	张阿二	父亲	男	1947 年 12 月	汉族
	施兰芳	母亲	女	1952 年 4 月	汉族
	张　洁	女儿	女	1996 年 2 月	汉族
	高志国	女婿	男	1989 年 4 月	汉族
家庭大事	1987 年，建平房 9 间。 1991 年，翻建楼房 1 幢。 2001 年，购商品房 1 套。 2017 年，购轿车 1 辆。 2020 年，翻建别墅 1 幢。				

<table>
<tr><td rowspan="6">家庭成员</td><td>姓名</td><td>与户主关系</td><td>性别</td><td>出生年月</td><td>民族</td></tr>
<tr><td>王宝章</td><td>户主</td><td>男</td><td>1940 年 3 月</td><td>汉族</td></tr>
<tr><td>张梅英</td><td>妻子</td><td>女</td><td>1945 年 3 月</td><td>汉族</td></tr>
<tr><td>王惠忠</td><td>儿子</td><td>男</td><td>1969 年 2 月</td><td>汉族</td></tr>
<tr><td>李　微</td><td>儿媳</td><td>女</td><td>1971 年 7 月</td><td>汉族</td></tr>
<tr><td>王　芸</td><td>孙女</td><td>女</td><td>1992 年 11 月</td><td>汉族</td></tr>
<tr><td>家庭大事</td><td colspan="5">1974 年，王宝章加入中国共产党。
1988 年，建楼房 1 幢。
1998 年，翻建楼房 1 幢。
2010 年，购轿车 1 辆。
2015 年，王芸担任昆山市玉山镇鹿城幼儿园教师。
2019 年，翻建别墅 1 幢。</td></tr>
</table>

<table>
<tr><td rowspan="4">家庭成员</td><td>姓名</td><td>与户主关系</td><td>性别</td><td>出生年月</td><td>民族</td></tr>
<tr><td>何培良</td><td>户主</td><td>男</td><td>1964 年 8 月</td><td>汉族</td></tr>
<tr><td>王金秀</td><td>妻子</td><td>女</td><td>1965 年 4 月</td><td>汉族</td></tr>
<tr><td>何　蓉</td><td>女儿</td><td>女</td><td>1998 年 10 月</td><td>汉族</td></tr>
<tr><td>家庭大事</td><td colspan="5">1985 年，何培良参军入伍，于 1988 年退伍。
1996 年，建楼房 1 幢。
2004 年，获动迁安置房 3 套。</td></tr>
</table>

<table>
<tr><td rowspan="4">家庭成员</td><td>姓名</td><td>与户主关系</td><td>性别</td><td>出生年月</td><td>民族</td></tr>
<tr><td>张志华</td><td>户主</td><td>男</td><td>1973 年 8 月</td><td>汉族</td></tr>
<tr><td>向竹英</td><td>妻子</td><td>女</td><td>1968 年 3 月</td><td>汉族</td></tr>
<tr><td>张　晶</td><td>女儿</td><td>女</td><td>1997 年 9 月</td><td>汉族</td></tr>
<tr><td>家庭大事</td><td colspan="5">1994 年，建平房 4 间。
2009 年，获动迁安置房 2 套。</td></tr>
</table>